ŒUVRES

COMPLÈTES

DE MOLIÈRE

COLLATIONNÉES SUR LES TEXTES ORIGINAUX ET COMMENTÉES

PAR

M. LOUIS MOLAND

DEUXIÈME ÉDITION

SOIGNEUSEMENT REVUE ET CONSIDÉRABLEMENT AUGMENTÉE

Une composition de Staal, gravée sur acier, accompagne chaque pièce

TOME DEUXIÈME

PARIS

GARNIER FRÈRES, LIBRAIRES-ÉDITEURS

6, RUE DES SAINTS-PÈRES

AVIS AUX SOUSCRIPTEURS. — Le premier volume, consacré entièrement à la **Vie de Molière** et aux documents biographiques, paraîtra en dernier lieu.

Cet ouvrage est sous presse depuis deux ans, comme on le peut voir par la date de ce volume. Nous avons voulu que la moitié en fût imprimée, avant de le mettre en vente, pour être certains que la publication n'éprouvera aucun retard et qu'un nouveau volume pourra être envoyé régulièrement tous les deux mois aux souscripteurs.

CHEFS-D'ŒUVRE

DE LA

LITTÉRATURE

FRANÇAISE

2

PARIS. — IMPRIMERIE A. QUANTIN
7, RUE SAINT-BENOIT

ŒUVRES

COMPLÈTES

DE MOLIÈRE

—

TOME DEUXIÈME

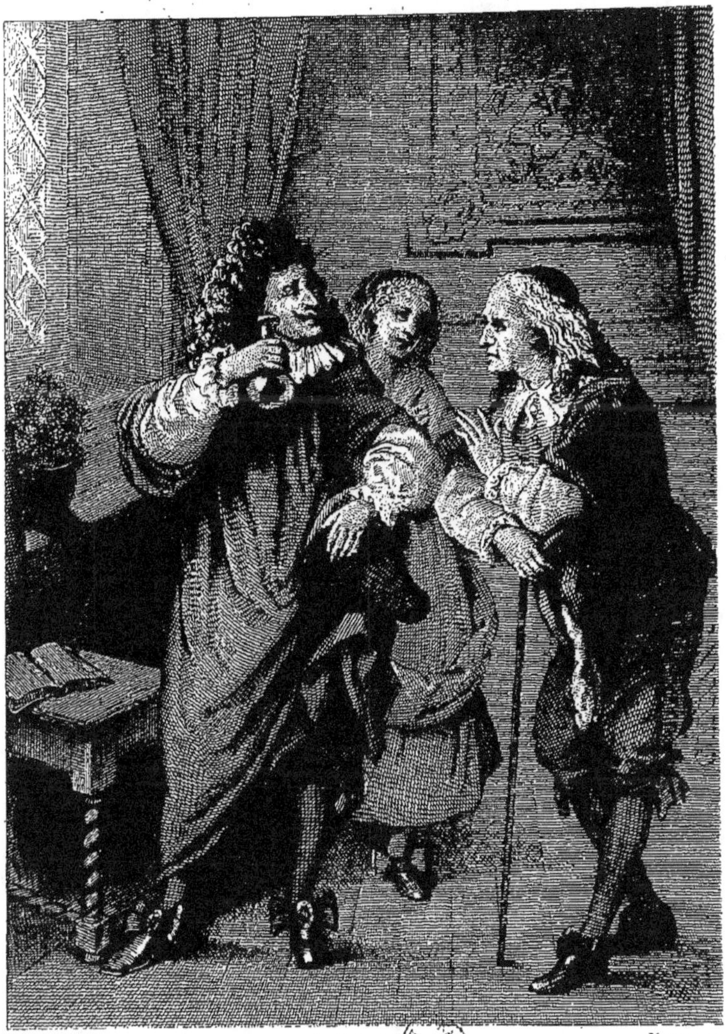

G Staal del — Imp. Mangeon à Paris — Mocquet sc

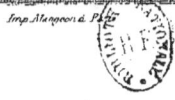

LE MÉDECIN VOLANT.

SCÈNE IV.

Garnier frères Éditeurs

ŒUVRES
COMPLÈTES
DE MOLIÈRE

COLLATIONNÉES SUR LES TEXTES ORIGINAUX ET COMMENTÉES

PAR

M. LOUIS MOLAND

DEUXIÈME ÉDITION

SOIGNEUSEMENT REVUE ET CONSIDÉRABLEMENT AUGMENTÉE

Une composition de Staal, gravée sur acier, accompagne chaque pièce

TOME DEUXIÈME

PARIS

GARNIER FRÈRES, LIBRAIRES-ÉDITEURS

6, RUE DES SAINTS-PÈRES, 6

M DCCC LXXX

LES DEUX FARCES

ET LE BALLET

ATTRIBUÉS A MOLIÈRE

NOTICE PRÉLIMINAIRE.

La troupe de Molière, avant de s'établir définitivement à Paris, s'était acquis une réputation par les petits divertissements, par les petites pièces ou farces qu'elle jouait après la grande pièce et pour finir gaiement le spectacle, excellente tradition qui, à Paris, s'était perdue. Ces petites pièces tenaient de la comédie plus ou moins improvisée des acteurs italiens. La troupe de Molière s'était formée principalement dans les provinces du Midi de la France, souvent visitées par les comédiens d'au delà des monts, et où la comédie « all' improviso » ou comédie de l'art (*commedia dell' arte*) avait laissé des traditions vivaces. Les comédiens français avaient voulu sans doute suivre sur ce terrain les Arlequin, les Mezzettin, les Scaramouche. Ils s'étaient habitués, la grande pièce finie, à égayer leur public avec quelque type grotesque de jaloux, de pédant, de lourdaud. Ces types devenaient pour ainsi dire la propriété d'un acteur. L'auteur et l'acteur étaient ici confondus et à peu près inséparables. Le principal rôle, dans ces facéties, appartenait soit à Molière, soit à Duparc. C'est Molière qui était le Docteur amoureux ; nul autre n'eût sans doute osé usurper ce personnage. Duparc donnait son sobriquet de Gros-René à toutes les saynètes où il avait le premier rôle.

Dans la représentation du 24 octobre 1658, qui décida de l'établissement définitif de la troupe de Molière à Paris, c'est *le Docteur amoureux,* joué par Molière, qui paraît avoir assuré le triomphe des comédiens, bien plutôt que l'interprétation du *Nicomède* de Corneille. La nouvelle *troupe de* Monsieur, c'est le titre officiel qu'elle eut, n'eut garde de négliger ces jeux comiques qui lui avaient toujours si bien réussi. Elle continua de donner « ces petits divertissements » à la ville et à la cour. La Grange en a consigné les titres sur son registre. Voici ceux que nous y relevons dans l'ordre où ils se présentent. On remarquera que la plupart de ces farces ont été employées par Molière dans ses comédies.

La première en date de ces petites pièces que nous trouvons mentionnées sur le registre de La Grange, c'est *le Docteur amoureux*, dont nous venons de parler. On s'étonne de ne plus rencontrer la mention de cette petite pièce après le 24 octobre 1658; on en est réduit à supposer que Molière en épuisa le succès dans l'intervalle écoulé entre le 2 novembre 1658, où la troupe commença à jouer au Petit-Bourbon, et Pâques 1659. La Grange, entré dans la troupe pendant les vacances de Pâques, ne commença à inscrire les titres des pièces représentées chaque jour qu'à partir de la réouverture du théâtre, le 28 avril 1659.

C'est dans cet intervalle que Boileau, ayant alors vingt-deux ans, aurait pu voir *le Docteur amoureux*. Il en avait conservé un excellent souvenir, ainsi qu'il est constaté dans le *Bolœana* de Monchesnay : « Il (Boileau), y est-il dit, regrettoit fort qu'on eût perdu la petite comédie du *Docteur amoureux*, parce qu'il y a toujours quelque chose de saillant et d'instructif dans ses moindres ouvrages (dans les moindres ouvrages de Molière). » On sait que *le Docteur amoureux* n'a pas été découvert jusqu'ici, bien qu'on ait eu la témérité d'en donner un pastiche, le 1er mars 1845, sur le théâtre de l'Odéon (voyez la Bibliographie, année 1862).

Après *le Docteur amoureux*, nous rencontrons *Gros-René écolier* et *le Médecin volant*, joués tous deux au Louvre devant le roi, le samedi 18 mai[1] 1659.

Gros-René écolier, alias *Gros-René petit enfant* (1er registre de La Thorillière), est une de ces petites farces où Duparc avait le premier rôle. On la revoit inscrite sur le registre de La Grange le 25 et le 27 avril 1664. C'est peut-être la même que *le Maître d'école*, mentionné par Grimarest dans sa *Vie de Molière*.

Le Médecin volant est fréquemment inscrit sur le registre de

---

1. *Avril*, que La Grange a écrit et qui a été reproduit partout, est une erreur de plume manifeste. Le registre de La Grange ne commence qu'au 28 avril 1659.

La Grange. Après la représentation du 18 mai 1659, notons celle du 21 février 1660, représentation gratuite pour la paix (avec *le Dépit amoureux*);

En 1660, trois représentations à la ville (1, 3 et 5 octobre), et une au Louvre (16 octobre);

En 1661, deux représentations (14 juin et 25 octobre);

En 1662, trois représentations (24 mars, 28 et 30 avril);

En 1663, une représentation (15 mai);

En 1664, quatre représentations (29 juin, 4, 6 et 8 juillet).

Que *le Médecin volant* fût l'œuvre de Molière et qu'il y jouât le principal rôle, on n'en peut guère douter lorsqu'on lit dans la préface des *Véritables Précieuses,* de Somaize (1660) : « Il (Molière) a imité, par une singerie dont il est seul capable, *le Médecin volant* et plusieurs autres pièces des mêmes Italiens, qu'il n'imite pas seulement en ce qu'ils ont joué sur leur théâtre, mais encore en leurs postures, contrefaisant sans cesse sur le sien et Trivelin et Scaramouche. » Ainsi c'est l'auteur et l'acteur que Somaize vise à la fois dans son accusation, et nous avons dit d'ailleurs que, dans ces petites pièces, l'auteur et l'acteur chargé du principal rôle semblent presque toujours avoir été confondus.

Il résulte également de ce témoignage qu'il existait une petite pièce jouée par les Italiens à Paris, dont *le Médecin volant* n'était qu'une imitation. Boursault, dès l'année suivante, 1661, fit une imitation en vers de la même pièce, et, dans son Avis au lecteur, il dit : « Le sujet est italien, il a été traduit en notre langue, représenté de tous côtés. » Il nous apprend, en effet, qu'une imitation également en vers était alors représentée sur le théâtre du Marais. Toutes les troupes parisiennes avaient donc leur *Médecin volant*. Mais l'initiative de l'adaptation française appartenait à Molière.

Il Medico volante ou *Arlecchino medico volante* existait-il en comédie imprimée, ou n'était-il qu'un canevas comme ceux qui servaient à la *commedia dell' arte?* C'est ce qu'on ne saurait dire exactement. Le sujet existe parmi ceux rédigés pour lui-même par l'arlequin Dominique, traduits par Gueulette, et reproduits en partie dans *l'Histoire de l'ancien théâtre italien* des frères Parfait; mais, comme on le fait observer avec raison, le canevas tracé par Dominique pouvait fort bien n'être pas tout à fait conforme à celui qui existait certainement avant lui, Dominique n'ayant commencé à jouer à Paris qu'en 1661[1]. Le canevas de Dominique n'a été rédigé que tardivement, puisqu'on y trouve deux vers de l'*Atys,* de Quinault, représenté en 1676.

Si l'on s'en rapportait à Boursault, on serait tenté d'admettre que la pièce italienne existait imprimée. Il donne son œuvre comme une « traduction fidèle ». Mais, à la rigueur, il peut vouloir dire qu'il a suivi très exactement les scènes telles qu'elles se déroulaient sur le théâtre italien.

Molière a-t-il rapporté son *Médecin volant* de province, ou l'a-t-il composé en rentrant à Paris en 1658? C'est là encore une de ces questions auxquelles il est impossible de répondre. On peut faire remarquer seulement que lorsque La Grange mentionne pour la première fois le *Médecin volant* à la date du 18 mai 1659, il ne le signale aucunement comme une pièce nouvelle.

Le *Médecin volant* fut repris à la salle Guénégaud, le 13 mai 1685, et La Grange inscrit alors sur son registre : « 1re fois ». On le rejoua les 16, 18, 20, 22, 24, 25, 27 du même mois, et le 25 juin. S'agit-il de la farce en prose de Molière ou de la comédie rimée de Boursault? Rien dans La Grange ne permet de trancher la question. Le grand registre de la Comédie ne fournit non plus aucune indication à ce sujet. Les comédiens de l'hôtel de Bourgogne et les anciens compagnons de Molière étaient alors réunis ; ils ont pu prendre l'une ou l'autre dans leur répertoire. La mention de La Grange « 1re fois » ne nous paraît, en effet, nullement indiquer une œuvre nouvelle, mais une œuvre disparue depuis longtemps de la scène, et qu'on n'avait pas vue encore à la salle Guénégaud.

La farce en prose de Molière a été représentée à la Comédie française, le 21 mars 1833, et, sur le théâtre de l'Odéon, le 15 janvier 1866, à l'occasion de l'anniversaire de la naissance de Molière ; elle eut alors, avec *Molière à Pézenas,* à-propos en vers de M. Pagès, huit représentations.

Le mot *volant* exprime les tours d'agilité que doit faire l'ac-

---

1. Voyez Registre de La Grange, à la date du 8 janvier 1662.

teur chargé de ce rôle, valet et médecin tour à tour et en même temps, sautant d'une fenêtre à l'autre, et de la rue dans la maison.

Continuons à recueillir sur le registre de La Grange les titres des petites pièces ou divertissements donnés par la troupe de Molière au public, qui s'en régalait aussi bien que le roi :

Le Docteur pédant, joué le 18 juin 1660 et le 13 avril 1663. Était-ce une première esquisse de la scène du *Mariage forcé* entre Pancrace et Sganarelle? Il n'y avait pas de thème qui fût alors plus exploité au théâtre. On le rencontre, chez les prédécesseurs immédiats de Molière, développé avec une fécondité intarissable.

La Jalousie de Gros-René, représentée le 25 décembre 1660, le 25 avril 1662, et le 8 mai de la même année devant le roi; et sous le titre de *Gros-René jaloux,* les 2, 5 et 7 septembre 1664. Au 22 octobre 1662, il y a une mention de *Gros-René* tout court, mais on ne peut dire s'il s'agit de *Gros-René jaloux* ou de *Gros-René écolier,* dont nous avons parlé ci-dessus.

Gorgibus dans le sac, à la date du 31 janvier, des 4 et 6 février 1661, du 17 avril 1663, des 13 et 15 juillet 1664. On devine dans cette farce le canevas de la scène II du troisième acte des *Fourberies de Scapin,* où Géronte est mis dans un sac. Ce sac de Gorgibus était lui-même emprunté aux parades de Tabarin.

Les Trois Docteurs, à la date du 27 mars 1661. Le titre plus complet serait probablement *les Trois Docteurs rivaux,* dont parle Grimarest dans sa *Vie de Molière.*

Le Fagotier, à la date du 14 septembre 1661; *le Fagoteux,* sur le premier registre de La Thorillière, à la date du 20 avril 1663. Ce titre fait songer aux premières scènes du *Médecin malgré lui;* la farce offrait probablement quelques-uns des éléments de la comédie. D'après les frères Parfait, Molière continua d'appeler de la sorte son *Médecin malgré lui.* Plusieurs années après la première représentation du *Médecin malgré lui,* qui est de 1666, *le Fagotier* est encore inscrit sur le registre de La Grange à la date des 7 et 9 octobre et du 3 novembre 1679. M. Despois croit qu'à cette époque La Grange, à l'exemple du maître, désigne ainsi *le Médecin malgré lui,* de même qu'il appelle *Trissotin* tout simplement la comédie des *Femmes savantes*. Constatons toutefois que ce serait tout à fait par exception que La Grange eût employé cette désignation de *Fagotier*, car il a l'habitude d'écrire partout le *Médecin malgré lui*. Voyez notamment à deux pages de là, aux dates des 26, 31 octobre et 25 novembre 1680.

La farce de *la Casaque*, jouée le 25 mai 1664, sur laquelle on n'a point de renseignements.

On a souvent cité aussi comme étant probablement de Molière le *Grand Benêt de fils*, joué à la date des 17, 18, 20, 22, etc., janvier 1664, dans lequel on a vu une ébauche de la scène de Diafoirus fils, du *Malade imaginaire*. Mais le *Grand Benêt de fils aussi sot que son père* est inscrit par La Grange comme « pièce nouvelle de M. de Brécourt », et cette pièce devait, d'ailleurs, avoir plus d'un acte, puisqu'elle a été jouée seule plusieurs fois.

On peut encore relever sur le journal de La Grange quelques indications de petits divertissements servant à finir le spectacle : ainsi *Plan Plan*, inscrit le 8 et le 11 février 1661; le *Fin Lourdaud*, alias le *Procureur dupé* (registre de Hubert), inscrit le 20 novembre 1668, sans que La Grange le signale comme une pièce nouvelle, et qui n'est pas joué moins d'une trentaine de fois depuis ce jour jusqu'à la mort de Molière, repris plus tard le 13 mai 1678.

Quelquefois La Grange se contente de marquer « une petite comédie », « une farce », sans désigner le titre (17 février, 13 mars 1661, 20 avril 1663); quelquefois « une danse » (11 et 18 juillet 1664, 4 mai 1668); « deux danses » (19 et 21 mai 1662). Évidemment, le théâtre français, encouragé aux lazzi par ses voisins d'Italie, n'était pas aussi collet-monté que la tradition tendrait à nous le faire croire; et, après la tragédie ou la haute comédie, la fantaisie y prenait ses coudées franches. Tantôt Molière, tantôt Duparc (Gros-René), tantôt l'acteur inconnu qui créa le *Fin Lourdaud*, venaient esquisser quelques scènes bouffonnes à la manière des Arlequin et des Scaramouche. Molière joua toujours çà et là à l'improvisade : on lit sur le registre de La Grange, année 1665 : « Le vendredi 12 juin, la troupe est allée à Versailles, par ordre du roi, où l'on a joué le *Favori* (tragi-comédie de Mme de Villedieu) dans le jardin, sur un théâtre tout garni d'orangers.

M. de Molière fit un prologue en marquis ridicule qui voulait être sur le théâtre malgré les gardes, et eut une conversation risible avec une actrice qui fit la marquise ridicule, placée au milieu de l'assemblée. »

Sans examiner ici dans quelle mesure, assez variable probablement, les Italiens improvisaient sur le théâtre, il est probable que pour les Français, dont la langue était moins fertile et moins souple, la préparation devait être plus complète. On traçait les rôles, on écrivait à peu près le dialogue, pour bien préciser les situations, pour conserver les détails une fois trouvés, pour n'avoir pas à recommencer le travail à chaque reprise. Sans cela on aurait vu se produire trop souvent quelque aventure analogue à celle rapportée par Christian Brandes dans ses *Mémoires*. Il jouait, dans un scenario, avec une actrice novice qui devait, après plusieurs épreuves, céder à son amour. Mais, trop sensible à la déclaration, l'actrice, émue, lui dit tout d'abord : « Mon cher Léandre, je ne saurais vous résister; acceptez ma main et mon cœur. » Ce n'était pas le compte de Brandes; il ne s'attendait pas à de si rapides succès. Que faire? Il suait sang et eau pour parer le coup, renouer l'intrigue et prolonger la scène. L'amoureuse, toujours plus tendre qu'éloquente, ne pouvait plus trouver une parole. Le directeur, qui était dans la coulisse, crie à celle-ci : « Au nom du diable, improvisez encore quelques mots et sortez. » La pauvre fille prit ce conseil pour le texte de son rôle qu'on lui soufflait, et, s'inclinant vers les spectateurs, elle répéta : « J'improvise encore quelques mots, et je sors. » L'assemblée fut saisie d'un rire inextinguible.

Nos comédiens, pour éviter de semblables aventures, avaient besoin d'un aide-mémoire. Il n'est donc pas surprenant que des crayons de cette sorte soient parvenus jusqu'à nous. Il en est deux qu'il est permis d'attribuer à Molière, celui du *Médecin volant* et celui de *la Jalousie du Barbouillé*. Le *Médecin volant*, nous en avons parlé tout à l'heure. *La Jalousie du Barbouillé* n'est autre, apparemment, que *la Jalousie de Gros-René* ou *Gros-René jaloux*, alors que le principal rôle n'était pas encore échu à Duparc Gros-René.

Le Barbouillé, synonyme ou variante du *Fariné* ou *l'Enfariné*, comme dit Tallemant des Réaux : « Jodelet, pour un *farine* naïf, est un bon acteur », a été employé par le poète Maynard dans ses épigrammes (1646) : « Mes vers, dit-il, choquent moins les bonnes mœurs

Que le Barbouillé de la farce. »

Ce serait probablement en province que la petite pièce, dont le canevas nous est resté, aurait été jouée sous ce titre, puisque la première fois qu'elle est inscrite sur le registre de La Grange, le 25 décembre 1660, elle est déjà *la Jalousie de Gros-René*. Le Barbouillé, prédécesseur de Duparc, d'après la tradition, n'eût été autre que Molière lui-même. Mais notez que les présomptions sont bien moins fortes en ce qui concerne cette seconde farce, et que l'attribution qui en est faite au grand comique reste bien plus conjecturale. Ce qui fait supposer que Molière en fut l'auteur, c'est que par la suite il employa la même donnée dans *George Dandin;* mais la raison ne paraît pas absolument décisive, le sujet étant de ceux qui étaient à la disposition de tout le monde.

Pour ce sujet lui-même et les sources plus anciennes d'où il sort, consultez la notice préliminaire de *George Dandin,* où nous le retrouvons.

Les deux canevas de *la Jalousie du Barbouillé* et du *Médecin volant* étaient, en 1731, en la possession du poète J.-B. Rousseau, qui habitait alors Bruxelles. J.-B. Rousseau ne croyait pas que ces canevas eussent été rédigés par Molière : « Ce sont des canevas, écrivait-il à Chauvelin de Beauséjour, tels qu'il les donnait à ses acteurs, qui les remplissaient sur-le-champ à la manière des Italiens, chacun suivant son talent. Mais il est certain qu'il n'en a jamais digéré aucun sur le papier, et ce que j'en ai est écrit d'un style de grossier comédien de campagne, et qui n'est digne ni de Molière ni du public. »

Écrivant à Brossette, il s'exprime en termes encore plus forts : « Tout cela, dit-il, est revêtu du style le plus bas et le plus ignoble. » Et il ajoute : « Ainsi le fond de la farce peut être de Molière; on ne l'avait point portée plus haut de ce temps-là; mais, comme toutes ces farces se jouaient à l'improvisade à la manière des Italiens, il est aisé de voir que ce n'est point lui qui en a mis le dialogue sur le papier; et ces sortes de choses, quand même elles seraient meilleures, ne doivent jamais être comptées parmi les ouvrages d'un auteur célèbre. »

C'est pour ces raisons que les deux farces furent exclues de l'édition in-4° de 1734, dont les notices, commandées d'abord à Voltaire, furent ensuite composées par La Serre. Voltaire, comme La Serre, s'était borné à constater que les deux farces attribuées à Molière existaient « dans le cabinet de quelques curieux ».

Elles furent imprimées pour la première fois en 1819, par Viollet-le-Duc, chez le libraire Desoer, sous le titre : *Deux Pièces inédites de J.-B. P. Molière,* brochure in-8°. L'éditeur défendait ces deux pièces contre le jugement sévère de J.-B. Rousseau, et affirmait que *la Jalousie du Barbouillé* et *le Médecin volant* « ne seront jugés indignes de Molière par aucun de ceux qui voudront bien considérer à quelle époque, à quel âge, et pour quelle destination il les a composés ».

Les deux petites pièces ne furent réunies aux œuvres complètes de Molière que dans la troisième édition d'Aimé-Martin, en 1845; depuis lors elles ont pris place dans toutes les éditions. M. Ludovic Lalanne a signalé à M. Despois un manuscrit de la Bibliothèque Mazarine, côté L 2039, qui paraît être le même que celui de J.-B. Rousseau, et le même aussi que celui qui a servi à Viollet-le-Duc. Nous avons revu et corrigé notre texte d'après ce manuscrit.

La Jalousie du Barbouillé a été représentée deux fois sur le Théâtre-Français, les 15 et 16 janvier 1833.

Molière peut avoir eu une part au *Ballet des Incompatibles,* réimprimé par M. P. Lacroix en 1859, part assez faible, selon nous. Nous nous sommes expliqué à ce sujet dans l'étude sur Molière. Nous n'avions pas donné place à ce ballet dans notre première édition; nous prenons cette fois un autre parti : il vaut toujours mieux mettre le lecteur à même de juger et décider des choses par lui-même. Nous insérons donc ce ballet à la suite des deux farces de *la Jalousie du Barbouillé* et du *Médecin volant.*

Le livret a pour titre : « *Ballet des Incompatibles,* dansé à

Montpelier devant Mgr le prince et Mme la princesse de Conty. A Montpelier, par Daniel Peck, imprimeur du roy et de la ville, MDCLV. » L'original a 18 pages in-4°. La date la plus probable de la représentation peut être fixée au carnaval de 1655. Le *Ballet des Incompatibles* se place donc, quel. qu'en soit l'auteur, entre *l'Étourdi* et *le Dépit amoureux*.

LA
JALOUSIE DU BARBOUILLÉ.

ACTEURS.

LE BARBOUILLÉ, mari d'Angélique.
LE DOCTEUR.
ANGÉLIQUE, fille de Gorgibus.
VALÈRE, amant d'Angélique.
CATHAU, suivante d'Angélique.
GORGIBUS, père d'Angélique.
VILLEBREQUIN.
[LA VALLÉE.][1]

SCÈNE PREMIÈRE.
LE BARBOUILLÉ, seul.

Il faut avouer que je suis le plus malheureux de tous les hommes! J'ai une femme qui me fait enrager : au lieu de me donner du soulagement, et de faire les choses à mon souhait, elle me fait donner au diable vingt fois le jour; au lieu de se tenir à la maison, elle aime la promenade, la bonne chère, et fréquente je ne sais quelle sorte de gens. Ah! pauvre Barbouillé, que tu es misérable! Il faut pourtant la punir. Si je la tuois... l'invention ne vaut rien, car tu serois pendu. Si tu la faisois mettre en prison... la carogne en sortiroit avec son passe-partout. Que diable faire donc? Mais voilà monsieur le docteur qui passe par ici, il faut que je lui demande un bon conseil sur ce que je dois faire.

SCÈNE II.
LE DOCTEUR, LE BARBOUILLÉ.

LE BARBOUILLÉ.

Je m'en allois vous chercher pour vous faire une prière sur une chose qui m'est d'importance.

---

1. Ce personnage, qui paraît un instant à la scène VII, n'est ni dans la liste du manuscrit, ni dans celle de l'édition de 1819.

LE DOCTEUR.

Il faut que tu sois bien mal appris, bien lourdaud, et bien mal morigéné, mon ami, puisque tu m'abordes sans ôter ton chapeau, sans observer *rationem loci, temporis et personœ*. Quoi! débuter d'abord par un discours mal digéré, au lieu de dire : *Salve, vel salvus sis, doctor doctorum eruditissime.* Hé! pour qui me prends-tu, mon ami?

LE BARBOUILLÉ.

Ma foi, excusez-moi, c'est que j'avois l'esprit en écharpe, et je ne songeois pas à ce que je faisois; mais je sais bien que vous êtes galant homme.

LE DOCTEUR.

Sais-tu d'où vient le mot de galant homme?

LE BARBOUILLÉ.

Qu'il vienne de Villejuif ou d'Aubervilliers, je ne m'en soucie guère.

LE DOCTEUR.

Sache que le mot de galant homme vient d'élégant; prenant le *g* et l'*a* de la dernière syllabe, cela fait *ga*, et puis prenant *l*, ajoutant un *a* et les deux dernières lettres, cela fait *galant*, et puis ajoutant *homme*, cela fait *galant homme*. Mais, encore, pour qui me prends-tu?

LE BARBOUILLÉ

Je vous prends pour un docteur. Or çà, parlons un peu de l'affaire que je vous veux proposer; il faut que vous sachiez...

LE DOCTEUR.

Sache auparavant que je ne suis pas seulement un docteur, mais que je suis une, deux, trois, quatre, cinq, six, sept, huit, neuf et dix fois docteur. 1° Parce que, comme l'unité est la base, le fondement, et le premier de tous les nombres; aussi, moi, je suis le premier de tous les docteurs, le docte des doctes. 2° Parce qu'il y a deux facultés nécessaires pour la parfaite connoissance de toutes choses, le sens et l'entendement; et, comme je suis tout sens et tout entendement, je suis deux fois docteur.

LE BARBOUILLÉ.

D'accord. C'est que...

LE DOCTEUR.

3° Parce que le nombre de trois est celui de la perfection.

SCÈNE II.

selon Aristote; et, comme je suis parfait, et que toutes mes productions le sont aussi, je suis trois fois docteur.

LE BARBOUILLÉ.

Eh bien, monsieur le docteur...

LE DOCTEUR.

4° Parce que la philosophie a quatre parties, la logique, morale, physique, et métaphysique; et comme je les possède toutes quatre, et que je suis parfaitement versé en icelles, je suis quatre fois docteur.

LE BARBOUILLÉ.

Que diable, je n'en doute pas. Écoutez-moi donc.

LE DOCTEUR.

5° Parce qu'il y a cinq universelles : le genre, l'espèce, la différence, le propre et l'accident, sans la connoissance desquels il est impossible de faire aucun bon raisonnement; et, comme je m'en sers avec avantage, et que j'en connois l'utilité, je suis cinq fois docteur.

LE BARBOUILLÉ.

Il faut que j'aie bonne patience.

LE DOCTEUR.

6° Parce que le nombre de six est le nombre du travail; et, comme je travaille incessamment pour ma gloire, je suis six fois docteur.

LE BARBOUILLÉ.

Ho! parle tant que tu voudras.

LE DOCTEUR.

7° Parce que le nombre de sept est le nombre de la félicité; et, comme je possède une parfaite connoissance de tout ce qui peut rendre heureux, et que je le suis en effet par mes talents, je me sens obligé de dire de moi-même : *O ter quatuorque beatum!* 8° Parce que le nombre de huit est le nombre de la justice à cause de l'égalité qui se rencontre en lui, et que la justice et la prudence avec lesquelles je mesure et pèse toutes mes actions me rendent huit fois docteur. 9° Parce qu'il y a neuf Muses, et que je suis également chéri d'elles. 10° Parce que, comme on ne peut passer le nombre de dix sans faire une répétition des autres nombres, et qu'il est le nombre universel; aussi, aussi, quand on m'a trouvé, on a trouvé le docteur universel; je contiens en moi tous les autres docteurs. Ainsi, tu vois, par des raisons plausibles, vraies, démonstratives et convaincantes, que je suis une, deux, trois, quatre, cinq, six, sept, huit, neuf et dix fois docteur.

LE BARBOUILLÉ.

Que diable est-ce ci? je croyois trouver un homme bien savant, qui me donneroit un bon conseil, et je trouve un ramoneur de cheminée qui, au lieu de me parler, s'amuse à jouer à la mourre[1]. Un, deux, trois, quatre; ha, ha, ha! Oh bien! ce n'est pas cela : c'est que je vous prie de m'écouter, et croyez que je ne suis pas un homme à vous faire perdre vos peines, et que, si vous me satisfaisiez sur ce que je veux de vous, je vous donnerai ce que vous voudrez; de l'argent, si vous en voulez.

LE DOCTEUR.

Hé! de l'argent?

LE BARBOUILLÉ.

Oui, de l'argent, et toute autre chose que vous pourriez demander.

LE DOCTEUR, troussant sa robe derrière son cul.

Tu me prends donc pour un homme à qui l'argent fait tout faire, pour un homme attaché à l'intérêt, pour une âme mercenaire? Sache, mon ami, que, quand tu me donnerois une bourse pleine de pistoles, et que cette bourse seroit dans une riche boîte, cette boîte dans un étui précieux, cet étui dans un coffret admirable, ce coffret dans un cabinet curieux, ce cabinet dans une chambre magnifique, cette chambre dans un appartement agréable, cet appartement dans un château pompeux, ce château dans une citadelle incomparable, cette citadelle dans une ville célèbre, cette ville dans une île fertile, cette île dans une province opulente, cette province dans une monarchie florissante, cette monarchie dans tout le monde, et que tu me donnerois le monde où seroit cette monarchie florissante, où seroit cette province opulente, où seroit cette île fertile, où seroit cette ville célèbre, où seroit cette citadelle incomparable, où seroit ce château pompeux, où seroit cet appartement agréable, où seroit

---

1. La mourre, jeu italien, qui consiste à montrer rapidement une partie des doigts levée et l'autre fermée, afin de donner à deviner le nombre de ceux qui sont levés. Le Docteur, en comptant, doit étendre les doigts comme à ce jeu.

cette chambre magnifique, où seroit ce cabinet curieux, où seroit ce coffret admirable, où seroit cet étui précieux, où seroit cette riche boîte dans laquelle seroit enfermée la bourse pleine de pistoles, que je me soucierois aussi peu de ton argent et de toi que de cela. (Il s'en va.)

LE BARBOUILLÉ.

Ma foi, je m'y suis mépris : à cause qu'il est vêtu comme un médecin, j'ai cru qu'il lui falloit parler d'argent; mais puisqu'il n'en veut point, il n'y a rien plus aisé que de le contenter : je m'en vais courir après lui. (Il sort.)

SCÈNE III.

ANGÉLIQUE, VALÈRE, CATHAU.[1]

ANGÉLIQUE.

Monsieur, je vous assure que vous m'obligez beaucoup de me tenir quelquefois compagnie; mon mari est si mal bâti, si débauché, si ivrogne, que ce m'est un supplice d'être avec lui, et je vous laisse à penser quelle satisfaction on peut avoir d'un rustre comme lui.

VALÈRE.

Mademoiselle[1], vous me faites trop d'honneur de me vouloir souffrir, et je vous promets de contribuer de tout mon pouvoir à votre divertissement; et, puisque vous témoignez que ma compagnie ne vous est point désagréable, je vous ferai connoître combien j'ai de joie de la bonne nouvelle que vous m'apprenez, par mes empressements.

CATHAU.

Ah! changez de discours, voyez porte-guignon qui arrive.

SCÈNE IV.

LE BARBOUILLÉ, VALÈRE, ANGÉLIQUE, CATHAU.

VALÈRE.

Mademoiselle, je suis au désespoir de vous apporter de si

---

1. Ce titre se donnait aux femmes mariées de la moyenne noblesse ou de la bonne bourgeoisie.

méchantes nouvelles; mais aussi bien les auriez-vous apprises de quelque autre; et, puisque votre frère est fort malade...

ANGÉLIQUE.

Monsieur, ne m'en dites pas davantage; je suis votre servante et vous rends grâces de la peine que vous avez prise.

LE BARBOUILLÉ.

Ma foi, sans aller chez le notaire, voilà le certificat de mon cocuage. Ha! ha! madame la carogne, je vous trouve avec un homme, après toutes les défenses que je vous ai faites, et vous me voulez envoyer de Gemini en Capricorne!

ANGÉLIQUE.

Eh bien! faut-il gronder pour cela? Ce monsieur vient de m'apprendre que mon frère est bien malade : où est le sujet de querelles?

CATHAU.

Ah! le voilà revenu; je m'étonnois bien si nous aurions long-temps du repos.

LE BARBOUILLÉ.

Vous vous gâteriez, par ma foi, toutes deux, mesdames les carognes; et toi, Cathau, tu corromps ma femme; depuis que tu la sers, elle ne vaut pas la moitié de ce qu'elle valait.

CATHAU.

Vraiment oui, vous nous la baillez bonne.

ANGÉLIQUE.

Laisse là cet ivrogne; ne vois-tu pas qu'il est si soûl qu'il ne sait ce qu'il dit?

SCÈNE V

GORGIBUS, VILLEBREQUIN, ANGÉLIQUE, CATHAU, LE BARBOUILLÉ.

GORGIBUS.

Ne voilà pas encore mon maudit gendre qui querelle ma fille!

VILLEBREQUIN.

Il faut savoir ce que c'est.

GORGIBUS.

Eh quoi! toujours se quereller! vous n'aurez point la paix dans votre ménage?

SCÈNE VI.

LE BARBOUILLÉ.

Cette coquine-là m'appelle ivrogne. (A Angélique.) Tiens, je suis bien tenté de te bailler une quinte majore en présence de tes parents.

GORGIBUS.

Je dédonne[1] au diable l'escarcelle, si vous l'aviez fait.

ANGÉLIQUE.

Mais aussi c'est lui qui commence toujours à...

CATHAU.

Que maudite soit l'heure que vous avez choisi ce grigou!

VILLEBREQUIN.

Allons, taisez-vous; la paix.

SCÈNE VI.

GORGIBUS, VILLEBREQUIN, ANGÉLIQUE, CATHAU, LE BARBOUILLÉ, LE DOCTEUR.

LE DOCTEUR.

Qu'est ceci? quel désordre! quelle querelle! quel grabuge! quel vacarme! quel bruit! quel différend! quelle combustion! Qu'y a-t-il? messieurs, qu'y a-t-il? qu'y a-t-il? Çà, çà, voyons un peu s'il n'y a pas moyen de vous mettre d'accord; que je sois votre pacificateur, que j'apporte l'union chez vous.

GORGIBUS.

C'est mon gendre et ma fille qui ont eu bruit ensemble.

LE DOCTEUR.

Et qu'est-ce que c'est? Voyons, dites-moi un peu la cause de leur différend.

GORGIBUS.

Monsieur...

LE DOCTEUR.

Mais en peu de paroles.

GORGIBUS.

Oui-da; mettez donc votre bonnet.

LE DOCTEUR.

Savez-vous d'où vient le mot bonnet?

---

1. *Sic* dans le manuscrit. L'éditeur de 1819 a supprimé les mots *Je dedonne.*

GORGIBUS.

Nenni.

LE DOCTEUR.

Cela vient de *bonum est,* « bon est, voilà qui est bon », parce qu'il garantit des catarrhes et fluxions.

GORGIBUS.

Ma foi, je ne savois pas cela.

LE DOCTEUR.

Dites donc vite cette querelle.

GORGIBUS.

Voici ce qui est arrivé.

LE DOCTEUR.

Je ne crois pas que vous soyez homme à me tenir longtemps, puisque je vous en prie. J'ai quelques affaires pressantes qui m'appellent à la ville; mais, pour remettre la paix dans votre famille, je veux bien m'arrêter un moment.

GORGIBUS.

J'aurai fait en un moment.

LE DOCTEUR.

Soyez donc bref.

GORGIBUS.

Voilà qui est fait incontinent.

LE DOCTEUR.

Il faut avouer, monsieur Gorgibus, que c'est une belle qualité que de dire les choses en peu de paroles, et que les grands parleurs, au lieu de se faire écouter, se rendent le plus souvent si importuns qu'on ne les entend point; *virtutem primam esse puta compescere linguam.* Oui, la plus belle qualité d'un honnête homme, c'est de parler peu.

GORGIBUS.

Vous saurez donc...

LE DOCTEUR.

Socrates[1] recommandoit trois choses fort soigneusement à ses disciples : la retenue dans les actions, la sobriété dans le manger, et de dire les choses en peu de paroles. Commencez donc, monsieur Gorgibus.

GORGIBUS.

C'est ce que je veux faire.

---

1. Le docteur prononce sans doute *Socratès.*

SCÈNE VI.

LE DOCTEUR.

En peu de mots, sans façon, sans vous amuser à beaucoup de discours, tranchez-moi d'un apophthegme, vite, vite, monsieur Gorgibus, dépêchons, évitez la prolixité.

GORGIBUS.

Laissez-moi donc parler.

LE DOCTEUR.

Monsieur Gorgibus, touchez là, vous parlez trop ; il faut que quelque autre me dise la cause de leur querelle.

VILLEBREQUIN.

Monsieur le docteur, vous saurez que...

LE DOCTEUR.

Vous êtes un ignorant, un indocte, un homme ignare de toutes les bonnes disciplines, un âne en bon françois. Eh quoi! vous commencez la narration sans avoir fait un mot d'exorde! Il faut que quelque autre me conte le désordre. Mademoiselle, contez-moi un peu le détail de ce vacarme.

ANGÉLIQUE.

Voyez-vous bien là mon gros coquin, mon sac à vin de mari?

LE DOCTEUR.

Doucement, s'il vous plaît : parlez avec respect de votre époux quand vous êtes devant la moustache d'un docteur comme moi.

ANGÉLIQUE.

Ah, vraiment oui, docteur! Je me moque bien de vous et de votre doctrine, et je suis docteur quand je veux.

LE DOCTEUR.

Tu es docteur quand tu veux ; mais je pense que tu es un plaisant docteur. Tu as la mine de suivre fort ton caprice : des parties d'oraison, tu n'aimes que la conjonction ; des genres, le masculin ; des déclinaisons, le génitif ; de la syntaxe, *mobile cum fixo ;* et enfin de la quantité, tu n'aimes que le dactyle, *quia constat ex una longa et duabus brevibus.* Venez çà, vous ; dites-moi un peu quelle est la cause, le sujet de votre combustion.

LE BARBOUILLÉ.

Monsieur le docteur...

LE DOCTEUR.

Voilà qui est bien commencé : « Monsieur le docteur », ce mot de docteur a quelque chose de doux à l'oreille, quelque chose plein d'emphase : « Monsieur le docteur » !

LE BARBOUILLÉ.

A la mienne volonté...

LE DOCTEUR.

Voilà qui est bien... « à la mienne volonté ! » La volonté présuppose le souhait, le souhait présuppose des moyens pour arriver à ses fins, et la fin présuppose un objet ; voilà qui est bien... « à la mienne volonté » !

LE BARBOUILLÉ.

J'enrage.

LE DOCTEUR.

Otez-moi ce mot, « j'enrage » ; voilà un terme bas et populaire.

LE BARBOUILLÉ.

Hé ! monsieur le docteur, écoutez-moi, de grâce.

LE DOCTEUR.

Audi, quæso, auroit dit Ciceron.

LE BARBOUILLÉ.

Oh ! ma foi, si se rompt, si se casse, ou si se brise, je ne m'en mets guère en peine ; mais tu m'écouteras, ou je te vais casser ton museau doctoral ; et que diable donc est ceci ?

LE BARBOUILLÉ, ANGÉLIQUE, GORGIBUS, CATHAU, VILLE-BREQUIN, parlent tous à la fois, voulant dire la cause de la querelle, et LE DOCTEUR aussi, disant que la paix est une belle chose, et font un bruit confus de leurs voix ; et pendant tout le bruit, le Barbouillé attache le Docteur par le pied et le fait tomber ; le Docteur se doit laisser tomber sur le dos ; le Barbouillé l'entraîne par la corde qu'il lui a attachée au pied, et, en l'entraînant, le Docteur doit toujours parler, et compte par ses doigts toutes ses raisons, comme s'il n'étoit point à terre. Alors qu'il ne paroît plus :

GORGIBUS.

Allons, ma fille, retirez-vous chez vous, et vivez bien avec votre mari.

VILLEBREQUIN.

Adieu, serviteur et bonsoir.

(Villebrequin, Gorgibus et Angélique s'en vont.)

SCÈNE VII.
VALÈRE, LA VALLÉE.

VALÈRE.
Monsieur, je vous suis obligé du soin que vous avez pris, et je vous promets de me rendre à l'assignation que vous me donnez, dans une heure.

LA VALLÉE.
Cela ne peut se différer; et si vous tardez d'un quart d'heure, le bal sera fini dans un moment, et vous n'aurez pas le bien d'y voir celle que vous aimez, si vous n'y venez tout présentement.

VALÈRE.
Allons donc ensemble de ce pas.

(Ils s'en vont.)

SCÈNE VIII.
ANGÉLIQUE, seule.

Cependant que mon mari n'y est pas, je vais faire un tour à un bal que donne une de mes voisines. Je serai revenue auparavant lui, car il est quelque part au cabaret; il ne s'apercevra pas que je suis sortie. Ce maroufle-là me laisse toute seule à la maison, comme si j'étois son chien. (Elle s'en va.)

SCÈNE IX.
LE BARBOUILLÉ, seul.

Je savois bien que j'aurois raison de ce diable de docteur et de sa fichue doctrine. Au diable l'ignorant! j'ai bien renvoyé toute la science par terre. Il faut pourtant que j'aille un peu voir si notre bonne ménagère m'aura fait à souper. (Il sort.)

SCÈNE X.
ANGÉLIQUE, seule.

Que je suis malheureuse! j'ai été trop tard, l'assemblée est finie : je suis arrivée justement comme tout le monde sortoit;

mais il n'importe, ce sera pour une autre fois. Je m'en vais cependant au logis comme si de rien n'étoit. Mais la porte est fermée. Cathau, Cathau !

SCÈNE XI.

LE BARBOUILLÉ, à la fenêtre, ANGÉLIQUE.

LE BARBOUILLÉ.

Cathau, Cathau ! Eh bien ! qu'a-t-elle fait, Cathau ? et d'où venez-vous, madame la carogne, à l'heure qu'il est, et par le temps qu'il fait ?

ANGÉLIQUE.

D'où je viens ? Ouvre-moi seulement, et je te le dirai après.

LE BARBOUILLÉ.

Oui ? Ah ! ma foi, tu peux aller coucher d'où tu viens, ou, si tu l'aimes mieux, dans la rue ; je n'ouvre point à une coureuse comme toi. Comment, diable ! être toute seule à l'heure qu'il est ! Je ne sais si c'est imagination, mais mon front m'en paroît plus rude de moitié.

ANGÉLIQUE.

Eh bien ! pour être toute seule, qu'en veux-tu dire ? Tu me querelles quand je suis en compagnie : comment faut-il donc faire ?

LE BARBOUILLÉ.

Il faut être retirée à la maison, donner ordre au souper, avoir soin du ménage, des enfants ; mais, sans tant de discours inutiles, adieu, bonsoir, va-t'en au diable, et me laisse en repos.

ANGÉLIQUE.

Tu ne veux pas m'ouvrir ?

LE BARBOUILLÉ.

Non, je n'ouvrirai pas.

ANGÉLIQUE.

Hé ! mon pauvre petit mari, je t'en prie, ouvre-moi, mon cher petit cœur.

LE BARBOUILLÉ.

Ah ! crocodile ! ah ! serpent dangereux ! tu me caresses pour me trahir.

LA JALOUSIE DU BARBOUILLÉ.

Garnier frères, Éditeurs.

SCÈNE XI.

ANGÉLIQUE.

Ouvre, ouvre donc.

LE BARBOUILLÉ.

Adieu, *vade retro, Satanas!*

ANGÉLIQUE.

Quoi! tu ne m'ouvriras point?

LE BARBOUILLÉ

Non.

ANGÉLIQUE.

Tu n'as point de pitié de ta femme, qui t'aime tant?

LE BARBOUILLÉ.

Non, je suis inflexible; tu m'as offensé, je suis vindicatif comme tous les diables, c'est-à-dire bien fort; je suis inexorable.

ANGÉLIQUE.

Sais-tu bien que si tu me pousses à bout, et que tu me mettes en colère, je ferai quelque chose dont tu te repentiras?

LE BARBOUILLÉ.

Et que feras-tu, bonne chienne?

ANGÉLIQUE.

Tiens, si tu ne m'ouvres, je m'en vais me tuer devant la porte; mes parents, qui sans doute viendront ici auparavant de se coucher, pour savoir si nous sommes bien ensemble, me trouveront morte, et tu seras pendu.

LE BARBOUILLÉ.

Ah, ah, ah, ah, la bonne bête! et qui y perdra le plus de nous deux? Va, va, tu n'es pas si sotte que de faire ce coup-là.

ANGÉLIQUE.

Tu ne le crois donc pas? Tiens, tiens, voilà mon couteau tout prêt; si tu ne m'ouvres, je m'en vais tout à cette heure m'en donner dans le cœur.

LE BARBOUILLÉ.

Prends garde, voilà qui est bien pointu.

ANGÉLIQUE.

Tu ne veux donc pas m'ouvrir?

LE BARBOUILLÉ.

Je t'ai déjà dit vingt fois que je n'ouvrirai point; tue-toi, crève, va-t'en au diable, je ne m'en soucie pas.

ANGÉLIQUE, faisant semblant de se frapper.

Adieu donc... Ay! je suis morte.

LE BARBOUILLÉ.

Seroit-elle bien assez sotte pour avoir fait ce coup-là? Il faut que je descende avec la chandelle pour aller voir.

ANGÉLIQUE.

Il faut que je t'attrape. Si je peux entrer dans la maison subtilement cependant que tu me chercheras, chacun aura bien son tour.

LE BARBOUILLÉ.

Eh bien! ne savois-je pas bien qu'elle n'étoit pas si sotte? Elle est morte, et si elle court comme le cheval de Pacolet [1]. Ma foi, elle m'avoit fait peur tout de bon. Elle a bien fait de gagner au pied, car, si je l'eusse trouvée en vie, après m'avoir fait cette frayeur-là, je lui aurois apostrophé cinq ou six clystères de coups de pied dans le cul, pour lui apprendre à faire la bête. Je m'en vais me coucher cependant. Oh! oh! je pense que le vent a fermé la porte. Hé! Cathau, Cathau, ouvre-moi.

ANGÉLIQUE.

Cathau! Cathau! Eh bien! qu'a-t-elle fait, Cathau? et d'où venez-vous, monsieur l'ivrogne? Ah! vraiment, va, mes parents, qui vont venir dans un moment, sauront tes vérités. Sac à vin infâme, tu ne bouges du cabaret, et tu laisses une pauvre femme avec des petits enfants, sans savoir s'ils ont besoin de quelque chose, à croquer le marmot tout le long du jour.

LE BARBOUILLÉ.

Ouvre vite, diablesse que tu es, ou je te casserai la tête.

SCÈNE XII.

GORGIBUS, VILLEBREQUIN, ANGÉLIQUE, LE BARBOUILLÉ.

GORGIBUS.

Qu'est ceci? toujours de la dispute, de la querelle, et de la dissension!

---

1. C'est dans le vieux roman qui a pour titre *Valentin et Orson* que l'on trouve le cheval de Pacolet, monture enchantée qui faisait franchir à son cavalier des distances prodigieuses avec la célérité de l'éclair.

SCÈNE XIII.

VILLEBREQUIN.

Et quoi! vous ne serez jamais d'accord?

ANGÉLIQUE.

Mais voyez un peu, le voilà qui est soûl, et revient, à l'heure qu'il est, faire un vacarme horrible; il me menace.

GORGIBUS.

Mais aussi ce n'est pas là l'heure de revenir. Ne devriez-vous pas, comme un bon père de famille, vous retirer de bonne heure, et bien vivre avec votre femme?

LE BARBOUILLÉ.

Je me donne au diable si j'ai sorti de la maison, et demandez plutôt à ces messieurs qui sont là-bas dans le parterre : c'est elle qui ne fait que de revenir. Ah! que l'innocence est opprimée!

VILLEBREQUIN.

Çà, çà, allons, accordez-vous; demandez-lui pardon.

LE BARBOUILLÉ.

Moi, pardon! j'aimerois mieux que le diable l'eût emportée. Je suis dans une colère que je ne me sens pas.

GORGIBUS.

Allons, ma fille, embrassez votre mari, et soyez bons amis.

SCÈNE XIII.

LE DOCTEUR, à la fenêtre, en bonnet de nuit et en camisole;
**LE BARBOUILLÉ, VILLEBREQUIN,
GORGIBUS, ANGÉLIQUE.**

LE DOCTEUR.

Eh quoi! toujours du bruit, du désordre, de la dissension, des querelles, des débats, des différends, des combustions, des altercations éternelles? Qu'est-ce? qu'y a-t-il donc? On ne sauroit avoir du repos.

VILLEBREQUIN.

Ce n'est rien, monsieur le docteur, tout le monde est d'accord.

LE DOCTEUR.

A propos d'accord, voulez-vous que je vous lise un chapitre d'Aristote, où il prouve que toutes les parties de l'univers ne subsistent que par l'accord qui est entre elles?

VILLEBREQUIN.

Cela est-il bien long?

LE DOCTEUR.

Non, cela n'est pas long; cela contient environ soixante ou quatre-vingts pages.

VILLEBREQUIN.

Adieu, bonsoir; nous vous remercions.

GORGIBUS.

Il n'en est pas de besoin.

LE DOCTEUR.

Vous ne le voulez pas?

GORGIBUS.

Non.

LE DOCTEUR.

Adieu donc, puisque ainsi est; bonsoir : *latine, bona nox.*

VILLEBREQUIN.

Allons-nous-en souper ensemble, nous autres.

FIN DE LA JALOUSIE DU BARBOUILLÉ.

LE MÉDECIN VOLANT.

PERSONNAGES.

VALÈRE, amant de Lucile.
SABINE, cousine de Lucile.
SGANARELLE, valet de Valère.
GORGIBUS, père de Lucile.
GROS-RENÉ, valet de Gorgibus[1].
LUCILE, fille de Gorgibus.
UN AVOCAT.

SCÈNE PREMIÈRE.

VALÈRE, SABINE.

VALÈRE.

Eh bien, Sabine, quel conseil me donneras-tu?

SABINE.

Vraiment, il y a bien des nouvelles. Mon oncle veut résolûment que ma cousine épouse Villebrequin, et les affaires sont tellement avancées que je crois qu'ils eussent été mariés dès aujourd'hui si vous n'étiez aimé; mais, comme ma cousine m'a confié le secret de l'amour qu'elle vous porte, et que nous nous sommes vues à l'extrémité par l'avarice de mon vilain oncle, nous nous sommes avisées d'une bonne invention pour différer le mariage. C'est que ma cousine, dès l'heure que je vous parle, contrefait la malade; et le bon vieillard, qui est assez crédule, m'envoie quérir un médecin. Si vous en pouviez envoyer quel-

---

1. René Berthelot, dit Duparc. Il faisait partie de la troupe de Molière à Lyon, avec sa femme Mlle Duparc (née Marquise-Thérèse de Gorla). Molière avait, à Lyon, signé à leur contrat de mariage, le 19 février 1653.

qu'un qui fût de vos bons amis, et qui fût de notre intelligence, il conseilleroit à la malade de prendre l'air à la campagne. Le bonhomme ne manquera pas de faire loger ma cousine à ce pavillon qui est au bout de notre jardin, et, par ce moyen, vous pourriez l'entretenir à l'insu de notre vieillard, l'épouser, et le laisser pester tout son soûl avec Villebrequin.

VALÈRE.

Mais le moyen de trouver sitôt un médecin à ma poste, et qui voulût tant hasarder pour mon service! Je te le dis franchement, je n'en connois pas un.

SABINE.

Je songe une chose; si vous faisiez habiller votre valet en médecin : il n'y a rien de si facile à duper que le bonhomme.

VALÈRE.

C'est un lourdaud qui gâtera tout; mais il faut s'en servir, faute d'autre. Adieu, je le vais chercher. Où diable trouver ce maroufle à présent? Mais le voici tout à propos.

SCÈNE II.

VALÈRE, SGANARELLE.

VALÈRE.

Ah! mon pauvre Sganarelle, que j'ai de joie de te voir! J'ai besoin de toi dans une affaire de conséquence; mais, comme je ne sais pas ce que tu sais faire...

SGANARELLE.

Ce que je sais faire, monsieur? Employez-moi seulement en vos affaires de conséquence, en quelque chose d'importance : par exemple, envoyez-moi voir quelle heure il est à une horloge, voir combien le beurre vaut au marché, abreuver un cheval; c'est alors que vous connoîtrez ce que je sais faire.

VALÈRE.

Ce n'est pas cela; c'est qu'il faut que tu contrefasses le médecin.

SGANARELLE.

Moi, médecin, monsieur! Je suis prêt à faire tout ce qu'il vous plaira; mais, pour faire le médecin, je suis assez votre serviteur pour n'en rien faire du tout ; et par quel bout m'y prendre, bon Dieu ? Ma foi, monsieur, vous vous moquez de moi !

VALÈRE.

Si tu veux entreprendre cela, va, je te donnerai dix pistoles.

SGANARELLE.

Ah ! pour dix pistoles, je ne dis pas que je ne sois médecin : car, voyez-vous bien, monsieur, je n'ai pas l'esprit tant, tant subtil pour vous dire la vérité. Mais, quand je serai médecin, où irai-je ?

VALÈRE.

Chez le bonhomme Gorgibus, voir sa fille qui est malade ; mais tu es un lourdaud qui, au lieu de bien faire, pourrois bien...

SGANARELLE.

Hé ! mon Dieu, monsieur, ne soyez point en peine ; je vous réponds que je ferai aussi bien mourir une personne qu'aucun médecin qui soit dans la ville. On dit un proverbe, d'ordinaire : *Après la mort le médecin;* mais vous verrez que, si je m'en mêle, on dira : *Après le médecin gare la mort!* Mais, néanmoins, quand je songe, cela est bien difficile de faire le médecin ; et si je ne fais rien qui vaille ?

VALÈRE.

Il n'y a rien de si facile en cette rencontre ; Gorgibus est un homme simple, grossier, qui se laissera étourdir de ton discours, pourvu que tu parles d'Hippocrate et de Galien, et que tu sois un peu effronté.

SGANARELLE.

C'est-à-dire qu'il lui faudra parler philosophie, mathématique. Laissez-moi faire ; s'il est un homme facile, comme vous le dites, je vous réponds de tout ; venez seulement me faire avoir un habit de médecin, et m'instruire de ce qu'il faut faire, et me donner mes licences, qui sont les dix pistoles promises.

(Valère et Sganarelle s'en vont.)

SCÈNE III.

GORGIBUS, GROS-RENÉ.

GORGIBUS.

Allez vitement chercher un médecin, car ma fille est bien malade, et dépêchez-vous.

GROS-RENÉ.

Que diable aussi! pourquoi vouloir donner votre fille à un vieillard? Croyez-vous que ce ne soit pas le désir qu'elle a d'avoir un jeune homme qui la travaille? Voyez-vous la connexité qu'il y a, etc. (*galimatias*) [1].

GORGIBUS.

Va-t'en vite; je vois bien que cette maladie-là reculera bien les noces.

GROS-RENÉ.

Et c'est ce qui me fait enrager; je croyois refaire mon ventre d'une bonne carrelure, et m'en voilà sevré. Je m'en vais chercher un médecin pour moi, aussi bien que pour votre fille; je suis désespéré. (Il sort.)

SCÈNE IV.

SABINE, GORGIBUS, SGANARELLE.

SABINE.

Je vous trouve à propos, mon oncle, pour vous apprendre une bonne nouvelle. Je vous amène le plus habile médecin du monde, un homme qui vient des pays étrangers, qui sait les plus beaux secrets, et qui sans doute guérira ma cousine. On me l'a indiqué par bonheur, et je vous l'amène. Il est si savant que je voudrois de bon cœur être malade, afin qu'il me guérît.

GORGIBUS.

Où est-il donc?

SABINE.

Le voilà qui me suit; tenez, le voilà!

GORGIBUS.

Très humble serviteur à monsieur le médecin. Je vous envoie quérir pour voir ma fille, qui est malade; je mets toute mon espérance en vous.

SGANARELLE.

Hippocrate dit, et Galien, par vives raisons, persuade qu'une personne ne se porte pas bien quand elle est malade. Vous avez raison de mettre votre espérance en moi, car je suis le plus

---

1. Gros-René, lorsqu'il parlera en vers dans *le Dépit amoureux*, aura encore une remarquable aptitude pour ce genre de plaisanterie, qui n'est ici qu'indiqué.

grand, le plus habile, le plus docte médecin qui soit dans la Faculté végétable, sensitive et minérale.

GORGIBUS.

J'en suis fort ravi.

SGANARELLE.

Ne vous imaginez pas que je sois un médecin ordinaire, un médecin du commun. Tous les autres médecins ne sont, à mon égard, que des avortons de médecine. J'ai des talents particuliers, j'ai des secrets. Salamalec, salamalec. « Rodrigue, as-tu du cœur? » *Signor, si; segnor, non. Per omnia sæcula sæculorum.* Mais encore voyons un peu.

SABINE.

Eh! ce n'est pas lui qui est malade, c'est sa fille.

SGANARELLE.

Il n'importe; le sang du père et de la fille ne sont qu'une même chose; et par l'altération de celui du père, je puis connoître la maladie de la fille. Monsieur Gorgibus, y auroit-il moyen de voir de l'urine de l'égrotante [1]?

GORGIBUS.

Oui-da; Sabine, vite allez quérir de l'urine de ma fille. (Sabine sort.) Monsieur le médecin, j'ai grand'peur qu'elle ne meure.

SGANARELLE.

Ah! qu'elle s'en garde bien! Il ne faut pas qu'elle s'amuse à se laisser mourir sans l'ordonnance du médecin. (Sabine rentre.) Voilà de l'urine qui marque grande chaleur, grande inflammation dans les intestins; elle n'est pas tant mauvaise pourtant.

GORGIBUS.

Eh quoi! monsieur, vous l'avalez?

SGANARELLE.

Ne vous étonnez pas de cela; les médecins, d'ordinaire, se contentent de la regarder; mais moi, qui suis un médecin hors du commun, je l'avale, parce qu'avec le goût je discerne bien mieux la cause et les suites de la maladie; mais, à vous dire la vérité, il y en avoit trop peu pour asseoir un bon jugement: qu'on la fasse encore pisser.

SABINE sort et revient.

J'ai bien eu de la peine à la faire pisser.

---

1. Toute cette fin de scène a été omise à la représentation du 15 janvier 1866.

SGANARELLE.

Que cela! voilà bien de quoi! Faites-la pisser copieusement, copieusement. Si tous les malades pissent de la sorte, je veux être médecin toute ma vie.

SABINE sort et revient.

Voilà tout ce qu'on peut avoir; elle ne peut pas pisser davantage.

SGANARELLE.

Quoi! monsieur Gorgibus, votre fille ne pisse que des gouttes? Voilà une pauvre pisseuse que votre fille; je vois bien qu'il faudra que je lui ordonne une potion pissative. N'y auroit-il pas moyen de voir la malade?

SABINE.

Elle est levée; si vous voulez, je la ferai venir.

SCÈNE V.

SABINE, GORGIBUS, SGANARELLE, LUCILE.

SGANARELLE.

Eh bien! mademoiselle, vous êtes malade?

LUCILE.

Oui, monsieur.

SGANARELLE.

Tant pis! C'est une marque que vous ne vous portez pas bien. Sentez-vous de grandes douleurs à la tête, aux reins?

LUCILE.

Oui, monsieur.

SGANARELLE.

C'est fort bien fait. Ovide, ce grand médecin, au chapitre qu'il a fait de la nature des animaux, dit... cent belles choses; et, comme les humeurs qui ont de la connexité ont beaucoup de rapport: car, par exemple, comme la mélancolie est ennemie de la joie, et que la bile qui se répand par le corps nous fait devenir jaunes, et qu'il n'est rien plus contraire à la santé que la maladie, nous pouvons dire, avec ce grand homme, que votre fille est fort malade. Il faut que je vous fasse une ordonnance.

GORGIBUS.

Vite une table, du papier, de l'encre.

SCÈNE VII.

SGANARELLE.

Y a-t-il ici quelqu'un qui sache écrire?

GORGIBUS.

Est-ce que vous ne le savez point?

SGANARELLE.

Ah! je ne m'en souvenois pas; j'ai tant d'affaires dans la tête que j'oublie la moitié... Je crois qu'il seroit nécessaire que votre fille prît un peu l'air, qu'elle se divertît à la campagne.

GORGIBUS.

Nous avons un fort beau jardin, et quelques chambres qui y répondent; si vous le trouvez à propos, je l'y ferai loger.

SGANARELLE.

Allons, allons visiter les lieux. (Ils sortent tous.)

SCÈNE VI.

L'AVOCAT.

J'ai ouï dire que la fille de monsieur Gorgibus étoit malade; il faut que je m'informe de sa santé, et que je lui offre mes services comme ami de toute sa famille. Holà! holà! monsieur Gorgibus y est-il?

SCÈNE VII.

GORGIBUS, L'AVOCAT.

GORGIBUS.

Monsieur, votre très humble, etc.

L'AVOCAT.

Ayant appris la maladie de mademoiselle votre fille, je vous suis venu témoigner la part que j'y prends, et vous faire offre de tout ce qui dépend de moi.

GORGIBUS.

J'étois là dedans avec le plus savant homme!

L'AVOCAT.

N'y auroit-il pas moyen de l'entretenir un moment?

SCÈNE VIII.

GORGIBUS, L'AVOCAT, SGANARELLE.

GORGIBUS.

Monsieur, voilà un fort habile homme de mes amis, qui souhaiteroit de vous parler et vous entretenir.

SGANARELLE.

Je n'ai pas le loisir, monsieur Gorgibus; il faut aller à mes malades. Je ne prendrai pas la droite avec vous, monsieur.

L'AVOCAT.

Monsieur, après ce que m'a dit monsieur Gorgibus de votre mérite et de votre savoir, j'ai eu la plus grande passion du monde d'avoir l'honneur de votre connoissance, et j'ai pris la liberté de vous saluer à ce dessein; je crois que vous ne le trouverez pas mauvais. Il faut avouer que ceux qui excellent en quelque science sont dignes de grande louange, et particulièrement ceux qui font profession de la médecine, tant à cause de son utilité que parce qu'elle contient en elle plusieurs autres sciences, ce qui rend sa parfaite connoissance fort difficile; et c'est fort à propos qu'Hippocrate dit dans son premier aphorisme : *Vita brevis, ars verò longa, occasio autem prœceps, experimentum periculosum, judicium difficile.*

SGANARELLE, à Gorgibus.

Ficile tantina pota baril cambustibus.

L'AVOCAT.

Vous n'êtes pas de ces médecins qui ne vous appliquez qu'à la médecine qu'on appelle rationale ou dogmatique, et je crois que vous l'exercez tous les jours avec beaucoup de succès, *experientia magistra rerum.* Les premiers hommes qui firent profession de la médecine furent tellement estimés d'avoir cette belle science, qu'on les mit au nombre des dieux pour les belles cures qu'ils faisoient tous les jours. Ce n'est pas qu'on doive mépriser un médecin qui n'auroit pas rendu la santé à son malade, puisqu'elle ne dépend pas absolument de ses remèdes, ni de son savoir ; *interdum docta plus valet arte malum.* Monsieur, j'ai peur de vous être importun : je prends congé de vous, dans l'espérance que j'ai qu'à la première vue j'aurai l'honneur de converser avec vous avec plus de loisir. Vos heures vous sont précieuses, etc. (Il sort.)

GORGIBUS.

Que vous semble de cet homme-là?

SGANARELLE.

Il sait quelque petite chose. S'il fût demeuré tant soit peu davantage, je l'allois mettre sur une matière sublime et relevée. Cependant je prends congé de vous. (Gorgibus lui donne de l'argent.) Hé! que voulez-vous faire?

GORGIBUS.

Je sais bien ce que je vous dois.

SGANARELLE.

Vous vous moquez, monsieur Gorgibus. Je n'en prendrai pas, je ne suis pas un homme mercenaire. (Il prend l'argent.) Votre très humble serviteur. (Sganarelle sort, et Gorgibus rentre dans sa maison.)

SCÈNE IX.

VALÈRE.

Je ne sais ce qu'aura fait Sganarelle : je n'ai point eu de ses nouvelles, et je suis fort en peine où je le pourrois rencontrer. (Sganarelle revient en habit de valet.) Mais bon, le voici. Hé bien! Sganarelle, qu'as-tu fait depuis que je ne t'ai point vu?

SCÈNE X.

VALÈRE, SGANARELLE.

SGANARELLE.

Merveille sur merveille; j'ai si bien fait, que Gorgibus me prend pour un habile médecin. Je me suis introduit chez lui, et lui ai conseillé de faire prendre l'air à sa fille, laquelle est à présent dans un appartement qui est au bout de leur jardin, tellement qu'elle est fort éloignée du vieillard, et que vous pouvez l'aller voir commodément.

VALÈRE.

Ah! que tu me donnes de joie! Sans perdre de temps, je la vais trouver de ce pas. (Il sort.)

SGANARELLE.

Il faut avouer que ce bonhomme Gorgibus est un vrai lourdaud de se laisser tromper de la sorte. (Apercevant Gorgibus.) Ah! ma foi, tout est perdu; c'est à ce coup que voilà la médecine renversée; mais il faut que je le trompe.

SCÈNE XI.
SGANARELLE, GORGIBUS.

GORGIBUS.

Bonjour, monsieur.

SGANARELLE.

Monsieur, votre serviteur; vous voyez un pauvre garçon au désespoir : ne connoissez-vous pas un médecin qui est arrivé depuis peu en cette ville, qui fait des cures admirables?

GORGIBUS.

Oui, je le connois; il vient de sortir de chez moi.

SGANARELLE.

Je suis son frère, monsieur : nous sommes gémeaux; et, comme nous nous ressemblons fort, on nous prend quelquefois l'un pour l'autre.

GORGIBUS.

Je dédonne au diable[1] si je n'y ai été trompé. Et comme vous nommez-vous?

SGANARELLE.

Narcisse, monsieur, pour vous rendre service. Il faut que vous sachiez qu'étant dans son cabinet j'ai répandu deux fioles d'essence qui étoient sur le bout de sa table; aussitôt il s'est mis dans une colère si étrange contre moi qu'il m'a mis hors du logis, et ne me veut plus jamais voir, tellement que je suis un pauvre garçon à présent sans appui, sans support, sans aucune connoissance.

GORGIBUS.

Allez, je ferai votre paix; je suis de ses amis, et je vous promets de vous remettre avec lui; je lui parlerai d'abord que je le verrai.

---

1. Adoucissement du juron, qu'on trouve aussi dans *la Jalousie du Barbouille*, scène v

SCÈNE XII.

SGANARELLE.

Je vous serai bien obligé, monsieur Gorgibus. (Il sort et rentre aussitôt avec sa robe de médecin.)

SCÈNE XII.

SGANARELLE, GORGIBUS.

SGANARELLE.

Il faut avouer que quand les malades ne veulent pas suivre l'avis du médecin, et qu'ils s'abandonnent à la débauche, que...

GORGIBUS.

Monsieur le médecin, votre très humble serviteur. Je vous demande une grâce.

SGANARELLE.

Qu'y a-t-il, monsieur? Est-il question de vous rendre service?

GORGIBUS.

Monsieur, je viens de rencontrer monsieur votre frère qui est tout à fait fâché de...

SGANARELLE.

C'est un coquin, monsieur Gorgibus.

GORGIBUS.

Je vous réponds qu'il est tellement contrit de vous avoir mis en colère...

SGANARELLE.

C'est un ivrogne, monsieur Gorgibus.

GORGIBUS.

Eh! monsieur, vous voulez désespérer ce pauvre garçon.

SGANARELLE.

Qu'on ne m'en parle plus; mais voyez l'impudence de ce coquin-là, de vous aller trouver pour faire son accord; je vous prie de ne m'en pas parler.

GORGIBUS.

Au nom de Dieu, monsieur le médecin, et faites cela pour l'amour de moi. Si je suis capable de vous obliger en autre chose, je le ferai de bon cœur. Je m'y suis engagé, et...

SGANARELLE.

Vous m'en priez avec tant d'instance que, quoique j'eusse fait serment de ne lui pardonner jamais, allez, touchez là, je lui pardonne. Je vous assure que je me fais grande violence, et qu'il faut que j'aie bien de la complaisance pour vous. Adieu, monsieur Gorgibus.

GORGIBUS.

Monsieur, votre très humble serviteur : je m'en vais chercher ce pauvre garçon pour lui apprendre cette bonne nouvelle. (Gorgibus rentre dans sa maison, et Sganarelle s'en va.)

SCÈNE XIII.
VALÈRE, SGANARELLE.

VALÈRE.

Il faut que j'avoue que je n'eusse jamais cru que Sganarell se fût si bien acquitté de son devoir. (Sganarelle rentre avec ses habits de valet.) Ah! mon pauvre garçon, que je t'ai d'obligation! que j'ai de joie! et que...

SGANARELLE.

Ma foi, vous parlez fort à votre aise. Gorgibus m'a rencontré; et, sans une invention que j'ai trouvée, toute la mèche étoit découverte. (Apercevant Gorgibus.) Mais fuyez-vous-en, le voici. (Valère sort.)

SCÈNE XIV.
GORGIBUS, SGANARELLE.

GORGIBUS.

Je vous cherchois partout pour vous dire que j'ai parlé à votre frère : il m'a assuré qu'il vous pardonnoit; mais, pour en être plus assuré, je veux qu'il vous embrasse en ma présence; entrez dans mon logis, et je l'irai chercher.

SGANARELLE.

Ah! monsieur Gorgibus, je ne crois pas que vous le trouviez à présent; et puis je ne resterai pas chez vous : je crains trop sa colère.

GORGIBUS.

Ah! vous demeurerez, car je vous enfermerai. Je m'en vais à présent chercher votre frère; ne craignez rien, je vous réponds qu'il n'est plus fâché. (Il sort.)

SGANARELLE, de la fenêtre.

Ma foi, me voilà attrapé ce coup-là; il n'y a plus moyen de

m'en échapper. Le nuage est fort épais, et j'ai bien peur que, s'il vient à crever, il ne grêle sur mon dos force coups de bâton, ou que, par quelque ordonnance plus forte que toutes celles des médecins, on ne m'applique tout au moins un cautère royal sur les épaules. Mes affaires vont mal ; mais pourquoi se désespérer? puisque j'ai tant fait, poussons la fourbe jusques au bout. Oui, oui, il en faut encore sortir, et faire voir que Sganarelle est le roi des fourbes. (Il saute par la fenêtre et s'en va.)

SCÈNE XV.

GROS-RENÉ, GORGIBUS, SGANARELLE.

GROS-RENÉ.

Ah! ma foi, voilà qui est drôle! comme diable on saute ici par les fenêtres! Il faut que je demeure ici, et que je voie à quoi tout cela aboutira.

GORGIBUS.

Je ne saurois trouver ce médecin ; je ne sais où diable il s'est caché. (Apercevant Sganarelle, qui revient en habit de médecin.) Mais le voici. Monsieur, ce n'est pas assez d'avoir pardonné à votre frère ; je vous prie, pour ma satisfaction, de l'embrasser : il est chez moi, et je vous cherchois partout pour vous prier de faire cet accord en ma présence.

SGANARELLE.

Vous vous moquez, monsieur Gorgibus; n'est-ce pas assez que je lui pardonne? Je ne le veux jamais voir.

GORGIBUS.

Mais, monsieur, pour l'amour de moi.

SGANARELLE.

Je ne vous saurois rien refuser : dites-lui qu'il descende. (Pendant que Gorgibus entre dans la maison par la porte, Sganarelle y rentre par la fenêtre.)

GORGIBUS, à la fenêtre.

Voilà votre frère qui vous attend là-bas : il m'a promis qu'il fera tout ce que vous voudrez.

SGANARELLE, à la fenêtre.

Monsieur Gorgibus, je vous prie de le faire venir ici; je vous conjure que ce soit en particulier que je lui demande pardon, parce que sans doute il me feroit cent hontes et cent opprobres, devant tout le monde. (Gorgibus sort de sa maison par la porte, et Sganarelle par la fenêtre.)

GORGIBUS.

Oui-da, je m'en vais lui dire... Monsieur, il dit qu'il est honteux, et qu'il vous prie d'entrer, afin qu'il vous demande pardon en particulier. Voilà la clef, vous pouvez entrer; je vous supplie de ne me pas refuser, et de me donner ce contentement.

SGANARELLE.

Il n'y a rien que je ne fasse pour votre satisfaction : vous allez entendre de quelle manière je le vais traiter. (A la fenêtre.) Ah! te voilà, coquin. — Monsieur mon frère, je vous demande pardon, je vous promets qu'il n'y a pas de ma faute. — Il n'y a point de ta faute, pilier de débauche, coquin? Va, je t'apprendrai à vivre. Avoir la hardiesse d'importuner M. Gorgibus, de lui rompre la tête de ses sottises. — Monsieur mon frère... — Tais-toi, te dis-je. — Je ne vous désoblig... — Tais-toi, coquin.

GROS-RENÉ.

Qui diable pensez-vous qui soit chez vous à présent?

GORGIBUS.

C'est le médecin et Narcisse son frère; ils avoient quelque différend, et ils font leur accord.

GROS-RENÉ.

Le diable emporte! ils ne sont qu'un.

SGANARELLE, à la fenêtre.

Ivrogne que tu es, je t'apprendrai à vivre. Comme il baisse la vue! il voit bien qu'il a failli, le pendard. Ah! l'hypocrite, comme il fait le bon apôtre!

GROS-RENÉ.

Monsieur, dites-lui un peu par plaisir qu'il fasse mettre son frère à la fenêtre.

GORGIBUS.

Oui-da... Monsieur le médecin, je vous prie de faire paroître votre frère à la fenêtre.

SGANARELLE, de la fenêtre.

Il est indigne de la vue des gens d'honneur, et puis je ne le saurois souffrir auprès de moi.

GORGIBUS.

Monsieur, ne me refusez pas cette grâce, après toutes celles que vous m'avez faites.

SCÈNE XV.

SGANARELLE, de la fenêtre.

En vérité, monsieur Gorgibus, vous avez un tel pouvoir sur moi que je ne vous puis rien refuser. Montre-toi, coquin. (Après avoir disparu un moment, il se remontre en habit de valet.) Monsieur Gorgibus, je suis votre obligé. (Il disparoît encore, et reparoît aussitôt en robe de médecin.) Eh bien! avez-vous cette image de la débauche?

GROS-RENÉ.

Ma foi, ils ne sont qu'un; et, pour vous le prouver, dites-lui un peu que vous les voulez voir ensemble.

GORGIBUS.

Mais faites-moi la grâce de le faire paroître avec vous, et de l'embrasser devant moi à la fenêtre.

SGANARELLE, de la fenêtre.

C'est une chose que je refuserois à tout autre qu'à vous; mais, pour vous montrer que je veux tout faire pour l'amour de vous, je m'y résous, quoique avec peine, et veux auparavant qu'il vous demande pardon de toutes les peines qu'il vous a données. — Oui, monsieur Gorgibus, je vous demande pardon de vous avoir tant importuné, et vous promets, mon frère, en présence de monsieur Gorgibus que voilà, de faire si bien désormais que vous n'aurez plus lieu de vous plaindre, vous priant de ne plus songer à ce qui s'est passé. (Il embrasse son chapeau et sa fraise, qu'il a mis au bout de son coude.)

GORGIBUS.

Eh bien! ne les voilà pas tous deux?

GROS-RENÉ.

Ah! par ma foi, il est sorcier.

SGANARELLE, sortant de la maison, en médecin.

Monsieur, voilà la clef de votre maison, que je vous rends: je n'ai pas voulu que ce coquin soit descendu avec moi, parce qu'il me fait honte; je ne voudrois pas qu'on le vît en ma compagnie, dans la ville où je suis en quelque réputation. Vous irez le faire sortir quand bon vous semblera. Je vous donne le bonjour, et suis votre, etc. (Il feint de s'en aller, et, après avoir mis bas sa robe, rentre dans la maison par la fenêtre.)

GORGIBUS.

Il faut que j'aille délivrer ce pauvre garçon; en vérité, s'il lui a pardonné, ce n'a pas été sans le bien maltraiter. (Il entre dans sa maison, et en sort avec Sganarelle en habit de valet.)

SGANARELLE.

Monsieur, je vous remercie de la peine que vous avez prise, et de la bonté que vous avez eue, je vous en serai obligé toute ma vie.

GROS-RENÉ.

Où pensez-vous que soit à présent le médecin?

GORGIBUS.

Il s'en est allé.

GROS-RENÉ, qui a ramassé la robe de Sganarelle.

Je le tiens sous mon bras. Voilà le coquin qui faisoit le médecin, et qui vous trompe. Cependant qu'il vous trompe et joue la farce chez vous, Valère et votre fille sont ensemble, qui s'en vont à tous les diables.

GORGIBUS.

Ah! que je suis malheureux! Mais tu seras pendu, fourbe, coquin!

SGANARELLE.

Monsieur, qu'allez-vous faire de me pendre? Écoutez un mot, s'il vous plaît; il est vrai que c'est par mon invention que mon maître est avec votre fille; mais, en le servant, je ne vous ai point désobligé : c'est un parti sortable pour elle, tant pour la naissance que pour les biens. Croyez-moi, ne faites point un vacarme qui tourneroit à votre confusion, et envoyez à tous les diables ce coquin-là avec Villebrequin. Mais voici nos amants.

SCÈNE XVI.

VALÈRE, LUCILE, GORGIBUS, SGANARELLE.

VALÈRE.

Nous nous jetons à vos pieds.

GORGIBUS.

Je vous pardonne, et suis heureusement trompé par Sganarelle, ayant un si brave gendre. Allons tous faire noces, et boire à la santé de toute la compagnie.

FIN DU MÉDECIN VOLANT.

BALLET DES INCOMPATIBLES

DANSÉ A MONTPELLIER

DEVANT LE PRINCE ET LA PRINCESSE DE CONTI

PREMIÈRE PARTIE

RÉCIT
LA NUIT[1].

Dans le vaste sein de Neptune,
Laisse vite tomber ta lumière importune,
O Jour trop envieux qui retardes mes pas;
C'est aux vœux de ta sœur opposer trop d'obstacles :
Un grand prince aujourd'hui m'appelle à des spectacles
    Où l'on ne te veut pas.

    Après que ses faits pleins de gloire
T'ont rendu le témoin d'une illustre victoire,
Dont l'orgueil de l'Espagne a poussé des soupirs,
Dans cet empire égal que le sort nous partage,
A mes feux maintenant ne plains pas l'avantage
    D'éclairer ses plaisirs.

PREMIÈRE ENTRÉE.
LA DISCORDE.
Représentée par le sieur LA PIERRE.

En me voyant si bien danser
Et charmer par mes airs l'esprit le plus sauvage,

---

[1]. On a fait remarquer que, dans *Amphitryon*, la Nuit est, avec Mercure, chargée aussi de l'exposition du sujet. Mais, les ballets ayant toujours lieu le soir, ou du moins aux lumières, la Nuit était assez souvent le personnage choisi pour faire le premier récitatif.

On peut dire sans m'offenser
Que je fais mal mon personnage.

SECONDE ENTRÉE

LES QUATRE ÉLÉMENTS.

M. LE MARQUIS DE BELLEFONDS, M. LE VICOMTE DE LARBOUST, M. LE MARQUIS DE VILLARS, M. LE BARON DE FOURQUES.

M. LE MARQUIS DE BELLEFONDS[1], représentant LE FEU.

Sous les astres plus hauts j'aspire à m'élever.
Peu savent mieux que moi les moyens d'arriver
    A cette lumineuse sphère;
Mais si je sens des feux, c'est pour Mars seulement,
Car pour ceux de l'Amour, quoiqu'il le fallût taire,
    Ce n'est pas là mon élément.

M. LE VICOMTE DE LARBOUST, représentant L'EAU.

    Je suis de nature inconstante;
    Mon humeur est toujours flottante;
Les autres éléments se déterminent mieux.
    Mon inquiétude est extrême,
Et loin d'être toujours bien d'accord avec eux,
Je ne suis pas toujours d'accord avec moi-même.

M. LE MARQUIS DE VILLARS[2], représentant L'AIR.

Le lieu que je remplis est le plus éclairé;
Un astre des plus grands, digne d'être adoré,
Me laisse à tous moments jouir de la lumière;
L'étage que j'occupe est par là le plus clair,
Mais, quoiqu'en me voyant ma mine semble fière,
Je suis pourtant plus doux qu'on ne juge à mon air.

---

1. Bernardin Gigault de Bellefonds, qui fut maréchal en 1668.
2. Le père du maréchal de Villars, l'*Orondate* de Mme de Sévigné, auteur des *Mémoires de la cour d'Espagne sous Charles II.* Voyez Sainte-Beuve, *Nouveaux Lundis*, tome II, page 28. Il était premier gentilhomme de la chambre du prince de Conti.

PREMIÈRE PARTIE.

M. DE FOURQUES, représentant LA TERRE.

En voyant de mes pieds le juste mouvement
    N'être jamais hors de cadence,
    Je crois que personne ne pense
    Que je sois un lourd élément.

TROISIÈME ENTRÉE.

LA FORTUNE ET LA VERTU.

M. LE MARQUIS DE CANAPLES[1], représentant LA FORTUNE.

Cette déesse et moi ne nous trouvons ensemble
    Que quand un ballet nous assemble,
Quoique pour la chercher mes soins soient assidus.
J'ai beau courre les mers pour suivre la cruelle,
    J'ai beau même danser pour elle,
    Ce ne sont que des pas perdus.
Quoiqu'elle et moi soyons ici la même chose,
    Jamais d'elle je ne dispose.
Son cœur de mes appas ne peut être enflammé ;
Qui me croiroit ainsi traité de ce que j'aime ?
    Je suis amoureux de moi-même,
    Et je n'en saurois être aimé[2].

M. LE MARQUIS DE REBÉ[3], représentant LA VERTU.

    L'éclat dont je suis revêtu
Emprunte de mon nom une clarté nouvelle :
    Et pour sembler à la vertu
Il faut dans ma famille en prendre le modèle.

---

1. Le marquis ou comte de Canaples, Alphonse de Créqui, qui devint à la fin de 1703 duc de Lesdiguières, pair de France, par l'extinction des branches aînées de sa maison ; mort sans postérité en 1711, à l'âge de quatre-vingt-cinq ans.
2. C'est-à-dire : je suis amoureux de la Fortune, avec qui je ne fais qu'un.
3. Le marquis Claude de Rebé, titulaire de la baronnie d'Arques, petit-neveu de l'archevêque de Narbonne.

BALLET DES INCOMPATIBLES.

QUATRIÈME ENTRÉE.

UN VIEILLARD ET DEUX JEUNES HOMMES.

M. Montaigne, vieillard; M. le marquis de Lavardin
et M. Castel, jeunes hommes.

Pour le sieur Montaigne, représentant un VIEILLARD.

Avec ces jeunes gens je suis incompatible,
Nous n'avons rien en nous qui ne soit opposé :
Leurs corps sont agissants, et le mien presque usé
Ne peut de leurs plaisirs se rendre susceptible.
A nous voir en public, d'un même mouvement,
Disposer de nos pieds assez également,
A peine de nos ans fait-on la différence;
Mais on juge aisément, quand on ne les voit pas,
Qu'il est certains endroits qu'ils passent en cadence,
  Où je ne puis faire un seul pas.

M. LE MARQUIS DE LAVARDIN[1], représentant un JEUNE HOMME.

  Aucun souci ne me travaille.
J'aime tous les plaisirs et je les sais goûter;
  Et je suis, sans trop me flatter,
  Un jeune homme de belle taille.

M. CASTEL, représentant un JEUNE HOMME.

  Peu susceptible de tristesse,
Pour me bien divertir, je ne plains point mes pas,
Et quelquefois j'ai tant d'affaires sur les bras
Qu'alors j'ai bien besoin de toute ma jeunesse.

CINQUIÈME ENTRÉE.

DEUX PHILOSOPHES ET TROIS SOLDATS.

MM. Dubuisson et Pascal, philosophes.
M. le chevalier de Guilleragues, M. le baron de Gange,
et M. Capon, soldats.

Pour M. Dubuisson, représentant un PHILOSOPHE.

Je ne puis devenir ni disciple ni maître,
Je suis de ces barbons le très humble valet,

---

1. Henri-Charles de Beaumanoir, futur ambassadeur à Rome.

PREMIÈRE PARTIE.

Et quand ils me fondroient, je ne puis jamais être
Qu'un philosophe de ballet.

Pour M. LE CHEVALIER DE GUILLERAGUE[1], représentant un SOLDAT.

Il n'en est pas, dans le métier,
De plus déterminé pour faire une conquête,
Et quand j'ai l'amour en tête,
Je ne fais point de quartier.

M. LE BARON DE GANGE[2], représentant un SOLDAT.

Quand j'ai quelque passion,
Jamais soldat n'a su mieux pousser sa fortune,
Et je suis pour la blonde ainsi que pour la brune
Fort chaud dans l'occasion.

SIXIÈME ENTRÉE.

L'ARGENT, UN PEINTRE, UN POÈTE ET UN ALCHIMISTE.

M. DE VITRAC, représentant L'ARGENT; LE SIEUR MOLIÈRE, LE POÈTE; LE SIEUR BÉJARRE (sic), LE PEINTRE; et LE SIEUR JOACHIM, L'ALCHIMISTE.

Philosophes fameux, qui, d'une ardeur si pure,
De ce vaste univers recherchez les secrets,
Demeurez tous d'accord qu'avec notre peinture,
Nos vers ingénieux et nos divins creusets,
S'il est du vide en la nature,
Il faut qu'il soit en nos goussets.

SEPTIÈME ENTRÉE.

UN CHARLATAN ET LA SIMPLICITÉ, représentée par un VIEUX PAYSAN.

M. LE BARON DE VAUVERT[1], charlatan, et M. LA VALETTE, berger.

Pour M. DE VAUVERT, représentant un CHARLATAN.

Je suis ce grand Orviatan,
Dont le contre-poison a fait tant de merveilles;

---

1. Secrétaire particulier du prince, il venait de succéder à Sarrasin. La Ve épître de Boileau lui est adressée.
2. Ponce de La Tude.
3. Pierre d'Auteuille, seigneur de Montferrier, baron de Vauvert, conseiller du roi en la cour des comptes et des finances du Languedoc.

Si je voulois parler des vertus nonpareilles
De mes autres secrets, je serois charlatan.
Je ne me flatte point d'une vaine louange,
Les malades guéris me prennent pour un ange;
Les œuvres que je fais étonnent les humains;
Je m'arrête aux effets et je fuis les paroles;
Qu'un incurable vienne avecque des pistoles,
  Il verra ce que font mes mains.

Pour la SIMPLICITÉ[1], parlant du CHARLATAN.

Que mes yeux sont heureux de voir ce personnage
Dont les divins secrets nous sauvent de la mort!
  Peut-on douter, par cet ouvrage,
Qu'il ne soit quelque dieu qui gouverne le sort?
  Mais aussi je vois que sa vie,
Comme celle de l'homme, est aux maux asservie!
  Il est goutteux, dispos et vert;
  Ceci n'est du dieu ni de l'homme.
  Ma foi! je l'irai dire à Rome,
  S'il n'est le diable de Vauvert[2]!

SECONDE PARTIE.

RÉCIT.

LE DIEU DU SOMMEIL.

Qui m'a pu réveiller? Quel dieu? quelle déesse,
Des célestes vertus d'une grande princesse,
Malgré tous mes pavots, me vient entretenir?

---

1. Représentée par M. La Valette, vieux paysan ou berger.
2. Locution proverbiale plusieurs fois employée par Rabelais. « Car un Angloys est un aultre diable de Vauvert. » (Livre II, chapitre XVIII.) « Je vous chiquaneray en diable de Vauverd. » (Livre IV, chapitre XVI.)

SECONDE PARTIE.

Mon sommeil cède enfin à toutes ses merveilles ;
Au bruit que font partout ses grâces nonpareilles,
    Je ne saurois dormir.

O bienheureuse Nuit, qui te vois éclairée
D'un astre plus brillant que n'est tout l'Empyrée,
Au mépris de nos lois, je te veux conseiller :
Cessons d'assujettir tout le monde au silence,
Et de cette clarté publiant la puissance,
    Allons tout éveiller.

PREMIÈRE ENTRÉE.

L'AMBITION.

L'AMBITION, représentée par M. LE BARON DE FOURQUES.

Quand mon esprit a quelque passion,
    Il a bien peine à s'en défaire ;
En mes amours j'ai su me satisfaire :
Je ne veux plus penser qu'à mon ambition.

SECONDE ENTRÉE.

LA DISSIMULATION ET DEUX IVROGNES.

Le SIEUR LA BRUGUIÈRE ; M. D'ANGERVILLE,
et le SIEUR BÉJAR (sic.)

Fuyez bien loin, gens à double visage,
    Dont le penser est contraire au langage
    Et qui trompez comme de faux écus ;
On sait bien entre nous faire la différence ;
    Car, dans la cour du bon prince Bacchus,
Le meilleur courtisan y dit tout ce qu'il pense.

Pour M. D'ANGERVILLE, représentant un IVROGNE[1].

Une aventure assez jolie
Me fait héros de comédie,

---

1. M. d'Angerville, enseigne des gardes du prince de Conti à Bordeaux, se serait entremis pour nouer les relations du prince avec Mme de Calvimont (*Mémoires de Daniel de Cosnac*, tome Ier, pages 47 et suivantes). Serait-ce à cette aventure « assez jolie » quo ferait allusion ce couplet ?

Et moi qui suis toujours sobre en amour,
  Par une étrange destinée,
J'en donnai tant un certain jour
Qu'une fille en fut enivrée.

TROISIÈME ENTRÉE.

L'ÉLOQUENCE ET UNE HARENGÈRE.

M. le BARON DE FERRALS, et le SIEUR MOLIÈRE.

Pour M. le BARON DE FERRALS[1], représentant L'ÉLOQUENCE.

  A mettre les choses au pire,
Et sans avoir ici dessein de me flatter,
On connoît aussitôt, en me voyant sauter,
Que je fais encor mieux que je ne saurois dire.

Pour le SIEUR MOLIÈRES, représentant une HARENGÈRE.

Je fais d'aussi beaux vers que ceux que je récite,
  Et souvent leur style m'excite
A donner à ma muse un glorieux emploi.
Mon esprit de mes pas ne suit pas la cadence.
Loin d'être incompatible avec cette Éloquence,
Tout ce qui n'en a pas l'est toujours avec moi.

QUATRIÈME ENTRÉE.

LA SAGESSE ET DEUX AMOUREUX.

M. le BARON DE FABRÈGUES ; M. DE THOMAS
et M. le BARON DE REYNIES.

Pour M. le BARON DE FABRÈGUES, représentant LA SAGESSE.

  A mon air et mon corsage,
  Sans me donner vanité,
  On peut dire, en vérité,
  Que je suis grandement sage.

---

1. Selon M. P. Lacroix, ce baron de Ferrals avait le titre de comte de Merinville et de Rieux. Il était frère de M. d'Angerville ; tous deux étaient fils de François du Montiers, lieutenant général des armées du roi, commandant celle de Catalogne sous le prince de Conti.

CINQUIÈME ENTRÉE.

LA VÉRITÉ ET QUATRE COURTISANS.

MM. PASCAL, le BARON DE FLORAC, DE MANSE, CAPON
et le SIEUR LA BRUGUIÈRE.

Pour LA VÉRITÉ, représentée par M. PASCAL.

Depuis longtemps je suis au fond d'un puy,
  Où je crie miséricorde,
Et quelque homme de bien m'en tiroit aujourd'hui,
Quand tous ces courtisans ont fait rompre la corde.

Pour LES COURTISANS, représentés par MM. LE BARON DE FLORAC[1],
CAPON et LA BRUGUIÈRE.

Parler sincèrement n'est pas trop notre fait,
Et c'est un vrai moyen d'être peu satisfait :
Aussi cette vertu nous est fort inconnue.
Bien souvent à mentir nous passons tout le jour,
  Et la vérité toute nue
  Ne nous donna jamais d'amour.

Pour M. DE MANSE[2], représentant un COURTISAN.

Mon industrie est admirable,
Je m'accommode au temps et m'en sais divertir :
  En courtisan, je suis peu véritable ;
  En amoureux, je ne saurois mentir.

SIXIÈME ENTRÉE.

LA SOBRIÉTÉ ET QUATRE SUISSES.

Le SIEUR LA PIERRE, M. DE VITRAC, M. SÉGUIN
et les SIEURS MARTIAL et JOACHIM.

Plutôt s'accorderoient la lumière et la nuit,
Plutôt seroient unis le silence et le bruit,
Le ciel plus aisément se joindroit à la terre,
  Et le mensonge avec la vérité,

---

1. Le baron de Florac se nommait François de Mirmand ; il était président-trésorier général de France, intendant des gabelles.
2. François de Cardailhac, baron de Villeneuve. (P. L.)

La paix s'accorderoit plutôt avec la guerre,
 Que nous et la sobriété.

SEPTIÈME ENTRÉE.
UNE BACCHANTE ET UNE NAADE.
M. DE VITRAC et M. LE BARON DE FOURQUES.

Pour M. DE VITRAC, représentant une BACCHANTE.

Pour adorer Bacchus, je ne danse pas mal :
 Le plus délicat s'en contente ;
 Mais si j'étois toujours bacchante,
 Je serois fort mal à cheval.

Pour LE BARON DE FOURQUES, représentant une NAÏADE.

Le métier que je fais n'a rien qui ne déplaise,
Et quelqu'autre que moi le pourroit trouver beau,
 Mais quand on est chaud comme braise,
On passe mal son temps ayant le bec en l'eau.

DERNIÈRE ENTRÉE.
LE DIEU DU SILENCE ET SIX FEMMES.
M. LE MARQUIS DE CANAPLES, Mlle DU FEY, Mlle PICAR, Mlles D'ARGENCOURT, Mlle SOLAS et Mlle GÉRAR.

Pour M. LE MARQUIS DE CANAPLES, représentant LE DIEU DU SILENCE.

 Je ne suis plus ce beau muet
 Dont le martyre trop secret
 Rendit souvent la plainte vaine :
On n'entend plus que moi quand j'en veux étaler,
 Et mes yeux n'ont plus tant de peine
 Maintenant que je sais parler.

 Vous qui, me voyant sangloter,
 Ne daignâtes jamais conter
 Ce qui témoignoit ma souffrance,
Ne vous abusez pas ici du mauvais choix.
 On me fait faire le Silence,
 Lorsque j'ai recouvré la voix.

SECONDE PARTIE.

Pour Mlle DU FEY.

Sans trop parler, aisément je m'explique :
Ce que j'ai dans l'esprit, on l'apprend de mes yeux ;
Ils disent mes secrets à tous les curieux,
Par un air tantôt gai, tantôt mélancolique :
    Ils ne manquent jamais un cœur ;
    Et leur feu se rendroit vainqueur
    De la plus froide indifférence.
Qui ne m'en conte pas est mis au rang des sots,
    Et le dieu même du Silence
Ne sauroit s'empêcher de m'en dire deux mots.

Pour Mlle PICAR.

    Mes yeux savent avec adresse
    D'un esprit me rendre maîtresse,
Et sur les libertés faire mille complots ;
    Ils font plus de mal qu'on ne pense,
    Et le dieu même du Silence
    En pourroit bien dire deux mots.

Pour Mlles D'ARGENCOURT.

Peu de beautés à nous se peuvent égaler :
On ne nous sauroit voir avec indifférence.
Si nous t'entreprenons, pauvre dieu du Silence,
    Nous t'apprendrons bien à parler.

Pour Mlle SOLAS et Mlle GÉRAR[1].

Pour nous le plus volage auroit de la constance :
Nos yeux dans tous les cœurs savent mettre le feu.
    Mais comme nous parlons fort peu,
C'est assez notre fait que le dieu du Silence.

---

1. Quelles étaient ces demoiselles ? Des comédiennes, des dames de la haute bourgeoisie ou de la noblesse ? On ne sait : il y avait peut-être des unes et des autres. En tout cas, on ne voit parmi elles aucun nom connu de la troupe de Molière.

FIN DU BALLET.

PRÉFACE

DE L'ÉDITION DE 1682.

---

[1] Voici une nouvelle édition des OEuvres de feu M. de Molière, augmentée de sept comédies, et plus correcte que les précédentes, dans lesquelles la négligence des imprimeurs avoit laissé quantité de fautes considérables, jusqu'à omettre ou changer des vers en beaucoup d'endroits. On les trouvera rétablis dans celle-ci, et ce n'est pas un petit service rendu au public par ceux qui ont pris ce soin, puisque les nombreuses assemblées qu'on voit encore tous les jours aux représentations des comédies de ce fameux auteur font assez connoître le plaisir qu'on se fera de les avoir dans leur pureté. On peut dire que jamais homme n'a mieux su que lui remplir le précepte qui veut que la comédie instruise en divertissant. Lorsqu'il a raillé les hommes sur leurs défauts, il leur a appris à s'en corriger, et nous verrions peut-être encore aujourd'hui régner les mêmes sottises qu'il a condamnées si les portraits qu'il a faits d'après nature n'avoient été autant de miroirs dans lesquels ceux qu'il a joués se sont reconnus. Sa raillerie étoit délicate, et il la tournoit d'une manière si fine que, quelque satire qu'il fît, les intéressés, bien loin de s'en offenser, rioient eux-mêmes du ridicule qu'il leur faisoit remarquer en eux.

---

1. Dans notre première édition, nous avons reproduit cette préface à la *Bibliographie*, tome VII, pages 488-496. L'autorité de plus en plus considérable que l'on reconnaît à ce document nous détermine à lui donner cette place, qu'il occupe dans l'édition de 1682.

Son nom fut Jean-Baptiste Poquelin; il étoit Parisien, fils d'un valet de chambre tapissier du roi, et avoit été reçu, dès son bas âge[1], en survivance de cette charge, qu'il a depuis exercée dans son quartier[2] jusques à sa mort. Il fit ses humanités au collège de Clermont, et, comme il eut l'avantage de suivre feu M. le prince de Conti dans toutes ses classes[3], la vivacité d'esprit qui le distinguoit de tous les autres lui fit acquérir l'estime et les bonnes grâces de ce prince, qui l'a toujours honoré de sa bienveillance et de sa protection. Le succès de ses études fut tel qu'on pouvoit l'attendre d'un génie aussi heureux que le sien. S'il fut fort bon humaniste, il devint encore plus grand philosophe. L'inclination qu'il avait pour la poésie le fit s'appliquer à lire les poètes avec un soin tout particulier : il les possédoit parfaitement, et surtout Térence. Il l'avoit choisi comme le plus excellent modèle qu'il eût à se proposer, et jamais personne ne l'imita si bien qu'il a fait. Ceux qui conçoivent toutes les beautés de son *Avare* et de son *Amphitryon* soutiennent qu'il a surpassé Plaute dans l'un et dans l'autre. Au sortir des écoles de droit, il choisit la profession de comédien, par l'invincible penchant qu'il se sentoit pour la comédie. Toute son étude et son application ne furent que pour le théâtre. On sait de quelle manière il y a excellé, non seulement comme acteur par des talents extraordinaires, mais comme auteur par le grand nombre d'ouvrages qu'il nous a laissés, et qui ont tous leurs beautés proportionnées aux sujets qu'il a choisis.

Il tâcha dans ses premières années de s'établir à Paris avec plusieurs enfants de famille, qui, par son exemple, s'engagèrent comme lui dans le parti de la comédie sous le

---

1. A seize ans environ.
2. C'est-à-dire : pendant le quart de l'année, les trois mois où il était de service; et non pas : dans le quartier de la ville où il demeurait, comme on a voulu l'entendre.
3. C'était plutôt le prince qui suivait J.-B. Poquelin dans ses classes, celui-ci ayant sept ans et près de huit mois de plus que le prince.

titre de *l'Illustre Théâtre;* mais ce dessein ayant manqué de succès (ce qui arrive à beaucoup de nouveautés), il fut obligé de courir par les provinces du royaume, où il commença de s'acquérir une fort grande réputation.

Il vint à Lyon en 1653, et ce fut là qu'il exposa au public sa première comédie : c'est celle de *l'Étourdi.* S'étant trouvé quelque temps après en Languedoc, il alla offrir ses services à feu M. le prince de Conti, gouverneur de cette province et vice-roi de Catalogne. Ce prince, qui l'estimoit et qui alors n'aimoit rien tant que la comédie, le reçut avec des marques de bonté très obligeantes, donna des appointements à sa troupe, et l'engagea à son service tant auprès de sa personne que pour les états de Languedoc.

La seconde comédie de M. de Molière fut représentée aux états de Béziers, sous le titre du *Dépit amoureux.*

En 1658, ses amis lui conseillèrent de s'approcher de Paris, en faisant venir sa troupe dans une ville voisine : c'étoit le moyen de profiter du crédit que son mérite lui avoit acquis auprès de plusieurs personnes de considération, qui, s'intéressant à sa gloire, lui avoient promis de l'introduire à la cour. Il avoit passé le carnaval à Grenoble, d'où il partit après Pâques, et vint s'établir à Rouen. Il y séjourna pendant l'été, et après quelques voyages qu'il fit à Paris secrètement, il eut l'avantage de faire agréer ses services et ceux de ses camarades à Monsieur, frère unique de Sa Majesté, qui, lui ayant accordé sa protection et le titre de sa troupe, le présenta en cette qualité au roi et à la reine mère.

Ses compagnons, qu'il avoit laissés à Rouen, en partirent aussitôt, et, le 24 octobre 1658, cette troupe commença de paroître devant Leurs Majestés et toute la cour, sur un théâtre que le roi avoit fait dresser dans la salle des Gardes du vieux Louvre. *Nicomède,* tragédie de M. de Corneille l'aîné, fut la pièce qu'elle choisit pour cet éclatant début. Ces nouveaux acteurs ne déplurent point, et on fut surtout fort satisfait de l'agrément et du jeu des femmes. Les fameux comédiens qui faisoient alors si bien valoir l'hôtel de Bourgogne étoient présents à cette représentation. La pièce étant achevée, M. de Molière vint sur le théâtre, et, après avoir remercié Sa Majesté, en des termes très modestes, de la bonté qu'elle avoit eue d'excuser ses défauts et ceux de toute sa troupe, qui n'avoit paru qu'en tremblant devant une assemblée si auguste, il lui dit que l'envie qu'ils avoient eue d'avoir l'honneur de divertir le plus grand roi du monde leur avoit fait oublier que Sa Majesté avoit à son service d'excellents originaux dont ils n'étoient que de très foibles copies; mais que, puisqu'elle avoit bien voulu souffrir leurs manières de campagne, il la supplioit très humblement d'avoir agréable qu'il lui donnât un de ces petits divertissements qui lui avoit acquis quelque réputation, et dont il régaloit les provinces.

Ce compliment, dont on ne rapporte que la substance, fut si agréablement tourné et si favorablement reçu que toute la cour y applaudit, et encore plus à la petite comédie, qui fut celle du *Docteur amoureux*. Cette comédie, qui ne contenoit qu'un acte, et quelques autres de cette nature, n'ont point été imprimées. Il les avoit faites sur quelques idées plaisantes, sans y avoir mis la dernière main, et il trouva à propos de les supprimer lorsqu'il se fut proposé pour but dans toutes ses pièces d'obliger les hommes à se corriger de leurs défauts. Comme il y avoit longtemps qu'on ne parloit plus de petites comédies, l'invention en parut nouvelle, et celle qui fut représentée ce jour-là divertit autant qu'elle surprit tout le monde. M. de Molière faisoit le Docteur, et la manière dont il s'acquitta de ce personnage le mit dans une si grande estime que Sa Majesté donna ses ordres pour établir sa troupe à Paris. La salle du Petit-Bourbon lui fut accordée pour y représenter la comédie alternativement avec les comédiens italiens. Cette troupe, dont M. de Molière étoit le chef, et qui, comme je l'ai déjà dit, prit le titre de la Troupe de Monsieur, commença à représenter en public le 3 novembre 1658, et donna pour nouveautés *l'Étourdi* et *le Dépit amoureux,* qui n'avoient jamais été joués à Paris.

En 1659, M. de Molière fit la comédie des *Précieuses ridicules*. Elle eut un succès qui passa ses espérances. Comme ce n'étoit qu'une pièce d'un seul acte qu'on représentoit après une autre de cinq, il la fit jouer le premier jour au prix ordinaire; mais le peuple y vint en telle affluence, et les applaudissements qu'on lui donna furent si extraordinaires, qu'on redoubla le prix dans la suite : ce qui réussit parfaitement, à la gloire de l'auteur et au profit de la troupe.

L'année suivante, il fit *le Cocu imaginaire,* qui eut un succès pareil à celui des *Précieuses.*

Au mois d'octobre de la même année, la salle du Petit-Bourbon fut démolie pour ce grand et magnifique portail du Louvre que tout le monde admire aujourd'hui. Ce fut pour M. de Molière une occasion nouvelle d'avoir recours aux bontés du roi, qui lui accorda la salle du Palais-Royal, où M. le cardinal de Richelieu avoit donné autrefois des spectacles dignes de sa magnificence. L'estime dont Sa Majesté l'honoroit augmentoit de jour en jour, aussi bien que celle des courtisans les plus éclairés : le mérite et les bonnes qualités de M. de Molière faisant de très grands progrès dans tous les esprits. Son exercice de la comédie ne l'empêchoit pas de servir le roi dans sa charge de valet de chambre, où il se rendoit très assidu. Ainsi il se fit remarquer à la cour pour un homme civil et honnête, ne se prévalant point de son mérite et de son crédit, s'accommodant à l'humeur de ceux avec qui il étoit obligé de vivre, ayant l'âme belle, libérale; en un mot, possédant et exerçant toutes les qualités d'un parfaitement honnête homme.

Quoiqu'il fût très agréable en conversation lorsque les gens lui plaisoient, il ne parloit guère en compagnie, à moins qu'il ne se trouvât avec des personnes pour qui il eût une estime particulière. Cela faisoit dire à ceux qui ne le connoissoient pas qu'il étoit rêveur et mélancolique. Mais s'il parloit peu, il parloit juste ; et d'ailleurs il observoit les manières et les mœurs de tout le monde. Il trouvoit moyen ensuite d'en faire des applications admirables dans ses comédies, où l'on peut dire qu'il a joué tout le monde, puisqu'il s'y est joué le premier en plusieurs endroits sur des affaires de sa famille, et qui regardoient ce qui se passoit dans son domestique. C'est ce que ses plus particuliers amis ont remarqué bien des fois.

En 1661, il donna la comédie de *l'École des Maris* et celle des *Fâcheux;* en 1662, celle de *l'École des Femmes* et *la Critique*, et ensuite plusieurs pièces de théâtre qui lui acquirent une si grande réputation que, Sa Majesté ayant établi, en 1663, des gratifications pour un certain nombre de gens de lettres, elle voulut qu'il y fût compris sur le pied de mille francs.

La troupe qui représentoit ses comédies étoit si souvent employée pour les divertissements du roi qu'au mois d'août 1665 Sa Majesté trouva à propos de l'arrêter tout à fait à son service, en lui donnant une pension de sept mille livres. M. de Molière et les principaux de ses compagnons allèrent prendre congé de Monsieur et lui faire leurs très humbles remerciements de la protection qu'il avoit eu la bonté de leur donner.

Son Altesse Royale s'applaudit du choix qu'il avoit fait d'eux, puisque le roi les trouvoit capables de contribuer à ses plaisirs, et particulièrement à toutes les belles fêtes qui se faisoient à Versailles, à Saint-Germain, à Fontainebleau et à Chambord ; et en même temps ce prince leur donna des marques obligeantes de la continuation de son estime.

La troupe changea de titre et prit celui de la Troupe du roi, qu'elle a toujours retenu jusques à la jonction qui a été faite en 1680. Après qu'elle fut à Sa Majesté, M. de Molière continua de donner plusieurs pièces au théâtre, tant pour le plaisir du roi que pour les divertissements du public, et s'acquit par là cette haute réputation qui doit éterniser sa mémoire.

Toutes ses pièces n'ont pas d'égales beautés, mais on peut

PRÉFACE DE L'ÉDITION DE 1682.

dire que dans ses moindres il y a des traits qui n'ont pu partir que de la main d'un grand maître; et que celles qu'on estime les meilleures, comme *le Misanthrope, le Tartuffe, les Femmes savantes*, etc., sont des chefs-d'œuvre qu'on ne sauroit assez admirer.

Ce qui étoit cause de cette inégalité dans ses ouvrages, dont quelques-uns semblent négligés en comparaison des autres, c'est qu'il étoit obligé d'assujettir son génie à des sujets qu'on lui prescrivoit, et de travailler avec une très grande précipitation, soit par les ordres du roi, soit par la nécessité des affaires de la troupe, sans que son travail le détournât de l'extrême application et des études particulières qu'il faisoit sur tous les grands rôles qu'il se donnoit dans ses pièces. Jamais homme n'a si bien entré que lui dans ce qui fait le jeu naïf du théâtre. Il a épuisé toutes les matières qui lui ont pu fournir quelque chose, et si les critiques n'ont pas été entièrement satisfaits du dénoûment de quelques-unes de ses comédies, tant de beautés avoient prévenu pour lui l'esprit de ses auditeurs qu'il étoit aisé de faire grâce à des taches si légères.

Enfin en 1673, après avoir réussi dans toutes les pièces qu'il a fait représenter, il donna celle du *Malade imaginaire*, par laquelle il a fini sa carrière à l'âge de cinquante-deux ou cinquante-trois ans [1]. Il y jouoit la Faculté de médecine en corps, après avoir joué les médecins en particulier dans plusieurs autres où il a trouvé moyen de les placer : ce qui a fait dire que les médecins étoient pour Molière ce que le vieux poëte étoit pour Térence [2].

Lorsqu'il commença les représentations de cette agréable comédie, il étoit malade en effet d'une fluxion sur la poitrine, qui l'incommodoit beaucoup et à laquelle il étoit sujet depuis quelques années. Il s'étoit joué lui-même sur cette incommo-

---

1. Cinquante et un ans, un mois et trois jours.
2. La plupart des prologues des comédies de Térence sont dirigés contre le vieux poëte, *poeta vetus*, Luscius Lavinius.

dité dans la cinquième scène du second acte de *l'Avare,* lorsque Harpagon dit à Frosine : « Je n'ai pas de grandes incommodités, Dieu merci ; il n'y a que ma fluxion qui me prend de temps en temps. » A quoi Frosine répond : « Votre fluxion ne vous sied point mal, et vous avez grâce à tousser. » Cependant c'est cette toux qui a abrégé sa vie de plus de vingt ans. Il étoit d'ailleurs d'une très bonne constitution, et, sans l'accident qui laissa son mal sans aucun remède, il n'eût pas manqué de forces pour le surmonter.

Le 17 février, jour de la quatrième représentation du *Malade imaginaire,* il fut si fort travaillé de sa fluxion qu'il eut de la peine à jouer son rôle. Il ne l'acheva qu'en souffrant beaucoup, et le public connut aisément qu'il n'étoit rien moins que ce qu'il avoit voulu jouer. En effet, la comédie étant faite, il se retira promptement chez lui, et à peine eut-il le temps de se mettre au lit que la toux continuelle dont il étoit tourmenté redoubla sa violence. Les efforts qu'il fit furent si grands qu'une veine se rompit dans ses poumons. Aussitôt qu'il se sentit en cet état, il tourna toutes ses pensées du côté du ciel [1]. Un moment après il perdit la parole, et fut suffoqué en demi-heure par l'abondance du sang qu'il perdit par la bouche.

Tout le monde a regretté un homme si rare, et le regrette encore tous les jours, mais particulièrement les personnes qui ont du bon goût et de la délicatesse. On l'a nommé le Térence de son siècle : ce seul mot renferme toutes les louanges qu'on lui peut donner. Il n'étoit pas seulement inimitable dans la manière dont il soutenoit tous les caractères de ses comédies ; mais il leur donnoit encore un agrément tout particulier par la justesse qui accompagnoit le jeu des acteurs : un coup d'œil, un pas, un geste, tout y étoit observé avec une exactitude qui avoit été inconnue jusque-là sur les théâtres de Paris.

1. Phrase supprimée dans la réimpression de cette notice, qui est en tête des éditions de 1710, 1718 et 1730.

PRÉFACE DE L'ÉDITION DE 1682.

Sa mort, dont on a parlé diversement, fit incontinent paroître quantité de madrigaux ou épitaphes. La plupart étoient sur les médecins vengés, qu'on prétendoit l'avoir laissé mourir sans secours par ressentiment de ce qu'il les avoit trop bien joués dans ses comédies. Dans tout ce qu'on fit sur cette mort, rien ne fut plus approuvé que ces quatre vers latins qu'on a trouvé à propos de conserver. Le lecteur observera que sur la fin de la comédie, le Malade imaginaire, qui étoit représenté par cet excellent acteur, contrefait le mort :

> Roscius hic situs est tristi Molierus in urna,
> Cui genus humanum ludere ludus erat.
> Dum ludit mortem, Mors indignata jocantem
> Corripit, et mimum fingere sæva negat.

Après la mort de M. de Molière, le roi eut dessein de ne faire qu'une troupe de celle qui venoit de perdre son illustre chef et des acteurs qui occupoient l'hôtel de Bourgogne; mais les divers intérêts des familles des comédiens n'ayant pu s'accommoder, ils supplièrent Sa Majesté d'avoir la bonté de laisser les troupes séparées comme elles étoient : ce qui leur fut accordé, à la réserve de la salle du Palais-Royal, qui fut destinée pour la représentation des *opera* en musique. Ce changement obligea les compagnons de M. de Molière à chercher un autre lieu, et ils s'établirent, avec permission et sur les ordres de Sa Majesté, rue Mazarini, au bout de la rue Guénégaud, toujours sous le même titre de la Troupe du roi.

Les commencements de cet établissement ont été heureux, et les suites très avantageuses : les comédiens compagnons de M. de Molière ayant suivi les maximes de leur fameux fondateur, et soutenu sa réputation d'une manière si satisfaisante pour le public qu'enfin il a plu au roi d'y joindre tous les acteurs et actrices des autres troupes de comédiens qui étoient dans Paris, pour n'en faire qu'une seule compagnie. Ceux du Marais y avoient été incorporés en 1673, suivant les intentions de Sa Majesté, et, par ordonnance de M. de La Reynie, lieutenant général de la police, donnée le 25 juin de la même année, ce théâtre fut supprimé pour toujours.

Les comédiens de l'hôtel de Bourgogne, qui depuis un si grand nombre d'années portoient le titre de la seule Troupe royale, ont été réunis avec la Troupe du roi le 25 août 1680. Cela s'est fait, suivant l'ordre de Sa Majesté, donné à Charleville le 18 du même mois, par M. le duc de Créquy, gouverneur de Paris, premier gentilhomme de la chambre en année, et confirmé par une lettre de cachet en date du 21 octobre.

Cette réunion des deux troupes, qui a mis les comédiens italiens en possession du théâtre de l'hôtel de Bourgogne, a été d'autant plus agréable à Sa Majesté qu'elle avoit eu dessein de la faire, comme on l'a déjà expliqué, incontinent après la mort de M. de Molière. Il n'y a plus présentement dans Paris que cette seule compagnie de comédiens du roi entretenus par Sa Majesté. Elle est établie en son hôtel rue Mazarini, et représente tous les jours, sans interruption, ce qui a été une nouveauté utile aux plaisirs de cette superbe ville, dans laquelle, avant la jonction, il n'y avoit comédie que trois fois chaque semaine, savoir : le mardi, le vendredi et le dimanche, ainsi qu'il s'étoit toujours pratiqué.

Cette troupe est si nombreuse que, fort souvent, il y a comédie à la cour et à Paris en même jour, sans que la cour ni la ville s'aperçoivent de cette division. La comédie en est beaucoup mieux jouée, tous les bons acteurs étant ensemble pour le sérieux et pour le comique [1].

---

1. Cette préface contient toutes les lignes importantes de la biographie de Molière. Elle fait aussi parfaitement ressortir les traits dominants de sa physionomie et de son caractère.

Sur l'auteur ou les auteurs de cette préface, voyez la *Bibliographie*.

L'ÉTOURDI

ou

LES CONTRE-TEMPS

COMÉDIE EN CINQ ACTES

1653

NOTICE PRÉLIMINAIRE.

C'est à Lyon, en 1653[1], que Molière fit représenter *l'Étourdi ou les Contre-Temps,* qui doit être considéré comme sa première comédie et son véritable début. OEuvre de verve et de gaieté, cette pièce n'a ni prétention philosophique ni visée morale; elle n'a d'autre but que de divertir et amuser. Il s'agit d'une belle esclave laissée en gage par des Égyptiens ou Bohémiens entre les mains d'un vieillard. Deux amants, deux rivaux, cherchent à la tirer des mains de ce vieillard, et se la disputent l'un à l'autre. L'un d'eux a pour valet un de ces maîtres fourbes qui conduisaient l'action dans la comédie latine et la comédie italienne. Cet artisan de ruses invente coup sur coup les plus ingénieux stratagèmes pour livrer à son maître la jolie captive; mais ces stratagèmes sont tous déjoués par l'intervention malencontreuse de celui-là même qu'il veut servir. Celui-ci est un étourneau, une tête de linotte, ayant bon cœur et peu de cervelle; maladroit et généreux, inattentif et remuant. Autant le valet met de persévérance « à relier ce qu'un brouillon dénoue », autant le maître semble s'acharner à se jeter au milieu des trames qui sont ourdies en sa faveur, et à les détruire tour à tour. Telle est la donnée fondamentale de cette comédie.

On a recherché avec soin tous les éléments qui ont servi à Molière pour construire sa pièce. On a constaté de nombreuses

---

1. Il faut se reporter, pour ce qui concerne la date et les circonstances de la première représentation, à l'étude générale sur *Molière, sa vie et ses ouvrages.*

imitations, de nombreux emprunts. Ainsi Molière n'a pas mis d'abord à contribution moins de deux ou trois comédies italiennes. Celle où il a le plus largement puisé est *l'Inavvertito, ovvero Scappino disturbato è Mezzetino travagliato* (le Malavisé ou Scapin déconcerté et Mezzetin tourmenté). Cette comédie, œuvre de Nicolo Barbieri, dit Beltrame, à la fois auteur comique et comédien, avait été imprimée en 1629. Elle a fourni à Molière ce personnage du Malavisé ou de l'Étourdi, puis la plupart des ressorts qui sont mis en œuvre, des stratagèmes que le fourbe invente, et des inadvertances qui les font échouer.

L'*Emilia*, comédie de Luigi Grotto, surnommé *il cieco d'Adria*, a servi à Molière à dessiner plus vivement ce type du roi des fourbes, Mascarille, et lui a suggéré plusieurs situations, l'intrigue romanesque, le déguisement de Lélie, et les frasques qu'il commet sous son costume arménien.

Plusieurs passages rappellent en outre *l'Angelica*, de Fabritio de Fornaris, *detto il capitano Crocodillo*. Voilà la part du théâtre italien.

On a signalé aussi, au cours du dialogue, des réminiscences de Térence et de Plaute.

Notre ancienne littérature française peut revendiquer l'idée première de la scène où Lélie et Mascarille persuadent à Anselme que Pandolfe est mort, et lui escroquent ainsi de l'argent. Il y a dans *les Contes d'Eutrapel*, par Noël Du Fail, une histoire sur le même sujet : « D'un fils qui trompa l'avarice de son père ; » et l'on trouve des exemples de ruses analogues dans nos vieux conteurs. Cette facétie est de la veine des fabliaux.

Enfin le personnage d'Andrès, le bohémien par amour, appartient à la nouvelle de Michel Cervantès : *la Gitanilla de Madrid*, dont le poète Antonio de Solis avait fait une comédie; de sorte que l'Espagne apporte aussi son contingent.

Ainsi l'antiquité, les littératures espagnole et italienne, nos écrivains français de l'époque antérieure, se combinent pour former cette première œuvre. Le comédien, lancé dans l'existence nomade, avait pourtant une vaste lecture. Il n'abordait le théâtre que préparé par des études variées, et il savait, il résumait tout ce qu'on avait fait avant lui. Ces imitations ont aussi, dès ce début, le caractère qu'elles auront toujours : elles sont comme l'aliment de la pensée ; mais celle-ci reste toute spontanée et originale, saisissante de vie propre et de victorieuse personnalité. Imiter ainsi, c'est autant que créer ; et, quoi qu'il doive à autrui, le mérite de Molière n'est diminué en rien. L'esprit qui vivifie ces membres épars des poètes du passé, l'imagination puissante qui féconde et anime les matériaux recueillis de toutes parts, voilà ce qu'il faut par-dessus tout apprécier et admirer.

L'Étourdi est une comédie d'intrigue ; elle se passe à Messine, au pays de la fantaisie ; il n'y a guère de réalité dans les aventures ni dans les mœurs. Molière ne commence pas par accomplir une révolution ; il n'invente pas du premier coup la comédie de mœurs et de caractère. Il commence par suivre la tradition théâtrale qui prévalait alors ; mais dans cette tradition il dépasse d'abord les œuvres les plus remarquables qui s'étaient produites avant lui. En admettant le genre, en n'exigeant pas que Molière se soit révélé par *le Misanthrope* ou même par *l'École des maris*, on conviendra que *l'Étourdi* laisse à une grande distance toutes les créations du théâtre antérieur, une seule exceptée peut-être : *le Menteur*, de Pierre Corneille. « Si cette pièce de *l'Étourdi ou les Contre-Temps*, dit Auger, occupe aujourd'hui un rang inférieur parmi tant de beaux ouvrages dont notre scène est enrichie, c'est à Molière lui-même qu'il le faut attribuer : c'est Molière qui, en créant la véritable comédie de caractère et de mœurs, et en la portant à sa perfection, a, pour ainsi dire, repoussé à une grande distance les chefs-d'œuvre mêmes de la comédie d'intrigue. »

« Il règne dans toute cette première œuvre de Molière, dit M. Philarète Chasles, un air vif et charmant d'aventures. » La verve la plus franche, la plus joyeuse, multiplie les situations comiques, varie et enchaîne les incidents, de sorte que la curiosité est toujours tenue en éveil. Il faut bien remarquer ce type de Mascarille, la première incarnation de Molière, le personnage qu'il continuera et développera dans les deux ouvrages qui suivront *l'Étourdi;* celui qui nous personnifie les débuts et la jeunesse de Molière, comme Sganarelle, comme Alceste, nous représentent sa maturité et son apogée ; celui qui le fit connaître d'abord à Paris ; à qui il dut ses premiers triomphes, et sous le nom duquel l'attaquèrent d'abord ses ennemis. Ce personnage n'est pas uniquement l'héritier direct des valets de la farce italienne et de la comédie antique : il n'a pas non plus la grossièreté et la bassesse des Jodelet de Scarron et de ses contemporains, ces pieds plats, ces misérables qui se vantent de « préférer l'ail à l'honneur[1] ». Il a une physionomie moins avilie et plus spirituelle; il ne descend pas seulement des Dave ou des Chrysale, il descend aussi du valet de Marot; c'est, comme dit Sainte-Beuve, « un fils de Villon, nourri aux repues franches », un malin compère rieur et railleur. Il se relève en outre par l'amour et l'orgueil de son art. Il a une sorte de désintéressement : s'il fait tant de tours pendables, c'est afin de prouver les ressources inépuisables de son esprit et de soutenir sa renommée, et il risque les galères pour mériter que l'estime publique continue à le considérer comme un fourbe sublime.

De Mascarille sont venus les Crispin, les Frontin, qui ont régné si longtemps sur notre scène comique, et en dernier lieu Figaro.

« Molière met dans ces rôles de convention le plus de l'homme qu'il peut, dit M. Nisard, et c'est assez pour les faire vivre..... Ces valets de fantaisie, venus, d'imitation en imitation, de la Grèce en France, par l'Italie ancienne et moderne, sous ce costume bizarre auquel l'imagination de chaque auteur avait ajouté une pièce, ils vivent, car ils sont possibles. Si la race en est perdue, il est tels maîtres aujourd'hui qui la ressusciteraient. En cherchant bien autour de certains fils de famille qui se sont ruinés galamment et qui vivent sur le bien des autres, toujours courant derrière une maîtresse ou devant un créancier, vous trouveriez quelque Mascarille, vicieux comme son maître et par la faute de ce maître, larron pour vivre, attaché pourtant, non par dévouement, mais parce qu'il n'y a pas deux hommes plus près d'être des égaux qu'un libertin ruiné et son valet. »

Il faut noter le trait final de ce rôle de valet :

. . . . N'est-il point quelque fille
Qui pût accommoder le pauvre Mascarille?
A voir chacun se joindre à sa chacune ici,
J'ai des démangeaisons de mariage aussi.

1. Voir *Jodelet ou le Maître-Valet*, acte IV, scène II.

Rien ne s'oppose, en effet, à ce que Mascarille se marie, et même, comme il arrivait souvent à tous ces fins matois des vieux contes, à ce qu'il devienne... Sganarelle.

Ce premier ouvrage indique un esprit en pleine possession de son art, un maître expérimenté de la scène. Tout y est conçu, en effet, pour la perspective théâtrale. Tout y est action, mouvement; à la rigueur, les personnages pourraient être muets, la pantomime leur suffirait. Ce n'est pas du théâtre de Molière qu'on s'avisera jamais de dire qu'il n'est qu'un salon où se tiennent d'admirables discours. Et c'est surtout en se plaçant à ce point de vue qu'on est fondé à prétendre que *l'Étourdi* est supérieur au *Menteur* de Corneille : le principal mérite de l'un est dans le drame, dans la puissance dramatique appliquée à la comédie; le principal mérite de l'autre est dans le magnifique langage qu'on y parle.

Le style de Molière est déjà, dans cette première œuvre, tout ce qu'il doit être : le style même de la comédie. On y observe, il est vrai, des inégalités, des tours de phrase incorrects et embrouillés, dont se corrigera l'auteur du *Misanthrope* et des *Femmes savantes*. Mais il a dès lors ce vers ferme, facile, naïf, « où la périphrase elle-même ne semble pas une des servitudes de la rime, mais un tour ingénieux ». Point de périodes; une langue docile et juste, rapide, appropriée à chaque personnage, frappant chaque pensée au coin de la vérité, et produisant ainsi au courant du dialogue des sentences qui ne s'oublient plus. On compterait dans *l'Étourdi*, en aussi grand nombre que dans les meilleures pièces de Molière, de ces vers qui sont devenus proverbes, et qu'on cite toujours.

Si nous en croyons M. Paul Stapfer dans son ouvrage intitulé *les Artistes juges et parties* (2ᵉ causerie, le Grammairien de Hauteville House), un grand poète contemporain aurait même pour le style de *l'Étourdi* une préférence décidée. « Sur Molière, dit-il, le jugement de Victor Hugo est fort original. La mieux écrite de toutes les pièces de notre grand comique, c'est, selon lui, *l'Étourdi*, sa première œuvre. « *L'Étourdi*, me disait-il, a un
« éclat, une fraîcheur de style, qui brillent encore dans *le Dépit*
« *amoureux*, mais peu à peu s'effacent, à mesure que Molière,
« cédant malheureusement à d'autres inspirations que la sienne,
« s'engage de plus en plus dans une nouvelle voie. »

Nous croyons qu'il n'est pas sans intérêt de mentionner ici cette opinion du chef de l'école romantique du XIX⁰ siècle, sans croire qu'elle doive changer l'opinion générale, qui, tout en reconnaissant la vivacité et la verve du style de *l'Étourdi,* a toujours cependant estimé davantage le style plus parfait du *Misanthrope,* d'*Amphitryon* et des *Femmes savantes.*

On a adressé d'autre part à *l'Étourdi* quelques critiques. On a d'abord blâmé le titre. Selon Voltaire, « les connaisseurs ont dit que *l'Étourdi* devait seulement être appelé *les Contre-Temps.* Lélie, en rendant une bourse qu'il a trouvée, en secourant un homme qu'on attaque, fait des actions de générosité plutôt que d'étourderie. Son valet paraît plus étourdi que lui, puisqu'il n'a presque jamais l'attention de l'avertir de ce qu'il va faire ». C'est une chicane. Il est clair que Lélie ne fait pas tout le long de la pièce des étourderies, et rien que des étourderies, ce qui serait faux, hors nature et insupportable. Il suffit que le caractère se développe et que l'étourderie en soit un des traits dominants. Il est difficile d'exprimer et de définir par un seul mot ce travers de Lélie, où diverses nuances se combinent : il est irréfléchi, inconsidéré ; il cède toujours au premier mouvement, et, une fois parti, ne s'arrête plus ; à la pétulance et à la précipitation qu'il apporte dans toutes ses actions, il faut ajouter certaine mauvaise chance évidente qui le poursuit. Il faudrait sans doute un mot différent pour indiquer et distinguer chacune de ces nuances. Mais le mot d'*Étourdi* s'applique assez bien à l'ensemble du personnage, et le sous-titre : *ou les Contre-Temps,* fait largement la part des simples incidents comiques inventés pour mettre en jeu l'activité et la souplesse de Mascarille.

On a critiqué avec plus de raison le dénoûment. « La fortune seule, dit N. Lemercier, achève l'aventure, qui aurait dû se terminer par les moyens employés précédemment dans la fable. La faute commise par notre auteur est d'autant plus sensible que les inventions du valet et l'étourderie du maître ne concourent en rien au dénoûment. On a remarqué avec justesse que l'auteur italien (Nicolo Barbieri, qui a fait *l'Inavvertito*) avait évité ce défaut. Dans la pièce originale, l'amant, désolé de ses propres incartades, se redoute soi-même au moment où toutes ses affaires sont arrangées ; et quand son valet n'a plus besoin que de sa présence pour lui faire conclure son mariage avec sa maîtresse, celui-ci prend la fuite de peur d'être un nouvel obstacle à ce qui se concerte pour lui, et son valet est contraint de le rapporter en personne sur ses épaules pour que son évasion n'empêche pas encore son hymen. Ce risible incident est un coup de maître dans l'intrigue de cette comédie. »

L'Étourdi fut représenté d'abord à Lyon, puis à Paris, au mois de novembre 1658, avec le plus grand succès. Molière jouait le rôle de Mascarille. Si l'on en croit de Villiers, l'auteur de *la Vengeance des Marquis,* Molière joua d'abord ce rôle sous le masque; il rejeta le masque après les premières représentations. « Il contrefaisait d'abord les marquis avec le masque de Mascarille, dit de Villiers, mais à la fin il nous a fait voir qu'il avait le visage assez plaisant pour représenter sans masque un personnage ridicule. » Cette assertion unique et peu clairement exprimée paraît généralement suspecte. Ce qui est certain, c'est que Molière se montra excellent dans ce rôle, et qu'il se fit non moins admirer comme acteur que comme auteur. Écoutons encore Le Boulanger de Chalussay, dans son *Élomire hypocondre ;* voici comment cet autre détracteur de Molière fait parler celui-ci, déguisé sous l'anagramme d'*Élomire*. Là (au Petit-Bourbon), dit Élomire,

> Là, par *Héraclius* nous ouvrons un théâtre
> Où je croy tout charmer et tout rendre idolâtre.
> Mais, hélas! qui l'eust creu, par un contraire effet,
> Loin que tout fust charmé, tout fust mal satisfait;
> Et par ce coup d'essay, que je croyois de maistre,
> Je me vis en estat de n'oser plus paroistre.
> Je prends cœur toutefois, et d'un air glorieux
> J'affiche, je harangue et fais tout de mon mieux.
> Mais inutilement je tentay la fortune :
> Après *Héraclius* on siffla *Rodogune,*
> *Cinna* le fut de mesme, et *le Cid,* tout charmant,
> Receut avec *Pompée* un pareil traitement.
> Dans ce sensible affront ne sachant où m'en prendre,
> Je me vis mille fois sur le point de me pendre.
> Mais, d'un coup d'étourdy que causa mon transport,
> Où je devois périr je rencontray le port :
> Je veux dire qu'au lieu des pièces de Corneille
> Je jouay *l'Étourdy,* qui fut une merveille.
> Car à peine on m'eut veu la hallebarde au poing :

> A peine on eut ouy mon plaisant barragouin,
> Veu mon habit, ma toque, et ma barbe, et ma fraise,
> Que tous les spectateurs furent transportés d'aise,
> Et qu'on vit sur leur front s'effacer ces froideurs
> Qui nous avoient causé tant et tant de malheurs.
> Du parterre au théâtre et du théâtre aux loges,
> La voix de cent échos fait cent fois mes éloges,
> Et cette mesme voix demande incessamment
> Pendant trois mois entiers ce divertissement.
> Nous le donnons autant, et sans qu'on s'en rebute,
> Et sans que cette pièce approche de sa chute.

On aime à penser que cette pièce décida la fortune de Molière, et qu'il lui dut ces joies profondes que cause une victoire chèrement acquise, et qui s'emparent de l'esprit, lorsqu'enfin la carrière est ouverte et qu'on n'a plus qu'à y marcher courageusement et librement.

En 1654, Philippe Quinault, âgé alors de dix-neuf ans, et qui en était déjà à sa troisième pièce de théâtre, fit jouer à Paris, à l'hôtel de Bourgogne, *l'Amant indiscret ou le Maître étourdi*, cinq actes en vers. Le personnage principal est le même dans cette comédie que dans celle de Molière, sauf qu'il est plus niais et que sa maladresse est compliquée de beaucoup plus de sottise. Le valet Philipin est un Mascarille sans esprit. L'ouvrage de Quinault aurait eu toutefois, si l'on en croit Perrault, un grand succès.

On s'est demandé si l'un des deux auteurs avait eu connaissance de l'œuvre de l'autre. Rien dans l'une ni dans l'autre pièce ne l'indique. Le plus probable, c'est que ce sujet est venu aux deux auteurs par *l'Inavvertito*. *L'Étourdi* de Quinault a été récemment réimprimé en partie dans le tome premier des *Contemporains de Molière*, de M. V. Fournel; Paris, Firmin-Didot, 1863.

On verra, en regard des noms des personnages, ceux des acteurs, non pas qui créèrent les principaux rôles de la pièce de Molière, mais qui les tinrent pendant les premières années qui suivirent le retour de Molière à Paris. Ainsi La Grange, à qui le rôle de Lélie est assigné, n'est entré dans la troupe de Molière qu'à Pâques de l'année 1659. Mlle Duparc, à laquelle le rôle d'Hippolyte est attribué, non sans vraisemblance, quitta la troupe de Molière à Pâques de cette même année 1659, et alla passer une année au théâtre du Marais; elle revint ensuite au Palais-Royal, puis passa en mars 1667 à l'hôtel de Bourgogne. Béjart l'aîné, dont le rôle est incertain, tomba malade le 11 mai 1659, précisément pendant une représentation de *l'Étourdi* au Louvre, et mourut peu après.

Le Répertoire des comédies qui se peuvent jouer en 1685, conservé manuscrit à la Bibliothèque nationale (manuscrits français, n° 2509), et cité par M. Despois, donne la distribution suivante (nous rétablissons l'ordre des personnages tel qu'il se trouve ci-après) :

LÉLIE	M. LA GRANGE.
CÉLIE	Mlle GUÉRIN (la veuve de Molière, alors remariée).
MASCARILLE	M. RAISIN.
HIPPOLYTE	Mlle DEBRIE.
ANSELME	MM. HUBERT.
TRUFALDIN	GUÉRIN.
PANDOLFE	BRÉCOURT.
LÉANDRE	DAUVILLIERS ou VILLIERS.
ANDRÈS	LECOMTE.

Après La Grange, on cite, comme s'étant distingués dans le personnage de Lélie, Baron et Molé.

Le rôle de Mascarille a été l'un de ceux où brilla (mai 1726) le jeune acteur Montmesnil ou Montmesny, fils de René Le Sage, dont la carrière fut de courte durée. — Dugazon s'y distingua tout particulièrement. Après lui, Monrose (11 mai 1815).

Les interprètes sont aujourd'hui (1879) :

LÉLIE	M. DELAUNAY.
CÉLIE	Mlle CROIZETTE.
MASCARILLE	M. COQUELIN.
HIPPOLYTE	Mlle LLOYD.
ANSELME	MM. TALBOT.
TRUFALDIN	KIME.
PANDOLFE	CHÉRY.
LÉANDRE	BOUCHET.
ANDRÈS	LAROCHE.
ERGASTE	COQUELIN cadet.

NOTICE PRÉLIMINAIRE.

L'Étourdi ou les Contre-Temps ne fut imprimé qu'en 1663, dans le même temps que *l'École des Femmes*. Nous avons sous les yeux trois éditions principales :

L'édition princeps : *L'Estourdy ou les Contre-Temps,* comédie représentée sur le théâtre du Palais-Royal, par J.-B.-P. Molière; Paris, chez Gabriel Quinet, au Palais, dans la galerie des Prisonniers, *A l'Ange Gabriel;* 1663, in-12, avec privilège du roi enregistré le 27 octobre 1662.

Les *Œuvres de Monsieur Molière;* à Paris, chez Claude Barbin, au Palais, sur le second perron de la Sainte-Chapelle, 1673, premier volume.

Les *Œuvres de Monsieur Molière,* revues, corrigées et augmentées, 1682. (Édition La Grange et Vinot.)

Nous suivons le texte de l'édition de 1673, le dernier que Molière ait pu avoir sous les yeux, et celui qui, pour cette pièce, nous a paru le plus correct. Nous relevons les variantes de l'édition princeps et de l'édition de 1682.

L'ÉTOURDI

PERSONNAGES.	ACTEURS[1].
LÉLIE, fils de Pandolfe.	LA GRANGE.
CÉLIE, esclave de Trufaldin	Mlle DEBRIE.
MASCARILLE, valet de Lélie	MOLIÈRE.
HIPPOLYTE, fille d'Anselme	Mlle DUPARC.
ANSELME, père d'Hippolyte	LOUIS BÉJART.
TRUFALDIN, vieillard.	
PANDOLFE, père de Lélie.	BÉJART aîné.
LÉANDRE, fils de famille	
ANDRÈS, cru Égyptien	
ERGASTE, ami de Mascarille.	
UN COURRIER.	
DEUX TROUPES DE MASQUES.	

La scène est à Messine [2].

1. Nous donnons les noms des acteurs qui ont été en possession des rôles pendant la vie de Molière. On n'est point parvenu à faire de ces rôles une distribution toujours complète, et la liste des acteurs, dans cette pièce ainsi que dans plusieurs autres, présente des lacunes qu'on ne saurait plus guère espérer de combler aujourd'hui. Il y a même une part conjecturale dans cette distribution. Ainsi on ne sait pas exactement quel rôle doit être assigné à chacun des Béjart, qui jouaient certainement dans la pièce.

2. Le lieu de la scène n'est pas déterminé d'une manière plus précise dans la plupart des comédies de Molière et dans presque toutes les pièces comiques ou tragiques de cette époque. C'est une place publique, une rue, un carrefour, ou un vestibule, un endroit de passage, où chaque personnage arrive à son tour pour les besoins de l'action. A vrai dire, ce lieu de rencontre, c'était pour tous les yeux le théâtre lui-même. La décoration n'imposait pas un respect trop rigoureux des vraisemblances : il se passait dans cette rue ou sur cette place tout ce qu'on voulait. Ce champ vague et libre où se mouvait l'action théâtrale offrait beaucoup de commodité et corrigeait ce que les exigences de l'unité de lieu auraient eu de trop gênant.

Dans le manuscrit n° 24330 f. fr. de la Bibliothèque nationale, intitulé *Mémoire de plusieurs décorations qui servent aux pièces contenues en ce présent livre, commencé par M. Mahelot, et continué par Michel Laurent, en l'année 1673,* dans ce mémento dressé par les décorateurs, la mention relative à *l'Étourdi* est ainsi conçue : « L'ÉTOURDI. Le théâtre est des maisons et deux portes sur le devant avec leurs fenêtres. Il faut un pot de chambre, deux battes, deux flambeaux. »

L'ÉTOURDI
ou
LES CONTRE-TEMPS
COMÉDIE

ACTE PREMIER.

SCÈNE PREMIÈRE.

LÉLIE.

Hé bien! Léandre, hé bien! il faudra contester;
Nous verrons de nous deux qui pourra l'emporter;
Qui, dans nos soins communs pour ce jeune miracle,
Aux vœux de son rival portera plus d'obstacle.
Préparez vos efforts, et vous défendez bien,
Sûr que de mon côté je n'épargnerai rien.

SCÈNE II.

LÉLIE, MASCARILLE[1].

LÉLIE.

Ah! Mascarille!

---

1. Le nom de Mascarille, sous lequel Molière figura dans ses trois premières comédies, est tiré de l'italien *maschera*, masque, ou plus exacte-

MASCARILLE.

Quoi?

LÉLIE.

Voici bien des affaires;
J'ai dans ma passion toutes choses contraires :
Léandre aime Célie, et, par un trait fatal,
Malgré mon changement, est toujours mon rival [1]. *

MASCARILLE.

Léandre aime Célie!

LÉLIE.

Il l'adore, te dis-je.

MASCARILLE.

Tant pis.

LÉLIE.

Hé, oui! tant pis; c'est là ce qui m'afflige.
Toutefois j'aurois tort de me désespérer :
Puisque j'ai ton secours, je puis me rassurer; **
Je sais que ton esprit, en intrigues fertile,
N'a jamais rien trouvé qui lui fût difficile;
Qu'on te peut appeler le roi des serviteurs,
Et qu'en toute la terre...

* VAR. *Malgré mon changement est encor mon rival* (1682).
** VAR. *Puisque j'ai ton secours, je dois me rassurer* (1682).

ment de l'espagnol *mascara*, diminutif *mascarilla*, petit masque, demi-masque. Nous avons dit que Molière commença peut-être à jouer ce rôle sous un masque, comme faisait Arlequin.

Dans une note des *Nouveaux Synonymes français*, par l'abbé Roubaud, tome IV (1786), page 40, se trouve l'indication d'un « petit livret intitulé les *OEuvres du marquis de Mascarille*, imprimé à Lyon, en 1620 ». M. Despois, qui a relevé cette note, constate qu'il n'a pu découvrir aucune trace de ce petit livret.

1. Léandre et Lélie ont aimé tous deux Hippolyte, et tous deux ensuite se sont détachés d'elle pour aimer Célie.

ACTE I, SCÈNE II.

MASCARILLE.

Hé! trêve de douceurs.
Quand nous faisons besoin[1], nous autres misérables,
Nous sommes les chéris et les incomparables;
Et dans un autre temps, dès le moindre courroux,
Nous sommes les coquins qu'il faut rouer de coups.

LÉLIE.

Ma foi! tu me fais tort avec cette invective.
Mais enfin discourons un peu de ma captive : *
Dis si les plus cruels et plus durs sentiments
Ont rien d'impénétrable à des traits si charmants[2].
Pour moi, dans ses discours, comme dans son visage,
Je vois pour sa naissance un noble témoignage;
Et je crois que le ciel dedans un rang si bas
Cache son origine, et ne l'en tire pas[3].

MASCARILLE.

Vous êtes romanesque avecque vos chimères.
Mais que fera Pandolfe en toutes ces affaires?
C'est, monsieur, votre père, au moins à ce qu'il dit;
Vous savez que sa bile assez souvent s'aigrit,
Qu'il peste contre vous d'une belle manière
Quand vos déportements lui blessent la visière.
Il est avec Anselme en parole[4] pour vous
Que de son Hippolyte on vous fera l'époux,
S'imaginant que c'est dans le seul mariage

---

* VAR. *Mais enfin discourons de l'aimable captive* (1682).

1. Faire besoin, comme on dit : faire faute; cette expression, maintenant hors d'usage, signifiait : être nécessaire.
2. C'est-à-dire : si l'âme la plus cruelle et la plus dure peut rester insensible à des traits si charmants.
3. C'est-à-dire : et ne l'a point fait naître dans un rang si bas.
4. Il est en parole, en pourparlers, à votre sujet, afin de convenir que...

Qu'il pourra rencontrer de quoi vous faire sage;
Et s'il vient à savoir que, rebutant son choix,
D'un objet inconnu vous recevez les lois,
Que de ce fol amour la fatale puissance
Vous soustrait au devoir de votre obéissance,
Dieu sait quelle tempête alors éclatera,
Et de quels beaux sermons on vous régalera.

LÉLIE.

Ah! trêve, je vous prie, à votre rhétorique!

MASCARILLE.

Mais vous, trêve plutôt à votre politique!
Elle n'est pas fort bonne, et vous devriez tâcher...

LÉLIE.

Sais-tu qu'on n'acquiert rien de bon à me fâcher,
Que chez moi les avis ont de tristes salaires,
Qu'un valet conseiller y fait mal ses affaires?

MASCARILLE.

(A part.) (Haut.)

Il se met en courroux. Tout ce que j'en ai dit
N'étoit rien que pour rire et vous sonder l'esprit.
D'un censeur de plaisirs ai-je fort l'encolure?
Et Mascarille est-il ennemi de nature?
Vous savez le contraire et qu'il est très certain
Qu'on ne peut me taxer que d'être trop humain.
Moquez-vous des sermons d'un vieux barbon de père;
Poussez votre bidet, vous dis-je, et laissez faire.
Ma foi! j'en suis d'avis, que ces penards[1] chagrins[2]

---

1. *Penard*, vieux libertin impuissant.
2. L'édition de 1682 marque avec des guillemets les vers que les comédiens ne récitaient point dans leurs représentations, même du temps de Molière. Les premiers vers ainsi marqués sont celui-ci et les trois qui suivent.

Nous viennent étourdir de leurs contes badins,
Et, vertueux par force, espèrent par envie
Oter aux jeunes gens les plaisirs de la vie.
Vous savez mon talent, je m'offre à vous servir.

LÉLIE.

Ah! c'est par ces discours que tu peux me ravir¹.
Au reste, mon amour, quand je l'ai fait paroître,
N'a point été mal vu des yeux qui l'ont fait naître;
Mais Léandre, à l'instant, vient de me déclarer
Qu'à me ravir Célie il se va préparer :
C'est pourquoi dépêchons, et cherche dans ta tête
Les moyens les plus prompts d'en faire ma conquête.
Trouve ruses, détours, fourbes, inventions,
Pour frustrer un rival de ses prétentions.*

MASCARILLE.

Laissez-moi quelque temps rêver à cette affaire.
(A part.)
Que pourrois-je inventer pour ce coup nécessaire?

LÉLIE.

Hé bien! le stratagème?

MASCARILLE.

Ah! comme vous courez!
Ma cervelle toujours marche à pas mesurés.
J'ai trouvé votre fait : il faut... Non, je m'abuse.

---

* Var. *Pour frustrer mon rival de ses prétentions* (1682).

1. Lélie veut-il faire entrer Mascarille dans les intérêts de son amour, il lui prodigue et douceurs et caresses; Mascarille feint-il un moment de désapprouver sa passion, il prend avec lui le ton de l'humeur et même de la menace. Mais quand l'artificieux valet, dépouillant une sévérité qui ne lui est pas naturelle, invite son jeune maître à se moquer des sermons d'un vieux barbon de père, notre amoureux alors s'écrie :

    Ah! c'est par ces discours que tu peux me ravir!

Que voilà bien le langage et la marche de la passion! (AUGER.)

Mais si vous alliez...

LÉLIE.

Où?

MASCARILLE.

C'est une foible ruse.

J'en songeois une...

LÉLIE.

Et quelle?

MASCARILLE.

Elle n'iroit pas bien.

Mais ne pourriez-vous pas...?

LÉLIE.

Quoi?

MASCARILLE.

Vous ne pourriez rien.

Parlez avec Anselme.

LÉLIE.

Et que lui puis-je dire?

MASCARILLE.

Il est vrai, c'est tomber d'un mal dedans un pire.
Il faut pourtant l'avoir. Allez chez Trufaldin.

LÉLIE.

Que faire?

MASCARILLE.

Je ne sais.

LÉLIE.

C'en est trop, à la fin,
Et tu me mets à bout par ces contes frivoles.

MASCARILLE.

Monsieur, si vous aviez en main force pistoles,
Nous n'aurions pas besoin maintenant de rêver
A chercher les biais que nous devons trouver,

Et pourrions, par un prompt achat de cette esclave,
Empêcher qu'un rival vous prévienne et vous brave.
De ces Égyptiens qui la mirent ici,
Trufaldin, qui la garde, est en quelque souci;
Et, trouvant son argent, qu'ils lui font trop attendre,
Je sais bien qu'il seroit très ravi de la vendre :
Car enfin en vrai ladre il a toujours vécu;
Il se feroit fesser pour moins d'un quart d'écu,
Et l'argent est le dieu que surtout il révère :
Mais le mal, c'est...

LÉLIE.

Quoi? c'est...

MASCARILLE.

Que monsieur votre père
Est un autre vilain qui ne vous laisse pas,
Comme vous voudriez bien, manier ses ducats;
Qu'il n'est point de ressort qui, pour votre ressource,
Pût faire maintenant ouvrir la moindre bourse.
Mais tâchons de parler à Célie un moment
Pour savoir là-dessus quel est son sentiment;
La fenêtre est ici.*

LÉLIE.

Mais Trufaldin, pour elle,
Fait de nuit et de jour exacte sentinelle.
Prends garde.

MASCARILLE.

Dans ce coin demeurons en repos.**
O bonheur! la voilà qui paroît à propos[1].

* Var. *Sa fenêtre est ici* (1682).
** Var. ...... *Dans ce coin demeurez en repos.*
   O bonheur! la voilà qui sort tout à propos (1682).

1. L'exposition dans les pièces de Molière est toujours très vive, très

SCÈNE III.

CÉLIE, LÉLIE, MASCARILLE.

LÉLIE.

Ah! que le ciel m'oblige en offrant à ma vue
Les célestes attraits dont vous êtes pourvue!
Et, quelque mal cuisant que m'aient causé vos yeux,
Que je prends de plaisir à les voir en ces lieux!

CÉLIE.

Mon cœur, qu'avec raison votre discours étonne,
N'entend pas que mes yeux fassent mal à personne;
Et si dans quelque chose ils vous ont outragé,
Je puis vous assurer que c'est sans mon congé[1].

LÉLIE.

Ah! leurs coups sont trop beaux pour me faire une injure!
Je mets toute ma gloire à chérir ma blessure,*
Et...

MASCARILLE.

Vous le prenez là d'un ton un peu trop haut;
Ce style maintenant n'est pas ce qu'il nous faut[2].

---

* Var. *Je mets toute ma gloire à chérir leur blessure* (1682).

animée, toute en action. C'est un exemple qu'il donne dès sa première comédie : on entre sur-le-champ dans le sujet; les intérêts et la situation des principaux personnages sont tout de suite indiqués, et leurs caractères sont établis dès les premiers mots qu'ils prononcent. De même on verra plus tard, au lever du rideau, Alceste brusquant Philinte, Mme Pernelle gourmandant la famille d'Orgon, Sosie causant avec sa lanterne, Sganarelle, du *Médecin malgré lui*, battant sa femme, Argan relisant le mémoire de M. Fleurant, etc. Le dialogue de Lélie et de Mascarille offre un début également heureux, et, comme dit M. Auger, annonce un homme né pour écrire supérieurement la comédie.

1. *Congé* s'employait autrefois dans le sens absolu de *permission*.
2. Le style *précieux* des deux amants est immédiatement critiqué par Mascarille lui-même. Il faut admettre, et non blâmer, cette diversité de

Profitons mieux du temps, et sachons vite d'elle
Ce que...

TRUFALDIN, dans sa maison.

Célie!

MASCARILLE, à Lélie.

Eh bien!

LÉLIE.

O rencontre cruelle!
Ce malheureux vieillard devoit-il nous troubler?

MASCARILLE.

Allez, retirez-vous; je saurai lui parler.

SCÈNE IV.

TRUFALDIN, CÉLIE, LÉLIE, retiré dans un coin, MASCARILLE.

TRUFALDIN, à Célie.

Que faites-vous dehors? Et quel soin vous talonne,
Vous à qui je défends de parler à personne?

CÉLIE.

Autrefois j'ai connu cet honnête garçon,
Et vous n'avez pas lieu d'en prendre aucun soupçon.

MASCARILLE.

Est-ce là le seigneur Trufaldin?

CÉLIE.

Oui, lui-même.

MASCARILLE.

Monsieur, je suis tout vôtre, et ma joie est extrême
De pouvoir saluer en toute humilité

---

langage, encore qu'elle puisse présenter parfois un peu d'exagération.
Dans *l'Inavvertito,* c'est bien autre chose.

Un homme dont le nom est partout si vanté.

TRUFALDIN.

Très humble serviteur.

MASCARILLE.

J'incommode peut-être ;
Mais je l'ai vue ailleurs, où m'ayant fait connoître
Les grands talents qu'elle a pour savoir l'avenir,
Je voulois sur un point un peu l'entretenir[1].

TRUFALDIN.

Quoi! te mêlerois-tu d'un peu de diablerie?

CÉLIE.

Non, tout ce que je sais n'est que blanche magie[2].

MASCARILLE.

Voici donc ce que c'est. Le maître que je sers
Languit pour un objet qui le tient dans ses fers ;
Il auroit bien voulu du feu qui le dévore
Pouvoir entretenir la beauté qu'il adore ;
Mais un dragon, veillant sur ce rare trésor,
N'a pu, quoi qu'il ait fait, le lui permettre encor ;
Et ce qui plus le gêne et le rend misérable,
Il vient de découvrir un rival redoutable ;
Si bien que, pour savoir si ses soins amoureux
Ont sujet d'espérer quelque succès heureux,
Je viens vous consulter, sûr que de votre bouche
Je puis apprendre au vrai le secret qui nous touche.

---

1. On a remarqué avec raison que cette phrase est grammaticalement incorrecte; il faudrait : Mais l'ayant vue ailleurs, où elle m'a fait connaître, etc., je voulais sur un point, etc. Le sujet du verbe s'est, pour ainsi dire, changé en chemin.

2. La magie blanche est celle dont les effets, merveilleux en apparence, résultent de causes secrètes et inconnues au vulgaire; on l'oppose à la magie noire, dont les opérations surnaturelles sont attribuées à l'intervention des démons.

CÉLIE.
Sous quel astre ton maître a-t-il reçu le jour?
MASCARILLE.
Sous un astre à jamais ne changer son amour.
CÉLIE.
Sans me nommer l'objet[1] pour qui son cœur soupire,
La science que j'ai m'en peut assez instruire.
Cette fille a du cœur, et dans l'adversité
Elle sait conserver une noble fierté :
Elle n'est pas d'humeur à trop faire connoître
Les secrets sentiments qu'en son cœur on fait naître;
Mais je les sais comme elle, et, d'un esprit plus doux,
Je vais en peu de mots vous les découvrir tous.[*]
MASCARILLE.
O merveilleux pouvoir de la vertu magique!
CÉLIE.
Si ton maître en ce point de constance se pique,
Et que la vertu seule anime son dessein,
Qu'il n'appréhende pas de soupirer en vain;[**]
Il a lieu d'espérer, et le fort qu'il veut prendre
N'est pas sourd aux traités, et voudra bien se rendre.
MASCARILLE.
C'est beaucoup; mais ce fort dépend d'un gouverneur
Difficile à gagner.
CÉLIE.
C'est là tout le malheur[2].

[*] Var. *Je vais en peu de mots te les découvrir tous* (1682).
[**] Var. *Qu'il n'appréhende plus de soupirer en vain* (1682).

1. Sans que tu me nommes, etc.
2. Cette situation, dans laquelle les intérêts de cœur se traitent en présence d'un rival, d'un père ou d'un tuteur, à la faveur d'une fiction qui l'empêche d'y rien comprendre, est toujours d'un grand effet au théâtre,

MASCARILLE, à part, regardant Lélie.
Au diable le fâcheux qui toujours nous éclaire[1] !
CÉLIE.
Je vais vous enseigner ce que vous devez faire.
LÉLIE, en les joignant.
Cessez, ô Trufaldin, de vous inquiéter ;
C'est par mon ordre seul qu'il vous vient visiter,
Et je vous l'envoyois, ce serviteur fidèle,
Vous offrir mon service, et vous parler pour elle,
Dont je vous veux dans peu payer la liberté,
Pourvu qu'entre nous deux le prix soit arrêté.
MASCARILLE.
La peste soit la bête[2] !
TRUFALDIN.
Ho ! ho ! qui des deux croire ?
Ce discours au premier est fort contradictoire.
MASCARILLE.
Monsieur, ce galant homme a le cerveau blessé :
Ne le savez-vous pas ?
TRUFALDIN.
Je sais ce que je sai.

---

quand la fiction est ingénieuse et vraisemblable. Molière l'a employée encore dans la xive scène du IIe acte de *l'École des Maris*, la xie scène du IIIe acte de *l'Avare*, et la vi^e scène du IIe acte du *Malade imaginaire*. (AUGER.)

1. Éclairer quelqu'un, dans le sens de l'espionner, le surveiller, et découvrir ses démarches, ses secrets.

<blockquote>N'importe qui l'éclaire en ces chastes caresses,</blockquote>

dit Corneille dans *Mélite*. Le mot *éclaireur*, que nous avons conservé, garde bien le sens primitif.

2. Vive formule, très habituelle dans Molière et les écrivains du temps : « La peste le coquin ! la peste le benêt ! » dans *Don Juan ;*

<blockquote>La peste soit fait l'homme et sa chienne de face !</blockquote>

dans *l'École des Femmes*, etc.

J'ai crainte ici dessous de quelque manigance.
(A Célie.)
Rentrez, et ne prenez jamais cette licence.
Et vous, filous fieffés, ou je me trompe fort,
Mettez, pour me jouer, vos flûtes mieux d'accord¹.

SCÈNE V.

LELIE, MASCARILLE.

MASCARILLE.

C'est bien fait. Je voudrois qu'encor, sans flatterie,
Il nous eût d'un bâton chargés de compagnie.
A quoi bon se montrer, et, comme un étourdi,
Me venir démentir de tout ce que je di?

LÉLIE.

Je pensois faire bien.

MASCARILLE.

Oui, c'étoit fort l'entendre.
Mais quoi! cette action ne me doit point surprendre :
Vous êtes si fertile en pareils contre-temps²
Que vos écarts d'esprit n'étonnent plus les gens.

LÉLIE.

Ah, mon Dieu! pour un rien me voilà bien coupable!
Le mal est-il si grand qu'il soit irréparable?

---

1. Dans *l'Inavvertito*, de Nicolo Barbieri, le personnage qui répond à celui de Trufaldin dit, de même que lui, en terminant une scène toute semblable : *Sete fuori di concerto, dovevate prima prender la voce del vostro servitore, che hà intonato in un altro modo ;* « vous n'êtes point d'accord ; vous auriez dû auparavant vous faire donner le ton par votre valet, qui a chanté dans un autre mode que vous. »

2. Les deux titres de la pièce, *l'Étourdi ou les Contre-Temps*, se trouvent ingénieusement indiqués et expliqués dans ces quelques vers de Mascarille.

Enfin, si tu ne mets Célie entre mes mains,
Songe au moins de Léandre à rompre les desseins :
Qu'il ne puisse acheter avant moi cette belle.
De peur que ma présence encor soit criminelle,
Je te laisse.

MASCARILLE, seul.

Fort bien. A dire vrai, l'argent
Seroit dans notre affaire un sûr et fort agent;
Mais ce ressort manquant, il faut user d'un autre.

SCÈNE VI.

ANSELME, MASCARILLE.

ANSELME.

Par mon chef, c'est un siècle étrange que le nôtre !
J'en suis confus. Jamais tant d'amour pour le bien,
Et jamais tant de peine à retirer le sien[1] !
Les dettes aujourd'hui, quelque soin qu'on emploie,
Sont comme les enfants, que l'on conçoit en joie,
Et dont avecque peine on fait l'accouchement.
L'argent dans une bourse entre agréablement ;
Mais, le terme venu que nous devons le rendre,
C'est lors que les douleurs commencent à nous prendre.

---

1. Dans la *Mostellaria* (le Revenant) de Plaute, l'usurier Danista entre en scène de la même manière, en se plaignant de la dureté des temps :

> *Scelestiorem ego annum argento fenori*
> *Nunquam ullum vidi, quam hic mihi annus obtigit.*
> *A mane ad noctem usque in foro dego diem,*
> *Locare argenti nemini nummum queo.*

« Je n'ai pas encore vu d'année plus détestable que celle-ci pour un usurier. Du matin jusques au soir, je passe la journée sur la place, et je ne trouve pas à prêter un écu. »

Baste! ce n'est pas peu que deux mille francs, dus
Depuis deux ans entiers, me soient enfin rendus;
Encore est-ce un bonheur.

MASCARILLE, à part les quatre premiers vers.

O Dieu! la belle proie
A tirer en volant! Chut, il faut que je voie
Si je pourrois un peu de près le caresser.
Je sais bien les discours dont il le faut bercer...
Je viens de voir, Anselme...

ANSELME.

Et qui?

MASCARILLE.

Votre Nérine.

ANSELME.

Que dit-elle de moi, cette gente[1] assassine?

MASCARILLE.

Pour vous elle est de flamme.

ANSELME.

Elle?

MASCARILLE.

Et vous aime tant
Que c'est grande pitié.

ANSELME.

Que tu me rends content!

MASCARILLE.

Peu s'en faut que d'amour la pauvrette ne meure.

---

1. *Gent, gente* ne veut pas dire *gentille*. Ce mot exprime à la fois la légèreté dans la taille, la propreté et l'élégance dans les vêtements. La Bruyère regrettait la perte de ce mot avec d'autant plus de raison qu'aucune expression ne le remplace dans notre langue. (A. Martin.)

— On trouve quelques archaïsmes dans le rôle d'Anselme : *gente, prou, par mon chef!* tant Molière a soin de varier et de dater en quelque sorte le langage de ses personnages.

« Anselme, mon mignon, crie-t-elle à toute heure,
Quand est-ce que l'hymen unira nos deux cœurs,
Et que tu daigneras éteindre mes ardeurs? »

ANSELME.

Mais pourquoi jusqu'ici me les avoir celées?
Les filles, par ma foi, sont bien dissimulées!
Mascarille, en effet, qu'en dis-tu? Quoique vieux,
J'ai de la mine encore assez pour plaire aux yeux.

MASCARILLE.

Oui, vraiment, ce visage est encor fort mettable;
S'il n'est pas des plus beaux, il est des-agréable[1].

ANSELME.

Si bien donc...?

MASCARILLE veut prendre la bourse.

Si bien donc qu'elle est sotte de vous,
Ne vous regarde plus...

ANSELME.

Quoi?

MASCARILLE.

Que comme un époux;
Et vous veut...

ANSELME.

Et me veut...?

MASCARILLE.

Et vous veut, quoi qu'il tienne,
Prendre la bourse...

ANSELME.

La...?

---

1. Quolibet, jeu de mots, comme on n'en trouve qu'un fort petit nombre dans Molière. Celui-ci a été plus fréquemment répété dans le monde que le vers renfermant la plus belle pensée.

ACTE I, SCÈNE VI.

MASCARILLE prend la bourse, et la laisse tomber.

    La bouche avec la sienne[1].

    ANSELME.

Ah! je t'entends. Viens çà : lorsque tu la verras,
Vante-lui mon mérite autant que tu pourras.

    MASCARILLE.

Laissez-moi faire.

    ANSELME.

 Adieu.

    MASCARILLE, à part.

    Que le ciel te conduise![*]

    ANSELME, revenant.

Ah, vraiment! je faisois une étrange sottise,
Et tu pouvois pour toi m'accuser de froideur.
Je t'engage à servir mon amoureuse ardeur,
Je reçois par ta bouche une bonne nouvelle,
Sans du moindre présent récompenser ton zèle!
Tiens, tu te souviendras...

    MASCARILLE.

    Ah! non pas, s'il vous plaît.

    ANSELME.

Laisse moi...

    MASCARILLE.

  Point du tout. J'agis sans intérêt.

    ANSELME.

Je le sais; mais pourtant...

    MASCARILLE.

    Non, Anselme, vous dis-je;
Je suis homme d'honneur, cela me désoblige.

---

[*] Var. (Haut.) *Que le ciel vous conduise!* (1682).

1. Autre jeu de mots, plus grossier que le précédent et moins tolérable.

ANSELME.

Adieu donc, Mascarille.

MASCARILLE, à part.

O long discours!

ANSELME, revenant.

Je veux
Régaler par tes mains cet objet de mes vœux;
Et je vais te donner de quoi faire pour elle
L'achat de quelque bague, ou telle bagatelle
Que tu trouveras bon.

MASCARILLE.

Non, laissez votre argent :
Sans vous mettre en souci, je ferai le présent;
Et l'on m'a mis en main une bague à la mode,
Qu'après vous payerez, si cela l'accommode.

ANSELME.

Soit; donne-la pour moi; mais surtout fais si bien
Qu'elle garde toujours l'ardeur de me voir sien [1].

SCÈNE VII.

LÉLIE, ANSELME, MASCARILLE.

LÉLIE, ramassant la bourse.

A qui la bourse?

---

[1]. On a reproché à Molière d'avoir fait commettre à Mascarille une mauvaise action, une véritable coquinerie. « On rit de Scapin, dit Auger, tirant de l'argent de deux vieillards, parce qu'il déploie, pour se le faire donner, toutes les ressources de l'imagination, même de l'éloquence, et qu'après tout cet argent, destiné aux fils de ces vieillards, n'est, comme on dit, qu'un avancement d'hoirie. Mais Mascarille subtilisant la bourse d'un étranger est un personnage digne de châtiment. » Faisons observer que la différence n'est pas si grande qu'on le prétend : on verra plus loin, acte II, scène IV, que Anselme est débiteur de Pandolfe, père de Lélie, pour une assez forte somme. Lélie peut jusqu'à un certain point se considérer

ANSELME.

Ah, dieux! elle m'étoit tombée[1],
Et j'aurois, après, cru qu'on me l'eût dérobée!
Je vous suis bien tenu de ce soin obligeant,
Qui m'épargne un grand trouble et me rend mon argent.
Je vais m'en décharger au logis tout à l'heure.

SCÈNE VIII.
LÉLIE, MASCARILLE.

MASCARILLE.

C'est être officieux, et très fort, ou je meure.

LÉLIE.

Ma foi! sans moi, l'argent étoit perdu pour lui.

MASCARILLE.

Certes, vous faites rage, et payez aujourd'hui
D'un jugement très rare et d'un bonheur extrême;
Nous avancerons fort, continuez de même.

LÉLIE.

Qu'est-ce donc? Qu'ai-je fait?

MASCARILLE.

                Le sot, en bon françois,
Puisque je puis le dire et qu'enfin je le dois.
Il sait bien l'impuissance où son père le laisse;
Qu'un rival qu'il doit craindre étrangement nous presse;
Cependant, quand je tente un coup pour l'obliger,

---

comme créancier au moins futur, et voir là aussi un avancement d'hoirie. Mais on aurait besoin d'être informé plus tôt de ce détail, de cette circonstance atténuante, afin que l'impression fût moins fâcheuse qu'elle ne l'est en effet.

1. Elle m'étoit tombée : *exciderat mihi*.

Dont je cours moi tout seul la honte et le danger...
LÉLIE.
Quoi! c'étoit...?
MASCARILLE.
Oui, bourreau, c'étoit pour la captive
Que j'attrapois l'argent dont votre soin nous prive.
LÉLIE.
S'il est ainsi, j'ai tort[1]; mais qui l'eût deviné?
MASCARILLE.
Il falloit en effet être bien raffiné!
LÉLIE.
Tu me devois par signe avertir de l'affaire.
MASCARILLE.
Oui, je devois au dos avoir mon luminaire.
Au nom de Jupiter[2], laissez-nous en repos,
Et ne nous chantez plus d'impertinents propos.
Un autre, après cela, quitteroit tout peut-être;
Mais j'avois médité tantôt un coup de maître,
Dont tout présentement je veux voir les effets;
A la charge que si...
LÉLIE.
Non, je te le promets,
De ne me mêler plus de rien dire ou rien faire.
MASCARILLE.
Allez donc; votre vue excite ma colère.
LÉLIE.
Mais surtout hâte-toi, de peur qu'en ce dessein...

---

1. La remarque que nous venons de faire rend aussi moins choquante l'expression de regret que manifeste ici Lélie, dont Molière a voulu faire un écervelé, mais un garçon généreux et plein de cœur.

2. On doit se souvenir que le lieu de la scène est en Sicile, et que les Italiens ont conservé l'usage de jurer *per Jove! per Baccho!*

MASCARILLE.

Allez, encore un coup; j'y vais mettre la main.

(Lélie sort.)

Menons bien ce projet : la fourbe sera fine,
S'il faut qu'elle succède¹ ainsi que j'imagine.
Allons voir... Bon, voici mon homme justement.

SCÈNE IX.

PANDOLFE, MASCARILLE.

PANDOLFE.

Mascarille!

MASCARILLE.

Monsieur?

PANDOLFE.

A parler franchement,
Je suis mal satisfait de mon fils.

MASCARILLE.

De mon maître?
Vous n'êtes pas le seul qui se plaigne de l'être :
Sa mauvaise conduite, insupportable en tout,
Met à chaque moment ma patience à bout.

PANDOLFE.

Je vous croyois pourtant assez d'intelligence*
Ensemble.

MASCARILLE.

Moi? Monsieur, perdez cette croyance;
Toujours de son devoir je tâche à l'avertir,

---

* Var. *Je vous croirois pourtant assez d'intelligence* (1663, 1682).

1. *Succéder* pour *réussir, avoir du succès.*

Et l'on nous voit sans cesse avoir maille à partir[1].
A l'heure même encor nous avons eu querelle
Sur l'hymen d'Hippolyte, où je le vois rebelle,
Où, par l'indignité d'un refus criminel,
Je le vois offenser le respect paternel[2].

PANDOLFE.

Querelle?

MASCARILLE.

Oui, querelle, et bien avant poussée.

PANDOLFE.

Je me trompois donc bien : car j'avois la pensée
Qu'à tout ce qu'il faisoit tu donnois de l'appui.

MASCARILLE.

Moi? Voyez ce que c'est que du monde aujourd'hui,
Et comme l'innocence est toujours opprimée!
Si mon intégrité vous étoit confirmée.
Je suis auprès de lui gagé pour serviteur,
Vous me voudriez encor payer pour précepteur :
Oui, vous ne pourriez pas lui dire davantage
Que ce que je lui dis pour le faire être sage.
« Monsieur, au nom de Dieu, lui fais-je assez souvent.
Cessez de vous laisser conduire au premier vent;
Réglez-vous; regardez l'honnête homme de père
Que vous avez du ciel, comme on le considère;

---

1. Avoir une maille à partager. Partir, de *partiri*, partager. *Qui a à partir, si a à marir*, disait-on au moyen âge, « qui a à partager, a à se chagriner ». La *maille* était la plus petite pièce de monnaie, par conséquent indivisible. Avoir une maille à partager avec quelqu'un, c'était donc se disputer inévitablement avec lui. De là est venu le proverbe encore usité aujourd'hui.

2. Le respect qu'on doit à un père. Le mot *respect* s'appliquait ainsi fréquemment à celui qui en était l'objet, au lieu de s'appliquer, comme aujourd'hui, à celui qui l'éprouve.

Cessez de lui vouloir donner la mort au cœur,
Et comme lui vivez en personne d'honneur. »
PANDOLFE.
C'est parler comme il faut. Et que peut-il répondre?
MASCARILLE.
Répondre? Des chansons, dont il me vient confondre.
Ce n'est pas qu'en effet, dans le fond de son cœur,
Il ne tienne de vous des semences d'honneur;
Mais sa raison n'est pas maintenant sa maîtresse.*
Si je pouvois parler avecque hardiesse,
Vous le verriez dans peu soumis sans nul effort.
PANDOLFE.
Parle.
MASCARILLE.
C'est un secret qui m'importeroit fort[1],
S'il étoit découvert; mais à votre prudence
Je le puis confier avec toute assurance.
PANDOLFE.
Tu dis bien.
MASCARILLE.
Sachez donc que vos vœux sont trahis
Par l'amour qu'une esclave imprime à votre fils[2].
PANDOLFE.
On m'en avoit parlé; mais l'action me touche

---

* VAR. *Mais sa raison n'est pas maintenant la maîtresse* (1663).

1. Qui aurait pour moi des conséquences fâcheuses. Les écrivains du temps offrent quelques exemples de ce mot employé dans ce sens particulier :
>   Tay toi, car tes discours me pourroient importer
>   Si quelqu'un par hazard nous venoit escouter.
>   (VÉRONNEAU, *l'Impuissance*, I, II.)

2. On a blâmé cette expression. On se sert en effet plus ordinairement du mot *inspirer* pour rendre l'effet qu'une personne produit sur l'esprit d'une autre. On ne voit pas cependant qu'il faille rejeter l'autre mot.

De voir que je l'apprenne encore par ta bouche.
####### MASCARILLE.
Vous voyez si je suis le secret confident...
####### PANDOLFE.
Vraiment je suis ravi de cela.
####### MASCARILLE.
      Cependant,
A son devoir, sans bruit, désirez-vous le rendre?
Il faut... J'ai toujours peur qu'on nous vienne surprendre;
Ce seroit fait de moi s'il savoit ce discours.
Il faut, dis-je, pour rompre à toute chose cours,
Acheter sourdement l'esclave idolâtrée,
Et la faire passer en une autre contrée.
Anselme a grand accès auprès de Trufaldin;
Qu'il aille l'acheter pour vous dès ce matin :
Après, si vous voulez en mes mains la remettre,
Je connois des marchands, et puis bien vous promettre
D'en retirer l'argent qu'elle pourra coûter,
Et, malgré votre fils, de la faire écarter;
Car enfin, si l'on veut qu'à l'hymen il se range,
A cet amour naissant il faut donner le change;
Et de plus, quand bien même il seroit résolu[1],
Qu'il auroit pris le joug que vous avez voulu,
Cet autre objet, pouvant réveiller son caprice,
Au mariage encor peut porter préjudice.
####### PANDOLFE.
C'est très bien raisonné; ce conseil me plaît fort...
Je vois Anselme; va, je m'en vais faire effort
Pour avoir promptement cette esclave funeste,

---

1. *Résolu* est pris ici absolument. Il faut sous-entendre : à suivre vos avis, à se marier.

Et la mettre en tes mains pour achever le reste.

MASCARILLE, seul.

Bon; allons avertir mon maître de ceci.
Vive la fourberie, et les fourbes aussi!

SCÈNE X.

HIPPOLYTE, MASCARILLE.

HIPPOLYTE.

Oui, traître, c'est ainsi que tu me rends service!
Je viens de tout entendre, et voir ton artifice[1].
A moins que de cela, l'eussé-je soupçonné?
Tu couches d'imposture[2], et tu m'en as donné.*
Tu m'avois promis, lâche, et j'avois lieu d'attendre
Qu'on te verroit servir mes ardeurs pour Léandre;
Que du choix de Lélie, où l'on veut m'obliger,
Ton adresse et tes soins sauroient me dégager;
Que tu m'affranchirois du projet de mon père;
Et cependant ici tu fais tout le contraire!
Mais tu t'abuseras : je sais un sûr moyen

* VAR. *Tu payes d'imposture, et tu m'en as donné* (1682).

1. Elle s'est montrée au coin de la rue, vers la fin de la scène précédente.
2. « Cette manière de s'exprimer, dit Voltaire, vient du jeu. On disait : *Couché de vingt pistoles, de trente pistoles, couché belle.* » Coucher veut dire ici : mettre au jeu, et il s'employait usuellement au figuré.

Vous couchez d'imposture! et vous osez jurer!
(CORNEILLE, *le Menteur*.)

J'aurai mille beaux mots chaque jour à te dire :
Je coucherai de feux, de sanglots, de martyre.
(ID., *la Suite du Menteur*.)

Vous qui couchez toujours de l'ancienneté, comme si c'estoit votre advantage.
(D'AUBIGNÉ, *Mémoires*.)

Bien souvent les affrontoit, et couchoit de sa conscience à toutes restes.
(NOEL DU FAIL, *Contes d'Eutrapel*.)

Pour rompre cet achat où tu pousses si bien;
Et je vais de ce pas...

MASCARILLE.

Ah! que vous êtes prompte!
La mouche tout d'un coup à la tête vous monte[1],
Et, sans considérer s'il a raison ou non,
Votre esprit contre moi fait le petit démon.
J'ai tort, et je devrois, sans finir mon ouvrage,
Vous faire dire vrai, puisque ainsi l'on m'outrage.

HIPPOLYTE.

Par quelle illusion penses-tu m'éblouir?
Traître, peux-tu nier ce que je viens d'ouïr?

MASCARILLE.

Non. Mais il faut savoir que tout cet artifice
Ne va directement qu'à vous rendre service;
Que ce conseil adroit, qui semble être sans fard,
Jette dans le panneau l'un et l'autre vieillard;
Que mon soin par leurs mains ne veut avoir Célie
Qu'à dessein de la mettre au pouvoir de Lélie;
Et faire que, l'effet de cette invention
Dans le dernier excès portant sa passion,
Anselme, rebuté de son prétendu gendre,
Puisse tourner son choix du côté de Léandre.

HIPPOLYTE.

Quoi! tout ce grand projet, qui m'a mise en courroux,
Tu l'as formé pour moi, Mascarille?

MASCARILLE.

Oui, pour vous.
Mais, puisqu'on reconnoît si mal mes bons offices,
Qu'il me faut de la sorte essuyer vos caprices,

---

1. C'est une forme des locutions proverbiales : Vous prenez la mouche, la mouche vous pique. On dit en italien : *La mosca vi salta al naso.*

ACTE I, SCÈNE X.

Et que, pour récompense, on s'en vient, de hauteur[1],
Me traiter de faquin, de lâche, d'imposteur,
Je m'en vais réparer l'erreur que j'ai commise,
Et, dès ce même pas[2], rompre mon entreprise.

HIPPOLYTE, l'arrêtant.

Hé! ne me traite pas si rigoureusement,
Et pardonne aux transports d'un premier mouvement.

MASCARILLE.

Non, non, laissez-moi faire; il est en ma puissance
De détourner le coup qui si fort vous offense.
Vous ne vous plaindrez point de mes soins désormais;
Oui, vous aurez mon maître, et je vous le promets.

HIPPOLYTE.

Hé! mon pauvre garçon, que ta colère cesse.
J'ai mal jugé de toi, j'ai tort, je le confesse.

(Tirant sa bourse.)

Mais je veux réparer ma faute avec ceci.
Pourrois-tu te résoudre à me quitter ainsi?

MASCARILLE.

Non, je ne le saurois, quelque effort que je fasse;
Mais votre promptitude est de mauvaise grâce.
Apprenez qu'il n'est rien qui blesse un noble cœur
Comme quand il peut voir qu'on le touche en l'honneur.

HIPPOLYTE.

Il est vrai, je t'ai dit de trop grosses injures;
Mais que ces deux louis guérissent tes blessures.

MASCARILLE.

Hé! tout cela n'est rien; je suis tendre à ces coups.
Mais déjà je commence à perdre mon courroux :
Il faut de ses amis endurer quelque chose.

1. Avec hauteur.
2. On dirait maintenant : de ce même pas.

HIPPOLYTE.

Pourras-tu mettre à fin ce que je me propose?
Et crois-tu que l'effet de tes desseins hardis
Produise à mon amour le succès que tu dis?

MASCARILLE.

N'ayez point pour ce fait l'esprit sur des épines.
J'ai des ressorts tout prêts pour diverses machines;
Et quand ce stratagème à nos vœux manqueroit,
Ce qu'il ne feroit pas, un autre le feroit.

HIPPOLYTE.

Crois qu'Hippolyte au moins ne sera pas ingrate.

MASCARILLE.

L'espérance du gain n'est pas ce qui me flatte.

HIPPOLYTE.

Ton maître te fait signe, et veut parler à toi :
Je te quitte; mais songe à bien agir pour moi.

SCÈNE XI.

MASCARILLE, LÉLIE.

LÉLIE.

Que diable fais-tu là? Tu me promets merveille;
Mais ta lenteur d'agir est pour moi sans pareille.
Sans que mon bon génie au-devant m'a poussé[1],
Déjà tout mon bonheur eût été renversé
C'étoit fait de mon bien, c'étoit fait de ma joie;

---

1. C'est-à-dire : sans cette circonstance que, etc., tournure elliptique qu'on rencontre assez souvent dans les auteurs de la même époque.

>   Sans que je crains de commettre Géronte,
>   Je poserois tantôt un si bon guet
>   Qu'il seroit pris ainsi qu'au trébuchet.
>   (LA FONTAINE, *la Confidente sans le savoir*.)

Nous dirions aujourd'hui : Si mon bon génie ne m'eût poussé au-devant. si je ne craignais de commettre Géronte.

ACTE I, SCÈNE XI.

D'un regret éternel je devenois la proie ;
Bref, si je ne me fusse en ce lieu rencontré,
Anselme avoit l'esclave, et j'en étois frustré ;
Il l'emmenoit chez lui. Mais j'ai paré l'atteinte,
J'ai détourné le coup, et tant fait que, par crainte,
Le pauvre Trufaldin l'a retenue.

MASCARILLE.

      Et trois ;
Quand nous serons à dix nous ferons une croix [1].
C'étoit par mon adresse, ô cervelle incurable !
Qu'Anselme entreprenoit cet achat favorable ;
Entre mes propres mains on la devoit livrer,
Et vos soins endiablés nous en viennent sevrer.
Et puis pour votre amour je m'emploierois encore !
J'aimerois mieux cent fois être grosse pécore,
Devenir cruche, chou, lanterne, loup-garou,
Et que monsieur Satan vous vînt tordre le cou.

LÉLIE, seul.

Il nous le faut mener en quelque hôtellerie,
Et faire sur les pots décharger sa furie [2].

---

1. Proverbe dont on a voulu voir l'origine dans la forme du chiffre romain X. L'explication est bien ingénieuse, trop ingénieuse peut-être. Il suffit de supposer que, pour arrêter un compte, on avait coutume de marquer une croix. Ce moyen est toujours à l'usage des comptables naïfs.

2. Ce premier acte est long, mais il comprend beaucoup de choses. Voilà déjà trois stratagèmes inventés par Mascarille, et renversés par Lélie. L'intérêt, qui, par le genre même de l'ouvrage, ne peut être que de curiosité, est soutenu par l'esprit et la gaieté du dialogue, par l'originalité du caractère de Mascarille, par l'impatience même que Lélie fait éprouver aux spectateurs. Enfin, bien que la situation soit toujours la même, la scène ne languit pas un instant. Les incidents ne seront pas moins multipliés dans les actes qui vont suivre, et les surprises ne cesseront d'éclater, jusqu'à ce que Molière juge à propos de terminer son ouvrage. (AUGER et A. MARTIN.)

ACTE DEUXIÈME.

SCÈNE PREMIÈRE.
LÉLIE, MASCARILLE.

MASCARILLE.
A vos désirs enfin il a fallu se rendre :
Malgré tous mes serments je n'ai pu m'en défendre,
Et pour vos intérêts, que je voulois laisser,
En de nouveaux périls viens de m'embarrasser.
Je suis ainsi facile, et si de Mascarille
Madame la nature avoit fait une fille,
Je vous laisse à penser ce que ç'auroit été.
Toutefois, n'allez pas, sur cette sûreté,
Donner de vos revers au projet que je tente,
Me faire une bévue et rompre mon attente.
Auprès d'Anselme encor nous vous excuserons
Pour en pouvoir tirer ce que nous désirons ;
Mais si dorénavant votre imprudence éclate,
Adieu vous dis mes soins pour l'objet qui vous flatte[1].
LÉLIE.
Non, je serai prudent, te dis-je ; ne crains rien :
Tu verras seulement...
MASCARILLE.
Souvenez-vous-en bien ;
J'ai commencé pour vous un hardi stratagème.

1. *Adieu vous dis mes soins,* c'est une ancienne formule pour *adieu mes soins.*

Votre père fait voir une paresse extrême
A rendre par sa mort tous vos désirs contents[1] ;
Je viens de le tuer (de parole, j'entends) :
Je fais courir le bruit que d'une apoplexie
Le bonhomme surpris a quitté cette vie.
Mais avant, pour pouvoir mieux feindre ce trépas,
J'ai fait que vers sa grange il a porté ses pas ;
On est venu lui dire, et par mon artifice,
Que les ouvriers[2] qui sont après son édifice,
Parmi les fondements qu'ils en jettent encor,
Avoient fait par hasard rencontre d'un trésor.
Il a volé d'abord ; et comme à la campagne
Tout son monde à présent, hors nous deux, l'accompagne,
Dans l'esprit d'un chacun je le tue aujourd'hui,
Et produis un fantôme enseveli pour lui.
Enfin, je vous ai dit à quoi je vous engage :
Jouez bien votre rôle ; et pour mon personnage,
Si vous apercevez que j'y manque d'un mot,
Dites absolument que je ne suis qu'un sot.

1. Mascarille n'est pas un personnage délicat, et il s'exprime ici très crûment. « Molière, dit A. Martin, pour affaiblir l'inconvenance morale et en tirer même une leçon, a placé le maître dans la dépendance du valet. Lélie est obligé de flatter et d'apaiser Mascarille ; il va jusqu'à le conduire au cabaret parmi les pots, pour décharger sa furie, et par cela seul il se met à sa discrétion. Dès lors Mascarille peut tout dire, tout hasarder ; aussi va-t-il droit au but, » et sans préambule il fait entendre au jeune étourdi de brutales paroles, contre lesquelles celui-ci ne peut même pas protester. « La vieille comédie, dit Auger, ne se faisait pas d'ailleurs scrupule de montrer des jeunes gens avides d'hériter, et hâtant de leurs vœux la mort de leurs parents. Était-ce calomnier le cœur humain ou mettre au jour un de ses plus honteux secrets? A cette époque, le désir d'être libre et de jouir étouffait-il plus qu'aujourd'hui les affections les plus naturelles et les plus sacrées? Ce qui est certain, c'est que maintenant le public repousserait avec horreur toute manifestation d'un sentiment si odieux. Ce serait peut-être dans quelques-uns l'indignation de l'hypocrisie : espérons que dans le plus grand nombre ce serait celle de la vertu. »

2. En deux syllabes : *ou-vriers*.

SCÈNE II.

LÉLIE, seul.

Son esprit, il est vrai, trouve une étrange voie
Pour adresser mes vœux au comble de leur joie[1] ;
Mais quand d'un bel objet on est bien amoureux,
Que ne feroit-on pas pour devenir heureux?
Si l'amour est au crime une assez belle excuse[2],
Il en peut bien servir à la petite ruse
Que sa flamme aujourd'hui me force d'approuver,
Par la douceur du bien qui m'en doit arriver[3].
Juste ciel! qu'ils sont prompts! Je les vois en parole[4].
Allons nous préparer à jouer notre rôle.

SCÈNE III.

ANSELME, MASCARILLE.

MASCARILLE.

La nouvelle a sujet de vous surprendre fort.

ANSELME.

Être mort de la sorte!

---

1. *Adresser,* dans le sens étymologique : conduire directement, diriger, faire parvenir.

2. *Amor cuncta sibi posse et licere arbitratur,* « Amour pense toutes choses lui être licites et possibles, » dit l'auteur de l'*Imitation de Jésus-Christ*. Lélie, qui est amoureux, ne fait que mettre cette maxime en pratique. Il a encouru cependant le blâme de tous les commentateurs.

3. Lélie, dans ce court monologue, laisse bien apercevoir quelque remords. Il invoque pour sa justification les crimes que l'amour fait commettre, tandis que lui ne fait qu'*approuver une petite ruse*. C'est le langage de la passion : tout ce qui peut la servir ne paraît à celui qu'elle domine qu'un tort léger que le succès transforme en acte méritoire ; s'il échoue, il est convaincu qu'on ne doit pas lui reprocher ce qu'il a fait, mais qu'on doit le louer et l'admirer de n'avoir pas fait pis. Telle est la situation d'esprit que traduisent avec beaucoup de vérité et de naturel ces quelques vers.

4. Causant ensemble.

ACTE II, SCÈNE III.

MASCARILLE.

Il a certes grand tort :
Je lui sais mauvais gré d'une telle incartade.

ANSELME.

N'avoir pas seulement le temps d'être malade!

MASCARILLE.

Non, jamais homme n'eut si hâte de mourir.

ANSELME.

Et Lélie?

MASCARILLE.

Il se bat, et ne peut rien souffrir;
Il s'est fait en maints lieux contusion et bosse,
Et veut accompagner son papa dans la fosse.
Enfin, pour achever, l'excès de son transport
M'a fait en grande hâte ensevelir le mort,
De peur que cet objet, qui le rend hypocondre,
A faire un vilain coup ne me l'allât semondre[1].

ANSELME.

N'importe, tu devois attendre jusqu'au soir;
Outre qu'encore un coup j'aurois voulu le voir,
Qui tôt ensevelit bien souvent assassine,
Et tel est cru défunt qui n'en a que la mine.

MASCARILLE.

Je vous le garantis trépassé comme il faut.
Au reste, pour venir au discours de tantôt,
Lélie (et l'action lui sera salutaire)
D'un bel enterrement veut régaler son père,
Et consoler un peu ce défunt de son sort,
Par le plaisir de voir faire honneur à sa mort.

1. *Semondre*, mot déjà vieilli au temps de Molière, qui signifiait exhorter, et que les uns dérivent de *submonere*, les autres de *sermo*. Ici ce mot signifie porter, pousser à faire un vilain coup.

Il hérite beaucoup; mais comme en ces affaires
Il se trouve assez neuf et ne voit encor guères;
Que son bien la plupart n'est point en ces quartiers,
Ou que ce qu'il y tient consiste en des papiers,
Il voudroit vous prier, ensuite de l'instance
D'excuser de tantôt son trop de violence [1],
De lui prêter au moins pour ce dernier devoir...

ANSELME.

Tu me l'as déjà dit, et je m'en vais le voir.

MASCARILLE, seul.

Jusques ici du moins tout va le mieux du monde.
Tâchons à ce progrès que le reste réponde;
Et, de peur de trouver dans le port un écueil,
Conduisons le vaisseau de la main et de l'œil.

SCÈNE IV.

ANSELME, LÉLIE, MASCARILLE.

ANSELME.

Sortons; je ne saurois qu'avec douleur très forte
Le voir empaqueté de cette étrange sorte.
Las! en si peu de temps! il vivoit ce matin!

MASCARILLE.

En peu de temps parfois on fait bien du chemin.

LÉLIE, pleurant.

Ah!

ANSELME.

Mais quoi, cher Lélie! enfin il étoit homme.

---

1. Il voudrait, après vous avoir prié instamment d'excuser son trop de violence, vous prier aussi, etc.

On n'a point pour la mort de dispense de Rome[1].
####### LÉLIE.
Ah!
####### ANSELME.
Sans leur dire gare, elle abat les humains
Et contre eux de tout temps a de mauvais desseins.
####### LÉLIE.
Ah!
####### ANSELME.
Ce fier animal, pour toutes les prières,
Ne perdroit pas un coup de ses dents meurtrières.
Tout le monde y passe.
####### LÉLIE.
Ah!
####### MASCARILLE.
Vous avez beau prêcher,
Ce deuil enraciné ne se peut arracher.
####### ANSELME.
Si, malgré ces raisons, votre ennui[2] persévère,
Mon cher Lélie, au moins, faites qu'il se modère.
####### LÉLIE.
Ah!
####### MASCARILLE.
Il n'en fera rien, je connois son humeur.
####### ANSELME.
Au reste, sur l'avis de votre serviteur,
J'apporte ici l'argent qui vous est nécessaire
Pour faire célébrer les obsèques d'un père.

---

1. Thomas A-Kempis a dit exactement la même chose : *Nemo impetrare potest a papa bullam nunquam moriendi.* (*Vallis liliorum*, ch. XXV.)
2. Le mot *ennui* avait anciennement une signification beaucoup plus énergique que celle qu'il a aujourd'hui.

LÉLIE.

Ah! ah!

MASCARILLE.

Comme à ce mot s'augmente sa douleur!
Il ne peut, sans mourir, songer à ce malheur.

ANSELME.

Je sais que vous verrez aux papiers du bonhomme
Que je suis débiteur d'une plus grande somme[1];
Mais quand par ces raisons je ne vous devrois rien,
Vous pourriez librement disposer de mon bien.
Tenez, je suis tout vôtre, et le ferai paroître.

LÉLIE, s'en allant.

Ah!

MASCARILLE.

Le grand déplaisir que sent monsieur mon maître!

ANSELME.

Mascarille, je crois qu'il seroit à propos
Qu'il me fît de sa main un reçu de deux mots.

MASCARILLE.

Ah!

ANSELME.

Des événements l'incertitude est grande.

MASCARILLE.

Ah!

ANSELME.

Faisons-lui signer le mot que je demande.

MASCARILLE.

Las! en l'état qu'il est, comment vous contenter?

---

1. Ce détail a une grande importance, non seulement parce qu'il rend un peu plus pardonnable, comme nous avons dit, l'action de Lélie, mais aussi parce qu'il explique la facilité avec laquelle Anselme lâche son argent. C'est le secret de sa générosité.

Donnez-lui le loisir de se désattrister ;
Et quand ses déplaisirs prendront quelque allégeance,
J'aurai soin d'en tirer d'abord votre assurance.
Adieu. Je sens mon cœur qui se gonfle d'ennui,
Et m'en vais tout mon soûl pleurer avecque lui.
Ah !

ANSELME, seul.

Le monde est rempli de beaucoup de traverses ;
Chaque homme tous les jours en ressent de diverses,
Et jamais ici-bas...

SCÈNE V.

PANDOLFE, ANSELME.

ANSELME.

Ah, bon Dieu ! je frémi !
Pandolfe qui revient ! Fût-il bien endormi [1] !
Comme depuis sa mort sa face est amaigrie !
Las ! ne m'approchez pas de plus près, je vous prie
J'ai trop de répugnance à coudoyer un mort.

PANDOLFE.

D'où peut donc provenir ce bizarre transport ?

ANSELME.

Dites-moi de bien loin quel sujet vous amène.
Si pour me dire adieu vous prenez tant de peine,
C'est trop de courtoisie, et véritablement
Je me serois passé de votre compliment.
Si votre âme est en peine et cherche des prières,
Las ! je vous en promets, et ne m'effrayez guères !

---

1. Anselme veut dire : *Plût à Dieu qu'il dormît en paix, que rien ne troublât le repos de son âme !* car il ne doute pas un instant que son ami ne soit mort, comme le prouve le vers suivant. (A. MARTIN.)

Foi d'homme épouvanté, je vais faire à l'instant
Prier tant Dieu pour vous que vous serez content[1].

    Disparoissez donc, je vous prie,
    Et que le ciel, par sa bonté,
    Comble de joie et de santé
    Votre défunte seigneurie[2]!

        PANDOLFE, riant.

Malgré tout mon dépit, il m'y faut prendre part[3].

        ANSELME.

Las! pour un trépassé vous êtes bien gaillard!

        PANDOLFE.

Est-ce jeu, dites-nous, ou bien si c'est folie,
Qui traite[4] de défunt une personne en vie?

        ANSELME.

Hélas! vous êtes mort, et je viens de vous voir.

        PANDOLFE.

Quoi! j'aurois trépassé sans m'en apercevoir?

        ANSELME.

Sitôt que Mascarille en a dit la nouvelle,
J'en ai senti dans l'âme une douleur mortelle.

        PANDOLFE.

Mais enfin, dormez-vous? Êtes-vous éveillé?
Me connoissez-vous pas?

        ANSELME.

    Vous êtes habillé

---

1. Il se jette à genoux, et marmotte, en balbutiant de terreur, les quatre vers suivants.

2. Ce changement de rythme, dont on trouve de fréquents exemples dans les pièces de l'époque, se justifiait par les circonstances exceptionnelles où il avait lieu. C'était toujours pour une évocation, une conjuration, une prière. Voyez *la Suite du Menteur*, de Corneille ; *l'Esprit follet*, de d'Ouville, etc.

3. A ce bizarre transport.

4. Qui vous fait traiter.

D'un corps aérien qui contrefait le vôtre,
Mais qui dans un moment peut devenir tout autre.
Je crains fort de vous voir comme un géant grandir,
Et tout votre visage affreusement laidir [1].
Pour Dieu! ne prenez point de vilaine figure;
J'ai prou [2] de ma frayeur en cette conjoncture.

PANDOLFE.

En une autre saison cette naïveté
Dont vous accompagnez votre crédulité,
Anselme, me seroit un charmant badinage,
Et j'en prolongerois le plaisir davantage;
Mais, avec cette mort, un trésor supposé,
Dont parmi les chemins on m'a désabusé,
Fomentent dans mon âme un soupçon légitime.
Mascarille est un fourbe, et fourbe fourbissime,
Sur qui ne peuvent rien la crainte et le remords,
Et qui pour ses desseins a d'étranges ressorts.

ANSELME.

M'auroit-on joué pièce et fait supercherie?
Ah, vraiment! ma raison, vous seriez fort jolie!
Touchons un peu pour voir : en effet, c'est bien lui.
Male peste du sot que je suis aujourd'hui!
De grâce, n'allez pas divulguer un tel conte :
On en feroit jouer quelque farce à ma honte;
Mais, Pandolfe, aidez-moi vous-même à retirer

---

1. *Laidir* est entendu par la plupart des commentateurs, pour *devenir laid*. D'autres, tenant compte de l'emploi habituel de ce mot *laidir* dans notre ancienne langue, où il signifiait *blesser, maltraiter*, lui donnent ici un sens actif : *rendre laid*, avec une inversion.

2. *Prou* est un vieux mot qui signifiait *beaucoup*. Il ne subsiste plus que dans ces façons de parler proverbiales : *peu ou prou, ni peu ni prou.*

L'un jura foi de roi, l'autre foi de hibou,
Qu'ils ne se goberoient leurs petits peu ni prou.
(LA FONTAINE, *l'Aigle et le Hibou.*)

L'argent que j'ai donné pour vous faire enterrer.
                    PANDOLFE.
De l'argent! dites-vous. Ah! c'est donc l'enclouure¹!
Voilà le nœud secret de toute l'aventure.*
A votre dam². Pour moi, sans m'en mettre en souci,
Je vais faire informer de cette affaire ici**
Contre ce Mascarille; et si l'on peut le prendre,
Quoi qu'il puisse coûter, je le veux faire pendre.
                    ANSELME, seul.
Et moi, la bonne dupe à trop croire un vaurien,
Il faut donc qu'aujourd'hui je perde et sens et bien!
Il me sied bien, ma foi, de porter tête grise,
Et d'être encor si prompt à faire une sottise;
D'examiner si peu sur un premier rapport...³
Mais je vois...

SCÈNE VI.

LÉLIE, ANSELME.

LÉLIE, sans voir Anselme.
Maintenant, avec ce passe-port,

---

* VAR. *De l'argent? dites-vous. Ah! voilà l'enclouure!*
    C'est là le nœud secret de toute l'aventure (1682).
** VAR. *Je vais faire informer de cette affaire-ci* (1682).

1. *Enclouure.* Cette expression métaphorique, fort usitée en style de comédie et de conversation, se dit au propre de la blessure qu'on a faite à un cheval lorsqu'en le ferrant on l'a piqué au vif. Comme cet accident le fait boiter, on cherche, et quelquefois on ne trouve pas sans peine, quel est le clou de la ferrure qui en est cause.

2. *Dam*, du mot latin *damnum*, préjudice, dommage, perte : *A votre dam*, la perte en est pour vous, ou plus simplement : tant pis pour vous.

3.   *Imo edepol! sic ludos factum*
    Cano capite atque alba barba! sic miserum me auro esse emunctum!
                            (PLAUTE, dans *les Bacchides*.)
« Être ainsi joué, quand on a la tête et la barbe blanches! Me laisser si sottement escamoter mon argent! »

Je puis à Trufaldin rendre aisément visite.
####### ANSELME.
A ce que je puis voir, votre douleur vous quitte?
####### LÉLIE.
Que dites-vous? Jamais elle ne quittera
Un cœur qui chèrement toujours la nourrira.*
####### ANSELME.
Je reviens sur mes pas vous dire avec franchise
Que tantôt avec vous j'ai fait une méprise;
Que parmi ces louis, quoiqu'ils semblent très beaux.
J'en ai, sans y penser, mêlé que je tiens faux;
Et j'apporte sur moi de quoi mettre en leur place.
De nos faux monnoyeurs l'insupportable audace
Pullule en cet État d'une telle façon
Qu'on ne reçoit plus rien qui soit hors de soupçon.
Mon Dieu, qu'on feroit bien de les faire tous pendre!
####### LÉLIE.
Vous me faites plaisir de les vouloir reprendre;
Mais je n'en ai point vu de faux, comme je croi.
####### ANSELME.
Je les connoîtrai bien, montrez, montrez-les-moi.
Est-ce tout?
####### LÉLIE.
Oui.
####### ANSELME.
Tant mieux. Enfin je vous raccroche,
Mon argent bien aimé; rentrez dedans ma poche[1].
Et vous, mon brave escroc, vous ne tenez plus rien.

---

* VAR. *Un cœur qui chèrement toujours la gardera* (1682).

1. Voyez *Masques et Bouffons*, par Maurice Sand, tome II, page 17.

Vous tuez donc des gens qui se portent fort bien[1]?
Et qu'auriez-vous donc fait sur moi, chétif beau-père?
Ma foi! je m'engendrois d'une belle manière[2],
Et j'allois prendre en vous un beau-fils fort discret!
Allez, allez mourir de honte et de regret[3].

LÉLIE, seul.

Il faut dire : J'en tiens. Quelle surprise extrême
D'où peut-il avoir su si tôt le stratagème?

SCÈNE VII.
LÉLIE, MASCARILLE.

MASCARILLE.

Quoi! vous étiez sorti? Je vous cherchois partout.
Hé bien! en sommes-nous enfin venus à bout?
Je le donne en six coups au fourbe le plus brave.
Çà, donnez-moi, que j'aille acheter notre esclave;
Votre rival après sera bien étonné.

LÉLIE.

Ah! mon pauvre garçon, la chance a bien tourné!
Pourrois-tu de mon sort deviner l'injustice?

MASCARILLE.

Quoi? que seroit-ce?

LÉLIE.

Anselme, instruit de l'artifice,

1. Ce vers rappelle celui du *Menteur* :
   Les gens que vous tuez se portent assez bien.

2. *S'engendrer*, pour *se donner un gendre*, est un barbarisme plaisant dont on se sert volontiers dans la conversation, et qui par conséquent peut être du dictionnaire de la comédie. Je n'en connais pas d'exemple plus ancien que ce vers de *la Sœur*, pièce de Rotrou jouée en 1646 :
   Vous vous engendrez mal, c'est un fou, c'est un traître!
   (AUGER.)

3. Anselme est rude pour Lélie. Molière ne montre pas pour ce dernier personnage plus d'indulgence qu'il n'en mérite.

M'a repris maintenant tout ce qu'il nous prêtoit,
Sous couleur de changer de l'or que l'on doutoit[1].

MASCARILLE.

Vous vous moquez peut-être?

LÉLIE.

Il est trop véritable.

MASCARILLE.

Tout de bon?

LÉLIE.

Tout de bon; j'en suis inconsolable.
Tu te vas emporter d'un courroux sans égal.

MASCARILLE.

Moi, monsieur! Quelque sot[2] : la colère fait mal,
Et je veux me choyer, quoi qu'enfin il arrive.
Que Célie, après tout, soit ou libre ou captive,
Que Léandre l'achète, ou qu'elle reste là,
Pour moi, je m'en soucie autant que de cela.

LÉLIE.

Ah! n'aye point pour moi si grande indifférence,
Et sois plus indulgent à ce peu d'imprudence!
Sans ce dernier malheur, ne m'avoueras-tu pas
Que j'avois fait merveille, et qu'en ce feint trépas
J'éludois un chacun d'un deuil si vraisemblable
Que les plus clairvoyants l'auroient cru véritable?

MASCARILLE.

Vous avez en effet sujet de vous louer.

---

1. *Douter* était très souvent employé comme verbe actif dans notre vieux langage, mais alors avec le sens de *redouter*. Il signifie ici *tenir pour suspect*.

2. Locution elliptique fort commune dans les anciennes comédies, et que nous rencontrerons plus d'une fois encore dans Molière. Il faut suppléer : quelque sot le ferait, s'y laisserait prendre; mais moi, non!

3. *J'éludois*, c'est-à-dire je trompais, suivant le sens du mot latin *eludere* tromper adroitement, mettre en défaut.

LÉLIE.

Hé bien! je suis coupable, et je veux l'avouer:
Mais si jamais mon bien te fut considérable,
Répare ce malheur, et me sois secourable.

MASCARILLE.

Je vous baise les mains; je n'ai pas le loisir.

LÉLIE.

Mascarille, mon fils!

MASCARILLE.

Point.

LÉLIE.

Fais-moi ce plaisir.

MASCARILLE.

Non, je n'en ferai rien.

LÉLIE.

Si tu m'es inflexible,
Je m'en vais me tuer.

MASCARILLE.

Soit; il vous est loisible.

LÉLIE.

Je ne puis te fléchir?

MASCARILLE.

Non.

LÉLIE.

Vois-tu le fer prêt?

MASCARILLE.

Oui.

LÉLIE.

Je vais le pousser.

MASCARILLE.

Faites ce qu'il vous plaît.

LÉLIE.

Tu n'auras pas regret de m'arracher la vie?

ACTE II, SCÈNE V

MASCARILLE.

Non.

LÉLIE.

Adieu, Mascarille.

MASCARILLE.

Adieu, monsieur Lélie.

LÉLIE.

Quoi?

MASCARILLE.

Tuez-vous donc vite. Ah! que de longs devis[1]!

LÉLIE.

Tu voudrois bien, ma foi, pour avoir mes habits,
Que je fisse le sot, et que je me tuasse.

MASCARILLE.

Savois-je pas qu'enfin ce n'étoit que grimace;
Et, quoi que ces esprits jurent d'effectuer,
Qu'on n'est point aujourd'hui si prompt à se tuer.

SCÈNE VIII.

TRUFALDIN, LÉANDRE, LÉLIE, MASCARILLE.
(Trufaldin parle bas à l'oreille de Léandre.)

LÉLIE.

Que vois-je! mon rival et Trufaldin ensemble!
Il achète Célie; ah! de frayeur je tremble!

MASCARILLE.

Il ne faut point douter qu'il fera ce qu'il peut,
Et, s'il a de l'argent, qu'il pourra ce qu'il veut.
Pour moi, j'en suis ravi. Voilà la récompense

---

1. *Devis*, propos qui font passer le temps. Le verbe *deviser* est encore en usage.

De vos brusques erreurs, de votre impatience.
LÉLIE.
Que dois-je faire? dis; veuille me conseiller.
MASCARILLE.
Je ne sais.
LÉLIE.
Laisse-moi, je vais le quereller [1].
MASCARILLE.
Qu'en arrivera-t-il
LÉLIE.
Que veux-tu que je fasse
Pour empêcher ce coup?
MASCARILLE.
Allez, je vous fais grâce;
Je jette encore un œil pitoyable sur vous.
Laissez-moi l'observer; par des moyens plus doux
Je vais, comme je crois, savoir ce qu'il projette.

(Lélie sort.)

TRUFALDIN, à Léandre.
Quand on viendra tantôt, c'est une affaire faite.

(Trufaldin sort.)

MASCARILLE, à part, en s'en allant.
Il faut que je l'attrape, et que de ses desseins
Je sois le confident, pour mieux les rendre vains.
LÉANDRE, seul.
Grâces au ciel, voilà mon bonheur hors d'atteinte;
J'ai su me l'assurer, et je n'ai plus de crainte.
Quoi que désormais puisse entreprendre un rival,
Il n'est plus en pouvoir de me faire du mal.

---

1. Lui chercher querelle. « Ce mouvement de Lélie, dit Auger, est d'une vérité parfaite; il est tout à fait dans le caractère d'un jeune fou qui, à défaut du bon sens et du bon droit, ne sait recourir qu'à son épée. »

SCÈNE IX.

LEANDRE, MASCARILLE.

MASCARILLE dit ces deux vers dans la maison,
et entre sur le théâtre.

Ahi! ahi! à l'aide! au meurtre! au secours! on m'assomme!
Ah! ah! ah! ah! ah! ah! O traître! ô bourreau d'homme!

LÉANDRE.

D'où procède cela? Qu'est-ce? que te fait-on?

MASCARILLE.

On vient de me donner deux cents coups de bâton.

LÉANDRE.

Qui?

MASCARILLE.

 Lélie.

LÉANDRE.

 Et pourquoi?

MASCARILLE.

   Pour une bagatelle
Il me chasse, et me bat d'une façon cruelle.

LÉANDRE.

Ah! vraiment il a tort.

MASCARILLE.

   Mais, ou je ne pourrai,
Ou je jure bien fort que je m'en vengerai.
Oui, je te ferai voir, batteur que Dieu confonde,
Que ce n'est pas pour rien qu'il faut rouer le monde,
Que je suis un valet, mais fort homme d'honneur,
Et qu'après m'avoir eu quatre ans pour serviteur
Il ne me falloit pas payer en coups de gaules,
Et me faire un affront si sensible aux épaules :

Je te le dis encor, je saurai m'en venger;
Une esclave te plaît, tu voulois m'engager
A la mettre en tes mains; et je veux faire en sorte
Qu'un autre te l'enlève, ou le diable m'emporte!

LÉANDRE.

Écoute, Mascarille, et quitte ce transport.
Tu m'as plu de tout temps, et je souhaitois fort
Qu'un garçon comme toi, plein d'esprit et fidèle,
A mon service un jour pût attacher son zèle :
Enfin, si le parti te semble bon pour toi,
Si tu veux me servir, je t'arrête avec moi.

MASCARILLE.

Oui, monsieur, d'autant mieux que le destin propice
M'offre à me bien venger en vous rendant service;
Et que, dans mes efforts pour vos contentements,
Je puis à mon brutal trouver des châtiments :
De Célie, en un mot, par mon adresse extrême...

LÉANDRE.

Mon amour s'est rendu cet office lui-même.
Enflammé d'un objet qui n'a point de défaut,
Je viens de l'acheter moins encor qu'il ne vaut.

MASCARILLE.

Quoi! Célie est à vous?

LÉANDRE.

    Tu la verrois paroître,
Si de mes actions j'étois tout à fait maître;
Mais quoi! mon père l'est : comme il a volonté,
Ainsi que je l'apprends d'un paquet apporté,
De me déterminer à l'hymen d'Hippolyte,
J'empêche qu'un rapport de tout ceci l'irrite.
Donc avec Trufaldin (car je sors de chez lui)
J'ai voulu tout exprès agir au nom d'autrui,

Et, l'achat fait, ma bague est la marque choisie
Sur laquelle au premier [1] il doit livrer Célie.
Je songe auparavant à chercher les moyens
D'ôter aux yeux de tous ce qui charme les miens ;
A trouver promptement un endroit favorable
Où puisse être en secret cette captive aimable.

MASCARILLE.

Hors de la ville un peu, je puis avec raison
D'un vieux parent que j'ai vous offrir la maison ;
Là vous pourrez la mettre avec toute assurance,
Et de cette action nul n'aura connoissance.

LÉANDRE.

Oui, ma foi, tu me fais un plaisir souhaité.
Tiens donc, et va pour moi prendre cette beauté.
Dès que par Trufaldin ma bague sera vue,
Aussitôt en tes mains elle sera rendue,
Et dans cette maison tu me la conduiras,
Quand... Mais chut! Hippolyte est ici sur nos pas [2].

SCÈNE X.

HIPPOLYTE, LÉANDRE, MASCARILLE.

HIPPOLYTE.

Je dois vous annoncer, Léandre, une nouvelle ;
Mais la trouverez-vous agréable ou cruelle?

LÉANDRE.

Pour en pouvoir juger et répondre soudain,

---

1. Qui se présentera.
2. Célie achetée par Léandre; Mascarille feignant d'avoir été battu et chassé par son maître; Léandre le prenant à son service, et lui remettant la bague qu'il doit montrer à Trufaldin pour se faire livrer Célie : tout cela est dans *l'Inavvertito*.

Il faudroit la savoir.

HIPPOLYTE.

Donnez-moi donc la main
Jusqu'au temple; en marchant je pourrai vous l'apprendre.

LÉANDRE, à Mascarille.

Va, va-t'en me servir, sans davantage attendre.

SCÈNE XI.

MASCARILLE, seul.

Oui, je te vais servir d'un plat de ma façon.
Fut-il jamais au monde un plus heureux garçon[1]?
Oh! que dans un moment Lélie aura de joie!
Sa maîtresse en nos mains tomber par cette voie!
Recevoir tout son bien d'où l'on attend le mal,*
Et devenir heureux par la main d'un rival!
Après ce rare exploit, je veux que l'on s'apprête
A me peindre en héros, un laurier sur la tête,
Et qu'au bas du portrait on mette en lettres d'or :
Vivat Mascarillus, fourbum imperator!

SCÈNE XII.

TRUFALDIN, MASCARILLE.

MASCARILLE.

Holà!

TRUFALDIN.

Que voulez-vous?

---

* Var. *Recevoir tout son bien d'où l'on attend son mal* (1682).

. C'est de Lélie qu'il s'agit.

MASCARILLE.
          Cette bague connue
Vous dira le sujet qui cause ma venue.
     TRUFALDIN.
Oui, je reconnais bien la bague que voilà.
Je vais querir l'esclave; arrêtez un peu là.

SCÈNE XIII.

LE COURRIER, TRUFALDIN, MASCARILLE.

          LE COURRIER, à Trufaldin.
Seigneur, obligez-moi de m'enseigner un homme...
     TRUFALDIN.
Et qui?
          LE COURRIER.
     Je crois que c'est Trufaldin qu'il se nomme.
     TRUFALDIN.
Et que lui voulez-vous? Vous le voyez ici.
     LE COURRIER.
Lui rendre seulement la lettre que voici.
     TRUFALDIN lit.
« Le ciel, dont la bonté prend souci de ma vie,
Vient de me faire ouïr, par un bruit assez doux,
Que ma fille, à quatre ans par des voleurs ravie,
Sous le nom de Célie est esclave chez vous.

Si vous sûtes jamais ce que c'est qu'être père,
Et vous trouvez sensible aux tendresses du sang,
Conservez-moi chez vous cette fille si chère,
Comme si de la vôtre elle tenoit le rang.

Pour l'aller retirer je pars d'ici moi-même,
Et vous vais de vos soins récompenser si bien

Que par votre bonheur, que je veux rendre extrême,
Vous bénirez le jour où vous causez le mien[1].
  « De Madrid.
                              Don Pedro de Gusman,
                                  « *Marquis de Montalcane.* »
    (Il continue.)
Quoiqu'à leur nation bien peu de foi soit due[2],
Ils me l'avoient bien dit, ceux qui me l'ont vendue,
Que je verrois dans peu quelqu'un la retirer,
Et que je n'aurois pas sujet d'en murmurer;
Et cependant j'allois, dans mon impatience,*
Perdre aujourd'hui les fruits d'une haute espérance.
    (Au courrier.)
Un seul moment plus tard tous vos pas étoient vains,
J'allois mettre à l'instant cette fille en ses mains.
Mais suffit; j'en aurai tout le soin qu'on désire.
                              (Le courrier sort.)
    (A Mascarille.)
Vous-même vous voyez ce que je viens de lire.
Vous direz à celui qui vous a fait venir
Que je ne lui saurois ma parole tenir;
Qu'il vienne retirer son argent.

MASCARILLE.
                        Mais l'outrage
Que vous lui faites...

TRUFALDIN.
              Va, sans causer davantage.

MASCARILLE, seul.
Ah! le fâcheux paquet que nous venons d'avoir!

---

* Var. *Et cependant j'allois, par mon impatience* (1663).

1. Dans les comédies du temps, les lettres sont ordinairement divisées en quatrains, comme celle-ci.
2. Il faut se souvenir que ce sont des Égyptiens qui ont vendu Célie à Trufaldin. Dans sa préoccupation, Trufaldin, sans voir ceux qui l'environnent, répond à sa propre pensée.

Le sort a bien donné la baie[1] à mon espoir;
Et bien à la male heure[2] est-il venu d'Espagne
Ce courrier, que la foudre ou la grêle accompagne!
Jamais certes, jamais plus beau commencement
N'eut en si peu de temps plus triste événement[3].

1. *Baie,* mensonge, fausse promesse, tromperie, parole vaine. On disait : *Donner la baie, repaître de baies, faire croire des baies.* Les Italiens disaient aussi *dar la baia,* et les Espagnols *dar baya,* dans le même sens.

<blockquote>
Mon Dieu! mon père! mon créateur! dis-tu vray, ou si tu me donnes la baye?
(TURNÈBE, *les Contens.*)
</blockquote>

<blockquote>
J'ai donné cette baie à bien d'autres qu'à vous.
(CORNEILLE, *le Menteur.*)
</blockquote>

<blockquote>
Je fus aussi sensible à cette baie que je l'ai été dans la suite aux plus grandes disgrâces.
(LESAGE, second chapitre de *Gil Blas.*)
</blockquote>

Cette manière de parler, dont les origines paraissent complexes (*baie,* fruit, graine du genévrier, du laurier, graine de peu de prix; repaître de baies; — *baie,* ouverture, échappatoire; — *béée, bayée,* attente vaine), fut au xvie siècle modifiée légèrement par suite de l'influence qu'exerça la farce populaire de *Maître Pathelin.* On sait que dans cette farce le berger Agnelet, acquitté du meurtre des moutons, paye son avocat en lui disant *bée!* comme il a fait au juge. Cette excellente plaisanterie introduisit une nouvelle forme : *payer en bée,* qui s'ajouta aux anciennes locutions pour signifier *tromper, mystifier.*

<blockquote>
Pource qu'en bée il me paya subtilement.
(*Le Testament de Pathelin.*)
</blockquote>

Payer d'une baie, qui forme comme une transaction et qui s'accommode également de ces diverses étymologies, finit par devenir l'expression la plus commune, et peut s'employer encore.

2. *A la male heure, mala hora!* dans une mauvaise heure; expression qui remonte jusqu'aux siècles les plus reculés de notre histoire. « Lorsque la sœur d'Hilpéric partit pour l'Espagne et que l'essieu de son char se brisa, le peuple cria autour d'elle : *Mala hora!* » Cette locution était encore fort usitée au xviie siècle. Elle est d'un grand effet chez Malherbe :

<blockquote>
Allez à la male heure! allez, âmes tragiques,
Qui prenez votre joie aux misères publiques!
</blockquote>

Et ailleurs, en parlant du maréchal d'Ancre :

<blockquote>
Va-t'en à la male heure, excrément de la terre!
Monstre qui dans la paix fais les maux de la guerre!
</blockquote>

3. C'est le sens exact du mot « événement », *eventus,* ce qui arrive d'une chose. On dit encore : Attendons l'événement; il ne faut pas toujours juger des choses d'après l'événement.

SCÈNE XIV.

LÉLIE, riant; MASCARILLE.

MASCARILLE.

Quel beau transport de joie à présent vous inspire?

LÉLIE.

Laisse-m'en rire encore avant que te le dire.

MASCARILLE.

Çà, rions donc bien fort, nous en avons sujet.

LÉLIE.

Ah! je ne serai plus de tes plaintes l'objet.
Tu ne me diras plus, toi qui toujours me cries [1],
Que je gâte en brouillon toutes tes fourberies.
J'ai bien joué moi-même un tour des plus adroits.
Il est vrai, je suis prompt, et m'emporte parfois;
Mais pourtant, quand je veux, j'ai l'imaginative
Aussi bonne, en effet, que personne qui vive,
Et toi-même avoueras que ce que j'ai fait part
D'une pointe d'esprit où peu de monde a part.

MASCARILLE.

Sachons donc ce qu'a fait cette imaginative.

LÉLIE.

Tantôt, l'esprit ému d'une frayeur bien vive
D'avoir vu Trufaldin avecque mon rival,
Je songeois à trouver un remède à ce mal,
Lorsque, me ramassant tout entier en moi-même,
J'ai conçu, digéré, produit un stratagème
Devant qui tous les tiens, dont tu fais tant de cas,

---

1. De même dans Quinault :

Mon Dieu! vous vous ferez crier par votre mère.
(*Mère coquette,* acte IV, scène VI.)

Doivent sans contredit mettre pavillon bas.
MASCARILLE.
Mais qu'est-ce?

LÉLIE.
    Ah! s'il te plaît, donne-toi patience.
J'ai donc feint une lettre avecque diligence,
Comme d'un grand seigneur écrite à Trufaldin,
Qui mande qu'ayant su, par un heureux destin,
Qu'une esclave qu'il tient sous le nom de Célie
Est sa fille, autrefois par des voleurs ravie,
Il veut la venir prendre, et le conjure au moins
De la garder toujours, de lui rendre ses soins;
Qu'à ce sujet il part d'Espagne, et doit pour elle
Par de si grands présents reconnoître son zèle
Qu'il n'aura point regret de causer son bonheur.
MASCARILLE.
Fort bien.

LÉLIE.
   Écoute donc, voici bien le meilleur.
La lettre que je dis a donc été remise;
Mais sais-tu bien comment? En saison si bien prise
Que le porteur m'a dit que, sans ce trait falot[1],
Un homme l'emmenoit, qui s'est trouvé fort sot.

---

1. *Falot,* plaisant et gai. Mot très communément employé par Saint-Amant, Boisrobert, et leurs contemporains.

> Là, par quelque chanson falote,
> Nous célébrerons la vertu
> Qu'on tire de ce bois tortu.
> (SAINT-AMANT.)

Le chansonnier Béranger a de nos jours plus d'une fois aussi employé ce mot :

> Le ciel nous dote
> D'une marotte
> Tour à tour grave, et quinteuse, et falote.
> (*Les Troubadours.*)

MASCARILLE.

Vous avez fait ce coup sans vous donner au diable[1]?

LÉLIE.

Oui. D'un tour si subtil m'aurois-tu cru capable?
Loue au moins mon adresse et la dextérité
Dont je romps d'un rival le dessein concerté.

MASCARILLE.

A vous pouvoir louer selon votre mérit
Je manque d'éloquence, et ma force est petite.
Oui, pour bien étaler cet effort relevé,
Ce bel exploit de guerre à nos yeux achevé,
Ce grand et rare effet d'une imaginative[2]
Qui ne cède en vigueur à personne qui vive,
Ma langue est impuissante, et je voudrois avoir
Celle de tous les gens du plus exquis savoir
Pour vous dire en beaux vers, ou bien en docte prose,
Que vous serez toujours, quoi que l'on se propose,
Tout ce que vous avez été durant vos jours :
C'est-à-dire un esprit chaussé tout à rebours,
Une raison malade et toujours en débauche,
Un envers du bon sens, un jugement à gauche,
Un brouillon, une bête, un brusque[3], un étourdi,
Que sais-je? un... cent fois plus encor que je ne di,
C'est faire en abrégé votre panégyrique.

LÉLIE.

Apprends-moi le sujet qui contre moi te pique;
Ai-je fait quelque chose? Éclaircis-moi ce point.

---

1. Pour faire quelque chef-d'œuvre, quelque chose d'extraordinaire, il fallait se donner au diable, d'après le discours populaire.
2. Le mot *imaginative*, qui était alors dans sa nouveauté, dut sa fortune à ces vers, qui furent cités souvent.
3. On peut remarquer l'adjectif *brusque*, employé ici substantivement.

MASCARILLE.

Non, vous n'avez rien fait; mais ne me suivez point.

LÉLIE.

Je te suivrai partout, pour savoir ce mystère.

MASCARILLE.

Oui? Sus donc, préparez vos jambes à bien faire :
Car je vais vous fournir de quoi les exercer.

LÉLIE, seul.

Il m'échappe. O malheur qui ne se peut forcer [1] !
Au discours qu'il m'a fait que saurois-je comprendre,
Et quel mauvais office aurois-je pu me rendre [2] ?

---

1. O mauvaise chance qui ne se peut vaincre!
2. Toute cette dernière scène est admirablement conduite. Le ton triomphant de Lélie, qui croit avoir fait un chef-d'œuvre d'adresse et surpassé d'un seul coup toutes les inventions de Mascarille, la colère tranquille et l'ironie amère de celui-ci, qui à la fin éclate et se répand en invectives, forment une situation que le rire le plus franc ne manque jamais d'accueillir. La fuite de Mascarille est également le dénoûment le plus heureux que cette scène puisse avoir, car elle évite une explication qui ne pourrait que refroidir les spectateurs.

ACTE TROISIÈME.

SCÈNE PREMIÈRE.

MASCARILLE, seul.

Taisez-vous, ma bonté, cessez votre entretien,
Vous êtes une sotte, et je n'en ferai rien.
Oui, vous avez raison, mon courroux, je l'avoue[1] :
Relier tant de fois ce qu'un brouillon dénoue,
C'est trop de patience; et je dois en sortir,
Après de si beaux coups qu'il a su divertir[2].
Mais aussi raisonnons un peu sans violence.
Si je suis maintenant ma juste impatience,
On dira que je cède à la difficulté,
Que je me trouve à bout de ma subtilité:
Et que deviendra lors cette publique estime,
Qui te vante partout pour un fourbe sublime,
Et que tu t'es acquise en tant d'occasions,
A ne t'être jamais vu court d'inventions?
L'honneur, ô Mascarille, est une belle chose.
A tes nobles travaux ne fais aucune pause;
Et, quoi qu'un maître ait fait pour te faire enrager,
Achève pour ta gloire, et non pour l'obliger[3].

---

1. Cette forme de monologue, où le personnage adresse la parole à ses sentiments et à ses passions, était à cette époque fort usitée dans la tragédie et la comédie; Corneille en a fait un véritable abus; Scarron l'a plaisamment parodiée.

2. *Divertir*, détourner, suivant l'étymologie latine *divertere*.

3. L'originalité du caractère de Mascarille ressort à merveille dans ce

Mais quoi! que feras-tu, que de l'eau toute claire?
Traversé sans repos par ce démon contraire,
Tu vois qu'à chaque instant il te fait déchanter,
Et que c'est battre l'eau de prétendre arrêter
Ce torrent effréné, qui de tes artifices
Renverse en un moment les plus beaux édifices.
Hé bien! pour toute grâce, encore un coup du moins,
Au hasard du succès sacrifions des soins;
Et s'il poursuit encore à rompre notre chance,
J'y consens, ôtons-lui toute notre assistance.
Cependant notre affaire encor n'iroit pas mal
Si par là nous pouvions perdre notre rival,
Et que Léandre enfin, lassé de sa poursuite,
Nous laissât jour entier pour ce que je médite.
Oui, je roule en ma tête un trait ingénieux,
Dont je promettrois bien un succès glorieux
Si je puis n'avoir plus cet obstacle à combattre.
Bon! voyons si son feu se rend opiniâtre [1].

SCÈNE II.
LÉANDRE, MASCARILLE.

MASCARILLE.
Monsieur, j'ai perdu temps [2], votre homme se dédit.

monologue. « Il ne veut pas perdre la publique estime en abandonnant la partie, et c'est pour l'honneur qu'il continue à faire des friponneries et qu'il risque les galères. » Ce trait fut conservé par Molière à tous ses valets fripons, les Sbrigani, les Scapin, et passa aux Crispin de Regnard et à tous les autres de la même famille, qui furent si longtemps les meneurs, les coryphées de la comédie française.

1. Dans l'édition de 1682, les quatre vers : « Tu vois qu'à chaque instant... les plus beaux édifices », et les quatre : « Cependant notre affaire... pour ce que je médite », sont indiqués comme n'étant pas dits à la représentation.

2. J'ai perdu mon temps. « Donnez-moi, je perds temps, » dit aussi Corneille dans *la Suite du Menteur*.

LÉANDRE.

De la chose lui-même il m'a fait un récit;*
Mais c'est bien plus : j'ai su que tout ce beau mystère
D'un rapt d'Égyptiens, d'un grand seigneur pour père,
Qui doit partir d'Espagne et venir en ces lieux,
N'est qu'un pur stratagème, un trait facétieux,
Une histoire à plaisir, un conte dont Lélie
A voulu détourner notre achat de Célie.

MASCARILLE.

Voyez un peu la fourbe!

LÉANDRE.

Et pourtant Trufaldin
Est si bien imprimé[1] de ce conte badin,
Mord si bien à l'appât de cette foible ruse,
Qu'il ne veut point souffrir que l'on le désabuse.

MASCARILLE.

C'est pourquoi désormais il la gardera bien,
Et je ne vois pas lieu d'y prétendre plus rien.

LÉANDRE.

Si d'abord à mes yeux elle parut aimable,
Je viens de la trouver tout à fait adorable;
Et je suis en suspens si pour me l'acquérir
Aux extrêmes moyens je ne dois point courir,
Par le don de ma foi rompre sa destinée
Et changer ses liens en ceux de l'hyménée.

MASCARILLE.

Vous pourriez l'épouser?

---

* Var. *De la chose lui-même il m'a fait le récit* (1682).

1. Être imprimé, pour : garder l'impression. La Bruyère a dit de même dans son discours de réception à l'Académie : « Quelle facilité est la nôtre pour perdre tout d'un coup le sentiment et la mémoire des choses dont nous nous sommes vus le plus fortement imprimés! »

LÉANDRE.

Je ne sais; mais enfin,
Si quelque obscurité se trouve en son destin,
Sa grâce et sa vertu sont de douces amorces
Qui pour tirer les cœurs [1] ont d'incroyables forces.

MASCARILLE.

Sa vertu, dites-vous?

LÉANDRE.

Quoi? que murmures-tu?
Achève, explique-toi sur ce mot de vertu.

MASCARILLE.

Monsieur, votre visage en un moment s'altère,
Et je ferai bien mieux peut-être de me taire.

LÉANDRE.

Non, non, parle.

MASCARILLE.

Hé bien donc, très charitablement
Je vous veux retirer de votre aveuglement.
Cette fille...

LÉANDRE.

Poursuis.

MASCARILLE.

N'est rien moins qu'inhumaine :
Dans le particulier elle oblige sans peine,
Et son cœur, croyez-moi, n'est point roche, après tout,
A quiconque la sait prendre par le bon bout.
Elle fait la sucrée, et veut passer pour prude,
Mais je puis en parler avecque certitude :
Vous savez que je suis quelque peu du métier[*]

---

[*] Var. *Vous savez que je suis quelque peu d'un métier* (1663).

1. *Tirer*, pour attirer, dans le sens italien : *la calamita tira il ferro*, l'aimant attire le fer. (Phil. Chasles.)

A me devoir connoître en un pareil gibier.

LÉANDRE.

Célie...

MASCARILLE.

Oui, sa pudeur n'est que franche grimace,
Qu'une ombre de vertu qui garde mal la place,
Et qui s'évanouit, comme l'on peut savoir,
Aux rayons du soleil qu'une bourse fait voir[1].

LÉANDRE.

Las! que dis-tu? Croirai-je un discours de la sorte?

MASCARILLE.

Monsieur, les volontés sont libres; que m'importe?
Non, ne me croyez pas, suivez votre dessein :
Prenez cette matoise, et lui donnez la main;
Toute la ville en corps reconnoîtra ce zèle,
Et vous épouserez le bien public en elle[2].

LÉANDRE.

Quelle surprise étrange!

MASCARILLE, à part.

Il a pris l'hameçon.
Courage! s'il se peut enferrer tout de bon,*
Nous nous ôtons du pied une fâcheuse épine.

---

* Var. *Courage! s'il s'y peut enferrer tout de bon* (1663).

1. Ce vers fait allusion au soleil représenté sur les louis d'or du temps de Louis XIII. Louis XI est le premier de nos rois qui ait fait frapper des monnaies d'or avec l'effigie du soleil; Louis XIII est le dernier.

2. L'idée de cette scène se trouve dans *Monsieur de Pourceaugnac*, acte II, scène IV. Sbrigani, par un motif semblable à celui qui fait agir Mascarille, détourne le gentilhomme limousin du projet d'épouser la fille d'Oronte, en la lui dépeignant comme une coquette achevée. Sbrigani met plus d'art que Mascarille dans ses insinuations; il gradue davantage ses fausses confidences; surtout il les exprime avec une retenue plus perfide. Mais Molière avait fait alors *le Misanthrope*, *l'Avare* et *le Tartuffe*. (AUGER.)

LÉANDRE.

Oui, d'un coup étonnant ce discours m'assassine.

MASCARILLE.

Quoi! vous pourriez...

LÉANDRE.

Va-t'en jusqu'à la poste, et voi
Je ne sais quel paquet qui doit venir pour moi.

(Seul, après avoir rêvé.)

Qui ne s'y fût trompé? Jamais l'air d'un visage,
Si ce qu'il dit est vrai, n'imposa davantage [1].

SCÈNE III.

LÉLIE, LÉANDRE.

LÉLIE.

Du chagrin qui vous tient quel peut être l'objet?

LÉANDRE.

Moi?

LÉLIE.

Vous-même.

LÉANDRE.

Pourtant je n'en ai point sujet.

LÉLIE.

Je vois bien ce que c'est, Célie en est la cause.

---

1. On met à présent une différence entre *imposer* et *en imposer*. *Imposer* veut dire imprimer du respect, de la crainte; et *en imposer*, tromper, abuser. Cette distinction n'existait pas au XVIIe siècle, et a été longtemps à s'établir, à supposer même qu'elle soit bien constante. Molière emploie toujours *imposer* dans le sens de mentir, comme les Latins se servaient du mot *imponere*. La Bruyère disait de même : « On demande s'il ne lui seroit pas plus aisé d'imposer à celle dont il est aimé qu'à celle qui ne l'aime point. » Et Bourdaloue : « Ceux qui vous appellent parfaits vous imposent et abusent de votre crédulité. »

LÉANDRE.

Mon esprit ne court pas après si peu de chose.

LÉLIE.

Pour elle vous aviez pourtant de grands desseins;
Mais il faut dire ainsi, lorsqu'ils se trouvent vains.

LÉANDRE.

Si j'étois assez sot pour chérir ses caresses,
Je me moquerois bien de toutes vos finesses.

LÉLIE.

Quelles finesses donc?

LÉANDRE.

Mon Dieu! nous savons tout.

LÉLIE.

Quoi?

LÉANDRE.

Votre procédé de l'un à l'autre bout.

LÉLIE.

C'est de l'hébreu pour moi, je n'y puis rien comprendre.

LÉANDRE.

Feignez, si vous voulez, de ne me pas entendre;
Mais, croyez-moi, cessez de craindre pour un bien
Où je serois fâché de vous disputer rien.
J'aime fort la beauté qui n'est point profanée,
Et ne veux point brûler pour une abandonnée.

LÉLIE.

Tout beau, tout beau, Léandre!

LÉANDRE.

Ah! que vous êtes bon!
Allez, vous dis-je encor, servez-la sans soupçon;
Vous pourrez vous nommer homme à bonnes fortunes.
Il est vrai, sa beauté n'est pas des plus communes;
Mais en revanche aussi le reste est fort commun.

LÉLIE.

Léandre, arrêtons là ce discours importun.*
Contre moi, tant d'efforts qu'il vous plaira pour elle¹;
Mais surtout retenez cette atteinte mortelle.
Sachez que je m'impute à trop de lâcheté
D'entendre mal parler de ma divinité;
Et que j'aurai toujours bien moins de répugnance
A souffrir votre amour qu'un discours qui l'offense².

LÉANDRE.

Ce que j'avance ici me vient de bonne part.

LÉLIE.

Quiconque vous l'a dit est un lâche, un pendard.
On ne peut imposer de tache à cette fille³,
Je connois bien son cœur.

LÉANDRE.

    Mais, enfin, Mascarille
D'un semblable procès est juge compétent;
C'est lui qui la condamne.

LÉLIE.

    Oui!

LÉANDRE.

    Lui-même.

LÉLIE.

      Il prétend
D'une fille d'honneur insolemment médire,

---

*. Var. *Léandre, arrêtez là ce discours importun* (1682).

1. Sous-entendu : faites.
2. Ce sentiment généreux et délicat relève le caractère de Lélie, et intéresse à son amour. (Auger.)
3. Autre acception du mot *imposer*, qui était admise dans la langue du xvii° siècle.

Et que peut-être encor je n'en ferai que rire!
Gage qu'il se dédit.

LÉANDRE.

Et moi, gage que non.

LÉLIE.

Parbleu! je le ferois mourir sous le bâton,
S'il m'avoit soutenu des faussetés pareilles.

LÉANDRE.

Moi, je lui couperois sur-le-champ les oreilles,
S'il n'étoit pas garant de tout ce qu'il m'a dit.

SCÈNE IV.

LÉLIE, LÉANDRE, MASCARILLE.

LÉLIE.

Ah! bon, bon, le voilà; venez çà, chien maudit.

MASCARILLE.

Quoi?

LÉLIE.

Langue de serpent, fertile en impostures,
Vous osez sur Célie attacher vos morsures,
Et lui calomnier la plus rare vertu [1]
Qui puisse faire éclat sous un sort abattu?

MASCARILLE, bas à Lélie.

Doucement, ce discours est de mon industrie.

LÉLIE.

Non, non, point de clin d'œil et point de raillerie;
Je suis aveugle à tout, sourd à quoi que ce soit;
Fût-ce mon propre frère, il me la payeroit;
Et sur ce que j'adore oser porter le blâme,

---

1. *Lui calomnier,* calomnier en elle.

C'est me faire une plaie au plus tendre de l'âme.
Tous ces signes sont vains. Quels discours as-tu faits?
MASCARILLE.
Mon Dieu! ne cherchons point querelle, ou je m'en vais.
LÉLIE.
Tu n'échapperas pas.
MASCARILLE.
Ahi!
LÉLIE.
Parle donc, confesse.
MASCARILLE, bas à Lélie.
Laissez-moi, je vous dis que c'est un tour d'adresse.
LÉLIE.
Dépêche; qu'as-tu dit? Vide entre nous ce point.
MASCARILLE, bas à Lélie.
J'ai dit ce que j'ai dit : ne vous emportez point.
LÉLIE, mettant l'épée à la main.
Ah! je vous ferai bien parler d'une autre sorte!
LÉANDRE, l'arrêtant.
Halte un peu, retenez l'ardeur qui vous emporte.
MASCARILLE, à part.
Fut-il jamais au monde un esprit moins sensé?
LÉLIE.
Laissez-moi contenter mon courage offensé.
LÉANDRE.
C'est trop que de vouloir le battre en ma présence.
LÉLIE.
Quoi! châtier mes gens n'est pas en ma puissance?
LÉANDRE.
Comment! vos gens?
MASCARILLE, à part.
Encore! Il va tout découvrir.

LÉLIE.
Quand j'aurois volonté de le battre à mourir,
Hé bien! c'est mon valet[1].

LÉANDRE.
C'est maintenant le nôtre.

LÉLIE.
Le trait est admirable! Et comment donc, le vôtre?

LÉANDRE.
Sans doute.*

MASCARILLE, bas à Lélie.
Doucement.

LÉLIE.
Hem! que veux-tu conter?

MASCARILLE, à part.
Ah! le double bourreau, qui me va tout gâter,
Et qui ne comprend rien, quelque signe qu'on donne!

LÉLIE.
Vous rêvez bien, Léandre, et me la baillez bonne.
Il n'est pas mon valet?

LÉANDRE.
Pour quelque mal commis,

---

* VAR.   LÉLIE.
Le trait est admirable! Et comment donc, le vôtre?
Sans doute...
    MASCARILLE, bas à Lélie.
    Doucement, etc.

Tel est le texte que fournissent les éditions de 1663, de 1673 et de 1682; la correction qui attribue à Léandre le mot *sans doute* ne se trouve pour la première fois que dans l'édition de 1734. Comme elle est indiquée par le sens même et par la suite du dialogue, nous l'avons adoptée. On ne doit pas pousser le scrupule jusqu'à respecter, en reproduisant un texte, les fautes d'impression flagrantes qui s'y trouvent.

1. C'est un droit que les maîtres prétendaient alors avoir sur leurs serviteurs, et que ceux-ci ne contestaient même pas.

Hors de votre service il n'a pas été mis?

LÉLIE.

Je ne sais ce que c'est.

LÉANDRE.

Et, plein de violence,
Vous n'avez pas chargé son dos avec outrance?

LÉLIE.

Point du tout. Moi, l'avoir chassé, roué de coups!
Vous vous moquez de moi, Léandre, ou lui de vous[1].

MASCARILLE, à part.

Pousse, pousse, bourreau; tu fais bien tes affaires.

LÉANDRE, à Mascarille.

Donc les coups de bâton ne sont qu'imaginaires?

MASCARILLE.

Il ne sait ce qu'il dit; sa mémoire...

LÉANDRE.

Non, non!
Tous ces signes pour toi ne disent rien de bon.
Oui, d'un tour délicat mon esprit te soupçonne;
Mais pour l'invention, va, je te le pardonne.*
C'est bien assez pour moi qu'il m'a désabusé,**

---

* Van. *Mais pour l'invention, va, je te la pardonne* (1682).
** Van. *C'est bien assez pour moi qu'il m'ait désabusé* (1682).

---

1. On a dit que dans tout ce que fait là le personnage de Lélie il n'y avait rien de l'étourdi ni de l'éventé. Son caractère ne se marque point tant, en effet, dans les sentiments auxquels il se laisse aller d'abord que dans la persistance qu'il met à suivre cette voie où il est entré; et à l'endroit où nous sommes parvenus, sa franchise est certainement inconsidérée et irréfléchie. L'espèce d'aveuglement qu'il porte dans une conduite d'ailleurs très justifiable, c'est là le trait qui accuse sa physionomie. Certains critiques s'imaginent sans doute que lorsqu'on met à la scène un type comme celui de *l'Étourdi*, l'auteur est obligé de lui faire commettre coup sur coup des étourderies bien et dûment caractérisées, depuis le commencement de la pièce jusqu'à la fin. Cela n'aurait plus rien d'humain, et aurait l'air d'une gageure.

De voir par quels motifs tu m'avois imposé,
Et que m'étant commis à ton zèle hypocrite,
A si bon compte encor je m'en sois trouvé quitte.
Ceci doit s'appeler un *avis au lecteur*.
Adieu, Lélie, adieu ; très humble serviteur.

SCÈNE V.

LÉLIE, MASCARILLE.

MASCARILLE.

Courage, mon garçon ! tout heur [1] nous accompagne :
Mettons flamberge au vent et bravoure en campagne :
Faisons *l'Olibrius, l'occiseur d'innocents* [2].

LÉLIE.

Il t'avoit accusé de discours médisants
Contre...

MASCARILLE.

Et vous ne pouviez souffrir mon artifice.
Lui laisser son erreur, qui vous rendoit service,
Et par qui son amour s'en étoit presque allé ?
Non, il a l'esprit franc, et point dissimulé.
Enfin chez son rival je m'ancre avec adresse.

---

1. *Heur*, bonheur ; d'où vient *heureux*.
2. Cette expression proverbiale vient d'un personnage d'Olibrius qui figure dans plusieurs de nos anciens mystères, et particulièrement dans le mystère de Sainte-Reine, qui fait partie de la Bibliothèque bleue. Ce personnage est toujours représenté comme un tyran féroce et fanfaron : c'est le grand persécuteur des saints et des saintes. Du haut de son prétoire, il envoie, dans un langage boursouflé, les vieillards, les vierges et les enfants au martyre ; et, tout farouche qu'il est, il ne laisse pas d'être exposé à bien des déboires et des mécomptes, au point d'être souvent affligé et guéri tour à tour de maux horribles, de la lèpre, de la cécité, par la vertu de ceux dont il a ordonné le supplice. De là le dicton populaire : *Faire l'Olibrius, l'occiseur d'innocents*.

Cette fourbe en mes mains va mettre sa maîtresse,
Il me la fait manquer avec de faux rapports;*
Je veux de son rival alentir les transports,
Mon brave incontinent vient qui le désabuse;
J'ai beau lui faire signe, et montrer que c'est ruse :
Point d'affaire; il poursuit sa pointe jusqu'au bout,
Et n'est point satisfait qu'il n'ait découvert tout.
Grand et sublime effort d'une imaginative
Qui ne le cède point à personne qui vive[1] !
C'est une rare pièce, et digne, sur ma foi,
Qu'on en fasse présent au cabinet d'un roi.

LÉLIE.

Je ne m'étonne pas si je romps tes attentes;
A moins d'être informé des choses que tu tentes,
J'en ferois encor cent de la sorte.

MASCARILLE.

Tant pis.

LÉLIE.

Au moins, pour t'emporter à de justes dépits,
Fais-moi dans tes desseins entrer de quelque chose.

---

* VAR. *Il me la fait manquer; avec de faux rapports*
Je veux de son rival alentir les transports.

Cette variante, qui consiste dans un changement de ponctuation, n'est donnée ni par l'édition de 1663 ni par l'édition de 1682. Elle appartient seulement à l'éditeur de 1734. Nous la signalons, parce qu'elle a quelque apparence de raison, et qu'elle a été adoptée par des éditions récentes. Ces mots : *avec de faux rapports,* s'appliqueraient bien, en effet, aux soupçons que Mascarille a voulu faire naître sur la vertu de Célie; mais ils peuvent se rapporter aussi à la fable du père qui réclame sa fille, fable inventée par Lélie. Ici la faute d'impression n'est pas évidente, et il faut respecter le texte original.

1. Retour opportun de deux vers prononcés par Lélie à la scène XIV du deuxième acte, et déjà répétés ironiquement à la fin de la même scène par Mascarille.

96 L'ÉTOURDI.

Mais que de leurs ressorts la porte me soit close[1],
C'est ce qui fait toujours que je suis pris sans vert[2].

MASCARILLE.

Je crois que vous seriez un maître d'arme expert :
Vous savez à merveille, en toutes aventures,
Prendre les contre-temps et rompre les mesures[3].*

LÉLIE.

Puisque la chose est faite, il n'y faut plus penser.
Mon rival, en tout cas, ne peut me traverser;

---

* VAR. *Ah! voilà tout le mal; c'est cela qui nous perd.*
Ma foi, mon cher patron, je vous le dis encore :
Vous ne serez jamais qu'une pauvre pécore.

Ces trois vers ont été substitués par les éditeurs de 1682 à ceux que portent les textes imprimés du vivant de Molière.

1. *La porte me soit close*, la connaissance me soit interdite. On a justement critiqué cette expression, qui a été amenée là par le mot *entrer* du vers précédent.

2. Locution proverbiale qui veut dire : pris au dépourvu. Elle tire son origine d'un ancien usage dont on trouve des traces dans les temps les plus éloignés. Pendant les premiers jours de mai, chacun était tenu de se parer d'une branche, d'une feuille, d'un brin de verdure. Si l'on était rencontré sans ce préservatif, chacun avait droit de vous verser de l'eau sur la tête, en disant : Je vous prends sans vert. Après avoir été une coutume générale au moyen âge, cela finit par n'être plus qu'un jeu qui se jouait entre un certain nombre de personnes ou de familles. Celui qui était pris sans vert payait une amende; le produit de ces amendes était appliqué à célébrer quelque fête printanière. Ce jeu était encore en vigueur sous Louis XIV. Le proverbe a seul conservé jusqu'à nos jours le souvenir de l'usage antique. « Le diable me prendroit sans verd s'il me rencontroit sans dez, » dit Panurge. (RABELAIS, *Pantagruel*, liv. III, ch. XI.)

Je vous prends sans vert est le titre d'une petite comédie attribuée à La Fontaine, et insérée dans le théâtre de Champmeslé.

3. L'escrime, qui du temps de Molière était un art fort pratiqué, avait fourni au discours familier une foule d'expressions figurées dont tout le monde se servait. Corneille, dans *le Menteur*, n'a pas craint de mettre de ces expressions dans la bouche d'une femme parlant à une autre femme; Clarice dit à Isabelle :

Tu vas sortir de garde et rompre tes mesures.

ACTE III, SCÈNE V.

Et pourvu que tes soins, en qui je me repose...

MASCARILLE.

Laissons là ce discours, et parlons d'autre chose.
Je ne m'apaise pas, non, si facilement;
Je suis trop en colère. Il faut premièrement
Me rendre un bon office, et nous verrons ensuite
Si je dois de vos feux reprendre la conduite.

LÉLIE.

S'il ne tient qu'à cela, je n'y résiste pas.
As-tu besoin, dis-moi, de mon sang, de mes bras?*

MASCARILLE.

De quelle vision sa cervelle est frappée!
Vous êtes de l'humeur de ces amis d'épée[1]
Que l'on trouve toujours plus prompts à dégainer
Qu'à tirer un teston[2], s'il falloit le donner.

LÉLIE.

Que puis-je donc pour toi?

MASCARILLE.

C'est que de votre père
Il faut absolument apaiser la colère.

LÉLIE.

Nous avons fait la paix.

MASCARILLE.

Oui; mais non pas pour nous.
Je l'ai fait, ce matin, mort pour l'amour de vous;

---

* VAR. *As-tu besoin, dis-moi, de mon sang, de mon bras?* (1682.)

1. Amis d'épée, compagnons de duel; comme on dit : amis de table, amis de tripot.
2. Le teston était une vieille monnaie valant dix sous tournois. Elle avait été fabriquée sous Louis XII, et devait son nom à la tête de ce prince, qui y était représentée. Elle eut cours jusqu'au règne de Henri III. Le nom s'en conserva parmi le peuple.

La vision le choque, et de pareilles feintes
Aux vieillards comme lui sont de dures atteintes,
Qui sur l'état prochain de leur condition
Leur font faire à regret triste réflexion[1].
Le bonhomme, tout vieux[2], chérit fort la lumière,
Et ne veut point de jeu dessus cette matière;
Il craint le pronostic, et, contre moi fâché,
On m'a dit qu'en justice il m'avoit recherché.
J'ai peur, si le logis du roi fait ma demeure[3],
De m'y trouver si bien dès le premier quart d'heure
Que j'aye peine aussi d'en sortir par après.
Contre moi dès longtemps l'on a force décrets :
Car enfin la vertu n'est jamais sans envie,
Et dans ce maudit siècle est toujours poursuivie.
Allez donc le fléchir.

LÉLIE.

Oui, nous le fléchirons :
Mais aussi tu promets...

MASCARILLE.

Ah! mon Dieu, nous verrons.

(Lélie sort.)

Ma foi, prenons haleine après tant de fatigues.
Cessons pour quelque temps le cours de nos intrigues
Et de nous tourmenter de même qu'un lutin.
Léandre pour nous nuire est hors de garde enfin,
Et Célie arrêtée avecque l'artifice...

---

1. Ce vers et les trois précédents sont indiqués par l'édition de 1682 comme étant omis à la représentation.
2. Sous-entendu : qu'il est; locution elliptique qu'emploient souvent Molière et Corneille.
3. *Le logis du roi*, la prison.

SCÈNE VI.

ERGASTE, MASCARILLE.

ERGASTE.

Je te cherchois partout pour te rendre un service,
Pour te donner avis d'un secret important.

MASCARILLE.

Quoi donc?

ERGASTE.

N'avons-nous point ici quelque écoutant?

MASCARILLE.

Non.

ERGASTE.

Nous sommes amis autant qu'on le peut être :
Je sais bien tes desseins et l'amour de ton maître :*
Songez à vous tantôt. Léandre fait parti¹
Pour enlever Célie; et j'en suis averti
Qu'il a mis ordre à tout, et qu'il se persuade
D'entrer chez Trufaldin par une mascarade,
Ayant su qu'en ce temps, assez souvent le soir,
Des femmes du quartier en masque l'alloient voir.

MASCARILLE.

Oui? Suffit; il n'est pas au comble de sa joie :
Je pourrai bien tantôt lui souffler cette proie;
Et contre cet assaut je sais un coup fourré²
Par qui je veux qu'il soit de lui-même enferré.

---

* Var. *Je sais tous tes desseins et l'amour de ton maître* (1682).

1. *Fait parti*, monte un coup, forme un complot, rassemble les gens.
2. Expression empruntée à l'escrime, et qui indique les deux adversaires se portant également en avant, fondant en même temps l'un sur l'autre.

Il ne sait pas les dons dont mon âme est pourvue.
Adieu; nous boirons pinte à la première vue.

SCÈNE VII.

MASCARILLE, seul.

Il faut, il faut tirer à nous ce que d'heureux
Pourroit avoir en soi ce projet amoureux,
Et par une surprise adroite et non commune,
Sans courir le danger, en tenter la fortune.
Si je vais me masquer pour devancer ses pas,
Léandre assurément ne nous bravera pas;
Et là, premier que lui[1], si nous faisons la prise,
Il aura fait pour nous les frais de l'entreprise,
Puisque par son dessein, déjà presque éventé[2],
Le soupçon tombera toujours de son côté,
Et que nous, à couvert de toutes ses poursuites,
De ce coup hasardeux ne craindrons point de suites.
C'est ne se point commettre à faire de l'éclat,
Et tirer les marrons de la patte du chat[3].
Allons donc nous masquer avec quelques bons frères;
Pour prévenir nos gens il ne faut tarder guères.
Je sais où gît le lièvre, et me puis, sans travail,
Fournir en un moment d'hommes et d'attirail.

---

1. *Premier que lui* se disait pour : avant lui.

>   Et c'est en cette vie un souvenir bien doux
>   Qu'ici-bas nos péchés soient morts premier que nous.
>   (ROTROU, *la Sœur*.)

2. Ce vers et les trois qui suivent se supprimaient aux représentations.
3. On a présente à l'esprit la fable de La Fontaine : *Bertrand et Raton*. La donnée de cette fable était en circulation bien avant que La Fontaine l'eût rimée, et avait donné lieu dès le moyen âge au proverbe dont Molière fait usage ici.

Croyez que je mets bien mon adresse en usage :
Si j'ai reçu du ciel des fourbes en partage,
Je ne suis point au rang de ces esprits mal nés
Qui cachent les talents que Dieu leur a donnés[1].

SCÈNE VIII.

LÉLIE, ERGASTE.

LÉLIE.

Il prétend l'enlever avec sa mascarade?

ERGASTE.

Il n'est rien plus certain. Quelqu'un de sa brigade
M'ayant de ce dessein instruit, sans m'arrêter
A Mascarille lors j'ai couru tout conter,*
Qui s'en va, m'a-t-il dit, rompre cette partie
Par une invention dessus-le-champ bâtie,
Et comme je vous ai rencontré par hasard,
J'ai cru que je devois de tout vous faire part.

LÉLIE.

Tu m'obliges par trop avec cette nouvelle :
Va, je reconnoîtrai ce service fidèle.

SCÈNE IX.

LÉLIE, seul.

Mon drôle assurément leur jouera quelque trait;
Mais je veux de ma part seconder son projet.
Il ne sera pas dit qu'en un fait qui me touche

---

* Var. *A Mascarille alors j'ai couru tout conter* (1682).

1. On supprimait ces quatre derniers vers aux représentations.

Je ne me sois non plus remué qu'une souche.
Voici l'heure, ils seront surpris à mon aspect.
Foin! que n'ai-je avec moi pris mon porte-respect[1]!
Mais vienne qui voudra contre notre personne,
J'ai deux bons pistolets, et mon épée est bonne.
Holà! quelqu'un, un mot!

SCÈNE X.

TRUFALDIN, à sa fenêtre; LÉLIE.

TRUFALDIN.

Qu'est-ce? qui me vient voir?

LÉLIE.

Fermez soigneusement votre porte ce soir.

TRUFALDIN.

Pourquoi?

LÉLIE.

Certaines gens font une mascarade
Pour vous venir donner une fâcheuse aubade :
Ils veulent enlever votre Célie.

TRUFALDIN.

O dieux!

LÉLIE.

Et sans doute bientôt ils viennent en ces lieux.*
Demeurez; vous pourrez voir tout de la fenêtre.

---

* Var. *Et sans doute bientôt ils viendront en ces lieux* (1682).

1. Sans doute un bâton. Ce n'est pas que Lélie ne soit bien armé, comme il le dit lui-même; mais un bâton serait en effet une arme plus convenable pour se défendre contre des masques. (Auger.)
— Cependant Furetière et le *Dictionnaire de Trévoux* disent qu'on appelait ainsi un mousqueton à large calibre, une sorte de tromblon, et ce sens s'accorde mieux peut-être avec les vers suivants.

Eh bien! qu'avois-je dit? Les voyez-vous paroître?
Chut! je veux à vos yeux leur en faire l'affront.
Nous allons voir beau jeu, si la corde ne rompt[1].

SCÈNE XI.

LÉLIE, TRUFALDIN; MASCARILLE et sa suite, masqués.

TRUFALDIN.

Oh! les plaisants robins[2], qui pensent me surprendre!

LÉLIE.

Masques, où courez-vous? Le pourroit-on apprendre?
Trufaldin, ouvrez-leur pour jouer un momon[3].*

(A Mascarille, déguisé en femme.)

Bon Dieu! qu'elle est jolie, et qu'elle a l'air mignon!

* Var. *Trufaldin, ouvrez-leur pour jouer un moment* (1682).

1. Métaphore populaire, par allusion aux danseurs de corde; d'autres disent : aux tireurs d'arc.
2. Gens portant robe. Ces mots s'adressant à une troupe de masques déguisés en femmes, il n'est pas besoin de chercher au mot *robin* une autre explication que celle que présente l'étymologie.
3. Molière dit encore, dans *le Bourgeois gentilhomme* :

Est-ce un momon que vous allez porter?

On lit dans *les Contens*, de Turnèbe : « C'estoit une femme desguisée en homme, qui estoit venue pour voir ma fille et luy porter un mommon. »

« Ce fust esté une vraye mocquerie et une grande honte, car c'estoit proprement contrefaire ceux qui portent des momons, lesquels n'osent parler et font parler d'autres. » (Brantôme, édit. Panth. litt., I, 371.)

On peut encore citer ces vers :

Et ne plus ne moins que des masques
Qui viennent de perdre un momon.
(Scarron, dans *la Gigantomachie*.)

Enfin le capitaine Marc Papillon de Lasphrise parle, dans la Nouvelle tragi-comique, de ceux qui font à leur dame :

La perleuse faveur d'un moumon inconnu.

« Vous me couvrez le momon, » dit figurément Mme de Sévigné, dans le sens de : Vous me donnez la réplique.

On disait donc jouer, porter, perdre, donner un momon. Un momon,

Eh quoi! vous murmurez? Mais, sans vous faire outrage,
Peut-on lever le masque, et voir votre visage?

TRUFALDIN.

Allez, fourbes méchants, retirez-vous d'ici,
Canaille; et vous, seigneur, bonsoir et grand merci.

SCÈNE XII.

LÉLIE, MASCARILLE.

LÉLIE, après avoir démasqué Mascarille.

Mascarille, est-ce toi[1]?

MASCARILLE.

Nenni dà, c'est quelque autre.

LÉLIE.

Hélas! quelle surprise! Et quel sort est le nôtre!

---

c'était ce qu'on jouait, portait, perdait, donnait, dans une partie de masques, et, par extension, cette partie elle-même. Voici la cérémonie parfaitement tracée dans le *Roman comique* : « Le soir, je me masquai avec trois de mes camarades... Après avoir éteint le flambeau, je m'approchai de la table, sur laquelle nous posâmes nos boîtes de dragées et jetâmes les dés. La Du Lys me demanda à qui j'en voulois, et je lui fis signe que c'étoit à elle; elle me répliqua : Qu'est-ce que je voulois qu'elle mit au jeu, et je lui montrai un nœud de ruban que l'on appelle à présent *galant* et un bracelet de corail qu'elle avoit au bras gauche... Nous jouâmes et je gagnai, et je lui fis un présent de mes dragées. Autant en firent mes compagnons avec la fille aînée et d'autres demoiselles qui étoient venues passer la veillée. » (*Roman comique*, édit. V. Fournel, t. II, p. 231.) Voir encore le 52ᵉ arrêt, dans les *Aresta amorum* de Martial d'Auvergne.

On voit que les diverses expressions : donner, perdre, porter, jouer un momon, sont expliquées par les détails de cette galanterie. Le mot *momon* a la même origine que le mot *momerie*, et pourrait fort bien venir du *Momus* antique.

1. Coup de théâtre plaisant. Le moyen qui l'amène n'est pas fort ingénieux, et d'ailleurs les deux premiers actes nous en ont offert de semblables ; mais Lélie n'a pas encore été pris sur le fait, convaincu de son étourderie et de sa sottise d'une manière plus prompte, plus vive, plus mortifiante pour lui, qu'il ne l'est en ce moment à la seule apparition du visage de Mascarille. (AUGER.)

L'aurois-je deviné, n'étant point averti
Des secrètes raisons qui l'avoient travesti !*
Malheureux que je suis d'avoir, dessous ce masque,
Été, sans y penser, te faire cette frasque !
Il me prendroit envie, en ce juste courroux,**
De me battre moi-même et me donner cent coups.

MASCARILLE.

Adieu, sublime esprit, rare imaginative.

LÉLIE.

Las ! si de ton secours ta colère me prive,
A quel saint me vouerai-je ?

MASCARILLE.

Au grand diable d'enfer.

LÉLIE.

Ah ! si ton cœur pour moi n'est de bronze ou de fer,
Qu'encore un coup du moins mon imprudence ait grâce !
S'il faut pour l'obtenir que tes genoux j'embrasse,
Vois-moi...

MASCARILLE.

Tarare[1] ! Allons, camarades, allons :
J'entends venir des gens qui sont sur nos talons.

SCÈNE XIII.

LÉANDRE et sa suite, masqués ; TRUFALDIN, à sa fenêtre.

LÉANDRE.

Sans bruit ; ne faisons rien que de la bonne sorte.

* VAR. *Des secrètes raisons qui t'avoient travesti?* (1682).
** VAR. *Il me prendroit envie, en mon juste courroux* (1682).

1. Sons expressifs dont on se sert pour marquer qu'on se moque de ce que l'on entend dire, ou qu'on n'y croit point.

TRUFALDIN.

Quoi! masques toute nuit[1] assiégeront ma porte!
Messieurs, ne gagnez point de rhumes à plaisir ;
Tout cerveau qui le fait est certes de loisir.
Il est un peu trop tard pour enlever Célie;
Dispensez-l'en ce soir, elle vous en supplie :
La belle est dans le lit, et ne peut vous parler;
J'en suis fâché pour vous. Mais, pour vous régaler[2]
Du souci qui pour elle ici vous inquiète,
Elle vous fait présent de cette cassolette.

LÉANDRE.

Fi! cela sent mauvais, et je suis tout gâté[3];
Nous sommes découverts, tirons de ce côté.

---

1. On disait alors *toute nuit*, au lieu de *toute la nuit*, mais comme on ne pouvait pas dire *tout jour*, à cause de l'équivoque de *toujours*, on a dit *toute la nuit*, comme on disait *tout le jour*. (VOLTAIRE.)

2. *Régaler*, indemniser, récompenser, dédommager par un régal.

3. On a dit avec raison que ce dernier trait, qui se trouve aussi dans *l'Inavvertito*, est plus digne de la farce que de la comédie.

ACTE QUATRIÈME.

SCÈNE PREMIÈRE.

LÉLIE, déguisé en Arménien; MASCARILLE.

MASCARILLE.
Vous voilà fagoté d'une plaisante sorte.
LÉLIE.
Tu ranimes par là mon espérance morte.
MASCARILLE.
Toujours de ma colère on me voit revenir;
J'ai beau jurer, pester, je ne m'en puis tenir.
LÉLIE.
Aussi crois, si jamais je suis dans la puissance,
Que tu seras content de ma reconnoissance,
Et que, quand je n'aurois qu'un seul morceau de pain...
MASCARILLE.
Baste[1], songez à vous dans ce nouveau dessein.
Au moins, si l'on vous voit commettre une sottise,
Vous n'imputerez plus l'erreur à la surprise;
Votre rôle en ce jeu par cœur doit être su.
LÉLIE.
Mais comment Trufaldin chez lui t'a-t-il reçu?

---

1. Mascarille coupe court à ces protestations, en homme qui sait ce qu'elles valent dans la bouche d'un maître comme Lélie.

MASCARILLE.

D'un zèle simulé j'ai bridé le bon sire ;
Avec empressement je suis venu lui dire,
S'il ne songeoit à lui, que l'on le surprendroit ;
Que l'on couchoit en joue, et de plus d'un endroit.
Celle dont il a vu qu'une lettre en avance
Avoit si faussement divulgué la naissance ;
Qu'on avoit bien voulu m'y mêler quelque peu,
Mais que j'avois tiré mon épingle du jeu,
Et que, touché d'ardeur pour ce qui le regarde,
Je venois l'avertir de se donner de garde.
De là, moralisant, j'ai fait de grands discours
Sur les fourbes qu'on voit ici-bas tous les jours ;
Que, pour moi, las du monde et de sa vie infâme,
Je voulois travailler au salut de mon âme,
A m'éloigner du trouble, et pouvoir longuement
Près de quelque honnête homme être paisiblement :
Que, s'il le trouvoit bon, je n'aurois d'autre envie
Que de passer chez lui le reste de ma vie ;
Et que même à tel point il m'avoit su ravir
Que, sans lui demander gages pour le servir,
Je mettrois en ses mains, que je tenois certaines,
Quelque bien de mon père et le fruit de mes peines,
Dont, avenant que Dieu de ce monde m'ôtât,
J'entendois tout de bon que lui seul héritât.
C'étoit le vrai moyen d'acquérir sa tendresse.
Et comme, pour résoudre avec votre maîtresse[1]
Des biais qu'on doit prendre à terminer vos vœux,
Je voulois en secret vous aboucher tous deux,
Lui-même a su m'ouvrir une voie assez belle

1. Décider les biais qu'on doit prendre pour combler vos vœux.

De pouvoir hautement vous loger avec elle,
Venant m'entretenir d'un fils privé du jour,
Dont, cette nuit, en songe il a vu le retour.
A ce propos voici l'histoire qu'il m'a dite,
Et sur qui j'ai tantôt notre fourbe construite[1].

LÉLIE.

C'est assez, je sais tout : tu me l'as dit deux fois.

MASCARILLE.

Oui, oui; mais quand j'aurois passé jusques à trois,
Peut-être encor qu'avec toute sa suffisance
Votre esprit manquera dans quelque circonstance.

LÉLIE.

Mais à tant différer je me fais de l'effort.

MASCARILLE.

Ah! de peur de tomber, ne courons pas si fort!
Voyez-vous? vous avez la caboche un peu dure.
Rendez-vous affermi dessus cette aventure.
Autrefois Trufaldin de Naples est sorti,
Et s'appeloit alors Zanobio Ruberti;
Un parti qui causa quelque émeute civile,
Dont il fut seulement soupçonné dans sa ville
(De fait il n'est pas homme à troubler un État),
L'obligea d'en sortir une nuit sans éclat.
Une fille fort jeune et sa femme laissées,
A quelques pas de là se trouvant trépassées,
Il en eut la nouvelle, et, dans ce grand ennui,

---

1. Il est de tradition au théâtre que, pendant ces tirades de Mascarille, Lélie paraisse fort distrait, ne prête aucune attention à tout ce qu'on lui dit, s'occupe de son déguisement, s'impatiente; si bien que ce vers,

C'est assez, je sais tout : tu me l'as dit deux fois,

produit un effet comique, et qu'on prévoit que Lélie, n'ayant rien écouté, ne se souviendra de rien.

Voulant dans quelque ville emmener avec lui,
Outre ses biens, l'espoir qui restoit de sa race,
Un sien fils, écolier, qui se nommoit Horace,
Il écrit à Bologne, où, pour mieux être instruit,
Un certain maître Albert, jeune l'avoit conduit ;
Mais, pour se joindre tous, le rendez-vous qu'il donne
Durant deux ans entiers ne lui fit voir personne :
Si bien que, les jugeant morts après ce temps-là,
Il vint en cette ville, et prit le nom qu'il a,
Sans que de cet Albert, ni de ce fils Horace,
Douze ans aient découvert jamais la moindre trace.
Voilà l'histoire en gros, redite seulement
Afin de vous servir ici de fondement[1].
Maintenant vous serez un marchand d'Arménie,
Qui les aurez vus sains l'un et l'autre en Turquie.
Si j'ai, plutôt qu'aucun, un tel moyen trouvé
Pour les ressusciter sur ce qu'il a rêvé,
C'est qu'en fait d'aventure il est très ordinaire
De voir gens pris sur mer par quelque Turc corsaire,
Puis être à leur famille à point nommé rendus
Après quinze ou vingt ans qu'on les a crus perdus.
Pour moi, j'ai vu déjà cent contes de la sorte.
Sans nous alambiquer, servons-nous-en ; qu'importe[2] ?
Vous leur aurez ouï leur disgrâce conter,
Et leur aurez fourni de quoi se racheter ;

---

1. Cette histoire, qui ne vient ici que comme la préface d'un nouveau stratagème, renferme cependant tout le nœud de la pièce. L'auteur s'en est servi pour accroître l'intérêt, varier les situations, et développer le caractère de Lélie ; mais c'est peut-être le seul exemple qu'offre le théâtre d'une exposition placée au quatrième acte. (A. Martin.)

2. Il était vrai : à cette époque ces sortes d'aventures étaient assez communes. Molière-Mascarille fait ici une adroite apologie du dénoûment qu'il prépare à sa pièce, et qui lui servira également pour plusieurs autres de ses comédies.

Mais¹ que, parti plus tôt pour chose nécessaire,
Horace vous chargea de voir ici son père
Dont il a su le sort, et chez qui vous devez
Attendre quelques jours qu'ils seroient arrivés.*
Je vous ai fait tantôt des leçons étendues².

LÉLIE.

Ces répétitions ne sont que superflues :
Dès l'abord mon esprit a compris tout le fait.

MASCARILLE.

Je m'en vais là-dedans donner le premier trait.

LÉLIE.

Écoute, Mascarille, un seul point me chagrine :
S'il alloit de son fils me demander la mine³?

MASCARILLE.

Belle difficulté! Devez-vous pas savoir
Qu'il étoit fort petit alors qu'il l'a pu voir?
Et puis, outre cela, le temps et l'esclavage
Pourroient-ils pas avoir changé tout son visage?

LÉLIE.

Il est vrai. Mais dis-moi, s'il connoît qu'il m'a vu,
Que faire?

MASCARILLE.

De mémoire êtes-vous dépourvu?

* Var. *Attendre quelques jours qu'ils y soient arrivés* (1682).

1. Mais vous ajouterez que...
2. Ce qui rend cette longue explication moins fatigante pour le spectateur, c'est qu'elle est de situation et presque de caractère; c'est qu'avec un homme aussi étourdi que Lélie, Mascarille ne sauroit trop insister sur les circonstances essentielles. Cette histoire, Mascarille l'a déjà dite deux fois à Lélie, que ces répétitions importunent, et qui n'en va pas moins oublier tout ce qu'il croit savoir si bien.
3. Cette question, passablement saugrenue, laisse deviner aussitôt de quelle façon Lélie s'acquittera de son rôle.

Nous avons dit tantôt qu'outre que votre image
N'avoit dans son esprit pu faire qu'un passage
Pour ne vous avoir vu que durant un moment,
Et le poil et l'habit déguisoient grandement.

LÉLIE.

Fort bien. Mais à propos, cet endroit de Turquie?...

MASCARILLE.

Tout, vous dis-je, est égal, Turquie ou Barbarie.

LÉLIE.

Mais le nom de la ville où j'aurai pu les voir?

MASCARILLE.

Tunis. Il me tiendra, je crois, jusques au soir.
La répétition, dit-il, est inutile,
Et j'ai déjà nommé douze fois cette ville.

LÉLIE.

Va, va-t'en commencer; il ne me faut plus rien.

MASCARILLE.

Au moins soyez prudent, et vous conduisez bien;
Ne donnez point ici de l'imaginative.

LÉLIE.

Laisse-moi gouverner[1]. Que ton âme est craintive!

MASCARILLE.

Horace, dans Bologne écolier; Trufaldin,
Zanobio Ruberti dans Naples citadin;
Le précepteur Albert...

LÉLIE.

Ah! c'est me faire honte
Que de me tant prêcher! Suis-je un sot, à ton compte?

MASCARILLE.

Non, pas du tout; mais bien quelque chose approchant[2].

1. Tenir le gouvernail, conduire la barque.
2. Cette scène est imitée de l'acte II de l'*Emilia* de Luigi Grotto. Le

SCÈNE II.

LÉLIE, seul.

Quand il m'est inutile, il fait le chien couchant;
Mais, parce qu'il sent bien le secours qu'il me donne,
Sa familiarité jusque-là s'abandonne.
Je vais être de près éclairé des beaux yeux
Dont la force m'impose un joug si précieux;
Je m'en vais sans obstacle, avec des traits de flamme,
Peindre à cette beauté les tourments de mon âme :
Je saurai quel arrêt je dois... Mais les voici.

SCÈNE III.

TRUFALDIN, LÉLIE, MASCARILLE.

TRUFALDIN.

Sois béni, juste ciel, de mon sort adouci!

MASCARILLE.

C'est à vous de rêver et de faire des songes,
Puisqu'en vous il est faux que songes sont mensonges.

TRUFALDIN, à Lélie.

Quelle grâce, quels biens vous rendrai-je, seigneur,
Vous que je dois nommer l'ange de mon bonheur?

LÉLIE.

Ce sont soins superflus, et je vous en dispense.

TRUFALDIN, à Mascarille.

J'ai, je ne sais pas où, vu quelque ressemblance
De cet Arménien.

---

valet de la pièce italienne endoctrine une jeune esclave, comme Mascarille endoctrine Lélie; celle-ci assure, comme Lélie, qu'elle n'oubliera rien de ce qu'elle vient d'entendre; sa présomption n'est ensuite pas mieux justifiée.

MASCARILLE.
C'est ce que je disois ;
Mais on voit des rapports admirables parfois.
TRUFALDIN.
Vous avez vu ce fils où mon espoir se fonde?
LÉLIE.
Oui, seigneur Trufaldin, le plus gaillard du monde.
TRUFALDIN.
Il vous a dit sa vie, et parlé fort de moi?
LÉLIE.
Plus de dix mille fois.
MASCARILLE.
Quelque peu moins, je croi[1].
LÉLIE.
Il vous a dépeint tel que je vous vois paroître,
Le visage, le port...
TRUFALDIN.
Cela pourroit-il être,
Si, lorsqu'il m'a pu voir, il n'avoit que sept ans,
Et si son précepteur même, depuis ce temps,
Auroit peine à pouvoir connoître mon visage?
MASCARILLE.
Le sang, bien autrement, conserve cette image ;
Par des traits si profonds ce portrait est tracé
Que mon père...
TRUFALDIN.
Suffit. Où l'avez-vous laissé?

---

1. *Plus de dix mille fois.* Cette folle exagération de Lélie fait déjà trembler pour tout ce qu'il va dire dans le cours de ce périlleux entretien. Aussi Mascarille, pour lui faire sentir sa faute et le remettre dans le ton de la vérité ou du moins de la vraisemblance, ajoute avec intention : *Quelque peu moins, je croi.* (AUGER.)

LÉLIE.

En Turquie, à Turin.

TRUFALDIN.

Turin? Mais cette ville
Est, je pense, en Piémont.

MASCARILLE, à part.

O cerveau malhabile!

(A Trufaldin.)

Vous ne l'entendez pas, il veut dire Tunis,
Et c'est en effet là qu'il laissa votre fils;
Mais les Arméniens ont tous, par habitude,*
Certain vice de langue à nous autres fort rude :
C'est que dans tous les mots ils changent *nis* en *rin*,
Et pour dire Tunis, ils prononcent Turin.

TRUFALDIN.

Il falloit, pour l'entendre, avoir cette lumière.
Quel moyen vous dit-il de rencontrer son père?

MASCARILLE.

(A part.)   (A Trufaldin, après s'être escrimé.)

Voyez s'il répondra[1]. Je repassois un peu
Quelque leçon d'escrime : autrefois en ce jeu
Il n'étoit point d'adresse à mon adresse égale,
Et j'ai battu le fer en mainte et mainte salle.

TRUFALDIN, à Mascarille.

Ce n'est pas maintenant ce que je veux savoir.

(A Lélie.)

Quel autre nom dit-il que je devois avoir?

MASCARILLE.

Ah! seigneur Zanobio Ruberti, quelle joie

---

* Var. *Mais les Arméniens ont tous une habitude* (1663).

1. Trufaldin ayant surpris les signes que Mascarille fait à son maître, le valet se donne l'air de repasser une leçon d'escrime.

Est celle maintenant que le ciel vous envoie !
LÉLIE.
C'est là votre vrai nom, et l'autre est emprunté.
TRUFALDIN.
Mais où vous a-t-il dit qu'il reçut la clarté?
MASCARILLE.
Naples est un séjour qui paroît agréable;
Mais pour vous ce doit être un lieu fort haïssable.
TRUFALDIN.
Ne peux-tu, sans parler, souffrir notre discours?
LÉLIE.
Dans Naples son destin a commencé son cours.
TRUFALDIN.
Où l'envoyai-je jeune, et sous quelle conduite?
MASCARILLE.
Ce pauvre maître Albert a beaucoup de mérite
D'avoir depuis Bologne accompagné ce fils,
Qu'à sa discrétion vos soins avoient commis!
TRUFALDIN.
Ah!
MASCARILLE, à part.
Nous sommes perdus si cet entretien dure.
TRUFALDIN.
Je voudrois bien savoir de vous leur aventure,
Sur quel vaisseau le sort, qui m'a su travailler...
MASCARILLE.
Je ne sais ce que c'est, je ne fais que bâiller;
Mais, seigneur Trufaldin, songez-vous que peut-être
Ce monsieur l'étranger a besoin de repaître,
Et qu'il est tard aussi?
LÉLIE.
Pour moi, point de repas.

ACTE IV, SCÈNE III.

MASCARILLE.

Ah! vous avez plus faim que vous ne pensez pas[1].

TRUFALDIN.

Entrez donc.

LÉLIE.

Après vous[2].

MASCARILLE, à Trufaldin.

Monsieur, en Arménie
Les maîtres du logis sont sans cérémonie.

(A Lélie, après que Trufaldin est entré dans sa maison.)

Pauvre esprit! Pas deux mots!

LÉLIE.

D'abord il m'a surpris;
Mais n'appréhende plus, je reprends mes esprits,
Et m'en vais débiter avecque hardiesse[3]...

MASCARILLE.

Voici notre rival, qui ne sait pas la pièce.

(Ils entrent dans la maison de Trufaldin.)

---

1. *Que vous ne pensez pas*. Rien de plus fréquent au XVIe et au XVIIe siècle que cet emploi explétif de *pas, point*, qui serait condamné aujourd'hui.

Tu juges mes desseins autres qu'ils ne sont pas,

dit Corneille. Voyez *Lexique de la langue de Molière*, par F. Génin, p. 288, et *Lexique de la langue de Corneille*, par F. Godefroy, t. II, p. 119.

2. Lélie faisant les honneurs de la maison à celui qui en est le maître a la tête tout à fait perdue.

3. Nous n'avons pas besoin de faire ressortir tout ce qu'il y a de mouvement dans la scène qu'on vient de lire. La même situation se trouve indiquée dans l'*Emilia* de Luigi Grotto. La jeune esclave, à qui le valet a soufflé son rôle, s'embarrasse et dit à chaque instant un mot pour un autre; et si elle ne place pas Turin en Turquie, elle place la Perse en Afrique. Le valet, caché dans un coin pendant cet interrogatoire, passe alternativement de la crainte à l'espérance. Ses apartés sont assez plaisants. Toutefois, en comparant la scène de Molière à celle de l'Italien, on verra comment l'auteur français a transformé un dialogue traînant et diffus en une action vive et comique, « et on apprendra, ajoute A. Martin, comment il est permis d'imiter ».

SCÈNE IV.

ANSELME, LÉANDRE.

ANSELME.

Arrêtez-vous, Léandre, et souffrez un discours
Qui cherche le repos et l'honneur de vos jours.
Je ne vous parle point en père de ma fille,
En homme intéressé pour ma propre famille,
Mais comme votre père ému pour votre bien,
Sans vouloir vous flatter et vous déguiser rien ;
Bref, comme je voudrois, d'une âme franche et pure,
Que l'on fît à mon sang en pareille aventure.
Savez-vous de quel œil chacun voit cet amour,
Qui dedans une nuit vient d'éclater au jour?
A combien de discours et de traits de risée
Votre entreprise d'hier est partout exposée?
Quel jugement on fait du choix capricieux
Qui pour femme, dit-on, vous désigne en ces lieux
Un rebut de l'Égypte, une fille coureuse,
De qui le noble emploi n'est qu'un métier de gueuse?
J'en ai rougi pour vous encor plus que pour moi,
Qui me trouve compris dans l'éclat que je voi :
Moi, dis-je, dont la fille, à vos ardeurs promise,
Ne peut, sans quelque affront, souffrir qu'on la méprise.
Ah! Léandre, sortez de cet abaissement!
Ouvrez un peu les yeux sur votre aveuglement[1].

---

1. Cette phrase offre à l'esprit une image singulière, de même que celle qu'on a rencontrée un peu plus haut : *cet amour qui dans une nuit éclate au jour*. A part ces taches, la tirade est du reste pleine de sens et de vigueur. Elle annonce, dit Auger, l'homme qui doit écrire les belles scènes du *Misanthrope* et du *Tartuffe*.

Si notre esprit n'est pas sage à toutes les heures,
Les plus courtes erreurs sont toujours les meilleures.
Quand on ne prend en dot que la seule beauté,
Le remords est bien près de la solennité,
Et la plus belle femme a très peu de défense
Contre cette tiédeur qui suit la jouissance.
Je vous le dis encor, ces bouillants mouvements,
Ces ardeurs de jeunesse et ces emportements
Nous font trouver d'abord quelques nuits agréables;
Mais ces félicités ne sont guère durables,
Et notre passion, alentissant son cours,
Après ces bonnes nuits donne de mauvais jours :
De là viennent les soins, les soucis, les misères,
Les fils déshérités par le courroux des pères.

LÉANDRE.

Dans tout votre discours je n'ai rien écouté
Que mon esprit déjà ne m'ait représenté.
Je sais combien je dois à cet honneur insigne
Que vous me voulez faire, et dont je suis indigne ;
Et vois, malgré l'effort dont je suis combattu,
Ce que vaut votre fille et quelle est sa vertu :
Aussi veux-je tâcher...

ANSELME.

On ouvre cette porte :
Retirons-nous plus loin, de crainte qu'il n'en sorte
Quelque secret poison dont vous seriez surpris [1].

---

1. Cette scène nous prépare à voir Léandre renoncer de bonne grâce à Célie et épouser Hippolyte. Les réflexions qu'il fait en ce moment prouvent que le souvenir de la fille d'Anselme n'est point encore sorti de son cœur, et feront trouver plus naturelle la détermination qu'il prendra au cinquième acte.

SCÈNE V.

LÉLIE, MASCARILLE.

MASCARILLE.

Bientôt de notre fourbe on verra le débris,
Si vous continuez des sottises si grandes.

LÉLIE.

Dois-je éternellement ouïr tes réprimandes?
De quoi te peux-tu plaindre? Ai-je pas réussi
En tout ce que j'ai dit depuis [1]?

MASCARILLE.

Couci-couci.
Témoin les Turcs par vous appelés hérétiques,
Et que vous assurez, par serments authentiques,
Adorer pour leurs dieux la lune et le soleil.
Passe. Ce qui me donne un dépit nonpareil,
C'est qu'ici votre amour étrangement s'oublie;
Près de Célie, il est ainsi que la bouillie,
Qui par un trop grand feu s'enfle, croît jusqu'aux bords,
Et de tous les côtés se répand au dehors [2].

---

1. Les détails de cette scène, où Mascarille querelle son maître sur les étourderies et les distractions que celui-ci a commises dans la maison de Trufaldin, sont imités en partie de la scène III de l'acte IV de l'*Angelica* de Fabricio de Fornaris. Fulvio, le personnage de la pièce italienne, est dans une situation à peu près semblable à celle de Lélie. Un frère de sa maîtresse ayant été pris fort jeune par des corsaires, Fulvio s'est introduit près d'elle sous l'habillement turc en se faisant passer pour ce frère tout récemment échappé des mains des infidèles.

2. Cette comparaison est dans l'auteur italien : *Lo stomaco di Fulvio è come la pignata che boglie; Angelica standoli appresso l'attizza il fuoco; poco potrà tardare che non si veda la spuma per sopra.* « Le sein de Fulvio est comme un pot qui bout; Angélique est auprès qui attise le feu, et l'écume ne tardera pas à se répandre par-dessus les bords. » On remarquera que Molière, en plaçant cette comparaison dans la bouche d'un valet,

LÉLIE.
Pourroit-on se forcer à plus de retenue ?
Je ne l'ai presque point encore entretenue.
MASCARILLE.
Oui, mais ce n'est pas tout que de ne parler pas ;
Par vos gestes, durant un moment de repas,
Vous avez aux soupçons donné plus de matière
Que d'autres ne feroient dans une année entière.
LÉLIE.
Et comment donc ?
MASCARILLE.
    Comment ? Chacun a pu le voir.
A table, où Trufaldin l'oblige de se seoir,
Vous n'avez toujours fait qu'avoir les yeux sur elle.
Rouge, tout interdit, jouant de la prunelle,
Sans prendre jamais garde à ce qu'on vous servoit,
Vous n'aviez point de soif qu'alors qu'elle buvoit ;
Et dans ses propres mains vous saisissant du verre,
Sans le vouloir rincer, sans rien jeter à terre,
Vous buviez sur son reste, et montriez d'affecter
Le côté qu'à sa bouche elle avoit su porter.
Sur les morceaux touchés de sa main délicate,
Ou mordus de ses dents, vous étendiez la patte
Plus brusquement qu'un chat dessus une souris,
Et les avaliez tout ainsi que des pois gris [1] ;*

---

* Var. *Et les avaliez tout ainsi que pois gris* (1682).

l'a rendue plus acceptable, et qu'il l'a dégagée de plusieurs traits de mauvais goût. Elle n'a plus rien de choquant, quoi qu'on en ait dit. Il paraît toutefois, d'après l'édition de 1682, que, du temps de Molière, ces vers se supprimaient à la scène.

1. Proverbe populaire faisant allusion aux anciens charlatans de nos places publiques, qui avalaient avidement devant le peuple une grande quantité de pois gris. (Phil. Chasles.)

Puis, outre tout cela, vous faisiez sous la table
Un bruit, un triquetrac de pieds insupportable,
Dont Trufaldin, heurté de deux coups trop pressants,
A puni par deux fois deux chiens très innocents,
Qui, s'ils eussent osé, vous eussent fait querelle [1].
Et puis après cela votre conduite est belle?
Pour moi, j'en ai souffert la gêne [2] sur mon corps [3] :
Malgré le froid, je sue encor de mes efforts.
Attaché dessus vous comme un joueur de boule
Après le mouvement de la sienne qui roule,
Je pensois retenir toutes vos actions,
En faisant de mon corps mille contorsions.

1. Tout ce qui venait de la comédie, tout ce qui pouvait y servir, appartenait de droit à Molière : c'était *son bien*, comme il le disait lui-même. Ce couplet est imité d'un autre passage de l'*Angelica* de Fabricio de Fornaris : *A quel che tu hai mancato? A te par che non habbi mancato nulla, perchè sei cieco, et come cieco tu non vedi quel che gl' altri che hanno la sua luce veggono. Tu non stai mai appresso ad Angelica un momento che non ti muti di colore; mai te li distacchi da lato. A tavola stai come stupido à contemplarla; tu non mangi, se non di quelle cose che mangia ella; tu non bevi, se non di quella parte dove ella beve et pone le labbia; ne ti netti la bocca se non con il salvigetto dove ella si netta la sua. Poi fai un menar di piedi sotto la tavola, che l'hai fatto scappar le pianelle due volte da i piedi, et usavi certe cifre che l'havrebbono intese i cani che rodevano i ossi sotto la tavola.* « En quoi vous avez manqué? Il vous semble que vous n'avez manqué en rien, parce que vous êtes aveugle, et que vous ne voyez pas ce que voient les autres, qui ont leurs yeux. Vous ne pouvez pas approcher d'Angélique que vous ne changiez de couleur; vous ne sauriez vous éloigner un moment d'elle. A table, vous êtes toujours à la contempler d'un air hébété; vous ne mangez que les morceaux qu'elle a mordus; vous ne buvez que dans son verre, et du côté où elle-même elle a posé les lèvres; vous ne vous essuyez la bouche qu'avec la serviette où elle a essuyé la sienne. Ensuite, vous lui parlez des pieds sous la table d'une telle force que vous avez deux fois fait sortir ses pantoufles hors de ses pieds, et ce que vous lui disiez dans ce langage a dû être entendu certainement des chiens, qui étaient là à ronger des os. » (Auger.)

2. Gêne, torture, *gehenna*. Telle était la primitive énergie de ce mot aujourd'hui affaibli.

3. Ce vers et les trois suivants sont indiqués, dans l'édition de 1682, comme habituellement supprimés à la représentation.

LÉLIE.

Mon Dieu ! qu'il t'est aisé de condamner des choses
Dont tu ne ressens point les agréables causes !
Je veux bien néanmoins, pour te plaire une fois,
Faire force à l'amour qui m'impose des lois.
Désormais...

SCÈNE VI.

TRUFALDIN, LÉLIE, MASCARILLE.

MASCARILLE.

Nous parlions des fortunes[1] d'Horace.

TRUFALDIN.

(A Lélie.)

C'est bien fait. Cependant me feriez-vous la grâce
Que je puisse lui dire un seul mot en secret ?

LÉLIE.

Il faudroit autrement être fort indiscret.

(Lélie entre dans la maison de Trufaldin.)

SCÈNE VII.

TRUFALDIN, MASCARILLE.

TRUFALDIN.

Écoute : sais-tu bien ce que je viens de faire ?

MASCARILLE.

Non ; mais si vous voulez, je ne tarderai guère
Sans doute à le savoir.

---

1. *Des fortunes*, des aventures. La Fontaine dit de même :

> Quant au surplus des fortunes humaines,
> Les biens, les maux, les plaisirs et les peines...
> (*Belphégor*.)

Les Anglais ont retenu ce sens : *the Fortunes of Nigel* sont les Aventures de Nigel. (F. GÉNIN).

TRUFALDIN.

D'un chêne grand et fort,
Dont près de deux cents ans ont fait déjà le sort,
Je viens de détacher une branche admirable,
Choisie expressément de grosseur raisonnable,
Dont j'ai fait sur-le-champ, avec beaucoup d'ardeur,
(Il montre son bras.)
Un bâton à peu près... oui, de cette grandeur,
Moins gros par l'un des bouts, mais, plus que trente gaules,
Propre, comme je pense, à rosser les épaules :
Car il est bien en main, vert, noueux et massif.

MASCARILLE.

Mais pour qui, je vous prie, un tel préparatif ?

TRUFALDIN.

Pour toi, premièrement ; puis pour ce bon apôtre
Qui veut m'en donner d'une et m'en jouer d'une autre,
Pour cet Arménien, ce marchand déguisé,
Introduit sous l'appât d'un conte supposé.

MASCARILLE

Quoi ! vous ne croyez pas...

TRUFALDIN.

Ne cherche point d'excuse :
Lui-même heureusement a découvert sa ruse ;
Et disant à Célie, en lui serrant la main,
Que pour elle il venoit sous ce prétexte vain,
Il n'a pas aperçu Jeannette, ma fillole[1],
Laquelle a tout ouï, parole pour parole ;
Et je ne doute point, quoiqu'il n'en ait rien dit,
Que tu ne sois de tout le complice maudit.

---

1. On prononce *fillol* à la ville, dit Vaugelas, et *filleul* à la cour ; et il ajoute : « L'usage de la cour doit prévaloir sur l'usage de la ville. »

####### MASCARILLE.

Ah! vous me faites tort. S'il faut qu'on vous affronte,
Croyez qu'il m'a trompé le premier à ce conte.

####### TRUFALDIN.

Veux-tu me faire voir que tu dis vérité?
Qu'à le chasser mon bras soit du tien assisté;
Donnons-en à ce fourbe, et du long et du large,
Et de tout crime après mon esprit te décharge.

####### MASCARILLE.

Oui-da, très volontiers, je l'épousterai[1] bien,
Et par là vous verrez que je n'y trempe en rien.

(A part.)

Ah! vous serez rossé, monsieur de l'Arménie,
Qui toujours gâtez tout!

SCÈNE VIII.

LÉLIE, TRUFALDIN, MASCARILLE.

TRUFALDIN, à Lélie, après avoir heurté à sa porte.

Un mot, je vous supplie.
Donc, monsieur l'imposteur, vous osez aujourd'hui
Duper un honnête homme, et vous jouer de lui?

####### MASCARILLE.

Feindre avoir vu son fils en une autre contrée,
Pour vous donner chez lui plus aisément entrée!

####### TRUFALDIN bat Lélie.

Vidons[2], vidons sur l'heure.

LÉLIE à Mascarille, qui le bat aussi.

Ah, coquin!

---

1. On doit écrire : *époussetterai*, Molière a contracté le mot, par licence, en consultant la prononciation vulgaire.

2. *Vidons*, sous-entendu : la place. L'expression était alors usuelle.

MASCARILLE.

C'est ainsi
Que les fourbes...

LÉLIE.

Bourreau !

MASCARILLE.

Sont ajustés ici.
Gardez-moi bien cela.

LÉLIE.

Quoi donc! je serois homme...

MASCARILLE, le battant toujours et le chassant.

Tirez, tirez¹, vous dis-je, ou bien je vous assomme.

TRUFALDIN.

Voilà qui me plaît fort; rentre, je suis content.

(Mascarille suit Trufaldin, qui rentre dans sa maison.)

LÉLIE, revenant.

A moi, par un valet, cet affront éclatant !
L'auroit-on pu prévoir, l'action de ce traître,
Qui vient insolemment de maltraiter son maître ?

MASCARILLE, à la fenêtre de Trufaldin.

Peut-on vous demander comme va votre dos ?

LÉLIE.

Quoi! tu m'oses encor tenir un tel propos ?

MASCARILLE.

Voilà, voilà que c'est de ne voir pas Jeannette²,
Et d'avoir en tout temps une langue indiscrète.
Mais, pour cette fois-ci, je n'ai point de courroux
Je cesse d'éclater, de pester contre vous;
Quoique de l'action l'imprudence soit haute,
Ma main sur votre échine a lavé votre faute.

1. *Tirez, tirez*, dans le sens de *fuyez, partez au plus vite*.
2. L'ellipse qui existe dans ce vers lui donne une tournure plaisante.

LÉLIE.
Ah! je me vengerai de ce trait déloyal!
MASCARILLE.
Vous vous êtes causé vous-même tout le mal.
LÉLIE.
Moi?
MASCARILLE.
Si vous n'étiez pas une cervelle folle,
Quand vous avez parlé naguère à votre idole,
Vous auriez aperçu Jeannette sur vos pas,
Dont l'oreille subtile a découvert le cas.
LÉLIE.
On auroit pu surprendre un mot dit à Célie?
MASCARILLE.
Et d'où doncques viendroit cette prompte sortie
Oui, vous n'êtes dehors que par votre caquet.
Je ne sais si souvent vous jouez au piquet,
Mais au moins faites-vous des écarts admirables[1].
LÉLIE.
O le plus malheureux de tous les misérables!
Mais encore, pourquoi me voir chassé par toi?
MASCARILLE.
Je ne fis jamais mieux que d'en prendre l'emploi;
Par là, j'empêche au moins que de cet artifice
Je ne sois soupçonné d'être auteur ou complice.
LÉLIE.
Tu devois donc, pour toi, frapper plus doucement[2].
MASCARILLE.
Quelque sot. Trufaldin lorgnoit exactement :

1. Les joueurs de piquet comprendront tous ce jeu de mots, qui est excusable dans la bouche de Mascarille.
2. L'observation comique que contient ce vers rappelle l'anecdote bien connue sur Turenne et son valet de chambre.

Et puis, je vous dirai, sous ce prétexte utile
Je n'étois point fâché d'évaporer ma bile.
Enfin la chose est faite ; et si j'ai votre foi
Qu'on ne vous verra point vouloir venger sur moi,
Soit ou directement, ou par quelque autre voie,
Les coups sur votre râble assenés avec joie [1],
Je vous promets, aidé par le poste où je suis,
De contenter vos vœux avant qu'il soit deux nuits.

LÉLIE.

Quoique ton traitement ait eu trop de rudesse,
Qu'est-ce que dessus moi ne peut cette promesse ?

MASCARILLE.

Vous le promettez donc ?

LÉLIE.

Oui, je te le promets.

MASCARILLE.

Ce n'est pas encor tout. Promettez que jamais
Vous ne vous mêlerez dans quoi que j'entreprenne.

LÉLIE.

Soit.

MASCARILLE.

Si vous y manquez, votre fièvre quartaine [2] !

LÉLIE.

Mais tiens-moi donc parole, et songe à mon repos.

MASCARILLE.

Allez quitter l'habit, et graisser votre dos.

1. L'effronté valet aggrave encore son procédé par ces excuses ironiques. Quant à Lélie, il faut qu'il pardonne cette injure ou qu'il renonce à sa maîtresse. La situation est des plus gaies, au moins à la surface ; le fond est au contraire assez triste, ainsi que cela se voit ordinairement dans la comédie, et dans la comédie de Molière plus qu'en aucune autre.

2. Sorte d'imprécation fort en usage anciennement ; elle signifiait : la fièvre quarte vous prenne, vous serre ! « Or çà, dit Rabelais, tes fortes fièvres quartaines te puissent épouser ! »

ACTE IV, SCÈNE IX.

LÉLIE, seul.

Faut-il que le malheur qui me suit à la trace
Me fasse voir toujours disgrâce sur disgrâce !

MASCARILLE, sortant de chez Trufaldin.

Quoi ! vous n'êtes pas loin ? Sortez vite d'ici ;
Mais surtout gardez-vous de prendre aucun souci :
Puisque je fais pour vous[1], que cela vous suffise ;
N'aidez point mon projet de la moindre entreprise ;
Demeurez en repos.

LÉLIE, en sortant.

Oui, va, je m'y tiendrai.

MASCARILLE, seul.

Il faut voir maintenant quel biais je prendrai.

SCÈNE IX.
ERGASTE, MASCARILLE.

ERGASTE.

Mascarille, je viens te dire une nouvelle
Qui donne à tes desseins une atteinte cruelle.
A l'heure que je parle, un jeune Égyptien,
Qui n'est pas noir pourtant et sent assez son bien[2],
Arrive, accompagné d'une vieille fort hâve,
Et vient chez Trufaldin racheter cette esclave
Que vous vouliez ; pour elle il paroît fort zélé.

MASCARILLE.

Sans doute c'est l'amant dont Célie a parlé.
Fut-il jamais destin plus brouillé que le nôtre !
Sortant d'un embarras, nous entrons dans un autre.
En vain nous apprenons que Léandre est au point

---

1. *Faire, être faisant,* tenir la partie ; encore une expression empruntée à la langue du jeu, qui est très familière à Mascarille.
2. *Sentir son bien,* sentir son homme bien né, sa bonne maison ; toutes locutions équivalentes.

De quitter la partie et ne nous troubler point :
Que son père, arrivé contre toute espérance,
Du côté d'Hippolyte emporte la balance,
Qu'il a tout fait changer par son autorité,
Et va dès aujourd'hui conclure le traité ;
Lorsqu'un rival s'éloigne, un autre plus funeste
S'en vient nous enlever tout l'espoir qui nous reste.
Toutefois, par un trait merveilleux de mon art,
Je crois que je pourrai retarder leur départ,
Et me donner le temps qui sera nécessaire
Pour tâcher de finir cette fameuse affaire.
Il s'est fait un grand vol ; par qui? l'on n'en sait rien.
Eux autres rarement passent pour gens de bien[1] ;
Je veux adroitement, sur un soupçon frivole,
Faire pour quelques jours emprisonner ce drôle.
Je sais des officiers de justice altérés,
Qui sont pour de tels coups de vrais délibérés ;
Dessus l'avide espoir de quelque paraguante[2],
Il n'est rien que leur art aveuglément ne tente ;
Et du plus innocent, toujours à leur profit
La bourse est criminelle, et paye son délit[3].

1. Les Égyptiens ou Bohémiens.
2. *Paraguante*, de l'espagnol *para guantes*, pour les gants. Gratification que l'on donne à ceux dont on a reçu ou dont on attend quelque service. « C'est ce que les Français appellent le *pourboire*, les Allemands *trinkgeld*, les Anglais avec pruderie la *consideration*, et les Italiens *la buona mancia*, la bonne manche, l'argent qu'on glisse dans la manche. » (PHIL. CHASLES.)
3. Corneille avait déjà fait cette plaisanterie aux dépens des sergents dans *la Suite du Menteur* :

>Lors suivant du métier le serment solennel,
>Mon argent fut pour eux le premier criminel ;
>Et, s'en étant saisis aux premières approches,
>Ces messieurs pour prison lui donnèrent leurs poches.

Cette dernière scène renoue l'action et prépare le cinquième acte.
Les six derniers vers sont marqués comme omis à la représentation dans l'édition de 1682.

ACTE CINQUIÈME.

SCÈNE PREMIÈRE.
MASCARILLE, ERGASTE.

MASCARILLE.
Ah! chien! ah! double chien! mâtine de cervelle!
Ta persécution sera-t-elle éternelle?
ERGASTE.
Par les soins vigilants de l'exempt Balafré,
Ton affaire alloit bien, le drôle étoit coffré,
Si ton maître au moment ne fût venu lui-même,
En vrai désespéré, rompre ton stratagème :
« Je ne saurois souffrir, a-t-il dit hautement,
Qu'un honnête homme soit traîné honteusement ;
J'en réponds sur sa mine, et je le cautionne. »
Et comme on résistoit à lâcher sa personne,
D'abord il a chargé si bien sur les recors,
Qui sont gens d'ordinaire à craindre pour leur corps,
Qu'à l'heure que je parle ils sont encore en fuite,
Et pensent tous avoir un Lélie à leur suite.
MASCARILLE.
Le traître ne sait pas que cet Égyptien
Est déjà là-dedans pour lui ravir son bien.
ERGASTE.
Adieu. Certaine affaire à te quitter m'oblige.

SCÈNE II.

MASCARILLE, seul.

Oui, je suis stupéfait de ce dernier prodige.
On diroit (et pour moi, j'en suis persuadé)
Que ce démon brouillon dont il est possédé
Se plaise à me braver, et me l'aille conduire
Partout où sa présence est capable de nuire.
Pourtant je veux poursuivre, et, malgré tous ces coups,
Voir qui l'emportera de ce diable ou de nous.
Célie est quelque peu de notre intelligence,
Et ne voit son départ qu'avecque répugnance.
Je tâche à profiter de cette occasion.
Mais ils viennent ; songeons à l'exécution.
Cette maison meublée est en ma bienséance,
Je puis en disposer avec grande licence :
Si le sort nous en dit[1], tout sera bien réglé ;
Nul que moi ne s'y tient, et j'en garde la clé.
O Dieu ! qu'en peu de temps on a vu d'aventures,
Et qu'un fourbe est contraint de prendre de figures !

SCÈNE III.

CÉLIE, ANDRÈS.

ANDRÈS.

Vous le savez, Célie, il n'est rien que mon cœur
N'ait fait pour vous prouver l'excès de son ardeur.
Chez les Vénitiens, dès un assez jeune âge,
La guerre en quelque estime avoit mis mon courage,

---

1. *Si le sort nous en dit*, c'est-à-dire : si le sort nous favorise. L'expression n'est pas irréprochable.

ACTE V, SCÈNE III.

Et j'y pouvois un jour, sans trop croire de moi,
Prétendre, en les servant, un honorable emploi,
Lorsqu'on me vit pour vous oublier toute chose,
Et que le prompt effet d'une métamorphose,
Qui suivit de mon cœur le soudain changement,
Parmi vos compagnons sut ranger votre amant,
Sans que mille accidents, ni votre indifférence
Aient pu me détacher de ma persévérance [1].
Depuis, par un hasard d'avec vous séparé
Pour beaucoup plus de temps que je n'eusse auguré,
Je n'ai pour vous rejoindre épargné temps ni peine ;
Enfin, ayant trouvé la vieille Égyptienne,
Et plein d'impatience apprenant votre sort,
Que pour certain argent qui leur importoit fort [2],
Et qui de tous vos gens détourna le naufrage [3],
Vous aviez en ces lieux été mise en otage,
J'accours vite y briser ces chaînes d'intérêt,
Et recevoir de vous les ordres qu'il vous plaît :
Cependant on vous voit une morne tristesse,
Alors que dans vos yeux doit briller l'allégresse.
Si pour vous la retraite avoit quelques appas,
Venise, du butin fait parmi les combats,
Me garde pour tous deux de quoi pouvoir y vivre ;
Que si, comme devant, il vous faut encor suivre,
J'y consens, et mon cœur n'ambitionnera
Que d'être auprès de vous tout ce qu'il vous plaira.

---

1. Andrès veut dire que, servant chez les Vénitiens, il devint amoureux de Célie, qui était alors enrôlée dans une troupe de Bohémiens, et qu'il s'y enrôla pour la suivre. L'idée de ce petit roman paraît avoir été puisée dans la nouvelle de Cervantès *la Bohémienne de Madrid*, dont le principal personnage porte également ce nom d'Andrès.

2. Apprenant votre sort, apprenant que pour certain argent, etc.

3. Empêcha la perte ou la ruine.

CÉLIE.

Votre zèle pour moi visiblement éclate :
Pour en paroître triste, il faudroit être ingrate ;
Et mon visage aussi, par son émotion,
N'explique point mon cœur en cette occasion.
Une douleur de tête y peint sa violence ;
Et, si j'avois sur vous quelque peu de puissance,
Notre voyage, au moins pour trois ou quatre jours,
Attendroit que ce mal eût pris un autre cours.

ANDRÈS.

Autant que vous voudrez, faites qu'il se diffère.
Toutes mes volontés ne butent qu'à vous plaire[1].
Cherchons une maison à vous mettre en repos.
L'écriteau que voici s'offre tout à propos.

SCÈNE IV.

CÉLIE, ANDRÈS ; MASCARILLE, déguisé en Suisse.

ANDRÈS.

Seigneur Suisse, êtes-vous de ce logis le maître ?

MASCARILLE.

Moi pour serfir à fous.

ANDRÈS.

Pourrons-nous y bien être ?

MASCARILLE.

Oui ; moi pour d'étrancher chappon champre garni ;
Mais ché non point locher te gent te méchant vi.

ANDRÈS.

Je crois votre maison franche de tout ombrage.

---

1. Ne visent qu'à vous plaire. Le mot *buter* a vieilli dans ce sens.

L'ÉTOURDI

ACTE V — SCÈNE IV

Garnier frères Éditeurs

ACTE V, SCÈNE IV.

MASCARILLE.
Fous nouviau dans sti fil, moi foir à la fissage.

ANDRÈS.
Oui.

MASCARILLE.
La matame est-il mariage al monsieur?

ANDRÈS.
Quoi?

MASCARILLE.
S'il être son fame, ou s'il être son sœur?

ANDRÈS.
Non.

MASCARILLE.
Mon foi, pien choli. Finir pour marchandisse,
Ou pien pour temanter à la palais choustice?
La procès il faut rien ; il coûter tant t'archant !
La procurair larron, l'afocat pien méchant.

ANDRÈS.
Ce n'est pas pour cela.

MASCARILLE.
Fous tonc mener sti file
Pour fenir pourmener et recarter la file?

ANDRÈS.
(A Célie.)

Il n'importe. Je suis à vous dans un moment.
Je vais faire venir la vieille promptement,
Contremander aussi notre voiture prête.

MASCARILLE.
Li ne porte pas pien?

ANDRÈS.
Elle a mal à la tête.

MASCARILLE.

Moi chavoir te bon fin et te fromage pon.
Entre fous, entre fous tans mon petit maisson[1].

(Célie, Andrès et Mascarille, entrent dans la maison[2].)

SCÈNE V.

LÉLIE, seul.

Quel que soit le transport d'une âme impatiente,
Ma parole m'engage à rester en attente,
A laisser faire un autre et voir, sans rien oser,
Comme de mes destins le ciel veut disposer.

SCÈNE VI.

ANDRÈS, LÉLIE.

LÉLIE, à Andrès, qui sort de la maison.
Demandiez-vous quelqu'un dedans cette demeure?
ANDRÈS.
C'est un logis garni que j'ai pris tout à l'heure.
LÉLIE.
A mon père pourtant la maison appartient,
Et mon valet la nuit pour la garder s'y tient.
ANDRÈS.
Je ne sais; l'écriteau marque au moins qu'on la loue;

---

1. Il paraît, d'après le témoignage même de ses ennemis, que Molière avait dans cette mascarade un grand succès d'acteur, et qu'il excitait de prodigieux éclats de rire. Qu'on se rappelle les vers de Le Boulanger de Chalussay, que nous avons cités dans la notice préliminaire :

Car à peine on m'eut vu la hallebarde au poing, etc.

2. Voici la quatrième où la cinquième fois que le théâtre reste vide. Mais le choix du lieu où se passe l'action rend ce défaut un peu moins choquant.

ACTE V, SCÈNE VI.

Lisez.

LÉLIE.

Certes, ceci me surprend, je l'avoue.
Qui diantre l'auroit mis? Et par quel intérêt?...
Ah! ma foi, je devine à peu près ce que c'est!
Cela ne peut venir que de ce que j'augure.

ANDRÈS.

Peut-on vous demander quelle est cette aventure?

LÉLIE.

Je voudrois à tout autre en faire un grand secret;
Mais pour vous il n'importe, et vous serez discret[1].
Sans doute l'écriteau que vous voyez paroître,
Comme je conjecture au moins, ne sauroit être
Que quelque invention du valet que je di,
Que quelque nœud subtil qu'il doit avoir ourdi
Pour mettre en mon pouvoir certaine Égyptienne
Dont j'ai l'âme piquée, et qu'il faut que j'obtienne.
Je l'ai déjà manquée, et même plusieurs coups.

ANDRÈS.

Vous l'appelez?

LÉLIE.

Célie.

ANDRÈS.

Hé! que ne disiez-vous?
Vous n'aviez qu'à parler, je vous aurois sans doute
Épargné tous les soins que ce projet vous coûte.

LÉLIE.

Quoi! vous la connoissez?

ANDRÈS.

C'est moi qui maintenant

---

1. Lélie, à qui le service qu'il vient de rendre à Andrès inspire une prompte confiance, s'abandonne à l'indiscrétion, qui lui est naturelle.

Viens de la racheter.

LÉLIE.

O discours surprenant !

ANDRÈS.

Sa santé de partir ne nous pouvant permettre,
Au logis que voilà je venois de la mettre ;
Et je suis très ravi, dans cette occasion,
Que vous m'ayez instruit de votre intention.

LÉLIE.

Quoi ! j'obtiendrois de vous le bonheur que j'espère[1] ?
Vous pourriez... ?

ANDRÈS, allant frapper à la porte.

Tout à l'heure on va vous satisfaire.

LÉLIE.

Que pourrois-je vous dire ? Et quel remercîment...?

ANDRÈS.

Non, ne m'en faites point, je n'en veux nullement.

SCÈNE VII.

LÉLIE, ANDRÈS, MASCARILLE.

MASCARILLE, à part.

Hé bien ! ne voilà pas mon enragé de maître !
Il nous va faire encor quelque nouveau bissêtre[2].

---

1. Toujours même promptitude et même élan dans ce personnage de Lélie.

2. *Bissêtre,* malheur inévitable, fatalité qu'on ne peut écarter. — Le mot primitif est *bissexte.* Du Cange, au mot *Bissextus,* l'explique *infortunium, malum superveniens.* La mauvaise influence de l'an et du jour bissextiles était proverbiale au moyen âge :

Cette année-là étoit bissextile, et le *bissexte* tomba de fait sur les traîtres.
(*Orderic Vital,* liv. XIII.)

Cette tumultueuse année fut bissextile... et le *bissexte* tomba sur le roi et sur son peuple, tant en Angleterre qu'en Normandie. (*Id.,* liv. XIII.)

C'était une locution populaire : le bissexte est tombé sur telle affaire,

ACTE V, SCÈNE VII.

LÉLIE.

Sous ce grotesque habit qui l'auroit reconnu?
Approche, Mascarille, et sois le bienvenu.

MASCARILLE.

Moi souis ein chant t'honneur, moi non point Maquerile :
Chai point fentre chamais le fame ni le file.

LÉLIE.

Le plaisant baragouin ! Il est bon, sur ma foi !

MASCARILLE.

Allez fous pourmener, sans toi rire de moi.

LÉLIE.

Va, va, lève le masque, et reconnois ton maître.

MASCARILLE.

Partieu, tiaple, mon foi, chamais toi chai connoître.

LÉLIE.

Tout est accommodé, ne te déguise point.

MASCARILLE.

Si toi point t'en aller, che paille ein coup te poing.

LÉLIE.

Ton jargon allemand est superflu, te dis-je ;
Car nous sommes d'accord, et sa bonté m'oblige.
J'ai tout ce que mes vœux lui peuvent demander,*
Et tu n'as pas sujet de rien appréhender.

MASCARILLE.

Si vous êtes d'accord par un bonheur extrême,

---

* Var. *J'ai tout ce que mes vœux lui pouvoient demander* (1663).

pour dire qu'elle avait mal tourné. Nous voyons déjà paraître la forme corrompue *bissextre* dans Molinet :

> Pour ce que bissextre eschiet,
> L'an en sera tout desbauchiet.
> (*Le Calendrier.*)

La superstition du jour bissextile remontait aux Romains. (F. GÉNIN.)

Je me dessuisse donc, et redeviens moi-même.
ANDRÈS.
Ce valet vous servoit avec beaucoup de feu ;
Mais je reviens à vous, demeurez quelque peu.

SCÈNE VIII.
LÉLIE, MASCARILLE.
LÉLIE.
Hé bien ! que diras-tu ?
MASCARILLE.
Que j'ai l'âme ravie
De voir d'un beau succès notre peine suivie.
LÉLIE.
Tu feignois[1] à sortir de ton déguisement,
Et ne pouvois me croire en cet événement.
MASCARILLE.
Comme je vous connois, j'étois dans l'épouvante,
Et trouve l'aventure aussi fort surprenante.
LÉLIE.
Mais confesse qu'enfin c'est avoir fait beaucoup.
Au moins j'ai réparé mes fautes à ce coup,
Et j'aurai cet honneur d'avoir fini l'ouvrage.
MASCARILLE.
Soit ; vous aurez été bien plus heureux que sage.

SCÈNE IX.
CÉLIE, ANDRÈS, LÉLIE, MASCARILLE.
ANDRÈS.
N'est-ce pas là l'objet dont vous m'avez parlé ?

---

1. Tu hésitais, tu tardais. *Feindre* était souvent employé dans ce sens, et *se feindre*, dans celui de *se ménager, s'épargner*.

LÉLIE.

Ah! quel bonheur au mien pourroit être égalé!

ANDRÈS.

Il est vrai, d'un bienfait je vous suis redevable :
Si je ne l'avouois, je serois condamnable ;
Mais enfin ce bienfait auroit trop de rigueur
S'il falloit le payer aux dépens de mon cœur.
Jugez, dans le transport où sa beauté me jette,
Si je dois à ce prix vous acquitter ma dette ;
Vous êtes généreux, vous ne le voudriez pas.
Adieu pour quelques jours : retournons sur nos pas[1].

(Il emmène Célie.)

SCÈNE X.

LÉLIE, MASCARILLE.

MASCARILLE, chantant.

Je ris, et toutefois je n'en ai guère envie.*
Vous voilà bien d'accord, il vous donne Célie ;
Et... vous m'entendez bien.**

LÉLIE.

C'est trop ; je ne veux plus
Te demander pour moi de secours superflus.
Je suis un chien, un traître, un bourreau détestable,
Indigne d'aucun soin, de rien faire incapable.

---

* Var. *Je chante, et toutefois je n'en ai guère envie* (1682).
** Var. *Hem! vous m'entendez bien* (1682).

1. Lélie est dupe, mais sans honte, puisque sa générosité en est cause au moins autant que son étourderie; et Andrès paye mal un bon office, sans qu'on puisse le taxer d'ingratitude, puisqu'il est reçu que la vie même serait trop chèrement achetée par le sacrifice d'une maîtresse.
Depuis la dernière scène de l'acte précédent, Molière ne fait guère que suivre les traces de l'auteur de *l'Inavvertito*. (Auger.)

Va, cesse tes efforts pour un malencontreux
Qui ne sauroit souffrir que l'on le rende heureux.
Après tant de malheurs, après mon imprudence,
Le trépas me doit seul prêter son assistance.

SCÈNE XI.

MASCARILLE, seul.

Voilà le vrai moyen d'achever son destin;
Il ne lui manque plus que de mourir enfin
Pour le couronnement de toutes ses sottises.
Mais en vain son dépit pour ses fautes commises
Lui fait licencier mes soins et mon appui[1],
Je veux, quoi qu'il en soit, le servir malgré lui,
Et dessus son lutin obtenir la victoire.
Plus l'obstacle est puissant, plus on reçoit de gloire;
Et les difficultés dont on est combattu
Sont les dames d'atour qui parent la vertu[2].

SCÈNE XII.

CÉLIE, MASCARILLE.

CÉLIE, à Mascarille, qui lui a parlé bas[3].

Quoi que tu veuilles dire, et que l'on se propose,
De ce retardement j'attends fort peu de chose.

---

1. Renvoyer, congédier mes soins et mon appui.
2. Mascarille prend un ton emphatique pour parler des obstacles qu'il a à vaincre. On croirait entendre le Cid se félicitant des périls qu'il va affronter. Ce style pompeux et presque héroïque achève de caractériser le personnage.
3. Mascarille n'a parlé bas que pour éviter de prononcer quelque banale parole d'encouragement. Les critiques n'admettent pas ce moyen d'épargner aux spectateurs les phrases inutiles, quelque avantage qu'il pût offrir à ceux-ci dans beaucoup de cas.

Ce qu'on voit de succès peut bien persuader
Qu'ils ne sont pas encor fort près de s'accorder;
Et je t'ai déjà dit qu'un cœur comme le nôtre
Ne voudroit pas pour l'un faire injustice à l'autre,
Et que très fortement, par de différents nœuds,
Je me trouve attachée au parti de tous deux.
Si Lélie a pour lui l'amour et sa puissance,
Andrès pour son partage a la reconnoissance,
Qui ne souffrira point que mes pensers secrets
Consultent jamais rien contre ses intérêts.
Oui, s'il ne peut avoir plus de place en mon âme,
Si le don de mon cœur ne couronne sa flamme,
Au moins dois-je le prix à ce qu'il fait pour moi[*]
De n'en choisir point d'autre, au mépris de sa foi,
Et de faire à mes vœux autant de violence
Que j'en fais aux désirs qu'il met en évidence.
Sur ces difficultés qu'oppose mon devoir,
Juge ce que tu peux te permettre d'espoir.

      MASCARILLE.

Ce sont, à dire vrai, de très fâcheux obstacles,
Et je ne sais point l'art de faire des miracles;
Mais je vais employer mes efforts plus puissants[1],
Remuer terre et ciel, m'y prendre de tous sens
Pour tâcher de trouver un biais salutaire,
Et vous dirai bientôt ce qui se pourra faire.

---

[*] VAR. *Au moins dois-je ce prix à ce qu'il fait pour moi* (1663).

1. *Mes efforts plus puissants*, pour : les plus puissants; c'est le comparatif employé au lieu du superlatif, à la manière des Latins. Rien n'était plus fréquent.

SCÈNE XIII.

HIPPOLYTE, CÉLIE.

HIPPOLYTE.

Depuis votre séjour, les dames de ces lieux
Se plaignent justement des larcins de vos yeux,
Si vous leur dérobez leurs conquêtes plus belles[1],
Et de tous leurs amants faites des infidèles :
Il n'est guère de cœurs qui puissent échapper
Aux traits dont à l'abord vous savez les frapper;
Et mille libertés, à vos chaînes offertes,
Semblent vous enrichir chaque jour de nos pertes.
Quant à moi, toutefois, je ne me plaindrois pas
Du pouvoir absolu de vos rares appas,
Si, lorsque mes amants sont devenus les vôtres,
Un seul m'eût consolé[2] de la perte des autres.
Mais qu'inhumainement vous me les ôtiez tous,
C'est un dur procédé dont je me plains à vous.

CÉLIE.

Voilà d'un air galant faire une raillerie;
Mais épargnez un peu celle qui vous en prie.
Vos yeux, vos propres yeux se connoissent trop bien,
Pour pouvoir de ma part redouter jamais rien;
Ils sont fort assurés du pouvoir de leurs charmes,
Et ne prendront jamais de pareilles alarmes.

HIPPOLYTE.

Pourtant en ce discours je n'ai rien avancé

---

1. L'observation que nous avons faite à la page précédente doit de nouveau s'appliquer ici.
2. Faute de grammaire. Il faudrait écrire : *consolée,* car il vaut mieux blesser les règles de la prosodie que celles de l'orthographe.

Qui dans tous les esprits ne soit déjà passé;
Et, sans parler du reste, on sait bien que Célie
A causé des désirs à Léandre et Lélie.

CÉLIE.

Je crois qu'étant tombés dans cet aveuglement,
Vous vous consoleriez de leur perte aisément,
Et trouveriez pour vous l'amant peu souhaitable
Qui d'un si mauvais choix se trouveroit capable.

HIPPOLYTE.

Au contraire j'agis d'un air tout différent,
Et trouve en vos beautés un mérite si grand,
J'y vois tant de raisons capables de défendre
L'inconstance de ceux qui s'en laissent surprendre,
Que je ne puis blâmer la nouveauté des feux
Dont envers moi Léandre a parjuré ses vœux,
Et le vais voir tantôt, sans haine et sans colère,
Ramené sous mes lois par le pouvoir d'un père[1].

SCÈNE XIV.

CÉLIE, HIPPOLYTE, MASCARILLE.

MASCARILLE.

Grande, grande nouvelle, et succès surprenant,
Que ma bouche vous vient annoncer maintenant!

CÉLIE.

Qu'est-ce donc?

MASCARILLE.

Écoutez, voici, sans flatterie...

---

1. Cette scène n'a été amenée là que pour suspendre l'action et donner à Mascarille le temps d'être informé des grands événements qu'il va venir raconter; et l'on verra, d'après le récit même, que ce temps a été bien court pour qu'il pût voir et apprendre tant de choses. (AUGER.)

CÉLIE.

Quoi?

MASCARILLE.

La fin d'une vraie et pure comédie.
La vieille Égyptienne, à l'heure même...

CÉLIE.

Hé bien?

MASCARILLE.

Passoit dedans la place, et ne songeoit à rien,
Alors qu'une autre vieille, assez défigurée,
L'ayant de près au nez longtemps considérée,
Par un bruit enroué de mots injurieux,
A donné le signal d'un combat furieux,
Qui pour armes pourtant, mousquets, dagues ou flèches,
Ne faisait voir en l'air que quatre griffes sèches,
Dont ces deux combattants s'efforçoient d'arracher
Ce peu que sur leurs os les ans laissent de chair.
On n'entend que ces mots : chienne! louve! bagasse[1]!
D'abord leurs scoffions[2] ont volé par la place,
Et, laissant voir à nu deux têtes sans cheveux,
Ont rendu le combat risiblement affreux.
Andrès et Trufaldin, à l'éclat du murmure,
Ainsi que force monde, accourus d'aventure,

---

1. *Bagasse,* mot qui n'est plus en usage que parmi le peuple du Midi, et qui s'appliquait aux femmes de mauvaise vie. Il vient de *bague,* et équivaut à *vieille bague,* qu'on employait dans le même sens.

« O Dieu! que l'homme est malheureux qui espouse de telles bagasces! » (Turnède, *les Contens.*)

2. *Scoffions* ou *escoffions,* vieux mot qui désignait une sorte de coiffe de femme, et qu'on retrouve dans les patois du nord de la France. Ronsard a dit :

> Son chef étoit couvert folâtrement
> D'un scoffion attifé proprement.

et Scarron :

> Êtes-vous en cornette ou bien en escoffion?

Ont à les décharpir[1] eu de la peine assez,
Tant leurs esprits étoient par la fureur poussés!
Cependant que chacune, après cette tempête,
Songe à cacher aux yeux la honte de sa tête,
Et que l'on veut savoir qui causoit cette humeur,
Celle qui la première avoit fait la rumeur,
Malgré la passion dont elle étoit émue,
Ayant sur Trufaldin tenu longtemps la vue :
« C'est vous, si quelque erreur n'abuse ici mes yeux,
Qu'on m'a dit qui vivez inconnu dans ces lieux,*
A-t-elle dit tout haut; ô rencontre opportune!
Oui, seigneur Zanobio Ruberti, la fortune
Me fait vous reconnoître, et dans le même instant
Que pour votre intérêt je me tourmentois tant.
Lorsque Naples vous vit quitter votre famille,
J'avois, vous le savez, en mes mains votre fille,
Dont j'élevois l'enfance, et qui, par mille traits,
Faisoit voir dès quatre ans sa grâce et ses attraits.
Celle que vous voyez, cette infâme sorcière,
Dedans notre maison se rendant familière,
Me vola ce trésor. Hélas! de ce malheur
Votre femme, je crois, conçut tant de douleur
Que cela servit fort pour avancer sa vie.
Si bien qu'entre mes mains cette fille ravie
Me faisant redouter un reproche fâcheux,
Je vous fis annoncer la mort de toutes deux;
Mais il faut maintenant, puisque je l'ai connue,
Qu'elle fasse savoir ce qu'elle est devenue. »

* Var. *Qu'on m'a dit qui viviez inconnu dans ces lieux* (1663).

1. Ancien verbe qui vouloit dire : arracher avec effort; il exprime avec énergie l'action de séparer des combattants acharnés l'un contre l'autre.

Au nom de Zanobio Ruberti, que sa voix,
Pendant tout ce récit, répétoit plusieurs fois,
Andrès, ayant changé quelque temps de visage,
A Trufaldin surpris a tenu ce langage :
« Quoi donc! le ciel me fait trouver heureusement
Celui que jusqu'ici j'ai cherché vainement,
Et que j'avois pu voir, sans pourtant reconnoître
La source de mon sang et l'auteur de mon être!
Oui, mon père, je suis Horace votre fils.
D'Albert, qui me gardoit, les jours étant finis,
Me sentant naître au cœur d'autres inquiétudes,
Je sortis de Bologne, et, quittant mes études,
Portai durant six ans mes pas en divers lieux,
Selon que me poussoit un désir curieux :
Pourtant, après ce temps, une secrète envie
Me pressa de revoir les miens et ma patrie;
Mais dans Naples, hélas! je ne vous trouvai plus,
Et n'y sus votre sort que par des bruits confus :
Si bien qu'à votre quête[1] ayant perdu mes peines,
Venise pour un temps borna mes courses vaines;
Et j'ai vécu depuis, sans que de ma maison
J'eusse d'autres clartés que d'en savoir le nom. »
Je vous laisse à juger si, pendant ces affaires,
Trufaldin ressentoit des transports ordinaires.
Enfin, pour retrancher ce que plus à loisir
Vous aurez le moyen de vous faire éclaircir,
Par la confession de votre Égyptienne,
Trufaldin maintenant vous reconnoît pour sienne;
Andrès est votre frère; et comme de sa sœur

---

1. *Quête,* recherche. Le moyen âge nous a laissé un roman célèbre intitulé : *la Quête du Saint Graal,* c'est-à-dire la recherche du Saint Graal.

ACTE V, SCÈNE XIV.

Il ne peut plus songer à se voir possesseur,
Une obligation qu'il prétend reconnoître
A fait qu'il vous obtient pour épouse à mon maître,
Dont le père, témoin de tout l'événement,
Donne à cet hyménée un plein consentement,
Et, pour mettre une joie entière en sa famille,
Pour le nouvel Horace a proposé sa fille.
Voyez que d'incidents à la fois enfantés[1]!

CÉLIE.

Je demeure immobile à tant de nouveautés.

MASCARILLE.

Tous viennent sur mes pas, hors les deux championnes,
Qui du combat encor remettent leurs personnes.
Léandre est de la troupe, et votre père aussi.
Moi, je vais avertir mon maître de ceci,
Et que, lorsqu'à ses vœux on croit le plus d'obstacle,
Le ciel en sa faveur produit comme un miracle.

(Mascarille sort.)

HIPPOLYTE.

Un tel ravissement rend mes esprits confus,
Que pour mon propre sort je n'en aurois pas plus.
Mais les voici venir.

---

1. Mascarille a raison, voilà beaucoup *d'incidents enfantés à la fois*. Trufaldin reconnaît pour ses enfants Andrès et Célie, qui le reconnaissent pour leur père, et par conséquent se reconnaissent entre eux pour frère et sœur. Toutes ces reconnaissances en action auraient occupé beaucoup de place et amusé médiocrement le spectateur. Le récit, qui les comprend toutes, est d'une extrême longueur; mais il est rapide, varié, plein de feu, de vivacité et de mouvement; il est propre à faire valoir le talent d'un acteur habile à diversifier son débit et son geste. (AUGER.)
— Dans ce récit on retranchait à la scène, suivant l'édition de 1682, d'abord quatre vers commençant par : *Qui, pour armes*, etc.; ensuite seize vers de suite, commençant par : *Me fait vous reconnoître*, etc.; et seize autres encore commençant par : *Oui, mon père, je suis*, etc.

SCÈNE XV.

TRUFALDIN, ANSELME, PANDOLFE, CÉLIE,
HIPPOLYTE, LÉANDRE, ANDRÈS.

TRUFALDIN.
Ah! ma fille!
CÉLIE.
Ah! mon père!
TRUFALDIN.
Sais-tu déjà comment le ciel nous est prospère?
CÉLIE.
Je viens d'entendre ici ce succès merveilleux.
HIPPOLYTE, à Léandre.
En vain vous parleriez pour excuser vos feux,
Si j'ai devant les yeux ce que vous pouvez dire.
LÉANDRE.
Un généreux pardon est ce que je désire;
Mais j'atteste les cieux qu'en ce retour soudain
Mon père fait bien moins que mon propre dessein.
ANDRÈS, à Célie.
Qui l'auroit jamais cru, que cette ardeur si pure
Pût être condamnée un jour par la nature!
Toutefois tant d'honneur la sut toujours régir
Qu'en y changeant fort peu je puis la retenir.
CÉLIE.
Pour moi, je me blâmois, et croyois faire faute,
Quand je n'avois pour vous qu'une estime très haute.
Je ne pouvois savoir quel obstacle puissant
M'arrêtoit sur un pas si doux et si glissant,
Et détournoit mon cœur de l'aveu d'une flamme
Que mes sens s'efforçoient d'introduire en mon âme.

TRUFALDIN, à Célie.
Mais en te recouvrant, que diras-tu de moi,
Si je songe aussitôt à me priver de toi,
Et t'engage à son fils sous les lois d'hyménée?
CÉLIE.
Que de vous maintenant dépend ma destinée.

SCÈNE XVI.

TRUFALDIN, ANSELME, PANDOLFE, CÉLIE, HIPPOLYTE, LÉLIE, LÉANDRE, ANDRÈS, MASCARILLE.

MASCARILLE, à Lélie.
Voyons si votre diable aura bien le pouvoir
De détruire à ce coup un si solide espoir;
Et si, contre l'excès du bien qui nous arrive,
Vous armerez encor votre imaginative[1].
Par un coup imprévu des destins les plus doux,
Vos vœux sont couronnés, et Célie est à vous.
LÉLIE.
Croirai-je que du ciel la puissance absolue...
TRUFALDIN.
Oui, mon gendre, il est vrai.
PANDOLFE.
                        La chose est résolue.
ANDRÈS, à Lélie.
Je m'acquitte par là de ce que je vous dois.

---

1. Ce mot, dont Lélie s'est le premier servi, revient à propos au dénoûment. L'édition de 1682 indique que Mascarille ne disait pas sur la scène ces quatre premiers vers.

LÉLIE, à Mascarille.

Il faut que je t'embrasse et mille et mille fois
Dans cette joie...

MASCARILLE.

Ahi! ahi! doucement je vous prie.
Il m'a presque étouffé. Je crains fort pour Célie,
Si vous la caressez avec tant de transport.
De vos embrassements on se passeroit fort.

TRUFALDIN, à Lélie.

Vous savez le bonheur que le ciel me renvoie ;
Mais puisqu'un même jour nous met tous dans la joie,
Ne nous séparons point qu'il ne soit terminé ;
Et que son père aussi nous soit vite amené[1].

MASCARILLE.

Vous voilà tous pourvus. N'est-il point quelque fille
Qui pût accommoder le pauvre Mascarille ?
A voir chacun se joindre à sa chacune ici,
J'ai des démangeaisons de mariage aussi.

ANSELME.

J'ai ton fait.

MASCARILLE.

Allons donc ; et que les cieux prospères
Nous donnent des enfants dont nous soyons les pères[2].

---

1. Le père de Léandre, arrivé à Messine vers la fin du quatrième acte.
2. Un des vers les plus joyeux de la comédie française, et que, dans le temps passé, on citait au moins une fois à toutes les noces.

Solventur risu tabulæ, tu missus abibis,

dit Horace. Le moyen décisif recommandé par le poète latin n'était pas tout à fait inutile dans cette circonstance. On ne peut nier que tout ce dénoûment ne soit long et compliqué. Il est à regretter aussi que Molière n'ait pas emprunté à *l'Inavvertito* le trait final dont nous avons parlé dans notre notice préliminaire : le personnage de la pièce italienne, avons-nous dit, prend la fuite au moment où ses affaires s'arrangent heureusement. On court après lui, et, quand on l'a ramené de force, il refuse de dire qu'il aime sa maîtresse et qu'il veut l'épouser, dans la crainte de se nuire encore à lui-même. Ce dernier contre-temps fait merveille dans cette longue suite de contre-temps, et conserve jusqu'au bout le caractère de Lélie, l'homme qui agit toujours mal à propos. Ce dernier point, omis par Molière, est le seul, du reste, où l'auteur italien ait gardé quelque supériorité.

La comédie de *l'Étourdi* est la première œuvre de Molière; pour bien se rendre compte des qualités spéciales qui y éclatent, il faut, comme M. Bazin le fait remarquer avec raison, se rappeler que cet ouvrage n'est point le début hâtif d'un jeune cerveau, mais l'essai réfléchi d'un talent qui a hésité longtemps à se produire, et que le comédien de campagne avait déjà trente et un ans révolus lorsqu'il se déclara pour la première fois auteur dramatique. On ne prendra d'autre part une idée juste de la valeur relative de cette pièce que si on la compare aux productions de la comédie contemporaine, et si on la replace par la pensée à l'époque et dans le milieu provincial où elle a vu le jour.

FIN DE L'ÉTOURDI.

L'INAVVERTITO

OVER

SCAPPINO DISTURBATO E MEZZETTINO TRAVAGLIATO

COMEDIA

DI NICOLÒ BARBIERI DETTO BELTRAME[1].

---

1. La première édition parut à Turin en 1629; la deuxième, à Venise, en 1630. — Voyez la *Dramaturgia di Leone Allacci*. — La deuxième édition se trouve à la Bibliothèque de l'Arsenal, n° 5913 b. 1.

A I BENIGNI LETTORI.

Il nome della comedia è *l'Inavvertito*; e l'altro titolo è posto per infrascar la facciata.

Non ho posto i personaggi nelle loro lingue, per stare nelle buone regole, e perchè ogn' uno possa leggere e proferire senza difficoltà; ma vi sono i tiri e modi ridicoli all' uso di Scappino e Mezzettino, per agevolar la fatica a quelli che volessero rappresentare la favola con i linguaggi da noi usati.

Gli errori della lingua e della ortografia si condoneranno all' habito di Beltrame et all' uso delle stampe. In questa seconda impressione è più corretta. Il Cielo vi feliciti.

ALLA SERENISS. MADAMA CHRISTIANA DI FRANCIA, PRINCIPESSA DI PIEMONTE.

Tra quei pochi soggetti di comedie che sono usciti dal mio debol'ingegno, Madama Serenissima, *l'Inavvertito* è quello c'ha havuto sorte d' esser stato gradito più de gl' altri, e d' esser accettato da tutti i comici, ove che ogn'uno ne ha copia e tutti lo rappresentano. Ben è vero che, nella diversità de gl'humori, v' è chi per adornarlo l' ha tirato a forma tale, ch' io, che gli son padre, quasi non lo conosceva per mio. Ingelosito perciò del mio frutto, per mostrarlo al mondo quale lo generai, ho preso questa fatica di spiegarlo; e lo havrei fatto prima d' hora, se la felice memoria del Serenissimo Ferdinando Gonzaga duca di Mantoa non mi havesse dato intentione di spiegarlo a suo gusto; ma poi che le sue noiose cure e corso finale non m' hanno lasciato conseguire tant' honore, io ho intrapreso la fatica, et ho cercato d' imitare tutti quei valent' huomini che mi hanno accreditato il soggetto. E per essere gl' interlocutori e l' autore honorati del titolo de' comici di V. A. S., mi è parso bene mandarlo alla stampa sotto il glorioso vostro nome; e stimo che non sarà senza proposito il porre fra le tante tragedie, che la fama imprime per il gran Re vostro fratello, e per i vostri sempre invitti Suocero, Marito, e Cognato, in caratteri eterni ne i fogli de i secoli, una faceta comedia, che serva per intermedio alle tante eroiche azioni di questi eccelsi campioni, e tanto più all' attese allegrezze del primo frutto del vostro regio ventre. E se lo stile mio non muta la fortuna al soggetto, io non havrò titolo di tropp' ardito per appoggiar un' opera mia alla protezione della maggior Principessa del christianesimo; nè V. A. havrà occasione di sdegnare il mio riverent' e devot' affetto, poichè non le dedico cosa di riuscita incerta, ma comedia di già approbata dal gusto delle gran Maestà della Francia, dal vostro stesso, da i vostri Eccelsi di Savoia, e da quasi tutti i Serenissimi d'Italia : questo adunque, e la benignità di V. A., che d'ogni possibile s'appaga, mi hanno affidato. Per tanto la supplico a rimaner servita che le sia in grado il mio devot' affetto, qual è tant' in colmo, che può supplire per valore all' eccellenza di Plauto e Terenzio. Il Signore la feliciti, e la fecondi di regia prole.

Il dì 6 di luglio 1629.

Di V. A. S.

Humiliss. e devot. servo de' suoi servitori,

Nicolò BARBIERI detto BELTRAME.

PROLOGO.

La scena si finge in Napoli.

INTERLOCUTORI.

PANTALONE.
FULVIO, suo figliuolo.
SCAPPINO, loro servidore.
BELTRAME.
LAVINIA, sua figliuola.
MEZZETTINO, mercante da schiavi.
CELIA, sua schiava.
CINTIO, scolare.
SPACCA, amico di SCAPPINO.
CAPITANO BELLOROFONTE MARTELIONE, forestiero.
LAUDOMIA, schiava, sorella di CELIA.
CAPORALE DE' BIRRI, e SEGUACI.
BIRRO DA SEQUESTRI.

BELTRAME

FA IL PROLOGO.

Se gl'ingegni humani non fossero dissimili nel grado della cognizione, le persone non haverebbero gusto nell' udire tante diversità di pareri intorno alle cose difficili; ma la disomiglianza de gl' intelletti fa tenere diverse opinioni, e questa varietà mantiene ogn' hora famelico il gusto, che lo fanno perpetuo nella brama delle novità. E questa diversità nel cimentare le cose pur verrebbe ad esser consumata dalla forza del sapere de' più allevat' ingegni e ridotta alla pura verità; ma l'interesse e l'opinione gli sominstrano tanti aiuti, che fanno rimaner le cose indiffinite, ove non si discerne la verità; anzi che sono tanto potenti, che tal' hora usurpano il luogo della stessa verità, e danno materia a' seguaci dell' una e altra parte di far sette de' pareri contradicenti l' uno all' altro, ove le cose rimangono sempre indecise. A questo segno si trovano anche le comedie moderne, ancorchè honeste, che vengono lodate da chi ha gusto di tal virtuosa azione, e biasmate da chi non ha genio a tal solazzo. Però mi pare che la Comedia habbia un gran vantaggio sopra i suoi nemici, poichè viene lodata da chi l' ode e vede, e biasimata da chi nè la vede nè ascolta. Quello che lauda ciò che ha veduto ed udito, se non falla o per poca cognizione o per passione, parla con verità; ma biasmare quello che non si vede è opinione fondata sopra interessata relazione, poichè l' uso del riferire è sempre accompagnato dalla passione. E chi, per freddezza d' età o austerità di condizione o genio contrario, non ama quest' honorato trattenimento, deve pensare che non tutti hanno una stessa opinione, e che non è giusto che un appassionato faccia legge del suo gusto, poichè gl' interessati non s'ammettono a diffinir le cose; e chi trascura questi limiti, fonda i suoi pensieri ne gl' errori, e fa capitale de' biasmi. L' interesse offusca gl' intelletti in maniera, che fa veder una stessa cosa con più sembianti. Come per esempio uno sparerà un' archibugiata ad un suo nemico, ed in quel tempo il nemico si muove e l' archibugiata non colpisse; l' offensore dice : « Il Demonio l' ha fatto muovere in quel ponto; » e colui che non è stato offeso dice : « Iddio mi ha fatto muovere a tempo; » tal che un istess' atto, l' interesse lo fa essere e di Dio e del Demonio. Il simile avviene della Comedia : quello che noi chiamiamo documento, altri dicono mal essempio, e fanno più schiamazzo d' un amor finto di comedia, che di cento veraci conceputi nelle conversazioni e nelle visite, ove con parolette o sguardi si ruba l'arbitrio all' incaute quando manco se lo pensano. Ma di questo non se ne tratta, perchè tal volta i censori delle comedie si trovan' anch' essi a tali colloquii, se ben che possi essere per altro fine; ma il pericolo è per tutti. Io dico ch' il legno genera il tarlo, e ch' il tarlo poi rode il legno : l' amore è effetto o diffetto di natura, e non deriva dalle comedie; et i comici non sono quelli ch' insegnano a far l' amore, ma sì bene a fuggire questi lacci, mostrando sovente quanto sono dannevoli. E poi volesse il Cielo che le persone imparassero a far l'amore dalle comedie, che pur sarebbe fatto con un poco di termine e con molta honestà; e non vi sarebbero tante concubine al mondo, poichè le comedie non insegnano a far che le fanciulle diventino meretrici : anzi per lo contrario, se v' interviene una meretrice nella favola (ancor che di rado, perchè si recita sovente al cospetto di Principesse), si conclude l'amicizia in matrimonio, tal che la Comedia insegna dal male cavar il bene, e non dal bene il male. Nella Comedia ogni vizio vien detestato, i furti ne i servitori puniti, i lenocinii gastigati, l'avarizie, i sciocchi amori ne i vecchi, e' mali governi di casa derisi; et ogni cosa si tira a buon fine. Ma perchè i documenti sono portati da' comici, questi dalle sentenze miniate d'oro e conteste di credito non gl'accettano: disgrazia della parte debole! Il mondo va così, e l'autorità cuopre i diffetti, o che gli muta il nome. Se un gentilhuomo dice alcune cose ridicolose, si dice ch'egli è faceto; ma ad un pover huomo senz'altro [che] è un buffone. S'un signor dice un motto satirico, vien tenuto per arguto; ma il poverello è stimato mala lingua. S'un nobile dà noia ad un povero compagno, è riputato un bell' humore; ma s'egli è di bassa liga, è tenuto per insolente. S'un huomo d'eminenza va a mangiare sovente a casa di questo e di quello, vien detto ch'egli è affabile; ma s'è un meschino, è un scrocco. S'un huomo di qualità si piglia qualche licenza ad una mensa tra convitati, passa per huomo senza cirimonie; ma un poveretto, per scrianzato. In somma, i brilli in mano a cavaglieri sono stimati diamanti, et i diamanti in mano a povere persone sono tenuti brilli. Io per me tengo che le comedie moderne siano degne di lode, e necessarie per divertire molti mali; e dico che sono honestissime. E che ciò sia vero, eccone una per mostra; quest'è lo stile usato da' comici moderni: degnatevi, per cortesia, di vederla con attenzione, acciò che ne potiate poi far retto giudizio.

ATTO PRIMO.

SCENA PRIMA.
CINTIO E FULVIO.

CINTIO.

V' intendo, signor Fulvio : voi m'andate motteggiando per solleticarmi il silentio, acciò che nello scomporsi vi dia materia di ridere con suoi spropositi; ma non potrebbono forsi esser tanto sproporzionati, che havesti materia di sodisfare al vostro gusto o alla vostra sitibonda curiosità; poichè ad essausto palato poco liquore non rimedia, e la poc' acqua del fabro non spegne, ma raviva la fiamma. Voi stimate forsi violenza quello ch' io prendo per elezione : altr' oggetto non mi muove di casa per tempo, che il desio di conservarmi la sanità, et avantaggiarmi nello studio, poichè l'Aurora è delle Muse amica.

FULVIO.

Signor Cintio, nè per violentare con l'amicizia il vostro silentio, nè per spegnere alcuna sete di curiosità ch' io habbi de' vostri affari, io ho detto felice quell' oggetto che fa così vigilante il signor Cintio; ma è stato un scherzo, qual è sdrucciolato per la via dell' amicizia sino al ritegno della confidenza, mosso da un presupposto che l' amore della signora Lavinia sia quello che v' invita a passeggiar per tempo queste contrade. Però quando questo presupposto non habbia forma di verità che lo ritenga, lasciatelo cader nell' elemento della nostr' amicizia, che non sarà molesto, essendo in sua propria sfera.

CINTIO.

Nel crociuolo della fede l' oro della nostra amicizia a fiamme d' amore è stato molte volte copellato, et i sophistici moltiplicamenti di sdegni o disgusti si consumeranno mai sempre a sì pure fiamme. Ma perchè in così affinat' oro d' amicizia non si deve legare mentita gioia, ma candida margarita di verità, io v' assicuro che non è la bellezza di Lavinia il primo mobile che conduca la sfera de' miei pensieri a mover i passi per questi contorni. E se ben amore semina nel mio cuore abbondantissime granella de' suoi meriti, e che i raggi de suoi begl' occhi, quasi vivi soli, faccino il loro officio di generare, non havend' io già mai con l' acqua del mio consenso inaffiato questo cuore, il seme non ha potuto concepire vegetativo germoglio : e quando anche la natura facesse sforzo, almeno nella superficie, sapend' hora che la signora Lavinia deve esser vostra consorte, non inaffierei di speranza i verdeggianti prati, ma l' innonderei d' acqua letale, per disperder tutto quello che potesse contaminare l' amicizia nostra.

FULVIO.

Per esser le grazie, ch' io le devo render di tanta cortesia, senza fine, io non le do principio, e per non diminuire con parole di debito riserbato a gl' effetti, taccio; ma ben le dico che la signora Lavinia non sarà mia moglie, ancor che mio padre tratti questo parentado, atteso ch' io ho collocato i miei pensieri in altr' oggetto.

CINTIO.

Abenchè i frutti primitivi non siano di sostanza per essere intempestivi, tuttavia il gusto della novità gli fa bramare : io veramente dovrei aspettare il maturo tempo di sapere chi è la dama da Vostra Signoria amata; ma la curiosità delle cose nuove me ne fa voglioso. Però sia sempre anteposto il suo al mio gusto.

FULVIO.

Il non compartire i gusti co' suoi amici è un portar ricchissime gioie per pompa e tenerle coperte, che ponno pericolare, e non far honore; l' allegrezza non compartita è un gusto di sogno, un schermir con molta leggiadria al buio, un humore malenconico; et il gusto compartito all' amico è doppio contento : per raddoppiare adunque il mio contento con farne parte all' amico, le dico com' io amo una giovane nomata Celia, schiava di Mezzettino; quest' è la signora de' miei pensieri; e però mio padre non potrà violentar il mio arbitrio, ove gli converrà condescender' alle mie giuste pretensioni.

CINTIO.

(Siamo due falconi ad una starna : manco male ch' io sono venuto in chiarezza del dubbio ch' io teneva.)

FULVIO.

Par che Vostra Signoria facci molta reflessione sopra questo mio amore: non vi par forsi giovine meritevole quella?

CINTIO.

Per certo sì, ma faceva riflesso, non sapend' il fine di quest' amore.

FULVIO.

Il fine è di prenderla per consorte.

CINTIO.

Per consorte?

FULVIO.

Signor sì; e così Vostra Signoria potrà prender la signora Lavinia, che non solo non me ne farà dispiacere, ma mi darà gusto; sì perchè tanta bellezza resterà ben collocata, quanto che mi sarà levata la molestia che per tal cagione mi potrebbe dar mio padre.

CINTIO.

Come, Signore, sposare una schiava? E chi sapete voi ch' ella si sia? Il Cielo sa chi è costei; potrebbe esser anche di così vil lignaggio, che ve ne havesti a pentire col tempo. Io non nego ch' ella non habbia un non so che di nobile nell' aspetto, e che non sia vestita in modo da potersi argomentare ch' ella sia di mediocre fortuna; ma non tutti i bei fiori hanno gentil' odore o salutifera virtù: bel fiore è anche il leandro, e pure è privo d' odore, e di non molta virtù. E poi molte volte i mercanti stessi addobbano le loro schiave et insegnano loro il sussiego per tenerle in prezzo. Vedete quello che fate, che non ve ne habbiate a pentire quando poi il pentire nulla giova.

FULVIO.

Io vi ringrazio dell' avviso; ma sappiate che la schiava è figliuola d'un buon cittadino, chiamato il signor Gusberto Quercimoro Palermitano, qual fu da' Turchi con questa et un' altra sua figliuola et altri amici, che insieme barcheggiavano, fatti schiavi. I loro parenti hanno riscattato il padre, et trattano di riscuoter le figliuole, e sin ad hora hanno notizia di questa, ove non può passar molto tempo a giongere il suo riscatto: io so questo caso da un mio fidato amico; ma il mio dubbio è che l' avaritia di Mezzettino suo padrone non la faccia vendere prima che il padre la possi liberare, e che non vada lontana da Napoli, e ch' io ne rimanghi privo. Io volontieri la riscuoterei, ma non ho commodità, e non oso di chieder danari a mio padre, e massime per tal compra. Vero è ch' io ho per aiuto il mio fidatissimo Scappino, qual tenta ogni strada per haver soldi da consolarmi; ma la mia frettolosa passione mi ha fatto molte volte inavvertito, onde ho sconciato sciocamente l' orditure ch' egli havea fatte : ma da qui avanti l' interesse mio mi farà esser più accurato. Vostra Signoria séguiti pur dunque la sua impresa e procuri d' haver la signora Lavinia, ch' io gli la rinonzio in tutto e per tutto.

CINTIO.

Io seguiterò dunque l' impresa incominciata; e s' io vi leverò la pretesa moglie, di grazia, non vi dolete poi di me, ma doletevi di voi, che sarete stato artefice del vostro disgusto.

FULVIO.

Anzi ch' io ne haverò gusto, e vorrei che Vostra Signoria sollecitasse il parentado.

CINTIO.

Lo solleciterò; e se mi vengono hoggi i danari ch' io aspetto per lo mio dottorato, cercherò d' haver con il mezzo di quelli prima la moglie che la toga.

FULVIO.

Vostra Signoria farà bene; e s' io potrò haver danari, riscoterò anch' io la mia.

CINTIO.

Basta : chi prima havrà danari di noi sarà il primo ad esser felice.

FULVIO.

E forsi tutti due ad un tempo.

CINTIO.

O, questo non può essere.

FULVIO.

E perchè?

CINTIO.

Non dice Vostra Signoria ch' io solleciti le nozze?

FULVIO.

Signor sì.

CINTIO.

Et io dico che solleciterò, ma che Vostra Signoria non si lamenti poi di me.

FULVIO.

Ma io non v' intendo.

CINTIO.

Mi havrebbe ben inteso Scappino. Ma, Signore, io mi sono dichiarato quasi troppo; basta, io servirò Vostra Signoria nel sollecitare il matrimonio, che sarà appunto un accelerare le mie contentezze. Servitore, signor Fulvio.

FULVIO.

Bacio la mano. — Il parlar di costui mi ha posto in confusione : io non so s' egli metaforicamente parli di mio padre, che s' opporrà a' miei gusti, s' egli ironicamente mi accarezzi per qualche suo interesse, o che mi voglia per spasso amareggiar anche i dubbiosi contenti. Ma quel dire d' essersi dichiarato troppo mi travaglia molto, e più mi confonde l' haver detto che Scappino l' havrebbe inteso : adunque io non l' ho inteso. Mi dà anche da pensare quel dire che vorrà prima la moglie che la toga. Io non vorrei già cader in sospetto che costui amasse anch' egli questa schiava; tuttavia s' io raduno insieme i suoi interrotti detti, mi figuro qualche rovina intorno. In somma, ad interpretar l' enigma di questa Sfinge non vi vuol altri che l' Edipo di Scappino, ed eccolo appunto.

SCENA SECONDA.

FULVIO e SCAPPINO.

FULVIO.

O ben venuta tramontana, che mi ha da condurre la travagliata navicella de' molesti pensieri nel porto della felicità!

SCAPPINO.

O ben trovato sirocco, che mi fa andare sempre alla orza, e che ben spesso mi vien per proda, mettendomi in necessità di calar le vele del mio buon animo di servire, per non urtar nel scoglio della disgrazia di Pantalone!

FULVIO.

Tu hai il torto a rimproverarmi per mancamento quel buon'

ATTO I, SCENA II.

affetto ch' io ho sempre di sott' entrare alle tue fatiche, per agevolarti la strada del mio servigio; e se la fortuna non ha secondato i miei desiri, non resta però che l' animo non sia stato bono verso di te.

SCAPPINO.

È vero; ma chi non ha sorte non vadi a pescare: io vorrei più tosto a' miei mali un medico ignorante e fortunato, che un sapiente sventurato. I vostri aiuti, perdonatemi, sono come le carezze che fanno gl' asini a i loro padroni, che sono sempre di nocumento. Ogn' uno ha la sua fortuna: la vostra è nelle scienze, e la mia nelle furbarie. Per cortesia, se volete ch' io vi mandi a fine questo negozio, lasciate la cura tutta a me, e non ve ne impacciate.

FULVIO.

Così farò.

SCAPPINO.

Che fate voi quà hora? Havete parlato alla vostra innamorata?

FULVIO.

Non io; ma se tu vuoi fare il solito cenno, le parlerò volontieri; e con tal occasione mi leverò forse un dubbio che m' ha posto in capo il signor Cintio, favellando meco.

SCAPPINO.

E che dubbio?

FULVIO.

Dubito ch' egli non mi sia rivale, e che prima di me non riscuota questa giovine, perchè m' ha detto ch' egli aspetta dugento ducati da suo padre, et che in cambio d' addottorarsi si vuol maritare: e potrebb' esser questa la moglie; e poi io l' ho veduto molte volte passeggiare per questi contorni, e potrebbe esser per Celia, e non per Lavinia, come io credeva.

SCAPPINO.

Non è il vostro dubbio senza fondamento: la giovane è bella, e s' egli havrà i danari pronti, le mie astuzie serviranno per steccadenti dopo pasto. O, quì bisogna pensar bene, star avvertito, e non perder tempo.

FULVIO.

Guarda pur tu quello che debbo fare per aiutarti, e non dubitar ch' io porrò ogni mio ingegno in opera.

SCAPPINO.

Se voi ponete il vostro ingegno in opera, la schiava è perduta.

FULVIO.

Oh, che dici?

SCAPPINO.

Dico che il bisogno ch' io ho di voi è che facciate nulla, e se manco di nulla si può fare, che lo facciate : che sarete più presto servito, e sarà bene per voi, e non rovinarete me.

FULVIO.

O poter dal Cielo, è possibile ch' io sii tale, che le disavventure mie levino la fortuna a gl' altri!

SCAPPINO.

Signore, non è tempo di ragionar di fortune nè far pruova se l' una mitiga il rigor dell' altra. So ben che sin ad hora la vostra ha distrutto le mie astuzie; però, scommodatevi un poco in far nulla, et essercitatevi un poco in tacere, ch' io m' accingerò a servirvi. Se bene che il mercantare senza soldi e senza credito è un comprar sogno, tuttavia l' astuzie ponno assai : aiutatemi ancor voi col star lontano e tacere.

FULVIO.

Io sequestro le mie invenzioni nella mia mente, e sigillo col silenzio le mie parole, e lascio l' opera tutta sopra le tue spalle. Ma dimmi, non vuoi ch' io saluti Celia?

SCAPPINO.

Questo non è se non bene per rallegrarla un poco, e per intendere con tal occasione se ci fosse novità alcuna da che non le parlasti : l' intenderete, e vi chiarirete del signor Cintio, e consolarete voi. Ecco, io faccio il cenno, e mi ritiro a far la guardia.

SCENA TERZA.

FULVIO, CELIA alla finestra, E SCAPPINO in disparte.

FULVIO.

Servitor, signora Celia, Cielo ove le mie speranze s' inviano, primo mobile ove le mie voglie si reggono, e sfera ove i miei pensieri soggiornano : eccomi con il solito tributo de i saluti, con i dovuti ossequii di riverenza, e con l' augurio dell' usato buon giorno.

CELIA.

Signor Fulvio, io godo d' esser Cielo, primo mobile, e sfera delle vostre speranze e vostri contenti; e benedico amore, cagione efficiente di tanti miei contenti, i quali sono inenarrabili, sì come sono infinite quelle grazie ch' io gli rendo per tal cagione. O mio Fulvio, per vostra benignità, donatemi il credito di quei tant' oblighi ch' io vi devo, che vi giuro, per quell' amore ch' io vi porto, che non so come sodisfarvi. O, qual ventura sarebbe mai di colui che solcando tal hor' il mare quando più è procelloso, e che, in vece d' esser assorto dall' onde, trovasse benigna Deità che non solo lo liberasse : ma l' arricchisse di preziosissima gemma! ben potrebbe dir colui : « O avventurata disavventura! » E che cosa debbo dir io, caduta nel mare de i travagli per la mia captività? e quando penso d' haver perduta la libertà, ritrovo voi, mio terreno Nume, che non solo cercate di liberarmi, ma mi donate anche l' amor vostro : oimè, che felice disavventura, o che disgrazia avventurata! Io per me mi struggierei di gioia, se il dubbio che non mi fugga il tempo a proseguir tanto bene non mi rallentasse il contento.

FULVIO.

O mia Signora, voi non solo m' havete levato l' arbitrio con le vostre bellezze, imprigionato il cuore con la vostra grazia, che anche m' annodate la lingua con l' amorose vostre ragioni : io per me mi rendo vinto alla vostra facondia.

CELIA.

Le mie bellezze e grazie v' hanno imprigionato? O Signore, o voi scherzate meco, o che v' infingete le cause che mi vi fanno parer bella. Vostra Signoria scorge e vede in me quello che a me nasconde lo specchio. Ad ogni modo, sia come si sia, io la ringrazio, e godo che lodando me ella faccia pompa della sua facondia : le sue lodi servono appunto come l' opere de gl' eccelsi pittori, che nel servire altri illustrano se stessi. Queste lodi che mi date non sono generate dal mio merito, ma dalla vostra gentilezza, la quale, facendomi molte volte arrossire nell' udir a lodarmi contra ogni mio merito, fa che quel rossore partorisse poi quelle grazie che a voi tanto piacciano; ma vedete, Signore, la generazione è fatta da voi, onde ogni cosa che scorgete bella in me è vostra figliuola, e non è meraviglia perciò se tanto le amate.

FULVIO.

Il rossore suole anche apparire nelle guancie de gli humili per esser lodati di verità; dunque la verità fa così bella generazione, e se V. S. mi chiama padre di tali figliuole, sono dunque padre putativo; e però ringrazio la mia verità, che genera nella vostr' humiltà e che mi fa padre di sì leggiadra prole.

CELIA.

Suol anche tal hora avvampar il viso per dubbio di qualche mancamento. Voglia il Cielo ch' il mio rossore sia come Vostra Signoria interpreta, e che non nasca dal mancamento di quei meriti che V. S. dice di scorger in me.

SCENA QUARTA.

MEZZETTINO, CELIA, SCAPPINO.

MEZZETTINO.

Schiavetta, o schiavetta!

CELIA.

Signore.

SCAPPINO.

Retiratevi, e lasciate parlar a me.

FULVIO.

Mi ritiro.

MEZZETTINO.

Dove sete? Ah! alla finestra: vi sentiva, e non vi vedeva.

CELIA.

Era quà.

MEZZETTINO.

Ah, ho inteso adesso: è arrivato quà il procaccio col dispaccio dell' honore. Che fate quà, galant' huomo, che facende havete voi con la mia schiava?

SCAPPINO.

Io era venuto un poco a domandarle se nella sua schiaveria havrebbe mai conosciuto un mio fratello, quale fu fatto schiavo andando all' Isole Filippine già molti giorni sono.

ATTO I, SCENA IV.

MEZZETTINO.

E voi, Madonna schiava, ch' andavate filippinando con questo segretario de i piaceri di Venere, e che havete da far de' suoi fratelli?

CELIA.

Egli mi ha veduto quì a caso alla fenestra, e mi ha dimandato di questo suo caro fratellino; et io per carità, compassionando lo stato suo, diceva di non haverlo mai veduto, e l' andava confortando con le mie miserie.

MEZZETTINO.

Oh, voi sete troppo caritatevole de' fratellini. Ho caro che non l' habbiate veduto, perchè non potevate veder cosa buona, e per levar l' occasione a costui che non torni più quà con tal scusa. Ritiratevi.

CELIA.

Volontieri. Amico, se mi sovverrà di questo vostro fratello, ve ne darò nuova.

SCAPPINO.

Io vi dirò le sue fattezze, e certe sue imperfezioni, per le quali lo potreste conoscere.

MEZZETTINO.

Non mi state a dipingere nè a descrivere i fratelli alle mie schiave : m' havete inteso? E voi, sfacciatella, volete ritirarvi, o volete ch' io venghi a privarvi anche del comodo della finestra?

CELIA.

Signor sì, signor sì.

MEZZETTINO.

Messer Scappino, parlate con me di questo vostro fratello, che per tutto marzo io ho da tornar in Algieri per comprar schiavi : che persona è? che offizio era il suo? perchè i virtuosi non si pongono al remo.

SCAPPINO.

Mio fratello è di statura mediocre.

MEZZETTINO.

Deve somigliare a voi senz' altro. Che professione?

SCAPPINO.

Era tiratore.

MEZZETTINO.

Di che, d' archibugio o di borse?

SCAPPINO.

No, tirava l' artiglieria.

MEZZETTINO.

Bombardiere, volete dire.

SCAPPINO.

No, tirava l' artigliera con le corde, dove non potevano andar buoi o cavalli.

MEZZETTINO.

Era guastatore adunque.

SCAPPINO.

Sì, sì.

MEZZETTINO.

Anch' io son guastatore, e credo d' haver guastato adesso il ragionamento che voi facevate con la mia schiava, e questo era qualche raccomandazione del vostro padrone. Orsù, voglio consolarvi: sentite all' orecchio: vogliono esser dugento ducati e non chiacchiere; però starò avvertito per qualche stratagema.

SCAPPINO.

Havete torto, messer Mezzettino: nè io nè il mio padrone habbiamo pensiero della vostra schiava. Il signor Fulvio è maritato, et io voleva intender del fratello, e non altro: ma poichè vedo che voi v' insospettite, men' anderò. A Dio.

MEZZETTINO.

Arrivedersi alla lontana. O, il gran mariuolo ch' è costui!

SCENA QUINTA.

FULVIO e MEZZETTINO.

FULVIO.

Scappino è partito disgustato: costui non ha voluto fargli servizio. — Vedete, messer Mezzettino, voi la venderete poi a qualche persona che non vi farà mai un servizio al mondo, et io vi posso pur far qualche piacere; e se non habbiamo danari hora, sapete bene di chi son figliuolo, e se posso da un' hora all' altra far soldi: ma indugio per non disgustar mio padre. Almeno non la vendete ad altri per otto giorni, ve ne prego, ch' io vi pagherò la spesa del suo vitto.

MEZZETTINO.

Signor, ho inteso il tuono della canzone; me la musica non fa melodia, rispetto a voi, che sete fuori di concerto. Dovevate prima prender la voce dal vostro servitore, che ha intonato in un altro modo; ma spero che la sua musica comincierà con la chiave della giustitia, seguiterà con alti sospiri, e darà fine con molte battute un giorno di mercato. Signor, vi vuol concerto, o che bisogna esser solo a far star le persone che non sono merlotte. Io credo che voi siate quello dal fratello tiratore e guastatore, poichè havete guastato forsi l'orditura di Scapino. All' erta, Mezzettino!

FULVIO.

O misero me, che cosa ho fatt' io?

SCENA SESTA.

SCAPPINO E FULVIO.

SCAPPINO.

E dove sarà andato costui? Ma eccolo.

FULVIO.

Ho parlato con Mezzettino, e l'ho pregato a darti la schiava in credenza, ch'io gli sarei stato sicurtà, o che almeno non la venda ad altrui per otto giorni avvenire, che noi gli sborsaremo il riscatto; et egli si burla di me: non è stato tale il tuo ragionamento?

SCAPPINO.

Giusto appunto. O meschino me, costui m'ha rovinato a fatto. O poveretto voi, e che cosa havete detto! Io, per non dargli sospetto, ho mostrato d' haver un fratello schiavo e di cercarne indizio dalla sua schiava, e l'ho cercato d'assicurare; e voi, per far al solito vostro, siete andato al mercato senza soldi, e l'havete posto in sospetto, acciò ch'io non possa praticare a casa sua: e voi sete poi quello che vuol esser servito? Son ben io pazzo a pigliarmi una briga che puzza di galera, o per lo meno d'un esilio dalla casa di Pantalone per sempre, e per chi poi? per uno che mi ha da far perder o il cervello o il credito.

FULVIO.

Piano, fratello, piano, ch'io non ho pensato di far male. Si dice che chi dice la verità non falla: io non credeva di fallare dicendo la verità. Tu m' hai detto di voler levar questa schiava o con danari o con qualche stratagema; tu non m' hai detto con bugie: ma hora ch' io intendo che bisogna dir delle bugie, lascia pur far a me, che non m' uscirà più verità di bocca.

SCAPPINO.

O bello! e per cominciare, dite che voi sete un giovane trincato et accorto, e che sopra il tutto sapete tacere ove bisogna. Ditemi, di gratia, come sono i nostri patti.

FULVIO.

Che s' io voglio haver la schiava, ch' io non m' intrighi più in cosa alcuna, e che lasci tutto il carico a te: non è così?

SCAPPINO.

E perchè ve ne intrigate.

FULVIO.

Fratello, questo è stato un accidente, per haver trovato Mezzettino in strada, che del rimanente io non havrei parlato già mai; e da quà avanti, o a Mezzettino o a chi si sia non parlerò senz' ordine tuo; e che ciò sia vero, ecco ch' io taccio e parto.

SCAPPINO.

Questo povero giovine non ha mai praticato il mondo, ed è stato sempre sotto i precetti del padre e la cura de' maestri, onde non ha potuto imparare, per esperienza o per necessità, l' astuzie del mondo; però io lo compatisco, e lo voglio aiutare ad ogni modo, s' io potrò. Questo Cintio col suo danaro pronto me la potrebbe far della mano; ma s' io sarò a tempo, vorrò ch' il mio ingegno furbesco avanzi la sua commodità. Questa notte ho pensato un modo d' haver danari che mi par riuscibile. Messer Beltrame mi ha credito; et ancor che gli faccia una truffa, come ho tempo, vorrò anche haver ragione. O, di casa!

SCENA SETTIMA.

BELTRAME E SCAPPINO.

BELTRAME.

Chi è là?

SCAPPINO.

Amici.

ATTO I, SCENA VII.

BELTRAME.
O, se' tu, Scappino?

SCAPPINO.
Signor sì.

BELTRAME.
Che chiedi?

SCAPPINO.
Son venuto a darvi il buon giorno.

BELTRAME.
Buon giorno e bon anno, ti ringrazio. A Dio.

SCAPPINO.
O che huomo di poche cerimonie! — Messer Beltrame!

BELTRAME.
Chi è là?

SCAPPINO.
Son io.

BELTRAME.
Che vuoi?

SCAPPINO.
Son venuto a salutarvi da parte del padrone ancora.

BELTRAME.
Sii ben venuto, ti ringrazio, raccomandami a lui.

SCAPPINO.
Fermatevi, di gratia, ch' io non ho finito 'il ragionamento : il mio padrone vorrebbe un servitio di voi.

BELTRAME.
Egli vuol un servitio da me?

SCAPPINO.
Signor sì.

BELTRAME.
Orsù, come verrà, lo servirò volontieri.

SCAPPINO.
Fermatevi, in buon' hora, se volete intender il rimanente.

BELTRAME.
Fratello, fa presto, ch' io non ho tempo da perdere.

SCAPPINO.
Farò presto. Come stà vostra figliuola?

BELTRAME.
O, quest' è un altra. A Dio.

SCAPPINO.

Fermatevi; se non, vi straccierò il ferraiuolo.

BELTRAME.

E che hai da far tu di mia figliuola?

SCAPPINO.

Non è ella moglie del figliuolo del mio padrone?

BELTRAME.

Ha da essere.

SCAPPINO.

O, bene, io l' ho da salutare da parte del signor Fulvio; e poi ho da parlar con Vostra Signoria.

BELTRAME.

È ben tempo ch' egli mandi un saluto: io non ho mai veduto matrimonio più freddo di questo. Lavinia!

SCENA OTTAVA.

LAVINIA, BELTRAME, e SCAPPINO.

LAVINIA.

Signor padre, che volete?

BELTRAME.

Eccoti quà il magnifico messer Scappino, che t' ha da parlare.

LAVINIA.

A me?

BELTRAME.

A te, sì.

SCAPPINO.

Il signor Fulvio mio padrone manda mille saluti a Vostra Signoria, e vi priega a tenerlo nella vostra buona gratia, e manda me a far scusa con Vostra Signoria per non haver mandato prima d' hora a salutarla, poichè egli non sapeva che fusse costume di mandar saluti alle spose avanti lo sposalizio: però chiede perdono dell' inavvertito mancamento, e le fa intendere per me che non commetterà più tal errore.

LAVINIA.

O, come, il signor Fulvio dice così? Può ben pensare il signor

ATTO I, SCENA VIII.

Fulvio ch' io penso quello che si può pensare intorno a questo; et in risposta, so che direi cose che non si potrebbono esprimere sapendole : ma a tutti non è dato d' andar a Corintho. Ma dirò tra me appunto come disse quel savio ch' intendeva il parlare de gl' uccelli (che forsi fu simile al signor Fulvio, poichè egli ha sempre professato belle lettere), et in vero ch' egli merita, a mio parere : ma che parere? che voglio giudicar io inesperta et ignorante? Io son appunto come quello che tal' hor o sa o non sa, poichè tutti non hanno uno stesso ingegno; pur si prende la rosa e si lascia la spina, che far d' ogni herba fascio non è da una giovane che vive con l'obedienza paterna; e poi so ch' il signor Fulvio non havrebbe caro ch' io facessi come dice colui; ma il dovere è dire se non quello che s' ha nel cuore : so che son benissimo intesa, e tanto più dal mio signor padre.

BELTRAME.

A fè che t' inganni, più tosto havrei inteso il parlar Arabico o Caldeo, che il tuo; io non credo che t' intendesse, parlando così, manco il primo interprete della torre di Babelle; queste tue non son massime sciolte nè parlar conciso, ma più tosto mi paiano lettere sciolte, che tra tante si potrebbe far un anagramma che dicesse qualche cosa; ma così, s' io intendo nulla, non dicono nulla.

LAVINIA.

Che? Vostra Signoria non m' intende adunque?

BELTRAME.

Madonna no, ch' io non t' intendo; nè credo che niun' altro t' intendesse, se non t' intendesse a caso messer Scappino, che è pratico sino del parlar in zifera.

SCAPPINO.

Io capisco molte zifere : intendo gli oltramontani per pratica, i muti per cenni, e gl' animali irrazionali per discrezione; ma il linguaggio vostro di senso incognito, io non lo so interpretare così all' improviso. O mutare modo, o scoprire il senso, o datemi il vostro Calepino; se non, l' oratore non saprà riportar la riposta al suo padrone.

LAVINIA.

Mi dispiace d' esser tanto ignorante, ch' io parli in modo che niuno m' intenda : vedrò di farmi intendere.

SCAPPINO.

Questo modo è buono, e s' intende benissimo; seguitate questa frase, che saremo d' accordo.

LAVINIA.

Dite al signor Fulvio che gl' ardenti miei sospiri, ancorchè indistinti tra l' aria e 'l fuoco, che vanno alla determinata loro sfera; e che gl' occhi miei, bramosi di contemplar l' oggetto della loro felicità, che sono quasi snervati, usciti dal loro concavo, e che quasi dinotano un' oblivione di spiriti visivi; e che non tanta ambrosia e nettare consumano gli Dei alle loro mense, quanto sono le dolcezze che in amando si provano; e che, se 'l cuore è centro d' un amoroso petto, che l' amore è centro d' ogni cuore amante; e che sì come è impossibile ch' il sole si parta dall' ecclittica, così è impossibile di far retrogrado d' un ben radicato amore nel cielo dell' altrui voglie; però egli, che spira tutta grazia e gentilezza, che può co' suoi vaghi portamenti bear un mondo intero, e che a sua signoria sta il dar salute a chi tanto la brama.

SCAPPINO.

O, se Vostra Signoria m' havesse parlato così alla prima, forsi l' havrei intesa manco di quello che ho fatto adesso: però io ho parlato con voi come ho saputo, Vostra Signoria meco come ha voluto, il signor Beltrame ha inteso come il Cielo ha conceduto, et io referirò come mal instrutto.

BELTRAME.

Va in casa!

LAVINIA.

E perchè?

BELTRAME.

Va via, ti dico.

LAVINIA.

Servitrice di Vostra Signoria.

SCENA NONA.

BELTRAME, SCAPPINO; LAVINIA sta ritirata, mettendo fuori il capo alcuna volta dalla porta per udire.

BELTRAME.

Che ne dici, Scappino?

ATTO I, SCENA IX.

SCAPPINO.

Di che?

BELTRAME.

Del ragionamento di mia figliuola.

SCAPPINO.

Dico che se vostra figliuola studierà niente niente più in complimenti, che riuscirà la più pazza dottoressa c' habbia il donnesco stuolo.

BELTRAME.

Io ho inteso il concetto.

SCAPPINO.

O, voi sareste da più della Sfinge.

BELTRAME.

Il concetto è questo : sdegno o timore, queste cagioni l' hanno fatta parlare con quel sì imbrogliato stile : il timore della presenza mia, e lo sdegno che le ha cagionato il signor Fulvio. Come domine! che in tanto tempo che Pantalone ha dato parola, mai suo figliuolo si sia degnato farsi vedere dalla sposa? E gli paiono a loro cose queste da captar benevolenza? Ove sono i fiori e le galanterie che si sogliono donar alle spose quando sono promesse? In somma, ha ragione d' haver parlato in modo di non perdere il rispetto a me e di non si gettar dietro a chi forsi poco la cura.

SCAPPINO.

Signor Beltrame, voi dite troppo la verità, et il signor Pantalone ne ha una mortificazione grandissima; et appunto io sono venuto da parte sua a far la scusa, et a pregarvi d' un aiuto appartenente a questo negozio. Il signor Fulvio si truova inamorato d' una schiava di messer Mezzettino, e per questo ritarda il parentado : però il signor Pantalone ha trovato per espediente che Vostra Signoria compri questa schiava, e che la ponga in luogo nascosto, e che faccia che Mezzettino dica d' haverla venduta ad un forastiero che non sa chi si sia; che in tanto farà che suo figliuolo sposi la signora Lavinia vostra figliuola; e poi esso ripiglierà la schiava, e sborserà il costo e pagherà la spesa del vitto a Vostra Signoria; ed egli poi ne farà esito subito, ma non in questa città, per levar l' occasione a suo figliuolo di rivederla.

BELTRAME.

E perchè non far far questo servizio da un altro, e non far palesar i difetti di suo figliuolo a me nell' hora del parentado?

SCAPPINO.

Perchè ogn' altro che la comprasse potria, per farsi ben volere dal signor Fulvio, palesar il negozio; ma Vostra Signoria non lo scoprirà, per essere interessato; e perchè le cose non possono star sempre celate, vi fa saper di buon' hora come passa il negozio, quale non trascende lo stile della giovanezza, e V. S. ben lo sa.

BELTRAME.

Ha pensato bene e concluso meglio. Io andrò hor hora da Mezzettino, qual appunto mi deve aspettare in casa, poichè io gli ho promesso di riveder certe sue scritture e fargli certi conti. Mi sbrigherò di questo; di poi gli trattarò della schiava, e me la farò condur da lui sino a casa mia; e poi la nasconderò per quattro o sei giorni, ma con patto però che, subito fatto il parentado, il tuo padrone mi rimborsi il mio danaro, e poi che faccia esito della schiava, perchè non sia cagione di far haver mala vita a mia figliuola.

SCAPPINO.

Vostra Signoria non si dubiti, ch' il mio padrone non promette se non attende.

BELTRAME.

La casa è aperta, et io vo a far il servizio.

SCAPPINO.

Andate.

SCENA DECIMA.

LAVINIA e SCAPPINO.

LAVINIA.

Messer Scappino, a questo modo, eh? queste sono le promesse che mi faceste a giorni adietro, quando vi palesai l' amore ch' io porto al signor Cintio? e forsi che non giurasti sopra l' honor vostro di sturbar il trattato di mio padre et agevolar il matrimonio del signor Cintio? et hora concertar con mio padre il modo di farmi rimaner di Fulvio! Ma non vi venirà affettuato il vostro concerto, e voi havete da far meco, che vuol dire con una sdegnata : e tanto basta.

SCAPPINO.

Piano, piano, e non con tanta colera : cappe! so che vi fuma io. È vero ch' io ho promesso di aiutarvi in farvi haver il signor Cintio, a ch' io havrei disturbato il trattato del signor Fulvio, e lo giurai sopra l' honor mio, giuramento in vero interdetto al mio parentado : però io sono quà per osservar quanto io v' ho promesso : e quello che Vostra Signoria da me ha udito, quando ho parlato con il signor Beltrame, è il principio.

LAVINIA.

Se dal bel mattino si può argumentar buon giorno, poco posso sperar dal vostro principio.

SCAPPINO.

Signora, voi non siete ancora capace delle cose del mondo. Per più strade si va a Roma; anche il gettar via il grano per i campi pare che sia pazzia, e pur è 'l principio d' haver del grano; lo uccider i vitelli et i caponi pare crudeltà, e pure s' ammazzano per pietà, perchè la lor morte è nutrimento a tanti galant' huomini. Vostra Signoria non sa per che verso io mi navighi per far ch' il battello del signor Cintio entri nel porto de' vostri gusti, quando egli ha il timone rivolto altrove. Io non ho danari, questa è cosa che ha del credibile; il signor Fulvio passa sotto l' istess' influsso, e non è solo al certo; e per haver questa schiava ci vogliono dugento ducati : hora io ho pensato di servirmi di quelli di vostro padre, e l' ho mandato, con quella invenzione c' havete udita et intesa, a comprarla, acciochè Mezzettino non la venda al signor Cintio, e ch' il signor Fulvio sia poi costretto far a modo del padre. Faremo porre la schiava in casa vostra, e poi faremo che Fulvio venghi a visitare Vostra Signoria come sposa; e voi gli darete commodità che s' abbocchi seco e che la conduca dove gli sarà in piacere; e così privandone Cintio, egli poi si risolverà di far quello che non può far adesso per occasione di questa schiava.

LAVINIA.

Io ho inteso; ma quel dar commodità ad un giovine che meni via una sua morosa, che ufficio si chiama?

SCAPPINO.

Ad un par mio si direbbe di ruffiano; ma se ciò facesse un gentil' huomo, si direbbe un servizio, et ad una par vostra si dice aiuto. Il ruffianesmo è come il furto : in un grande è agrandimento di stato, ad un mercante è ingegno, et in un disgraziato è latrocinio.

LAVINIA.

Che dirà poi mio padre, come si accorga della fuga della schiava? Darà la colpa a me della mala custodia.

SCAPPINO.

E voi vi dorrete di lui che habbia posto donna tale in vostra compagnia da dar cattivo essempio, e vi dorrete dell' affronto fattovi dal signor Fulvio per colpa sua, e così il povero vecchio havrà il male, e la beffe.

LAVINIA.

Misser Scappino, voi siete un gran mariuolo.

SCAPPINO.

Signora, sono ancora novizzo, ma spero col tempo di perfezionarmi.

LAVINIA.

Se più vi perfezionate, potrete por scuola d' insegnare quello che non sa il Demonio.

SCAPPINO.

O Signora, m' honorate troppo.

LAVINIA.

Non dico fuor de i vostri meriti. Orsù, aspetterò il vostro aiuto, attenderò i vostri avvisi, e starò lesta a' vostri cenni.

SCAPPINO.

O, così va bene, aiutarsi l' uno con l' altro, perchè il negozio butti meglio.

LAVINIA.

Io sarò sempre pronta.

SCAPPINO.

Ed io vedrò di ritrovarmi lesto.

ATTO SECONDO.

SCENA PRIMA.
BELTRAME, MEZZETTINO, E CELIA.

BELTRAME.

O, via! cessino hormai i pianti et i lamenti, e venitevene meco a contar i vostri soldi, hora che habbiamo reviste le scritture.

MEZZETTINO.

Signore, non posso far di meno di non gettar quattro lagrimuccie. Se si perde solo un cagnolino, che pure è una bestia, come Vostra Signoria sa meglio di me...

BELTRAME.

Che asinaccio!

MEZZETTINO.

... pur dà dolore : o, vedete che farà il perdere una giovine bella come è questa! Io sono una persona che mi affiziono tanto alle creature, che io non me gli vorrei mai levar d'attorno; e se io fossi ricco, non la vorrei mai vendere, ma tenerla per farmi far delle sberettate dalla gioventù, per far frequentar queste strade della brigata, e per farmi dar del « molto magnifico » da gl'amanti : questa mi servirebbe per compagnia in casa, per conversazione alla tavola, e per materia a' miei sogni, che mi farebbono star allegro.

BELTRAME.

Veramente la giovane è bella e meritevole d'esser accarezzata; ma non è cosa da voi : voi, a tenerla in casa, portate pericolo d'esser tenuto in mal concetto, et ella in poca riputazione; e poi non mi negarete che non viviate sempre con qualche sospetto o che vi sia menata via di furto, o che non s'inferma e defrauda il riscatto, o che non moia e che perdiate il vostro capitale : consolatevi dunque e venite a prender i danari.

MEZZETTINO.

È vero, e più per questo la vendo che per il guadagno. La sua spesa non mi dà fastidio, perchè ella è di buona bocca; ella s'accomoda a quello che le vien post' avanti, e non rifiuta mai cosa alcuna: questa non è come certe svogliate che, se il cibo non è conforme alle loro voglie, torceno il muso, fiutando sopra ad ogni cosa, del poco si sdegnano, e 'l molto lo strapazzano: questa no; ella è di buona natura, digerisce tutto, e sempre si conserva un poco d' appetito per quello che gli può occorrere.

BELTRAME.

O, così vogliono esser le donne a mantenersi sane. Orsù, andiamo.

MEZZETTINO.

Andiamo.

CELIA.

O Signor patrone, e pur mi volete mandar via di casa vostra? Pazienza! almeno m' havesti tenuta tanto che n' haveste trovat' un' altra! ma rimaner voi solo soletto! come farete? e chi vi farà da mangiare, e chi saperà fare quelle torte tanto a vostro gusto come sapeva far io?

MEZZETTINO.

O misero me! è vero : hoimè, se la torta non mi fa mancar di parola, niuna cosa mi fa mancare. Signor Beltrame, per grazia lasciatemela ancor un poco, due o tre giorni, sin tanto che io ne compri un' altra, e che questa gli dia la dosa di quella buona torta, e l' intavolatura di certi macharoni che mi rimettono il fiato in corpo quando sono svogliato.

BELTRAME.

Mi meraviglio di voi : e vi lasciate dunque prender per la gola da un piatto di macharoni o di una torta? O, sarebbe bella che, stando voi soletto in casa, che questa schiava vi avvelenasse la torta o i macharoni, e vi facesse morire per haver libertà : fareste meglio a non mangiar nulla delle loro mani.

MEZZETTINO.

Voi dite il vero, ancorchè la mia morte potrebbe esser peggiore, poichè sono stato pronosticato ch' io ho da morire per giustizia, ove che sarebbe pur meglio morire con la bocca unta di buona torta, che con la gola stretta da tristo laccio.

BELTRAME.
Non vi fate questo augurio in vano, di grazia.

SCENA SECONDA.

FULVIO, MEZZETTINO, BELTRAME, e CELIA.

FULVIO.
Non oso di passare per questa strada, per non disturbare le invenzioni di Scappino: ma che veggio! Misser Beltrame e la mia Celia?

MEZZETTINO.
Io spero che l'astrologia sarà fallace; e poi mi sarebbe più caro morire di quà cent'anni impiccato, che morir dimani annegato nel mele, morte la più dolce che si possa fare.

BELTRAME.
Mi piace il vostro humore. Orsù, andiamo pure.

MEZZETTINO.
Andiamo. Ma, caro Signore, fatemi grazia di darmi moneta buona, perchè la voglio rimetter in un'altra schiava o in un paio, se saranno a buon mercato: io sono principiante in quest'arte, e non ho altro che trecento scudi da trafficare, co' quali io vado campando la vita.

FULVIO.
Hoimè, mi trema il cuore: che cosa è questa?

BELTRAME.
Non dubitate, che havrete sodisfazione da me. E voi, bella giovane, non v'attristate per lasciar la casa di misser Mezzettino, che anderete in luogo dove non sarete men ben veduta ch'in casa sua. E che mirate? Statemi allegra, per cortesia.

FULVIO.
Hoimè, che odo? Beltrame la compra? Questo è qualch'inganno che anno ordito i vecchi contro di me; ma non verrà lor fatta. — Servitor, signor Beltrame.

BELTRAME.
Ben venuto, Signor genero.

FULVIO.
Non mi chiamate per genero, in cortesia, sin tanto che

non siano affettuate le nozze. Ma che mercanzia è questa che Vostra Signoria fa con misser Mezzettino?

BELTRAME.

Ho comprato questa schiava.

FULVIO.

Per voi?

BELTRAME.

Signor no, per un mio amico.

FULVIO.

(Questo è rispondente del padre di Cintio, e certo ch' egli la compra per lui. Hoimè, son rovinato.) Cara signor Beltrame, V. S. mi faccia grazia di ritrattar questo mercato, ch' io lo riceverò per un favor segnalatissimo.

BELTRAME.

E perchè, Signore?

FULVIO.

Perchè sono stato pregato da un mio amico a far uffizio che Mezzettino tenga ancor un poco questa giovane, tanto ch' i suoi parenti la riscuotano; e presto gli sarà sborsato il riscatto, e la povera giovane andrà in poter de' suoi, senza andare hor in mano di questo, hor di quel altro.

BELTRAME.

V. S. mi mostri o mi faccia mostrar lettere de' suoi parenti, che volontieri vi compiacerò.

FULVIO.

Le lettere sono nelle mani di questo mio amico.

BELTRAME.

Horsù, porrò la schiava in casa mia, e poi verrò con esso voi a veder le lettere. Ma chi è questo vostro amico?

FULVIO.

V. S. non lo conosce.

BELTRAME.

Forsi che sì.

FULVIO.

E chi è egli?

BELTRAME.

Horsù, basta: questo è mio amico ancora tanto quanto mi siate voi, e per suo bene io l' ho comprata.

FULVIO.

Signor, non vi havete ad impacciar se quello che la vuole fa bene o male.

BELTRAME.

Nè voi v' havete ad impacciar nelle mie mercanzie.

FULVIO.

Io v' ho più interesse che voi.

BELTRAME.

Et io ho più possesso di voi, e la voglio.

FULVIO.

Et io non voglio che l' habbiate.

BELTRAME.

Che?

MEZZETTINO.

Olà, Signore, non mi rovinate i miei mercati: io l' ho venduta; la schiava è mia, et è ben venduta.

FULVIO.

Ve ne pentirete ambeduc.

BELTRAME.

Olà, che parlar è il vostro? che arroganza è questa?

SCENA TERZA.

PANTALONE, BELTRAME, FULVIO, E MEZZETTINO.

PANTALONE.

Olà, olà, che strepito è questo? Signor Beltrame, con chi l' havete? con mio figliuolo forse? Che fai quà tu? non parli? Che cosa è questa, signor Beltrame? che cosa v' ha fatto questo forfante?

BELTRAME.

E! son pazzo io a voler le brighe de gl' altri! Pigliate, signor Pantalone, ecco ve la do in mano, è bella finita.

PANTALONE.

Che cosa è questa?

BELTRAME.

Il negozio.

PANTALONE.

Qual negozio?

BELTRAME.

Il negozio vostro.

PANTALONE.

V' ingannate, ch' io non negozio più tal mercanzia, ma solo attendo a cambi.

BELTRAME.

Ma è ben cosa di vostro ordine e per vostro conto, anzi cosa che m' ha fatto perder il rispetto, che mi si deve per l' età, da vostro figliuolo.

PANTALONE.

Mio figliuolo ha havuto così poco rispetto a voi, sì poco timore di me, e così poco giudizio, di dir parole in disgusto vostro?

BELTRAME.

Ha detto tanto, che, se non fosse stato per amor vostro, mi sarei risentito con parole, se io non havessi potuto far de' fatti.

PANTALONE.

Ah, manigoldo! tu me la pagherai.

FULVIO.

Signore...

PANTALONE.

Tacci, furfante: sai bene ch' io ti conosco. E che cosa volete ch' io faccia di questa schiava?

BELTRAME.

Quello che a voi piace.

PANTALONE.

Io non ho che far altro che tornarla a voi.

BELTRAME.

A me? Io non voglio più questa briga; trovate pur un' altra invenzione, et accommodatevi.

PANTALONE.

Mi posso accommodar come voglio, ch' io non farò nulla, non sapendo a che fine mi ponete in questo imbroglio: di grazia, parlatemi chiaro.

BELTRAME.

E volete ch' io parli, se ci è vostro figliuolo?

PANTALONE.

E che ho che far io di mio figliuolo?

ATTO II, SCENA III.

FULVIO.

Non mi son io apposto che questo è qualch' inganno ordito contro di me?

BELTRAME.

Ma poi che così volete, la dirò chiara io.

PANTALONE.

Ditela, in buon' hora.

BELTRAME.

Scappino è venuto da parte vostra, e mi ha detto ch' il parentado nostro non si conclude, rispetto che vostro figliuolo è inamorato di questa schiava, però che io la comperassi, e ponessi in luogo segreto fin tanto ch' il matrimonio sia affettuato, che poi V. S. mi rimborserà il mio danaro, e che doppo manderà la schiava tanto lontano, che il signor Fulvio non saprà dov' ella sia, per torgli l' occasione del disgustar me e la sposa : e così ho fatto.

PANTALONE.

Vi ringrazio. Scappino è un menzognero, et io non gl' ho dato questo ordine; e quando lo mando per danari o per altro, sapete bene ch' io scrivo sempre una poliza di mia mano; però io non voglio i suoi imbrogli. Di chi è questa schiava?

MEZZETTINO.

Mia, Signore.

PANTALONE.

Toglietela, e custoditela bene, perchè se mio figliuolo la comprerà, ve la farò tornar in dietro, e vi protesto che non mi farete piacere a vendergliela : mi havete inteso?

MEZZETTINO.

Io vi ho inteso, et io vi protesto che, se vostro figliuolo o il vostro servidore manderanno sotto mano a comprarla, ch' io non voglio che sia ben venduta a loro; e se mi haveranno data caparra, vorrò che sia perduta, e mi terrò la schiava per uso ordinario di casa.

PANTALONE.

Per me mi contento, e mi farete piacere.

MEZZETTINO.

Signor Beltrame, io piglio questa chiaritura per amor vostro.

BELTRAME.

Fratello, io non la compravo per me : havete inteso come è

passato il negozio. Habbiate pazienza ancor voi : scuserà che vi dia l' intavolatura de i macharoni e la dosa delle buone torte.

MEZZETTINO.

Havete ragione : a punto questa sera io la voglio adoprare un tantino per mio conto, e voglio ch' ella meni un poco più del solito le mani per amor mio, e che mi faccia qualche cosetta di gustoso, poi ch' ella è in transito di perder casa mia. Horsù, vien quà, figliuola; andiamo, che sei fatta cavalla di ritorno.

CELIA.

Signor padrone, habbiamo fatto con le doglienze in vano, per quello ch' io scorgo.

MEZZETTINO.

Orsù, serviranno queste cerimonie per un' altra volta.

FULVIO.

O Scappino traditore, o, s' io ti posso trovare!

PANTALONE.

E tu, sai quello che ti voglio dire? tróvati questa sera di buon' hora a casa, che voglio che si tocchi la mano alla sposa; e non far ch' io habbi da dare ne i rotti, che sarà male per te.

FULVIO.

O Signore!

PANTALONE.

Che signore?

FULVIO.

Almeno datemi un poco più tempo.

PANTALONE.

Non vi è altro tempo : m' hai tu inteso? Andiamo, signor Beltrame, alla volta di piazza, che tratteremo del vestir la sposa.

BELTRAME.

Andiamo.

FULVIO.

Non la voglio, signor Beltrame : m' intendete?

BELTRAME.

Et io non ve la darò, che non la meritate : m' intendete ancor voi?

PANTALONE.

Che borbottate? che cosa dice colui?

BELTRAME.

Niente, niente.

PANTALONE.

Non guardate, Signore, al suo poco ingegno.

BELTRAME.

Anzi vi devo ben guardare.

PANTALONE.

Per amor mio, sopite le sue leggierezze.

BELTRAME.

Io le ho belle sopite.

FULVIO.

Non, sapete, no!

BELTRAME.

No, no, in lettere maiuscole!

SCENA QUARTA.

FULVIO E SCAPPINO.

FULVIO.

Ah Scappino, a me, eh? ed io lo sopporterò? Ah, non fia vero!

SCAPPINO.

E dove troverò costui hora? O, eccolo.

FULVIO.

Ah traditore!

SCAPPINO.

Hoimè, son morto! O, signor Fulvio, con la spada ignuda contro di me? ad un vostro fidato servitore?

FULVIO.

Contra ad un nemico.

SCAPPINO.

Hoimè, che dite? Frenate l'ira, per grazia, e ditemi in che v' ho offeso.

FULVIO.

O assassino, addomandalo tu alla tua conscienza.

SCAPPINO.

E dove volete ch' io trovi la mia conscienza hora? il Cielo sa dove si ritrova: eh, ditemelo voi, per grazia.

FULVIO.

Ah cane, ancora tu ti burli di me?

SCAPPINO.

Ah Signore, ah Signore, giustizia per voi, e compassione per me! Hoimè, è possibile ch' io non vi possa far sospendere quest' ira?

FULVIO.

A questo modo, assassinarmi in questa maniera! Tu non la scapperai certo.

SCAPPINO.

Hoimè, ditemi, per grazia, in che vi ho offeso; e poi fate di me, non quello che l' intelletto vostro vi somministrarà, ma quello che la giustizia comporterà.

FULVIO.

In che m' hai offeso? e ancor t'infingi? Far comprar la schiava da Beltrame, et ordinargli che la nasconda, acciò che, perduta la speranza d' haver Celia, io sia necessitato a prender Lavinia! e ti par nulla questo? Per sodisfar al vecchio, assassinarmi in questo modo! O traditore!

SCAPPINO.

Adagio, adagio! E per questo siete adirato contro me? O, respiro. Rimettete pur la colera, e lasciatemi dir la mia ragione senza farmi paura.

FULVIO.

Che ragione? Di' pur che vuoi scusarti del mancamento, e che mi vuoi far vedere d' haver fatto bene con la tua logica salvatica ma non mi ci farai star questa volta a fè : di' pur quello che sa

SCAPPINO.

È vero...

FULVIO.

Ed ecco!

SCAPPINO.

Piano! E vero parte di quello che havete detto, ma non tutto.

FULVIO.

E vero tutto, et io ho udita tutta la trama : non vi occorrono scuse.

SCAPPINO.

Ho caro che havete udito. E bene, come sta il negozio! ditelo per cortesia.

ATTO II, SCENA IV.

FULVIO.

Io mi son trovato presente quando che Beltrame voleva menar via la schiava, e mi son adirato seco, et in questo è sopragionto mio padre, e Beltrame gl' ha detto l'ordine tuo, ove mio padre ha fatto che Mezzettino pigli la sua schiava, e che non contratti più nè meco nè teco; e così sono levate le mie speranze: che dici hora, non è così?

SCAPPINO.

E vero: ma e chi vi ha fatto parlare con Beltrame?

FULVIO.

La mia buona fortuna, acciochè Celia non parta da Napoli, e ch' io conosca chi mi tradisce.

SCAPPINO.

La vostra disgrazia, acciochè perdiate quanto prima voi la schiava, et io il cervello. Havete denari voi?

FULVIO.

Che dimande sono queste?

SCAPPINO.

Dimande giuste, acciochè da voi vi accorgiate del vostro bell' ingegno.

FULVIO.

Tu vai provocando l'ira mia, e poco starà a precipitare.

SCAPPINO.

E voi m' andate attizzando la pazienza per ridurmi alla disperazione. Udite, di grazia, il mio fallo e 'l vostro antivedere. Io ho fatto comprar la schiava con astuzia dal signor Beltrame, e gli ho ordinato che la tenga nascosta; e poi ho passato accordo con la signora Lavinia, per dar colore alla cosa, che voi l' andiate a visitare come sposa, e ch' ella poi vi dia commodità di condur via la schiava; Beltrame l' ha comprata, e mentre la conducevamo via, è sopragionto il vostro bell' ingegno, et ha rovinato tutto il trattato, et ha posto me in contumacia di Pantalone, in poco credito a Beltrame, et in conto di furbo con Mezzettino, dove che non potrò mai più far colpo che vaglia: questo è l' assassinamento ch' io v' ho fatto. Castigatemi, ch' io lo merito.

FULVIO.

O Scappino mio!

SCAPPINO.

No, no, castigatemi, dico; ch' io lo merito, non perchè io habbia fatto errore a far comprar la schiava, ma perchè voglio servire uno che mi rovina l' invenzioni ch' io con tanto pericolo vado ritrovando per servirlo : no, no, merito ogni male; fate quello che volete.

FULVIO.

Io merito castigo, fratello, e non tu. Scappino, confesso l' error mio, io ho fatto male; ma da quà avanti...

SCAPPINO.

Farete male, e peggio. Orsù, operate un poco voi per l' avvenire, e fate conto ch' io non sii in questo mondo per voi.

FULVIO.

O, come tu non sei in questo mondo per me, bisogna ch' io esca dal mondo per te, perchè senza il tuo aiuto io son morto.

SCAPPINO.

Ed havete ancor animo di dire ch' io v' aiuti, et hora mi volevate uccidere?

FULVIO.

Perdonami, Scappino : la diffidenza sola è stato errore, ma del resto io non ho errato. O fratello, io vedevo condur via la donna, e vuoi ch' io pensi bene? Ah Scappino, trasformati in me, ti priego.

SCAPPINO.

Per far gilè de' merlotti, non è vero? Signor Fulvio, io non vorrei tener in mal concetto niuno; ma se vostro padre fosse stato al mio paese, come mio padre è stato al vostro, io dubitarei di mia madre, stante il gran bene ch' io vi voglio. Andate, che vi perdono, e vedrò quello ch' io potrò fare; ma avvertite...

FULVIO.

Io t' ho inteso : aprirò ben gl' occhi.

SCAPPINO.

Sì, per vedere più presto dove mi potrete guastare.

FULVIO.

No, da quà avanti ha d' andar in altro modo. A rivederci.

SCAPPINO.

Sarebbe meglio a non si rivedere sino che il negozio non fosse finito.

SCENA QUINTA.

CINTIO, E SCAPPINO [in disparte].

CINTIO.

Io non vorrei che, in tanto che s'assortiscono le lettere e che se ne fa la lista, ch' il signor Fulvio trattasse di quanto gli ho detto al suo servitore, perchè senz' altro s' avvedrebbe dei miei andamenti, e potrebbe comperare la schiava avanti di me: io l'ho quasi posto in sospetto, e quel Scappino è tanto trincato, che mi fa dubitare. O, s'io havessi un servidore come è quello, beato me! le mie cose andrebbero assai meglio. Però faccia quello che vuole Scappino e Fulvio: io la procurerò col denaro ch' io aspetto, e prima del denaro con un poco di caparra.

SCENA SESTA.

MEZZETTINO, CINTIO, E SCAPPINO [in disparte].

MEZZETTINO.

Chi è là?

CINTIO.

Amici.

MEZZETTINO.

O, servitore, patron mio.

CINTIO.

Ben trovato, misser Mezzettino. Ditemi, per grazia, non havete voi una schiava da vendere?

MEZZETTINO.

Signore sì.

CINTIO.

La volete vendere a me?

MEZZETTINO.

La venderò ad ogn' uno, fuori ch' al signor Fulvio et a quel mariolo di Scappino suo servitore.

SCAPPINO.

O, bella cosa esser in credito come son io.

CINTIO.

Ho caro che la vendiate a me, e non a quelli che cercano d'ingannarvi. Quanto ne volete?

MEZZETTINO.

Io la comprai così vestita, e così vestita ve la venderò; e per non far longhe parole, mi darete quello che mi dava il signor Beltrame, se il signor Pantalone non guastava il mercato.

SCAPPINO.

Mercè del bell' ingegno del signor Fulvio.

CINTIO.

Beltrame comprava la schiava? che domine ne volev' egli fare? Manco male ch' io sono a tempo. Quanto vi dava il signor Beltrame?

MEZZETTINO.

Dugento ducati.

CINTIO.

E dugento ducati vi darò io.

SCAPPINO.

Fulvio, buon prò vi faccia! è fatto il becco all' oca.

CINTIO.

Io aspetto hoggi dugento ducati.

SCAPPINO.

Et io è un pezzo che gl' aspetto: ben è vero che non vengono mai.

CINTIO.

In tanto eccovi dieci ducati di caparra; hoggi vi darò il resto, e voi mi darete la schiava.

MEZZETTINO.

Son contento.

CINTIO.

Ma avvertite, non la date ad alcuno, se non vedete la mi persona overo quest' anello.

MEZZETTINO.

Lasciatemelo veder bene: che cosa è questa?

CINTIO.

È il mio sigillo legato in oro; vedete la mia arma.

SCAPPINO.

Quì non v' è più rimedio.

MEZZETTINO.
Io la terrò a memoria bene.
CINTIO.
Mi raccommando, misser Mezzettino.
MEZZETTINO.
A rivederci.

SCENA SETTIMA.

SCAPPINO si lascia veder da MEZZETTINO.

SCAPPINO.
Quel sigillo m'ha sigillato tutte le mie invenzioni: hor sì ch'io son finito.
MEZZETTINO.
A Dio, misser Scappino: che fate così pensoso? Pensate forse ancora a quel vostro fratello tiratore?
SCAPPINO.
Misser no, io penso hora ad una sorella, che sta in transito di perdersi.
MEZZETTINO.
Che ha forse da venir nelle vostre mani?
SCAPPINO.
Se venisse nelle mie mani, non sarebbe perduta.
MEZZETTINO.
Almanco saria in transito dell' honore.
SCAPPINO.
Non siamo tutt' uno voi et io, e perciò nelle mie mani sarebbe sicura: olà, guardate come parlate con gl' huomini honorati.
MEZZETTINO.
Chi è honorato?
SCAPPINO.
Io, al dispetto di chi non lo crede.
MEZZETTINO.
Io credo che siate honoratissimo, anzi un huomo carico d'honore; ma non è patrimonio nè lecito acquisto, è tutto furto.
SCAPPINO.
È vero, e m'incresce che voi non habbiate mai havuto capitale

di questo, perchè mi sarei ingegnato di far qualche avanzo ancora sopra il vostro; ma zero via zero fa nulla.

MEZZETTINO.

Io ne ho a bastanza.

SCAPPINO.

Però non si vede.

MEZZETTINO.

Il cieco non giudica de' colori.

SCAPPINO.

Nè il fallito può far sicurtà.

MEZZETTINO.

E, che voi non conoscete il mio honore.

SCAPPINO.

Deve dunque esser forestiero.

MEZZETTINO.

L' honor mio è paesano.

SCAPPINO.

Ma bandito, che non si vede.

MEZZETTINO.

Voi volete la burla.

SCAPPINO.

Sì per certo adesso, ma non burlerò sempre, s' io potrò.

MEZZETTINO.

Ingegnatevi, se potete.

SCAPPINO.

S' io vedrò il tempo, voi vedrete l' ingegno; se non, pazienza.

MEZZETTINO.

Horsù, adunque io goderò il tempo, e voi col vostro ingegno goderete la pazienza.

SCAPPINO.

Io godrò la mia per sin a tanto ch' io vi faccia rinegar la vostra.

MEZZETTINO.

Voi parlate in modo ch' io non v' intendo.

SCAPPINO.

Ho caro, e così possino esser l' operazioni mie.

MEZZETTINO.

Horsù, voi siete pazzo.

SCAPPINO.

Un pazzo mi fa dir pazzo da un pazzo.

MEZZETTINO.

Mi fate ridere voi.

SCAPPINO.

Farò al contrario un' altra volta. A rivederci.

MEZZETTINO.

Ma con più cervello.

SCAPPINO.

Con più sorte sarà meglio.

SCENA OTTAVA.

BELTRAME leggendo lettere; E SCAPPINO alla lontana.

BELTRAME.

« ... Fategli rendere le sue scritture, e fatelo tornar in possesso, ch' io son sodisfatto da lui. Vi ringrazio del favore, et aspetterò d' esser commandato da V. S., per haver sicurtà di domandargli altre volte de i favori. Gli bacio le mani.

« Di Nochiera il dì... »

SCAPPINO.

Questa non fa per me.

BELTRAME.

Questa è quella ch' io aspettavo.

« Molto magnifico Signor mio osservandissimo,

« Piacerà a V. S. di sborsare dugento ducati a mio figliuolo, quali hanno da servire per vestirsi e per addottorarsi, e mettetegli alla mia partita.

SCAPPINO.

Sin adesso mi par d' haver un candelino da un tornese allumato: comincio a veder un poco.

BELTRAME.

« Priego V. S. ad esser assistente quando si addottorerà. Io ho caro che si faccia honore col solito limito de' galant' huomini, ma che non faccia da cavalierazzo, per non dar danno alla sua modestia et alla mia borsa. Intesi poi dal signor Domizio come V. S. trattava di maritar sua figliuola. Se fosse maritata, havrei caro del suo contento; ma se non fosse il trattato concluso, e che V. S. credesse che mio figliuolo fosse meritevole di questo parentado, io per me non vorrei cercar miglior partito di questo: scrivo anche a mio figliuolo in conformità di questa; e priego il Cielo che, s'è per lo meglio d'una parte e l'altra, che le cose habbino esito secondo il mio buon pensiero; et haverei gusto ch'all'arrivo di mio figliuolo io lo vedessi addottorato e maritato. Aspetto subito risposta, e gli bacio la mano.

« Di Benevento, ecc. »

O, questo sarebbe a mio gusto!

SCAPPINO.

Et a mio proposito.

BELTRAME.

Mia figliuola vede volontieri questo giovine, et io haverei caro di compiacerla, haverei gusto di non la dare a quel puzza-zibetto del signor Fulvio, che pare che mia figliuola sia così mostruosa, che sia d'esser abborrita e non amata; io non posso digerire ch'uno mi dica in faccia: « Non la voglio; » questo è troppo poco conto ch'egli fa della casata Benforniti; ma s'io potrò, egli non l'haverà.

SCAPPINO.

Quest'è un principio di mar placato, che m'invita a far il mio viaggio.

BELTRAME.

Io non voglio dir nulla a mia figliuola; ma lasciarò la lettera sopra la tavola: so che la sua curiosità gliela farà leggere, e forse il negozio si disponerà senza mio fastidio.

SCAPPINO.

Sarò anch'io buon sollecitatore.

BELTRAME.

Voglio andar in casa e mostrar d'esser turbato, per darle occasione ch'ella, per saperne la cagione, legga la lettera subito.

SCAPPINO.

Andate in buon'hora. Il sentir i fatti de gl'altri alle volte è un grand avantaggio; se bene delle volte si sente quello che non si havrebbe voluto sentire: ma questa volta a me mi è un lume che mi mostra una strada molto agevole.

SCENA NONA.

CINTIO, E SCAPPINO in disparte.

CINTIO.

In somma, la felicità di questo mondo è sempre accompagnata con qualche disgusto. Hora dimmi, Fortuna, come vuoi tu ch' io faccia a levar questi dugento scudi da Beltrame, se sopra la stessa lettera mio padre scrive ch'io procuri d' haver la signora Lavinia per consorte? E quello ch' è peggio, mi dice d' haver scritto ancora al signor Beltrame di questo negozio; onde s' egli havrà caro il mio parentado, come credo (non havendo gusto, per quello ch' intendo, che le nozze di Fulvio seguino), mi sarà alla vita in modo, che non havrò tempo di scusarmi; e il dir di no non è conveniente per rispetto dell' amicizia nostra e per il merito della giovane, oltre l' esservi il commandamento del padre; e il dir di sì è contro ogni mio gusto: a tale che io son confuso, e non so a che risolvermi. O misero me!

SCAPPINO.

O Fortuna, scrolla il capo, ti priego: che s' io non m'attacco a' primi capelli che io vedrò sciolti, voltame le spalle per sempre, ch'io ti perdono.

CINTIO.

S'io havessi un amico fidato, io vorrei mandar la lettera di cambio e far riscuoter i danari per terza persona, mostrando necessità de' soldi et un impedimento grande in quest' hora; e per dargli speranza del matrimonio, fargli dire ch' io ho bisogno di parlargli di cosa che molto importa, ma in tempo commodo a tutti due: ma chi mi potrà far questo servizio fedelmente?

SCAPPINO.

(Hora mi par tempo di far frutto.) O meschino me! Pazienza, scrivete quest' azione nel libro de i vostri fatti heroici. Servitore, signor Cintio.

CINTIO.

A Dio, Scappino. Dove vai così turbato?

SCAPPINO.

Fuggendo disgrazie e cercando ventura.

CINTIO.

Che disgrazie? Che cosa vi è di nuovo? E dove è il signor Fulvio?

SCAPPINO.

Il signor Fulvio sta troppo bene, e meglio starà da quà avanti, che non havrà più Scappino che s'opponga a'suoi gusti.

CINTIO.

Oh, oh! sdegno e martello?

SCAPPINO.

Io non so di martello nè di tenaglie per me: so ben ch'io non lo servirò mai più, se bene credessi di morire di fame.

CINTIO.

O, la cosa è rotta fuor di modo! Mi dispiace, perch'egli ti voleva bene, e tu lo servivi con grand'affetto. Qualche grand' accidente è stato questo che ha rotto quest'amicizia.

SCAPPINO.

Eh, le straccie vanno all'aria, come dice Lombardo: pazienza!

CINTIO.

Si potrebbe sapere la cagione di questa separatione?

SCAPPINO.

Signor sì: questa avviene dall'haver due padroni contrarii di pareri, che l'uno dica: « Va là; se non, ch'io ti spezzo le braccie, » e l'altro che dice: « Sta quà; se non, ch'io ti rompo il capo. »

CINTIO.

O, questa è una mala cosa.

SCAPPINO.

Il signor Pantalone ha inteso come suo figliuolo non vuol pigliar per moglie la figliuola del signor Beltrame, perchè è inamorato d'una schiava, et ha imposto a me ch'io trovi rimedio a questo negozio. Io, per sodisfar al vecchio et a quello che mi è parso giusto, havea preso per ispediente di far comprar quella schiava dal signor Beltrame, e farla allontanare sin tanto ch'il signor Fulvio si trovasse privo di speranza di quella e prendesse la signora Lavinia; in questo è arrivato il signor Fulvio, ed ha sconcertato il tutto, et ha posto mano alla spada contro di me, e mi ha seguitato per tutta rua Catalana.

ATTO II, SCENA IX.

CINTIO.

Non t'ha già arrivato?

SCAPPINO.

Signor no, lui; ma la spada m'ha giunto qualche volta di piatto. Che dite, Signore? vi pare ch'io habbi ragione?

CINTIO.

Per certo sì; ma il signor Pantalone non consentirà che tu parta dalla sua servitù, e vi troverà rimedio.

SCAPPINO.

Il rimedio è unguento d'alabastro o biacca per ungermi le ammaccature.

CINTIO.

E, dico rimedio che 'l figliuolo stia ne' suoi termini.

SCAPPINO.

Stiasi pur come vuole: io non ho possessioni confinanti alla sua, e però non voglio manco i suoi termini.

CINTIO.

O, tu muterai pensiero come t'è passata la colera.

SCAPPINO.

O, s'io mi muto, che possa io perder gl'occhi che vedo.

CINTIO.

O, tolga il Cielo! (La cosa è fondata sopra la verità: di già so ch'il signor Beltrame voleva comprar questa schiava, talchè io mi potrei quasi servire di costui nel mio negozio.) Dimmi un pocco, Scappino, faresti volontieri una burla al signor Fulvio?

SCAPPINO.

Oimè Signore! dir ad un goloso se gli piace la vitella a rosto! Chi non lo sa? dire ad un offeso a torto se farebbe volontieri vendetta, questo è un invitarlo a nozze.

CINTIO.

Ti si presenta un'occasione di disgustar Fulvio e di far servizio a Pantalone.

SCAPPINO.

Oimè! o che non sarà vero, o che mi sogno.

CINTIO.

È vero e non è sogno: hor' a punto la fortuna ti fa cader la palla in mano, se la saprai giuocare.

SCAPPINO.

S'io non la saprò giuocare, che la fortuna mi facci restar

senza palle acciò che io non giuochi più, ch' io gli perdono. In che posso servir Vostra Signoria e consolarme?

CINTIO.

To' questa lettera, e va dal signor Beltrame, e fatti dare dugento scudi da parte mia, e digli che stai meco; e perchè ti possa credere, to', mostragli questo anello, qual è il mio sigillo benissimo da lui conosciuto, e digli ch' io non son andato in persona rispetto al grande affare ch'io ho, perchè mi sono stati dati hor hor i punti.

SCAPPINO.

I punti? e dove? alle calzette o alle scarpe?

CINTIO.

Eh! balordo, i punti che danno gl' elettori dello studio per addottorar le persone.

SCAPPINO.

Io non sapeva che vi bisognassero punti. Che domine! devono esser ciabattini o rappezzini da scienze questi officiali?

CINTIO.

Messer sì, cucitori da lettere. E digli che domani o l'altro ho poi da trovarmi seco per cosa che molto importa a tutti due, e che Sua Signoria deputi l'hora e dove habbiamo a trovarsi insieme.

SCAPPINO.

Tanto farò. Ma dove è questa vendetta ch'io ho da fare contro il signor Fulvio?

CINTIO.

Io voglio poi che con questi dugento ducati vadi da Mezzettino, e che tu riscuoti la sua schiava, e che tu la conduca a casa mia. Che ne dici? Non è questo un trafiger il cuore al signor Fulvio et un contento che darai a Pantalone?

SCAPPINO.

Oimè, oimè, ch' io temo ch' il tempo non mi fugga, e che Mezzettino non faccia esito mentre ch'io riscuoterò i danari. Oh, Signor, oimè, mi manca il fiato dall' allegrezza. Io voglio star con V. S. e vi voglio servir tre anni senza salario per questa grazia che mi fate.

CINTIO.

Starai meco per modo di provisione, e per l'avvenire parleremo poi; ma in tanto fa questo servigio come si deve.

SCAPPINO.

Io non so mai come rendervi di questo beneficio le dovute grazie, e però accettate il buon' animo. O questo sì che è uno stratagemma da far dar del capo nelle mura a chi non se lo pensa. Signor, V. S. resterà maravigliato di me che non passerà troppo; questo servizio è più mio che 'di V. S.: di grazia, lasciate tutta la cura a me; e poi chi si lamenta, suo danno.

CINTIO.

Va pure, riscuoti i danari, e poi ci parlaremo.

SCAPPINO.

Vado. (Subito mi è nata l' invenzione: costui non vuol esser veduto da Beltrame nè vuol parlar con Lavinia; buono: mi farò dare campo franco da negoziare.)

CINTIO.

Veramente un animo sdegnato fa gran cose, e le battiture dispiacciono insino a' cani; ma il signor Fulvio è quasi stato autore de' suoi proprii disgusti, e non s' haverà da dolersi nè di Scappino nè di me, quando si vedrà privo di quella schiava.

SCENA DECIMA.
LAVINIA e CINTIO.

LAVINIA.

Scappino m'ha detto in isfuggendo sotto voce che Cintio è in istrada. Oh eccolo! — Servitrice, signor Cintio.

CINTIO.

Oimè, m'ha veduto. — Servitore, signora Lavinia.

LAVINIA.

Ho veduto Vostra Signoria dalla finestra, e, per l' affezione ch'io le porto, trapasso il decoro di giovane da marito col lasciarmi spingere dall' affetto sino a gl' estremi confini della modestia, e sono venuta quà alla porta per farle riverenza; la priego adunque a prender in grado questo mio ardente affetto, e non me lo ascrivere a isfacciataggine.

CINTIO.

O, questo è troppo a' miei meriti, Signora.

LAVINIA.

Forse troppo al vostro gusto: he, pazienza! Se V. S. vuol

venir in casa, mio padre ne havrà consolazione; e credo che egli habbia da ragionare con V. S. per certe lettere venute hora dal vostro signor padre.

CINTIO.

Io lo so; ma hora non ho tempo di tratenermi molto, e perciò ho mandato Scappino per un mio bisogno dal signor Beltrame, acciochè la penuria del tempo non mi facesse commetter qualche mala creanza di lasciar il negotio ch'io ho da trattar seco imperfetto: e poi è cosa da non trattarsi così in isfuggendo.

LAVINIA.

E forse non havete voluto venir in casa nostra perchè non vi è soggetto riguardevole; ma se fosse in altro luogo, forse tutti gl'affari si diferirebbono: pazienza! Ma sentite, Signore, tal'hora si suol mirare anche ne gl'oggetti di poca stima, per conoscer da i contrarii i più meritevoli: mirate dunque me brutta e sgraziata, ch'io servirò per far discerner meglio la bellezza, la grazia della vostra inamorata.

CINTIO.

Ringrazio Vostra Signoria dell'honesto modo che ella tiene in darmi del balordo. O che io ho conoscenza del bello o no: s'io conosco il bello, conoscerò anche V. S. per bellissima; e s'io non lo conosco, non occorre ch'io facci parallello di bellezza. Vostra Signoria mi dipinge amante, et io non so d'esser tale, nè oserei di presumer tanto. Io povero scolare, privo di quei talenti che si ricercano per captar benevolenza dalle fanciulle, chi volete che sia quella che ponga cura a me? Io vado per le strade come vanno certi cagnacci che non sono da caccia, che corrono per li prati e per le campagne: in cambio di far preda, spaventano gl'uccelli e le salvaticine; tale a punto son io: io vado per le strade, e in cambio di farmi un'amante, faccio fuggir le fanciulle dalle porte e dalle finestre; e se Vostra Signoria non si parte hora da me, n'è cagione l'amicizia de' nostri genitori: del resto passerei seco la medesima sorte.

LAVINIA.

Signor, il mio modo non è di far parer Vostra Signoria di poco ingegno, ch'io non ho arte tale da sostentar il falso per vero; ma le maniere di Vostra Signoria son bene per farmi parer pazza, poichè tanto stimo meritevole Vostra Signoria: o forse è un modo il vostro di star su le difese, per levar l'occasione di corrispondere a chi v'adora et ama. Eh Signore, non bisogna dar nome di brilli a i diamanti ove sono gioiellieri, perchè si offendono troppo. Io, per haver letto molto, so per scienza che cosa sono proporzioni di membri uniti con vaghezza de' colori, e che cosa siano nobili portamenti intrecciati con le grazie: ma sì come voi non mi conoscete atta alla distinzione del bello al brutto, così mi dovete conoscere immeritevole dell'amor vostro, e così si fa a chiarire le pazze che troppo presumono come son' io: anche quelli che non vogliono prestar danari, dicono di non ne havere o d'haver fatto un sborso poco fa: però, pazienza!

CINTIO.

Vostra Signoria vuole ch'io commetta mancamento in ogni modo: o vuol ch'io tenghi lei per adulatrice, o ch'io mi confessi superbo di quelle perfezioni ch'ella dice che sono in me, o vuol ch'io confermi d'esser ignorante a non le conoscere, o pur avaro in nasconderle e non parteciparne a chi le merita. Signora mia, mi ponete in confusione con i vostri concetti.

SCENA UNDECIMA.

FULVIO, CINTIO, SCAPPINO dietro, E LAVINIA su la porta.

FULVIO.

Non mi par esser vivo lontano da Scappino. Ma ecco il signor Cintio con la signora Lavinia. — Servitore, signor Cintio, bon prò vi faccia.

LAVINIA.

O sia maledetto chi ha mandato costui quà!

CINTIO.

Signor Fulvio, V. S. non mi tenghi nè per isfacciato nè per mal creato s'io parlo quà con la signora Lavinia, perchè ho negozio col suo signor padre, et ho commissione dal mio genitore di salutarla a suo nome, ed hora cominciava a far il debito mio; ben è vero che se V. S. non sopragiongeva così presto, ch'io mi voleva rallegrar seco del matrimonio che si tratta tra V. S. e lei.

FULVIO.

Bene, bene, non parliamo di matrimonio, che sono cose che maneggiano i nostri padri, e 'l Ciel sa quello che sarà; e forse la signora Lavinia gradirebbe più V. S. che la mia persona.

LAVINIA.

Signore, perdonatemi: io havrò caro quello che 'l Cielo mi destinerà, e che concluderà il mio signor padre. V. S. mi farà grazia, signor Cintio, di ringraziare il suo signor padre, com' io ringrazio lei dello scommodo che per me s'ha tolto.

SCAPPINO.

La fortuna ha mandato quì costui per far che quest' altro non parta mai, ed io non potrò fare il fatto mio. Hem! Hem!

CINTIO.

L'obligo mio è di servirla, e rescrivendo farò quant' ella mi commanda.

FULVIO.

(Scappino mi fa cenno, e credo che dica ch' io rompa con quest' occasione il parentado.) Che dite, signor Cintio, delle cortese maniere di questa giovane? Non farebbono inamorar un insensato marmo?

CINTIO.

Per certo sì.

SCAPPINO.

Hem!

FULVIO.

(E pur m'acenna!) Signore, s'io vi do noia, io men' anderò.

CINTIO.

I pari di V. S. non apportano mai noia.

FULVIO.

(Par che dica ch'io dii delle ferite a costui.) Se non a Vostra Signoria, forsi alla signora Lavinia.

LAVINIA.

Il decoro mio non mi concede di trattenermi più su la porta. Servitrice, Signori.

SCAPPINO.

Hem!

FULVIO.

No, no, partirò io, ch'è di dovere. (Scappino mi pone in confusione.) V. S. resti pure.

SCAPPINO.
O vengh' il cancaro alla bestia!
CINTIO.
Signora, il signor Fulvio parte, et io non gli voglio dar gelosia: Vostra Signoria ha veduto come era confuso, che pareva fuori di se. Servidore.
LAVINIA.
Il Ciel perdoni a chi l'ha mandato quà: non poteva venir a peggior punto per me.

SCENA DUODECIMA.

SCAPPINO fuori di casa, E LAVINIA.

SCAPPINO.
E bene, non vi ho dato io campo da parlare? Io ho fatto contar tre volte i soldi a vostro padre per trattenerlo.
LAVINIA.
Io vi ringratio, Scappino; ma ho goduto poco il mio bel sole, perchè è sopragiunta quella nuvolaccia del signor Fulvio, che m'ha privata di consolazione, onde posso dire:
A pena vidi il sol, che ne fui priva.
SCAPPINO.
Chi non può quel che vuol, quel che può voglia.
LAVINIA.
Come sarebbe a dire?
SCAPPINO.
Che Roma non si fabricò tutta in un giorno; e chi non vuol haver pazienza, ha poi spesse volte disgusto; lasciatemi levar la causa, ch'io levarò poi l'effetto. Io non vi prometto nulla sin tanto ch'io non ho riscosso questa schiava. Andate in casa, e trattenete un poco vostro padre per mezz'hora, che non esca di casa, acciò che non mi dia impaccio, ch'io vedrò di servirvi in piedi in piedi.
LAVINIA.
Volontieri: mi raccommando, Scappino, e mi pongo nelle vostre braccia.
SCAPPINO.
E le mie braccia vi serviranno a tutto lor potere, e così ogni

altra mia cosa che vi possa dar gusto. Orsù, non vi è tempo da perdere.

SCENA DECIMATERZA.

SCAPPINO E MEZZETTINO.

SCAPPINO.

Olà.

MEZZETTINO.

Chi è là? O, siete quà, sollecitatore della concupiscenza?

SCAPPINO.

Misser Mezzettino, son ben disgraziato con esso voi: che cosa v'ho mai fatto che mi fa tener da voi in così mal concetto?

MEZZETTINO.

Non m'havete fatto nulla, perchè non v'è venuto taglio; ma se la sentinella dormiva, il posto era preso.

SCAPPINO.

Qual posto?

MEZZETTINO.

E, ch' innocentino! Qual posto? La schiava, quella ch'il vostro padrone fa seco l'amore, e che voi vorreste comprar senza soldi.

SCAPPINO.

Havete torto. Il signor Fulvio l'haverebbe tolta a credenza, et io gli sarei stato sicurtà; ma non senza soldi.

MEZZETTINO.

O bella sicurtà! voi l'haveresti assicurato sopra i vostri feudi.

SCAPPINO.

Piano, ch' al mio paese ho de' beni stabili, et anche quà: quelli del paese sono sassi tanto grossi, che non si possono movere; et i stabili di quà sono ch' io ho stabilito di far una burla ad uno, e son risoluto di fargliela, e gli la farò se non cade il cielo.

MEZZETTINO.

A me non la farete certo, e stabilite quanto volete; ma io non ho voglia di burlare. Che volete da me?

SCAPPINO.

La schiava.

ATTO II, SCENA XIII.

MEZZETTINO.

O, bello! voi siete venuto quà per farmi ridere; ma guadagnarete poco col fatto mio, ch'io non sono prencipe da donare habiti. Eh, misser Scappino, vogliono esser soldi; e poi non basta, perchè non la voglio dar al vostro padrone.

SCAPPINO.

E perchè? non ne havete ricevuto la caparra?

MEZZETTINO.

Horsù, vaneggiate: la caparra io l'ho havuta dal signor Cintio, e non dal vostro padrone.

SCAPPINO.

O, vedete s'io vaneggio o s'io parlo a proposito: io sto con il signor Cintio, ed egli è che mi manda da voi a sborsarvi i soldi et a prender la schiava; il signor Fulvio m'ha strapazzato, et io ho mutato padrone; e che sì che direte ch'anche questa è una furberia!

MEZZETTINO.

He, se non è, non sarebbe manco giudizio temerario a dubitarne; che quando un medico va ogni giorno ad una casa, s'una persona stimasse che colà vi fossero infermi, non farebbe grand' errore, perchè farebbe presupposto commune. Voi siete tanto uso a questi negozi aromatici, che si può dubitar o del vostro habito o della vostra natura.

SCAPPINO.

Veramente l'habito mio non è molto buono e val pochi soldi; la natura poi m'inclina, come fa ad ogn'uno. Ma che dite? mi volete dar la schiava?

MEZZETTINO.

Dove sono i soldi?

SCAPPINO.

Eccovi quà cento novanta ducati; diece n'havete di caparra, che fanno dugento: e questo è l'anello col sigillo del mio padrone. Che dite hora che son io?

MEZZETTINO.

O, sarebbe da ridere, che voi foste huomo da bene.

SCAPPINO.

Sono e sarò sempre, e voi m'offendete a torto; ma l'esperienza vi chiarirà.

MEZZETTINO.

Fratello, perdonatemi: faceva errore.

SCAPPINO.

Sì come fate adesso, dovevate far prima: chiarirvi, e poi dir la verità, e non parlar con presupposto di bugiarda fama.

MEZZETTINO.

Paesano mio, ogni huomo è atto a fallare; ma da quà avanti vi terrò in buon concetto.

SCAPPINO.

Farete anch'errore del sicuro, se non lo fate.

SCENA DECIMAQUARTA.

SCAPPINO, MEZZETTINO, e CELIA.

MEZZETTINO.

Celia?

CELIA.

Signore.

MEZZETTINO.

Figliuola, dopo il tuono spesso viene la pioggia. Tuono di venderti fu quello con il signor Beltrame; ma venne la tramontana del signor Pantalone, che subito la fe sparire. Hora non vi è più scampo: ecco il vento di Levante di misser Scappino, che vi ha comprata e vi vuol menar via, lasciando me nella pioggia delle lagrime per la vostra partenza.

SCAPPINO.

Mi piace che parlate con concetti marinareschi.

MEZZETTINO.

Eh, pratico spesso il mare, e non è maraviglia ch'io m'intenda di qualche vento.

CELIA.

Misser padrone, ben era presaga di questa vendita, che sono due giorni ch'io non ho il cuore contento. Horsù, pazienza: quest'è cosa che ha da succedere o una volta o un'altra; voi havete bisogno di trafficare i vostri soldi, et havete ragione. Messer Mezzettino, a Dio.

MEZZETTINO.
Hoidè, hoidè, hù hù hù.
SCAPPINO.
Horsù, basta: andiamo.
MEZZETTINO.
A Dio, cara figliuola, hù hù hù.
CELIA.
Messer Mezzettino, s'io v'ho dato fastidio, perdonatemi.

SCENA DECIMAQUINTA.

BIRRO, MEZZETTINO, CELIA, e SCAPPINO.

BIRRO.
Olà alto alla corte! Chi è messer Mezzettino di voi?
MEZZETTINO.
Io: perchè?
BIRRO.
Togliete questa carta. Io vi sequestro in mano tutto quello che havete del signor Cintio: danari, gioie, anelli, et in particolare una schiava nomata Celia, sotto pena di cinque cento ducati.
SCAPPINO.
Questo non è tuono nè pioggia: è tempesta, che coglie sopra la mia possessione avanti che si suonano le campane.
MEZZETTINO.
O poveretto me!
BIRRO.
Qual è la schiava? questa?
MEZZETTINO.
Birrissimo Misser sì.
BIRRO.
Mandatela in casa hor hora.
MEZZETTINO.
Và in casa, figliuola disgraziata, et obedisci la signora Giustizia.
SCAPPINO.
Disgraziato son io, o ch'io partecipo della disgrazia di Fulvio.

BIRRO.

Andatevi ancor voi a farle compagnia per buon rispetto.

MEZZETTINO.

Volontieri: o meschino, io vado. A Dio, Scappino.

SCAPPINO.

Adagio: e i miei soldi?

MEZZETTINO.

Ma credo ch'i danari siano sequestrati con la schiava e con la mia persona: non è così, Misser giustiziatore?

BIRRO.

Così è, et avvertite bene al fatto vostro.

MEZZETTINO.

No, no, non m'usciranno di mano al certo: cappe! ho troppo paura della Giustizia.

SCAPPINO.

Ma, a che proposito la Giustizia vuol sequestrare il mio, s'io non ho a far seco, nè i danari sono di messer Mezzettino?

BIRRO.

Io non so tante cose: per me, ho fatto l'ordine che mi è stato imposto; se voi vi pretendete offeso, riccorrete alla Giustizia. E voi, avvertite bene; se non, la Giustizia procederà contro di voi.

MEZZETTINO.

No, no, che la Giustizia proceda pure con pari suoi, e non mi dii fastidio a me: se bene che senza fastidio non si tratta con la Giustizia. Scappino, mi raccommando. Manco male che voi non perdete altro ch'i denari; ma io meschino, che perdo la libertà e forse anche la vita, hù hù hù.

BIRRO.

Et io perdo tempo, e non vado a far la relazione.

SCAPPINO.

Et io perdo il denaro, il credito, e il cervello. O meschino, se qualche amico non mi consola, quest'è la volta ch'io fo qualche pazzia.

ATTO TERZO.

SCENA PRIMA.
SCAPPINO.

Io non oso d'andare alla Vicaria per intendere chi ha fatto far quel sequestro, per haver la conscienza maculata. Io sono mentito servidore del signor Cintio, e poco reale del signor Pantalone; e non vorrei esser trovato colà nè dall'uno nè dall'altro, per non haver da inventar menzogne e per non potergli dire la verità. Se il signore Cintio intende il successo, vorrà rimediarvi, e non può rimediare al sequestro se non mi leva la schiava, ed eccomi più imbrogliato che mai. O povero Fulvio, io per me credo che questo giovane sii figliuolo bastardo di Pantalone e figliuolo legitimo della disgrazia. Quest'è stato troppo il grand'accidente: haver la schiava pagata, esser di già fuori di casa di Mezzettino, haverla io nelle mani, e perderla! Quest'è cosa da far impazzare ogni galant'huomo. Il Cielo sa dove si trova adesso Fulvio. Eccolo a punto tutto allegro. O meschino! la sua letitia procede dalla fede ch'egli ha delle mie operationi; ma non so che far io: la mia fortuna è troppo picciola da contrastare con la sua gran disgrazia.

SCENA SECONDA.
SCAPPINO E FULVIO.

SCAPPINO.
Signor Fulvio, e dove andate così allegro?
FULVIO.
Non in altro luogo che cercando il mio caro Scappino, per fargli parte di quell'allegrezza che quasi mi trabocca dal cuore.
SCAPPINO.
E ch'allegrezza è questa? havete forsi trovato il *lapis philosophorum?*

FULVIO.

Che *lapis?* tu vai dietro alle burle. Odimi, e poi stupisci: io ho fatto quello che mai ti sapresti immaginare.

SCAPPINO.

Bisogna che habbiate fatto qualche cosa che stia bene.

FULVIO.

Lo credo. Ma dimmi tu prima: che facevi in casa del signor Beltrame dietro a quella giovane, quando m'accennavi?

SCAPPINO.

Un servizio per vostro conto: e perchè questo?

FULVIO.

Per bene: perchè da quei cenni m'è sovvenuto l'invenzione d'haver il gusto ch'io ti vo' poi narrare. Ma che dici tu? non l'intesi alla prima, quando mi facevi cenno?

SCAPPINO.

A me par di no. Tuttavia ditemi: che intendeste voi?

FULVIO.

O, tu m'accennavi ch'io facessi questione col signor Cintio.

SCAPPINO.

Hoimè meschino! e che havete forsi fatto questione con quel giovane?

FULVIO.

No ancora, ma l'havrò posto in obligo di farla. Ma non mi facevi cenno ch'io menassi le mani con la spada?

SCAPPINO.

Non, in tanta buona hora: accennava che diceste ch'io non dimorava più vosco, e che m'havevate mandato via a furia di piattonate.

FULVIO.

Et io intendeva che volessi ch'io facessi rumore, e poi ch'io me ne andassi.

SCAPPINO.

Signor no': voleva che lo faceste partir lui, per poter far il fatto mio. Ma ditemi per grazia, che cosa havete fatto voi? ch'io moro di voglia di saperlo.

FULVIO.

Bene, bene.

SCAPPINO.

E meraviglia.

ATTO III, SCENA II.

FULVIO.
Non ti dubitare ch'io t'havrò aiutato, se bene non t'intesi.

SCAPPINO.
Non mi potevate aiutar in altro, se non col tacere e far il fatto vostro.

FULVIO.
Orsù, si dà l'offizio, ma non la discrezione.

SCAPPINO.
Io non ho mai havuto intenzione di darvi altro che l'offizio, per non seminare nell'arena.

FULVIO.
Dove non v'è tempo di consiglio ogni aiuto è buono. Io ho trovato la più bell'invenzione che si possa trovare acciò che Cintio non habbia la schiava.

SCAPPINO.
E che bella cosa havete voi inventato? dite, caro padrone.

FULVIO.
Io mi trovava creditore di quindeci ducati guadagnati sopra il giuoco a questo giovane.

SCAPPINO.
Havevate un capitale di soldi, ch'io non lo sapeva.

FULVIO.
Ma è ben vero ch'io ne restava poi da far dieceotto al signor Domizio della Fravola.

SCAPPINO.
Mi maravigliava che vi fosse avanzo.

FULVIO.
E il signor Domizio doveva dare alquanti carlini al signor Cintio, et haveva detto: « Io menerò buon' i vostri a lui, e faremo poi conto, » e così restò il conto senza aggiustamento. Hora che pensi tu che cosa habbi fatto?

SCAPPINO.
Una delle vostre.

FULVIO.
Certo ch'io l'ho fatta, ma bella.

SCAPPINO.
Oimè, me la fate digerire con la volontà, avanti ch'io l'habbia gustata: ditela presto, in cortesia.

FULVIO.

Io havevo inteso ch'il signor Cintio haveva dato caparra a Mezzettino per la schiava: « Ma, dic'io, quà non v'è tempo da perdere, » e subito sono andato alla giustizia, et in virtù di quei soldi io ho fatto sequestrare la schiava e i danari in mano a Mezzettino; e così tanto che si litigherà, haveremo tempo d'haver danari, e la schiava sarà mia.

SCAPPINO.

Che? siete voi che havete mandato quel sequestro?

FULVIO.

Misser sì: che dici hora? chi son io?

SCAPPINO.

Chi siete? hor hora lo direte voi. Udite: io haveva trovato invenzione col signor Cintio d'esser partito da voi con delle busse; sono stato a riscuoter per lui dugento ducati, et haveva i danari e segnale del suo sigillo; sono stato a riscuoter la schiava, e mentre ch'io l'haveva fuori di casa per condurla nel fondaco per voi, è arrivato il sequestro, et io ho perduto la schiava, i danari, il credito, e quasi il cervello. Che dite hora chi siete? Voi non favellate? Ditelo, ditelo!

FULVIO.

Oimè, una bestia.

SCAPPINO.

E così restate. A rivederci.

FULVIO.

E che? tu ne vuoi andare?

SCAPPINO.

E che volete dal fatto mio? voi sapete trovar dell'invenzioni da voi, e non havete più bisogno di me.

FULVIO.

Scappino, non mi schernire, per grazia, che pur troppo mi procuro il male e le beffe da me.

SCAPPINO.

Ma, caro padrone, io non so più quello che vogliate dal fatto mio. Per amor vostro io vado invitando la berlina, lusingando la frusta, e trescando con la galera: e non vi basta, e che volete? ch'io faccia salto maggiore? O, certo no per adesso; son pover huomo, e se non mi volete in casa vostra, non mi mancheranno padroni: io non voglio saper più di schiave nè di schiavine.

FULVIO.

E ti soffrirà il cuore d'abbandonarmi nel maggior bisogno? Io ho fatto errore, è vero, ma non sono entrato nella tua invenzione; è stato uno spirito che mi è nato di far una cosa bella da me, per haver qualche lode dal fatto tuo; ma non è riuscita: pazienza.

SCAPPINO.

Non solo non v'è riuscita, ma la vostra inventione incerta ha rovinato la mia certa.

FULVIO.

È vero; però il danno è più mio che tuo, poichè tu operi per mio servizio.

SCAPPINO.

È verò ch'io opero per voi, ma il rischio è mio; e scoprendosi (come so che succederà, non potendo star celato il mal fare longo tempo), la pena tutta caderà sopra di me.

FULVIO.

Horsù, quà non v'è tanto gran male; il caso non è ancora disperato; e adesso è 'l tempo d'aiutarmi: fratello, ora si vedrà chi ha ingegno, e si conoscerà chi è Scappino.

SCAPPINO.

E, non ho bisogno di questi ingrandimenti io: lasciatemi star, per cortesia.

FULVIO.

Oimè, voi tu condannarmi a morte per così lieve errore?

SCAPPINO.

E chi vi vuol condannar a morte?

FULVIO.

Se tu desisti dall'impresa, io morirò o di dolore o di disperazione. Si perdonano gl'errori di malizia a chi si pente: o, vedi tu se debbono perdonarsi quelli dell'inavvertenza. Eh Scappino, mi son pentito: horsù, vedo che tu mi perdoni, io ti ringrazio.

SCAPPINO.

Voi ve la fate, e voi ve la dite: o, siete il gran lusinghiero. Andate a far il fatto vostro, di grazia, e non v'intrigate più in quest'affare.

FULVIO.

Io vado, Scappino mio, hà, hà, hà.

SCAPPINO.

Voi ridete: e che mi burlate?

FULVIO.

No fratello: io rido di quella bell' invenzione che tu hai di già trovata per consolarmi.

SCAPPINO.

Qual invenzione?

FULVIO.

Quella ch'hai nel pensiero.

SCAPPINO.

E ch'invenzione è questa che voi sapete avanti di me?

FULVIO.

Non la so, ma stimo così tra me che deve esser bellissima, perchè conosco il tuo bell' ingegno.

SCAPPINO.

O, che vi vegna...! che quasi l'ho detto. Voi v'allegrate del figliuolo maschio inanzi che sia generato. Di grazia, partitevi; se non, mi farete scordar quello che ho da fare. — Gran cosa è voler bene! io non gli so dir di no senza rossore di viso; anzi, quello che la bocca niega, il cuor promette: di già ho pensato il modo d'aiutarlo.

SCENA TERZA.

SCAPPINO, BELTRAME, e LAVINIA.

SCAPPINO.

O, di casa.

BELTRAME.

Lavinia, guarda un poco: questa mi pare la voce di Scappino.

LAVINIA.

Io vado. O, Scappino. E bene? siete tornato con qualche buona risposta, o pure con qualche invenzione per trattenermi nella solita speranza?

SCAPPINO.

Non vi dubitate, Signora, ch'io non prometto se non quello

che voglio fare; ma alle volte il volere è oppresso del non potere.

LAVINIA.

Il mio amore è una pianta, qual non è abbarbicata nel terreno della certezza, ma si mantiene, perchè voi l'inaffiate di promesse; e non può dimorar gran tempo in tale stato; si consumerà anche quel poco verde della speranza, e perirà, se non fate presto: deh per grazia, non mi fate tanto languire.

SCAPPINO.

Signora, non tutte le fortezze si prendono con assalto: alcune se ne prendono con inganni, altre con assedio, et altre per danari. Io sono quà per far uno stratagema con il vostro aiuto, e ridurre le promesse in effetti. Quel poco ingegno ch'io ho, lo porrò tutto in opera; ponete ancor voi il vostro aiuto: e così il negozio andarà avanti, e tra tutti due faremo qualche frutto.

LAVINIA.

Vedete dove vi posso aiutare.

SCAPPINO.

Il signor Cintio è in procinto di comprar con quei danari ch'io ho riscosso la schiava di Mezzettino, e la potrebbe prender per consorte: io vorrei che vostro padre facesse levar un tal sequestro che ha.

BELTRAME.

Che cosa v'è di nuovo, misser Scappino?

SCAPPINO.

A punto ragionavo con vostra figliuola di quel signor Cintio che fece riscuotere i danari, i quali intendo che gli vuol sprecare in una schiava che ha Mezzettino in potere; e di già l'haverebbe riscossa, se non fosse che è stata sequestrata la schiava et i soldi in mano al detto Mezzettino, quale è disperato, per il timor grande che egli ha della giustizia, e chiede per pietà d'esser liberato.

LAVINIA.

Eh, questo giovane ha poca voglia di far bene. Che! comprar schiave? e che ne vuol egli fare? Farebbe meglio a studiare et addottorarsi, e dar gusto a suo padre. Eh giovine senza ingegno! comprar schiave! è forsi egli qualche prencipe? Eh, mio padre farà bene che Mezzettino non contratterà con questo povero pollastraccio, che non sa che cosa sia il vivere del mondo. Vedete, questa compra è una vanità, o ch'egli la compra per boria o per qualche inhonesto amore: in qual si voglia modo è mal fatto, e mio padre non lo comporterà.

BELTRAME.

Ah Madonna figliuola, e che menar di lingua è questo? e che pensi ch'io non sappia parlare? a che proposito voi tu ragionar per me? che creanza è questa?

LAVINIA.

Signore, perdonatemi, l'honor vostro mi fa parlare: V. S. è suo tutore, è raccomandato a voi; e se il giovine commette qualche mancamento, suo padre lo attribuirà tutto alla poca custodia vostra et al poco amore che gli portate, e dirà che non haverebbe fatto egli così con esso voi.

BELTRAME.

O, mi pare che tu te la pigli molto calda per questo giovane.

LAVINIA.

Io? Perdonatemi, parlo per l'obligo che V. S. tiene in virtù dell'amicizia con suo padre, che del resto a me non importa nulla.

BELTRAME.

Non t'importa niente, eh?

LAVINIA.

Niente; ma la riputazione vostra vuole che non gli lasciate comprar quella schiava.

BELTRAME.

Questo è il punto.

SCAPPINO.

Eh, ella dice quello che la natura gli porge: e poi chi vol pensar ad altro vi pensi.

LAVINIA.

A punto: so che V. S. ha giudizio, e che non comporterà che si effettui questa compra.

SCAPPINO.

Quì cantò Meliseo.

BELTRAME.

Mi sapresti tu dire da che procede che mia figliuola s'ingerisca tanto in questo negozio, parlandone con tanto affettato affetto?

SCAPPINO.

Io? no: il mio talento naturale non arriva sino dove gli rode nè dove forsi le coce questo negozio.

BELTRAME.

Io lo so.

SCAPPINO.

E da che viene?

BELTRAME.

Dall'esser lei inamorata di questo signor Cintio.

SCAPPINO.

O, mi direste ben di nuovo.

BELTRAME.

È così al sicuro; e che ciò sia vero, sta ad udire, ch'io la voglio far uscir fuori da sua posta.

SCAPPINO.

Starò ad udire.

BELTRAME.

Veramente tu dici bene, figliuola: se questo giovine facesse qualche sproposito, suo padre potrebbe dar la colpa alla mia mala custodia.

LAVINIA.

E del certo.

BELTRAME.

Ma è ch'io temo di peggio con questo giovine: mi vien detto che ogni notte egli va vagabondando, ove potrebbe una volta e un'altra tornar a casa non molto sano, poichè l'andar di notte in comitiva fa che l'uno facci insolente l'altro; ma voglio rimediarvi.

LAVINIA.

Farete molto bene.

BELTRAME.

Io non voglio che egli stia più in quell'alloggiamento con quegl'altri scolari, perchè vedo che porta pericolo; e com'uno è buono, vien burlato da gl'altri; e tal volta si fa quello che non s'ha voglia, per aderire a gl'altri: però io lo voglio tirar in casa nostra ad alloggiare.

LAVINIA.

O, questo sì che sarebbe bene.

BELTRAME.

Hà, hà, che dici?

SCAPPINO.

Io dico che sarà anche bene, perchè vostra figliuola saprà poi quando sarà dentro e quando sarà fuori di casa, se qualche persona addimanda d'esso.

BELTRAME.

Ma che camera gli daremo noi? Quella che è vicina alla tua sarebbe commoda?

LAVINIA.

Commodissima.

SCAPPINO.

Al manco questa non è noce da far cadere con le pertiche che se ne viene da sua posta.

BELTRAME.

Se non che v'è quel pergolato che lieva il lume; e poi è tanto vicino alla tua, che ti darebbe fastidio, sentendolo studiare, perchè gli scolari si levano a buon'hora.

SCAPPINO.

Io credo che non gli darebbe fastidio, manco se si levasse a mezza notte: non è vero?

LAVINIA.

A me no, ch'io ho il sonno tanto profondo, che non mi desterebbe manco il tuono; mi copro, e poi: « Buona notte, pagliariccio. »

SCAPPINO.

Quest'è il bello, star coperta, e lasciar fare a chi ha da fare.

BELTRAME.

Sarebbe più commoda la tua; ma mettere due letti in quella camera, l'ingombrabbero troppo: che dici?

LAVINIA.

O, gli rinonziarò la mia camera, che s'accommoda.

BELTRAME.

Io non ti voglio levar dal tuo luogo.

LAVINIA.

Eh, in camera meco! Signor padre...

BELTRAME.

Eh perchè? è tanto modesto!

ATTO III, SCENA III.

LAVINIA.

Per certo sì, ma non è già nostro parente da tirarlo nella propria camera; se bene che V. S. l'ama da figliuolo, io non credo però che fusse lecito: ma tuttavia fate voi.

SCAPPINO.

Eh, presupporre che vi sia fratello, et accettarlo per quel fratello caro et amato.

BELTRAME.

Che dici?

LAVINIA.

Io non porrei mai la lingua in tal negozio.

SCAPPINO.

Ned io tan poco.

BELTRAME.

Ah sfacciata senza ingegno! e dove ti lasci tu portar dal senso?

LAVINIA.

E perchè mi sgridate?

BELTRAME.

Ti pare bella cosa acconsentire ch'un giovine forestiero venga in casa d'una giovine da marito? e che vorresti tu che dicesse il vicinato, di'?

LAVINIA.

Ma V. S. me lo proponeva, et io mi fidava del giudizio vostro, e condescendeva, perchè sono obediente.

BELTRAME.

Diceva così per provarti.

SCAPPINO.

O, questo è provare un gatto affamato se sa far la guardia a lardo.

LAVINIA.

Ma e perchè provarmi? Ben può V. S. anche farmelo condurre nella camera, che a voi sta il fare che sia lecito: so che V. S. m'intende.

SCAPPINO.

O, nota, dotto.

BELTRAME.

Va in casa.

LAVINIA.

Anderò, Signore, ma....

BELTRAME.

Zitto, abbassa quegl' occhi, e va in casa. Che ne dici, Scappino?

SCAPPINO.

Dico che mi par ch' ella porta affezione a quel giovine, e che non è gran cosa ch' ella habbia condesceso a tirarlo in casa, poichè nelle città come è questa vi sono delle case che vi stanno due e tre famiglie, ove spesso vi sono gioveni e giovinette. Ella è sdrucciolata un poco nella camera vicina; ma se l' ha passata bene con dire: « Potete far che sia lecito, » volendo dire: « Fate che mi sia marito. » Orsù, Signore, fate di lei quello che vi par meglio; ma in tanto Vostra Signoria vada un poco a far levar quello sequestro. Servidore di V. S.

BELTRAME.

Così farò.

SCENA QUARTA.

BELTRAME e MEZZETTINO.

BELTRAME.

O, di casa?

MEZZETTINO.

Chi è là?

BELTRAME.

Amici.

MEZZETTINO.

Che amici?

BELTRAME.

Sono Beltrame. Olà, che voce languida è questa? Misser Mezzettino, una parola.

MEZZETTINO.

Perdonatemi, Misser Beltrame, non posso uscire.

BELTRAME.

E che havete le mani in pasta?

MEZZETTINO.

Sto in modo che non mi posso muovere.

BELTRAME.
E che cosa havete?
MEZZETTINO.
Cosa tale, che non posso venire.
BELTRAME.
E che siete storpiato?
MEZZETTINO.
Peggio, Signore.
BELTRAME.
Ma in buon' hora, fate ch' io sappia almeno quello c' havete.
MEZZETTINO.
Sono sequestrato.
BELTRAME.
Come sequestrato? siete sequestrato in casa?
MEZZETTINO.
Non so : se bene ch'io son sequestrato tutto.
BELTRAME.
Aprite la porta, e non uscite voi, se siete sequestrato in casa.
MEZZETTINO.
Ma credo che sia sequestrata anche la porta.
BELTRAME.
O, mi fate ridere; voi siete ben balordo : e come si sequestrano le porte?
MEZZETTINO.
Eccomi, ma avvertite che s'io cado in pena alcuna, che ne siete cagione voi.
BELTRAME.
Ove è il sequestro?
MEZZETTINO.
È quì in scarsella.
BELTRAME.
Mostratemelo un poco.
MEZZETTINO.
Come mostrarlo, s'egli è sequestrato?
BELTRAME.
O, questa sì che è da scemo! Il sequestro è sequestrato anch' egli! Siete così ignorante? o pur fate il balordo per qualche vostro interesse?

MEZZETTINO.

Io non sono mai stato in questo intrico: mio padre morì disgraziatamente per giustizia, et io con l'essempio suo mi sono avilito in modo, che vedendo i birri mi pare d'esser legato.

BELTRAME.

E come morì vostro padre?

MEZZETTINO.

Lo strozzorono per haver fatto la sentinella.

BELTRAME.

Doveva haver fatto qualche segnale al nemico o passato qualche accordo seco.

MEZZETTINO.

Anzi che fu impiccato per esser troppo fedele.

BELTRAME.

Io ciò non intendo, se non parlate più chiaro.

MEZZETTINO.

Faceva la sentinella mentre che certi suoi compagni rompevano una bottega, acciochè la corte non sopragiongesse; et uno invidioso del ben altrui gli diede la querela, e per far servizio al suo prossimo fu col prossimo mandato in Picardia.

BELTRAME.

Veramente queste sono certe carità che non chiedono altra ricompensa. E voi che cosa havete fatto?

MEZZETTINO.

Niente di male, ch'io sappia, e per niente son ridotto a questo passo, hù, hù, hù.

BELTRAME.

Non piangete: siete voi così pusillanimo? È vergogna un huomo come voi siete, pratico del mondo, dare in queste bassezze.

MEZZETTINO.

Do nelle bassezze per tema di dare nell'altezze e rimaner per aria. È una mala cosa l'esser stato pronosticato a far il fine del padre e cominciare la giustizia venirmi a casa; il mal comincia spesso dal poco, e quel poco s'avanza tanto, che tira le persone alla morte: la giustizia ha cominciato, non so dir altro.

BELTRAME.

Mostratemi, di grazia, questo sequestro.

ATTO III, SCENA IV.

MEZZETTINO.

Toglietelo voi fuori di scarsella, che io non voglio preterire l'ordine della signoria Giustizia : ma avvertite a quello che voi fate.

BELTRAME.

Lasciate la cura a me.

De mandato magnæ curiæ Vicariæ.

MEZZETTINO.

Chi ha mandato alcuna vigliaccaria?

BELTRAME.

A proposito! non dice vigliaccheria, dice d'ordine della gran corte della Vicaria : non sapete che cosa è Vicaria in Napoli?

MEZZETTINO.

Signor sì : dove sono gl'incarcerati; ed ecco che questo è un principio di disgrazia. O Cielo, aiutatemi.

BELTRAME.

Fermatevi.

Ad instantiam domini Fulvii de Bisognosis.

MEZZETTINO.

Signor no, Signor no, io non ho fatto instanza al signor Fulvio ; è lui che voleva la mia schiava : il signor Pantalone ha torto a mandarmi la giustizia a casa.

BELTRAME.

Piano, piano, ch'il signor Pantalone non vi fa torto, nè dice che habbiate fatto instanza al signor Fulvio.

Sequestretur omne per illud quod reperitur penes domino Mezzettino,...

MEZZETTINO.

Io non ho raparito nè rapito nè penne nè pennacchi a nissuno : la giustizia è mal informata.

BELTRAME.

Tacete in buon'hora, che non parla nè di rapire nè di rubare.

..... uti bona pertinentia ad dominum Cinthium Fidentium....

MEZZETTINO.

Non è vero, io non ho fatte impertinenze al signor Cintio ; io gl'ho parlato sempre con ogni riverenza.

BELTRAME.

Se voi non havete pazienza, non la finiremo mai. Non intendete, e però tacete.

.... *scholarem Beneventanum; videlicet aurum et argentum,*...

MEZZETTINO.

Sono dugento ducati d'oro, et io non ho argento suo, e non l'ho rubati, che sono per il ricatto della schiava.

BELTRAME.

In buon' hora.

.... *et in specie*....

MEZZETTINO.

Io non ho spezie.

BELTRAME.

Non parla di vostre spezie. Achetatevi, dico.

.... *mancipiam unam captivam:*...

MEZZETTINO.

Che mi vogliano por una mano in ceppi perch'è cattiva? e qual mano ho io cattiva?

BELTRAME.

He non vi turbate, che non dice così. Udite.

.... *cum declaratione quod ipse non possit amplius eam tenere neque possidere,*...

MEZZETTINO.

Ch'io non possa più sedere? ohimè, son rovinato! o meschino! è impossibile ch'io possi star sempre in piedi.

BELTRAME.

O pazzo, non dice che non possiate sedere; dice che non possi possedere.

.... *neque in pedibus,*...

MEZZETTINO.

Nè anco in piedi? o poveretto me, son morto!

BELTRAME.

Voi mi volete far perdere la pazienza. Fermatevi in buon' hora, che starete sentato e in piedi come vorrete voi.

.... *ut dicitur, alienum constituere; et quod fieret in contrarium fiat frustra.*

MEZZETTINO.

O, questa sì ch'io l'ho intesa, e non me la imbrogliarete:

ATTO III, SCENA IV.

contrarium frustra vuol dire che mi frusteranno per le contrade.

BELTRAME.

Voi mi volete fa morir di ridere : o che voi dubitate de' vostri meriti, o ch'interpretate a forza di paura.

MEZZETTINO.

E, Signore, voi non volete esser quello che mi dia la cattiva nova; ma io intendo per discrezione.

BELTRAME.

O, se v'intendeste tanto di mangiare, non occorrebbono maestre di torte o musiche di macharoni. Datevi pace et habbiate pazienza, ch'io legga il tutto.

Et hæc sub pœna ontiarium auri centum,...

MEZZETTINO.

Che mivogliono ongere in cento?

BELTRAME.

A proposito! Le onze d'oro sono un valor di moneta, e credo che sia cinque ducati d'oro un'onzia.

....regio fisco applicandarum.

MEZZETTINO.

Che mi vogliono appiccare al fresco? O poveretto me! o mia madre, che trista novella intenderete dell'unico vostro figliuolo! Almanco si potesse saper perchè.

BELTRAME.

Eh quietatevi, che non vuol dir così, no.

MEZZETTINO.

Eh *apicandarum :* ho inteso benissimo.

BELTRAME.

Applicandarum dice, e non *apicandarum,* da applicarsi al fisco, da dare alla corte : intendete?

Registratum per publicum notarium.

Mosettinus Calera.

MEZZETTINO.

O, questa non si può già dir più chiara: Mezzettino in galera.

BELTRAME.

Maidesì, voi diventarete pazzo tra la vostra interpretazione e la vostra paura. *Mosettinus* vuol dir *Moisè* in diminutivo, come

Battista Battestino, Carlo Carlino; e *Calera* è una casata Spagnuola.

MEZZETTINO.

Io non voglio mai andar in Spagna, per l'augurio di tal casata. Ma in che linguaggio è scritta quella carta?

BELTRAME.

In latino.

MEZZETTINO.

Deve dunque venir questo sequestro dal paese de' Latini, et io non so dove sia.

BELTRAME.

Il paese de' Latini è l'Italia, e il sequestro è fatto quà nella Vicaria di Napoli.

MEZZETTINO.

Ma a che proposito colui va scrivere in latino, s'egli è Italiano? e lo manda ad un Italiano? questo è un sproposito o un inganno.

BELTRAME.

E, no, fratello: è un costume così fatto per rispetto de gli altri paesi.

MEZZETTINO.

Horsù, non so come si sia: basta! Ma ditemi, se vi piace: che contiene questo sequestro?

BELTRAME.

Che voi non diate nè danari nè roba nè schiava al signor Cintio, sino che egli non habbi sodisfatto il signor Fulvio d'un non so che danari che deve havere.

MEZZETTINO.

E non altro? e non v'è pericolo nè di frusta nè di galera?

BELTRAME.

No, poveretto.

MEZZETTINO.

Hor sia lodato il Cielo! mi sento hora così leggiero, che mi pare di caminar per l'aria: io voglio far un salto d'allegrezza.

BELTRAME.

Venite meco, che io vi voglio far levar il sequestro.

MEZZETTINO.

Che siate voi benedetto! Ma non v'è già pericolo ch'io contrafacci a gl'ordini della signora Giustizia, no?

BELTRAME.

No, fratello : venite alla Vicaria, ch' io vi voglio anche far fare un precetto in faccia.

MEZZETTINO.

A che proposito mi volete far guastar la faccia? Io non vo' nulla in faccia : voglio il mio viso intatto, o bello o brutto che sia.

BELTRAME.

Io non vi voglio guastare la faccia : voglio farvi far un commandamento che non debbiate contrattare più col signor Cintio, e che ogni contratto resta invalido; e dico « in faccia », cioè senza mandar scritture a casa.

MEZZETTINO.

A mano a mano non potrò trattar con niuno : il signor Pantalone non vuole ch' io contratti con suo figliuolo nè con Scappino; Vostra Signoria, con il signor Cintio : sì che mi converrà presto presto partir da Napoli.

BELTRAME.

Il contrattar con figliuoli di famiglia è pericoloso ed incerto. Venite meco, andiamo.

MEZZETTINO.

Vengo; ma andate adagio, che m' è rimaso un poco di reliquia di sequestro in questa gamba, che mi tiene l' andar veloce. Horsù, passa, passa.

SCENA QUINTA.

FULVIO, CINTIO facendo questione, PANTALONE, E SCAPPINO; E SPACCA alla lontana.

SCAPPINO.

Fermatevi, fermatevi.

SPACCA.

Olà, si fa questione?

CINTIO.

A me quest' affronto?

PANTALONE.

Fermatevi, Signor Cintio.

SCAPPINO.

Fermàtevi, Signor Fulvio.

PANTALONE.

Fermatevi, dico, abbassate l'armi, e ditemi la cagione della vostra rissa.

SPACCA.

Oimè, Fulvio e Cintio?

CINTIO.

Io mi fermo, ma vostro figliuolo s'è portato male con me.

PANTALONE.

Che cosa v'ha egli fatto?

CINTIO.

Io haveva sborsato dugento ducati per comprare una schiava, ed egli me gli ha fatti sequestrare per quindeci ducati ch'egli pretende da me; ma non le ho da dar nulla.

PANTALONE.

Che danari hai tu d'havere da questo gentil'huomo?

SPACCA.

Non vi è ferraioli da buscare in questo rumore.

FULVIO.

Quindeci ducati ch'io gli vinsi al gioco l'altro giorno, e non me gli vuol dare.

CINTIO.

Il signor Domizio ve gl'ha fatti buoni sopra dieciotto che voi gli dovete dare a lui.

FULVIO.

Io son huomo da pagar i miei debiti, senza che niuno le paghi per me.

CINTIO.

Pagateli dunque, e levatemi di parola col signor Domizio, ch'io pagherò poi voi.

PANTALONE.

Fermatevi, caro Signore, per grazia. E tu vai al giuoco? e ti ha dato l'animo di giocare quindeci ducati? o forfante! E poi vai a far fare un sequestro ad un tuo amico, che non ti deve dar nulla? e di più por man all'armi contro di lui? O scelerato!

FULVIO.

Signore, io l'ho fatto per ben suo: ho fatto far quel sequestro non tanto per il danaro, quanto perch' egli non getti i soldi del suo dottorato in una schiava, et acciò ch' egli non dii disgusto a suo padre con queste sue leggierezze.

PANTALONE.

O, che possi crepare. Tu voi regolare le case altrui? tu voi dar precetti di economica? Va, ti regola tu, bestia senza ingegno, che non sai dove habbi il capo. O, guarda chi compassiona il disgusto del padre de gl' altri! uno che continuamente transgredisse gl' ordini paterni. Signore, io vedo per il mio conoscere che ella è più prudente assai che l' età non ricerca, e perciò oserò di pregarla di condonare il mancamento fatto da mio figliuolo alla passione che forsi egli ha di quella schiava.

CINTIO.

Io sono quà per registrare il mio potere al libro del vostro volere : io gli rimetto ogni offesa come non ricevuta, ed iscuso nel signor Fulvio quello che haverei caro che fusse iscusato in me.

PANTALONE.

Vostra Signoria mi favorisca di dargli la mano in segno di pace, e poi si compiaccia di venir meco alla Vicaria, ch' io gli farò levar il sequestro.

CINTIO.

Signor Fulvio, io non vorrei che l' amor di quella schiava vi facesse dimenticare l' amicizia nostra.

FULVIO.

O, questo no mai; ma il presupposto ch' io ho fatto dal vostro utile m'ha fatto trascorrere tanto oltre. Però V. S. mi iscusi.

CINTIO.

Signor, vi sono servidore, e so che quello c' havete fatto lo conoscete, e ciò mi basta.

SCAPPINO.

Signore, havete inteso come è stato il negozio : se non era il signor Fulvio, io menava la schiava a casa.

CINTIO.

A casa di chi? del signor Fulvio?

SCAPPINO.

Di Vostra Signoria.

CINTIO.

Horsù, torna pure col tuo padrone, ch'io t'ho posto in opera a bastanza.

SCAPPINO.

Come commanda V. S.

PANTALONE.

Che cosa vi dice colui sotto voce? Vostra Signoria non se ne fidi molto, poichè egl'è il turcimano di mio figliuolo.

CINTIO.

Me ne vado assicurando.

SPACCA.

In questo negozio v'è intricato Scappino.

SCENA SESTA.

PANTALONE, SCAPPINO, CINTIO, CELIA alla finestra, **FULVIO, E SPACCA.**

PANTALONE.

E tu va a ritrovar hor hora un fabro, e fa porre una toppa o serratura a questa porta davanti al fondaco, ch'io non voglio che tu dorma più in quelle camere per guardia di quelle robe vecchie, ch'io voglio levar la commodità di far contrabandi la notte a mio figliuolo.

SCAPPINO.

O, Vostra Signoria mi comincia a circoncidere credito.

PANTALONE.

No, no fratello : il fidarsi è da galant'huomo, e il non fidarsi è da huomo prudente. Tu hai troppa simpatia con mio figliuolo, e non vorrei che si facesse lecito, con la scusa della gioventù o dell'amore, qualche cosa che urtasse nel sproposito e che ne cagionasse poi un maggiore in me. Fa far quello ch'io ho detto quanto prima.

SCAPPINO.

Hor vado.

PANTALONE.

E tu vien meco a far levar il sequestro. Signor Cintio, vi piace di venir ancor voi?

ATTO III, SCENA VI.

CINTIO.

Io vado a dir una parola ad un mio amico, e poi mi troverò anch' io verso la Vicaria. Servidore. (Mi è parso di vedere la schiava alla finestra: io voglio star in agguato per questi contorni, e vedere s'io potessi scoprire qualche adito a' miei contenti.)

SPACCA.

Questa è stata una questione asciutta: le spade di questi giovani si debbano purgare che non ponno far disordine.

CELIA.

O galant'huomo, quà, quà, guardate ad alto.

SPACCA.

Questa non parla meco, e se parla meco, non mi conosce.

CELIA.

Messere! quì, quì.

SPACCA.

Ah Signora, che mi commandate?

CELIA.

Conoscete messer Scappino, servitore del signor Fulvio Bisognosi?

SPACCA.

Signora sì.

CELIA.

Fatemi un piacere, per grazia: ditegli che quando egli havrà trovato un magnano, che venga quà d'intorno, perch' io voglio che mi faccia aprire questa camera, acciochè io possa andare seco dove egli sa; ma che stii all'erta, che Mezzettino non sia in casa: intendete?

SPACCA.

Io vi servirò volontieri.

CELIA.

Non farete piacere ad un'ingrata; mi raccommando.

SPACCA.

O, quest' è un altro imbroglio: costei vol fuggirsene con Scappino; e se la giustizia se n' avvede, overo che Mezzettino ne dia querela, eccoti Scappino in transito di galera.

CINTIO.

Io leverò il pericolo a Scappino: io sono innamorato di

questa giovane, et io mi travestirò da fabro, e la levarò di quella casa, poichè la giustizia non potrà procedere contro di me come farebbe contro di Scappino.

SPACCA.

E perchè con Vostra Signoria no, e con Scappino sì? Siete forsi famigliare della Giustizia?

CINTIO.

Io non sono nè famigliare nè domestico; ma è che la schiava è mia, havendo di già sborsato il ricatto a Mezzettino.

SPACCA.

E perchè non ve la fate dare da Mezzettino senza prenderla di furto?

CINTIO.

Perchè un amico di mio padre non vorrebbe ch'io la comprassi, e credo che Mezzettino sia stato pregato a non venderla a me dall'istesso amico.

SPACCA.

Orsù, V. S. dunque vadi a travestirsi e la levi, ch'io non cercherò altro.

CINTIO.

Questo a me non basta : io vorrei che mi facesti piacere di non palesare questo fatto nè a Scappino nè al signor Fulvio, poichè essi trattano pur questo negozio, et accorgendosi di me s'attraversarebbero al mio gusto.

SPACCA.

Io non dirò nulla.

CINTIO.

Caro voi, fatemi questo piacere : ad ogni modo il signor Fulvio non la può havere, perchè suo padre l'impedisce; et io ve n'haverò obligo.

SPACCA.

V. S. non dubiti, che resterà servita.

CINTIO.

Eccovi mezza patacca : andate a bere il greco per amor mio.

SPACCA.

Io vi son schiavo, padrone mio; e se bene il vino fa parlare, io ne berrò tanto, ch'io m'addormenterò, e così tacerò anche per forza.

SCENA SETTIMA.

SPACCA E SCAPPINO.

SPACCA.

Io voglio bilanciare qual pesa più, o la mezza patacca o l' amor di Scappino, et appigliarmi al meglio.

SCAPPINO.

Spacca, che fai?

SPACCA.

Bilancio.

SCAPPINO.

Che cosa? il cervello con la borsa? o l' honor con l' utile? Dimmi la verità: tu hai fatto qualche mariolaria.

SPACCA.

O, tu m' hai in cattivo conto: se tu fussi giudice, mi condannaresti senza esaminare testimonii.

SCAPPINO.

Io non potrei condannarti, perchè non si può esser giudice e parte.

SPACCA.

Tu dici la verità. Scappino, io t' haverei da palesare una cosa; ma non posso, ch' io mi sono legato di parola in presenza d' un testimonio da vinticinque grana.

SCAPPINO.

Sto fresch' io! come, non vaglio più di vinticinque grana?

SPACCA.

Taci un poco, per grazia, e lasciami far i miei conti. Celia mi ha detto che quando venirà Scappino per far por la serratura sopra la porta del fondaco, che gli dica che vada da lei, che se il suo padrone non sarà in casa, vuol far aprire la porta della sua camera et andarsene con Scappino; et il signor Cintio sentendo quest' ordine ha detto che vuol far egli questo furto, e che non debba dir nulla a Scappino nè a Fulvio: io gli voglio osservar la parola, non tanto per la mezza patacca che mi ha dato, quanto ch' io devo servire chi merita. Retirati tu, che non voglio che senti i fatti miei.

SCAPPINO.

Volontieri. Io voglio andar hor' hora a rimediare ad un inconveniente per far servizio al mio padrone. Di grazia, Spacca, perdonami s'io non posso trattenermi teco.

SPACCA.

Va pur a far i fatti tuoi, e non stare a tentare i segretari. Io potrò giurare di non haver detto nulla di questo fatto a Scappino.

SCENA OTTAVA.

FULVIO E SPACCA.

FULVIO.

Spacca, che fai?

SPACCA.

Caro Signore, sono quà imbrogliato, perchè una schiava vuol fuggire dal suo padrone, et uno vuol fingere un magnano e menarla via; et io son pregato a tacere, e non dir nulla a Scappino; e Scappino, senza che io gli habbia detto nulla, dice che vi rimediarà.

FULVIO.

Che schiava? che magnano?

SPACCA.

Signore, io son obligato d'osservare il silenzio, e non voglio dire che la schiava stia in questa casa, nè che quello che si vuol travestire sia uno che ha sborsato dugento ducati per haverla, e che gli siano stati sequestrati i danari e la schiava, perchè mancherei di parola: perdonatemi, in cortesia, ch'io voglio serbar la fede a chi l'ho data. Io mi parto.

FULVIO.

La schiava che sta quà? senz'altro ella è Celia: il magnano de li dugento ducati e del sequestro è Cintio, s'io non fallo; ma costui dice di non haver detto cosa alcuna a Scappino: e come Scappino ha detto di remediarvi? Hoimè, le cose sono così confuse, ch'io non so come guidarmi: io non mi posso ingegnare per amor di Scappino, e pur vedo la cosa rovinata.

SCENA NONA.

MEZZETTINO e FULVIO.

MEZZETTINO.

Io sono liberato dal sequestro, ma non sono affatto liberato dalla giustizia, che l'avversario ha pur voluto farmi intricare con precetti. O, siete quà, Signor?

FULVIO.

Al vostro servizio.

MEZZETTINO.

Io ho ordine dalla signora Giustizia di non contrattare con voi nè col signor Cintio: per tanto vi prego a lasciarmi viver in pace, e non impedirvi della mia schiava.

FULVIO.

Almeno fatemi piacere di non la vendere ad alcuno per otto giorni, ch'io spero in virtù de' miei prieghi far condescender mio padre alle mie voglie, caro il mio Mezzettino.

MEZZETTINO.

Signore, mi fate pietà; ma non vi posso sodisfare, perchè la mercanzia delle schiave è mercanzia viva e può morire, e non è come il vino, l'olio, il formaggio, che quanto più invecchiano sono migliori, che le donne quanto più invecchiano più calano di prezzo; e poi è una mercanzia che alle volte magna non solo guadagno, ma anche il capitale: perdonatemi, Signore, io la voglio dar via quanto prima, e trafficar i miei soldi.

FULVIO.

Se morirà, morirà per me; e s'invecchierà, mio danno: io vi farò buono quello che spenderete nel suo vitto.

MEZZETTINO.

Signor Fulvio, voi non la volete intendere: non voglio inimicarmi con vostro padre, nè voglio aspettar altro che i miei soldi.

FULVIO.

Non la volete dar a me per darla al signor Cintio?

MEZZETTINO.

Vi dico che ho precetto di non contrattar con esso lui ancora, e ch'io non glie la darò.

FULVIO.
E, gliela darete bene.
MEZZETTINO.
Non gliela darò già.
FULVIO.
Egli se la prenderà.
MEZZETTINO.
Che se la prenderà? E dove siamo? nel bosco di Baccano?
FULVIO.
Non ve la torrà per forza, ma la prenderà con inganno.
MEZZETTINO.
Et io starò avvertito.
FULVIO.
Avvertite quanto volete, ch' egli sarà vestito da magnano che non lo conoscerete, e come voi andarete fuori di casa, ed esso verrà a levar la serratura, e ve la condurrà via al vostro dispetto: e non si potrà dir furto, perchè ve l' havrà pagata. Ma questo è forsi vostro concerto, per non parer di far contro gli ordini che ve ha fatto far il signor Beltrame; ma s' io me n' accorgerò, haverete poi a far meco.
MEZZETTINO.
Io non ho concerto con niuno, e ringrazio Vostra Signoria dell' avviso: ma se me la farà, sarà un grand' huomo.

SCENA DECIMA.

SCAPPINO da magnano, MEZZETTINO, e FULVIO.

SCAPPINO.
O, chi conza chiave, chiave?
MEZZETTINO.
O, galant' huomo!
SCAPPINO.
O fortuna, costui è quà! Passarò di longo.
MEZZETTINO.
O, maestro, volete mutar un poco una serratura quà?
SCAPPINO.
Non ho tempo adesso.

MEZZETTINO.
E perchè andate gridando, se non volete lavorare.
SCAPPINO.
Vado cercando da lavorar per domani: hoggi ho da fare.
FULVIO.
Accostatevi, e levategli la barba rimessa.
MEZZETTINO.
A, galant'huomo!
FULVIO.
Ah signor Cintio!... Oimè, che vedo?
MEZZETTINO.
A, non vi è già riuscita: o, mi guarderò da quà avanti. Signor Fulvio, io vi ringrazio dell'avviso.
SCAPPINO.
Ah, che siete voi quell'huomo di conscienza che ha fatto la carità d'avvisare Mezzettino? o siate benedetto!
FULVIO.
Io sono stato assassinato da Spacca, o Scappino! sono stato tradito, fratello! Spacca m'ha detto che il signor Cintio era vestito da magnano, e che voleva menar via la schiava; ed io per far bene ho avvisato Mezzettino.
SCAPPINO.
Spacca ve l'ha detto?
FULVIO.
Messer sì.
SCAPPINO.
E come ve l'ha detto, se lui havea giuramento di non scoprir questo fatto a niuno?
FULVIO.
Non me l'ha detto chiaro; ma io l'ho compreso per circonscrizione.
SCAPPINO.
Nel suo parlare havea nominato Scappino?
FULVIO.
Sì, ma ha detto : « Scappino non lo sa, ma dice che vi rimedierà. »
SCAPPINO.
O, questo bastava, quest'era segno ch'egli haveva parlato in zifera meco o in metafora, come haveva fatto con voi.

FULVIO.

Ma, Scappino, non si può già indovinare tutte le cose!

SCAPPINO.

Che occorre indovinare, se voi non havete da far cosa in questo negozio? Ma io credo che voi farete pur male quand'anche non farete nulla. O meschino me! io vo gridando « conza serrature », e voi andate gridando « a romper invenzioni »!

FULVIO.

O poter del mondo! ogn'huomo vi saria caduto a quell'inganno. Ma tu mi poni in tanto spavento, ch'io temo d'ogni cosa, e dubito che, dormendo, in fin'a i sogni non mi travaglino, credendo di non romper qualche invenzione.

SCAPPINO.

Se le lenzuola fossero di stratagemme, per certo che dormiresti da Gallo. Andatemi via da gl'occhi, per grazia.

FULVIO.

Bisognerà ch'io mi bandisca da Napoli senz'altro.

SCAPPINO.

È l'importanza ch'io non so se la disgratia sii la sua o la mia, quella che distrugge le mie machine. Mi facci la disgrazia quello che vuole, ch'hio ne voglio veder il fine.

SCENA UNDECIMA.

SPACCA e SCAPPINO.

SPACCA.

E bene, come t'è riuscito il negozio?

SCAPPINO.

Quale?

SPACCA.

Quello ch'io non t'ho potuto dire.

SCAPPINO.

A, quello che non ho potuto effettuare.

SPACCA.

E perchè?

SCAPPINO.

Perchè il mio padrone ha fatto la carità d'avvisar Mezzettino, pensando che il signor Cintio v'andasse lui travestito.

SPACCA.

Horsù, questa se gli può perdonare.

SCAPPINO.

Eh sì, se non havesse havuto ordine da me di non parlar con Mezzettino nè con altri per conto della schiava.

SPACCA.

O, che vuoi tu fare? Scusalo, di grazia, et aiutalo: egli è tanto buon giovine, che mi fa pietà vederlo travagliato.

SCAPPINO.

Vuoi tu aiutarmi in un'altra invenzione?

SPACCA.

Io sì, volontieri.

SCAPPINO.

Vieni meco nel fondaco, ch'io ti travestirò, e farò finger un messo del padre della schiava per haver tempo da negoziare

SPACCA.

Andiamo pure.

SCENA DUODECIMA.

CINTIO da magnano, MEZZETTINO, E PANTALONE.

CINTIO.

O, chi vuol far conzar chiave, chiave?

PANTALONE.

O, mastro, mastro, una parola.

CINTIO.

Che volete, Signor?

PANTALONE.

Ponete un poco quà una serratura forte, e levate questa vecchia, ch'io vi pagherò.

CINTIO.

Io non ho cosa a proposito: venirò domani a vederla.

PANTALONE.

Voi dite di non haver cosa a proposito, e non guardate manco la porta, e chinate il capo: e che temete di non esser sodisfatto?

CINTIO.

E, credo ogni cosa, ma non ho lavori adesso per Vostra Signoria. O, chiave!

MEZZETTINO.

O, magnano, magnano.

CINTIO.

O poter del mondo! costui è in casa, e questo altro m'impedisce: voglio partire.

MEZZETTINO.

Fermatevi, maestro, ch'io vi voglio mostrare certi lavori.

CINTIO.

Venirò poi domani.

MEZZETTINO.

Vedetegli solo: sono in casa mia; non havete da far viaggio nè da perder tempo.

CINTIO.

Vediamoli. (Scuserà pigliar la prattica della casa.)

MEZZETTINO.

Costui è un furbo. Signor Pantalone, guardate un poco. Ah signor Cintio, a me quest'eh? togliete la vostra barba. Signor Pantalone, fermatevi, per cortesia, quì.

PANTALONE.

Volontieri.

CINTIO.

Signor Pantalone, m'havete rovinato: se V. S. non mi tratteneva, io passavo di longo e non era scoperto da costui.

PANTALONE.

Caro Signor, io havevo bisogno d'un fabro, e non m'haverei mai pensato una leggierezza tale in un vostro pari: però dell'error vostro vi sia questo rossore il pagamento.

CINTIO.

Amore ha fatto far di peggio a persone più gravi di me.

MEZZETTINO.

Togliete, questi sono li dugento ducati; io ve gli restituisco in presenza del signor Pantalone: il sequestro è levato, et io ho ordine della signora Giustizia di non contrattar più con voi sotto pena di perder la mercanzia. Però fate il fatto vostro, e lasciatemi in pace, per cortesia.

PANTALONE.

Signore, non fate più questi mancamenti all' esser vostro; attendete allo studio, che non vi mancheranno donne belle e degne della vostra condizione.

CINTIO.

Ringratio V. S. Horsù, le cose mi si vanno attraversando: sarà meglio ch'io mi disponga al voler del padre; ma non so come far questo passaggio così di repente. Se lo sdegno o l'impazienza non mi serve per mezzo, io durerò fatica a far questo tragitto : ma faccia il Cielo!

SCENA DECIMATERZA.

SCAPPINO, SPACCA, MEZZETTINO, E FULVIO.

SCAPPINO.

Tu sei informato del tutto : dàgli la lettera, ch'io t'aspetto nel fondaco.

SPACCA.

Lascia fare a me. Olà.

MEZZETTINO.

Chi è là?

SPACCA.

Sono io. Siete voi misser Mezzettino?

MEZZETTINO.

Son io. Che volete, paesano?

SPACCA.

Io son un servidore del signor Gusberto Quercimoro, padre di quella giovane che havete voi, il qual vi saluta, e vi manda questa lettera.

MEZZETTINO.

Io ringratio Sua Signoria, e voi ancora. Ma mi sapreste dire il contenuto della lettera? perchè la lettera viene da Sicilia, et io non intendo lo scrivere Siciliano.

FULVIO.

Chi è colui che parla con Mezzettino?

SPACCA.

Signor sì : il signor Gusberto vi prega a non far esito di sua figliuola per otto giorni, poich' egli vuol venir in persona, et a quest' hora sarà partito da Palermo.

FULVIO.

Chi t'ha dato questo palandrano e questo cappello?

SPACCA.

Io l'ho portato di Sicilia.

FULVIO.

Che Sicilia? Questa è roba mia.

SCAPPINO.

Hem, Hem.

FULVIO.

Ho inteso, ho inteso.

MEZZETTINO.

Ho inteso ancor io : Scappino è costì. Dove v'è vino dolce, ivi sono mosciolini; dove è Scappino, vi sono stratagemme: ecco, e tre n'ho pelati hoggi. Togliete la vostra barba e la vostra lettera, e non tornate più quà; se non, vi farò castigare dalla signora Giustizia. Intendete, misser Scappino? voi mi volete far scaltro al mio dispetto; ma lo dirò al signor Pantalone.

SPACCA.

Che domine ha mandato colui quà?

SCAPPINO.

La sua mala fortuna per la mia disperazione : non sì tosto l'ho veduto, c'ho detto tra me : l'invenzione è al bordello.

SPACCA.

È possibile che costui sii così disgraziato, che non sappia manco far bene a se stesso?

SCAPPINO.

Il proverbio dice: « Chi non fa non falla, e fallando s'impara; » ma costui falla sempre, e non impara mai; anzi peggio, che non facendo pur falla, e rovina le fatiche de gl'altri. O pensa tu come mi ritrovo : sono tanto in contumacia con Mezzettino, che tratta dell'impossibile far più cosa che riesca.

SPACCA.

Io te lo credo; ma che ti gioverà l'haver affaticato tanto, se non ne mostri qualche opera? quì di nuovo bisogna assottigliar l'ingegno.

SCAPPINO.

Questa è la cagione che mi travaglia : io ho posto l'assedio a questa fortezza, e mi par vergogna il levarlo senza frutto. Horsù, vieni a spogliarti, ch'io ti travestirò in altra maniera per quello che potesse occorrere.

SPACCA.

Mi travestirai in tante guise, che non mi parerà poi strano quando mi vestiranno da galeotto.

SCAPPINO.

Prim' annunzio, e poi mal'anno.

ATTO QUARTO.

SCENA PRIMA.

Capitano BELLEROFONTE MARTELLIONE.

Manco male ch' io esco di barca ad hora che non vi sono persone di rispetto al Molo, e che niuno ha sentito quando ho detto all' ufficiale della sanità che io mi chiamo capitan Bellorofonte Martellione: che potrò star sconosciuto a far il fatto mio; ben ch' io dubito che l' aspetto mio formidabile non mi palesi più presto di quello ch'io ho proposto, perchè non posso far forza a questa mia terribile fierezza: mi escono d' ogn' intorno spiriti così furiosi, che non v'è occhio humano che possi far schermo quando gl'incontrano, e men' accorgo dal veder che quelli che mi mirano si raccapricciano o s'interizzano; e pur mi sforzo di lampeggiar sguardi con benigno ciglio: o, pensa tu sorte, s'io gli lasciassi scorrere a briglia sciolta! guai al mondo! Però se gl' occhi miei fanno alcuna volta danno alle persone, gli fanno ancor benefizio. E come sarebbero usciti dal pericolo del procelloso mare quei poveri passaggieri che meco erano nel naviglio, s' io non inarcava le ciglia e non vibrava sguardi d'inferno contro quel vasto monstro (di già haveva scomposto il liquido suolo, e per far mostra di quei tesori ch' egli nasconde nel seno, sollevava l'onde sino alla sfera del fuoco, levando per terror il fiato a quei meschini, che non potevano manco gridare aiuto nè implorare dal Cielo soccorso), e s'io non gli rincorava con dirgli: « Non dubitate, fratelli, che se Cesare disse in simile pericolo a' suoi marinari: *Non vi togliete pensiere, che havete Cesare con voi,* et io a voi dico: State allegri, che havete vosco quello che ha maggior fortuna di Cesare »? Et al mio bieco sguardo le spaventose voragini hanno ingoiato gl' ondosi monti; e fattosi il mare quasi un suolo di congelato mercurio, ha levato la tema a' passaggieri et a me l' empito dell' ira. Conosco però tutto questo da quelle mie benigne stelle che mai da'miei voleri si scompagnono, sì come quei meschini che sotto a' miei benigni influssi si sono salvati mi rimarranno in obligo della vita, e daranno alla fama quest' avviso, acciò ch' ella intuoni con orichalchi di letizia le mie glorie. Voglio col tempo far stancar la fama di modo nel dire delle mie azioni, ch' io la voglio far diventar rauca e fioca. Le opere del cavalier Marino hanno quasi tratto a terra tutte l'antiche poesie liriche: così i miei gesti hanno col tempo a far dimenticare al mondo de gl' Ercoli e de i Briarei, non che de gl' Alessandri ed i Cesari. O, come io habbii questa giovane per moglie, io voglio rinovar la memoria di Cadmo, voglio seminargli nel ventre tanti guerrieri, che vo' riempir il mondo di persone di commando, e far dar al diavolo questi soldatucci del tempo d'hoggi, che non havranno mai più un buon carico militare: o, mi vengono i bei pensieri in capo alle volte. Ma io sto quà nudrendomi d'imaginazioni, e non vado ad effettuar il negozio per lo quale sono venuto. S' io non erro, per i contrasegni che mi sono stati dati, questa debb' esser la casa di Pantalone: o sia o non sia, voglio picchiare.

SCENA SECONDA.

CAPITANO E PANTALONE.

PANTALONE.

Chi è là? chi batte?

CAPITANO.

È il terremoto.

PANTALONE.

O Cielo, aiuto! o povera la casa mia! vicini, aiuto! oimè, il terremoto!

CAPITANO.

Per che cosa grida costui?

PANTALONE.

O Signore, è Vostra Signoria quello che m'ha avvisato che si sente il terremoto nella città?

CAPITANO.

Sì, ch'io son io.

PANTALONE.

E Vostra Signoria l'ha udito?

CAPITANO.

Hà hà hà, io sono il terremoto, e peggiore del terremoto quando lo voglio : oimè, mi farò conoscere, a sua posta. E voi chi siete?

PANTALONE.

Una pecora, un balordo, una bestia che vuol credere ogni cosa. V. S. adunque è il terremoto?

CAPITANO.

Io, io, sì : perchè?

PANTALONE.

Perchè non pensava mai di veder tal' animale a' miei giorni, che dà spavento ad ogn'uno solo col nome et atterra le città col fiato; e pur lo vedo ello d'aspetto e leggiadro nel moto.

CAPITANO.

Io non son il terremoto ordinario sotterraneo, ma un estraordinario, lieto e sociabile; non son uno scatenato senza ritegno, non uno imprigionato fuori della sua sfera : ma uno ch' affrena le voglie all'ira ultrice, per raddoppiarla poi quando è di mestiere; son huomo nell'aspetto, ma nella forza un terremoto, un fulmine, un satanasso, che spezzo e abrugio et indiavolo chi tenta d'essere mio nemico.

PANTALONE.

Signore, io non solo vi sono amico, ma vi sono servidore e schiavo. Ma ditemi per grazia, caro padrone, perchè andate così raccontando queste cose? È forsi un vostro capriccio d'andar a casa per casa a dir queste maraviglie, o pur è grazia particolare che fate a me? S'ella va per tutto, bisognerà che produca i testimonii d'esser tale; se non, ogn'uno lo crederà un pazzo : ma s'è grazia fatta a me solo, io la ringrazio, et in ricompensa le prometto sforzarmi di crederle qualche cosa più del dovere, ancora che mi fosse dato del merlotto.

CAPITANO.

Non v'è persona al mondo, per credente ch'ella sia, che possa prestar piena fede alle mie pruove, perchè traboccano dalle straordinarie; però il non esser io creduto è tutta mia gloria : non può un picciolo vaso capire in sè l'immenso Oceano, nè picciol intelletto capire i miei impossibili.

PANTALONE.

A tale che s'io dicessi che V. S. è leggiero di cervello a dir queste cose, le farei honore, e direi quello che molti suoi conoscenti devono dire.

CAPITANO.

Sì, sì per certo: ancora mio padre mi tiene per pazzo, perchè nascondo l'azioni eroiche, acciochè non mi facciano nominar tanto, che i popoli desiderosi di vedermi ne venghino in tanto numero al mio paese, che faccino un mondo nella mia città e lascino spopolate l'altre patrie.

PANTALONE.

Signore, io vi ritengo al doppio di quello ch'io vi teneva per lo passato, ed ho caro a conoscerla. Ma a che effetto è venuto V. S. in Napoli, se la dimanda è lecita?

CAPITANO.

A trovare il signor Pantalone de' Bisognosi.

PANTALONE.

Hoimè, son rovinato! chi diavolo ha mandato questa bestia alla mia porta? Senz'altro è qualche bell'humore per farmi una burla. O padron mio osservandissimo, Pantalone non ha alloggiamento proporzionato per un par vostro; hanno errato quelli che l'hanno inviato quà: loco per V. S. sarebbe il castello dell'Ovo, o la gran casa de gl'Incurabili.

CAPITANO.

Io non voglio alloggiar da Pantalone, ch'io ho da ritornar in Sicilia forsi ben senza alloggiar pur una notte in Napoli: io ho da parlar seco, solo per conto d'una polizza di cambio. Ma dove sta Pantalone? non è questa la sua casa? Siete forsi voi Pantalone per sorte?

SCENA TERZA.

SCAPPINO, SPACCA, PANTALONE, E CAPITANO.

SCAPPINO.

Chi è quel pennacchione che parla col mio padrone?

SPACCA.

Io non lo conosco: accostianci, che l'intenderemo.

PANTALONE.

Signor sì, per servirla : e che commanda la terribilità sua?

SCAPPINO.

Terribilità? e chi è costui?

CAPITANO.

Mio padre vi saluta, e vi manda questa lettera.

PANTALONE.

Chi è il padre di Vostra Signoria?

CAPITANO.

Il signor Salzimuzio Variabelli.

PANTALONE.

O padron mio osservandissimo, me le inchino, m' allegro di veder il frutto d' un mio caro amico, et un frutto che trapassa l' eccellenza della pianta : cappe! il signor Salzimuzio ha un bel figliuolo, e valoroso per quello che posso notare.

CAPITANO.

Non parliamo del valore, che per quello io non sono figliuolo di mio padre, ma della mia propria voluntà; la bellezza poi è quella ch' io mi sono compiaciuto farmi da me medemo con le dita nel ventre de mia madre : mio padre non havea tanta scultura nè architettura da far fabrica sì stupenda, se bene che d' una fetid' herba nasce il giglio. Però qual sono, sono per favorir il signor Pantalone, in virtù dell' amicizia ch' egli tiene con quello c' ha gloria d' essermi padre.

PANTALONE.

Io tanto la ringrazzio quant' egli merita, non osando di dire quanto so e posso, per esser poco ad un tant' huomo.

SCAPPINO.

Chi diavolo è questo parabolano?

PANTALONE.

M' incresce che V. S. voglia tornar subito in Sicilia, ch' io non ho tempo di far il debito mio ; però m' esibisco a tutt' i suoi commandamenti. Io non vedo troppo bene, e mi bisognerà tornar in casa a prender gl' occhiali per leggere la lettera ; ma V. S. si compiacerebbe di palesarmi il contenuto?

CAPITANO.

Signor sì : nella lettera vi è una polizza di cambio di trecento ducati, co' quali io ho da riscuotere una schiava ; e subito

ATTO IV, SCENA III.

riscossa io vo' tornare ad imbarcarmi, e però non accetto l'invito.

SCAPPINO.

Questi sarebbono buoni per noi.

PANTALONE.

Andiamo dunque in casa a leggere la lettera; et in tanto potrebbe arrivar un mio servidore che ha buona vista, ch'io le farò contar i danari, e mandaremo dove V. S. vorrà.

CAPITANO.

Io ho detto ad uno de' miei creati che venisse in terra, e che addimandasse della casa del signor Pantalone, ch'io sarei colà: se viene, non occorrerà altro servidore. Andiamo.

SCAPPINO.

Tu hai inteso, questo aspetta un servidore: io entrerò in casa, tu verrai meco prontamente, e quando Pantalone mi darà i sacchetti, io conterò i danari a te; tu tirali e reponili nei sacchetti, e vediamo che Pantalone ti stimi un creato del forastiero, e ch' il forastiero ti stimi di casa di Pantalone; e così buscheremo questi soldi da far il nostro negozio; tu poi starai nascosto un poco, e se ben la cosa si scoprisse, rimediaremo al tutto.

SPACCA.

E s'a caso mi fusse dimandato o dall' uno o dall' altro chi sono, che cosa vuoi ch'io dica?

SCAPPINO.

Che sei meco per alcuni servigi; e piglia pur i danari, che per viaggio faremo qualche imbroglio, o che cambiaremo il sacchetto, o che faremo nascer qualche briga.

SPACCA.

Io tirerò i danari, e tu rimarrai con Pantalone per dar credito alla cosa, ch'io gli darò poi un cantone per pagamento.

SCAPPINO.

Del cantone va bene; ma ch'io resti con Pantalone non è a proposito.

SPACCA.

Perchè?

SCAPPINO.

Perchè la burla la voglio far io al forastiero, e non voglio che tu la facci al forastiero et a me; col forastiero poi la ridurremo a sodisfazione col tempo, e placaremo Pantalone: ma tu, se'l diavolo ti tentasse a far un viaggio incognito, come s'accomodarebbe il negozio? no, no, fratello, io non voglio far la zuppa per il gatto.

SPACCA.

Perchè? tu non ti fidi di me?

SCAPPINO.

Sì bene, ma però tanto quanto ti vedo e ch'io ti possa giongere: fratello, la somma è un poco grossa, e non ho ancora tant'esperienza di te di fidarmi tanto.

SPACCA.

O, sei il gran furbo.

SCAPPINO.

Sì, s'io mi potrò salvar da te.

SPACCA.

E perchè mi poni in opera, se m'hai per huomo tale?

SCAPPINO.

Ti adopro come fanno i speziali il veleno, limitatamente e per necessità. Ma entriamo.

SCENA QUARTA.

BELTRAME e CINTIO.

BELTRAME.

Un par vostro travestito da magnano, a pericolo d'esser scoperto dalla giustizia, ed haverne danno e disturbo, e dar travaglio a vostro padre et a' vostri amici! eh Signore, di grazia, andate un poco più considerato per l'avvenire.

CINTIO.

Signore, questa è stata più perfidia ch'amore, poichè io sono stato posto al punto da un mio rivale; però non v'era pericolo di giustizia, rispetto ch'io m'era travestito quì vicino, et haveva concertato con amici di dire che questa era una scommessa fatta fra di noi scolari.

BELTRAME.

Ogni cosa alla fine si sa, e non è cosa manco tanto riuscibile, a tale ch'è sempre bene a fuggir gl' inconvenienti; e poi queste machine di barbe posticcie sono cose che hanno dell' inverisimile.

CINTIO.

Era, com' ho detto, poco viaggio sotto pretesto di scommessa, era momentaneo, non v'intravenivano persone di stima, era ben travestito; e poi era un negozio desiderato d'una schiava che non m' havea da vedere nel viso e che attendeva solo il nome di Scappino; e poi mi era di già stata venduta: in conclusione la machina non ha havuto effetto, ed ecco levato l'impossibile.

BELTRAME.

Basta, la cosa non poteva apportare nè lode nè utile scoprendosi, nè manco poteva dare odore di prudenza.

CINTIO.

Ogn' huomo è atto a fallare.

BELTRAME.

È vero, però è prudenza lo star avvertito. Il vostro signor padre m'ha scritto una tale particolarità, e dice d'haverla scritta anche a V. S. Io non so che dirgli intorno a questo: s'io sarò richiesto, risponderò a tenore.

CINTIO.

È vero, m'ha scritto di vostra figliuola, ed è questo ch'io ho fatto dire da Scappino a Vostra Signoria ch'io gl' havea da parlare di cosa d' importanza; ma mio padre non deve sapere che la signora Lavinia sii promessa al signor Fulvio.

BELTRAME.

Io haveva dato il mio assenso a quel giovine, a contemplazione del signor Pantalone; ma gl' amori del signor Fulvio con quella schiava cagionano ch' il detto fa poca stima del mio parentado, et io manco del suo; tanto più che mia figliuola non inclina molto alle sue nozze: a tal ch' io credo che questo parentado s'annichilerà.

CINTIO.

Io non vorrei che per amor mio s' intorbidassero le cose, e che gl' effetti non havessero il fine che brama il signor Pantalone; tutta via dall' esito ch' io vedrò io mi governerò, e si parlaremo. Servidore di V. S.

BELTRAME.

A Dio, figliuolo. — Quest' è tocco ancor lui dell' amor di quella schiava, e non sa risolversi : io voglio vedere di far vendere questa schiava quanto prima, s' io dovessi far lo sensale et anche rimettervi qualche cosa del mio, acciò che possi far effettuar il parentado con questo giovine; io non voglio però correre con furia per star su 'l mio decoro, ma nè anche voglio rallentare il negozio molto, acciò che non vadi in nulla.

SCENA QUINTA.

FULVIO, PANTALONE, CAPITANO, SPACCA, e SCAPPINO.

FULVIO.

Se Scappino non mi facea cenno, io gli rovinava qualch' invenzione senza altro; ma chi haverebbe potuto tacere vedendo la mia roba intorno ad un furbo? Tuttavia meglio è fare come dice Scappino : vedere, tacere, ed aspettare il fine. Ma che persona è quella ch' esce da casa mia con mio padre?

PANTALONE.

Mi rincresce, Signore, che V. S. non habbia accettato l' invito almeno d' un bicchiero di vino.

CAPITANO.

Signore, io bevo alle volte per la sete naturale, alle volte bevo per gusto, et alle volte per sete di rabbia e colera; per la sete naturale io bevo vino generoso ; per gusto bevo sangue d' animali rapaci, per mantenermi la ferocità; et alla rabbia e colera bevo nettare et ambrosia, per farmi correggere l' ira: ma hora non ho niuna di queste seti, e però ringratio V. S.

PANTALONE.

O, ecco mio figliuolo. Fulvio, fa riverenza a questo nostro padrone : questo è figliuolo del signor Salzimuzio Variabelli tanto nostro amico e padrone.

FULVIO.

Io me l' inchino e dedico humilissimo servidore. — Levati di mezzo tu, forfante.

PANTALONE.

Fermati, che egli è creato del signor Capitanio.

ATTO IV, SCENA V.

CAPITANO.

Mio non è, ch' io non ho famiglia così infima dietro : io lo stimava un vostro servidore da strapazzo.

PANTALONE.

Signor no. Lascia quà questi danari : chi t' ha mandato quà tu?

SCAPPINO.

A, valent'huomo, il diavolo non vi vuol mai far tacere : che siate maladetto!

SPACCA.

Io era venuto quà perchè Scappino mi fa far qualche servigio e mi fa guadagnare qualche cinquina, ed hora pensava di guadagnar un carlino con questo signore.

PANTALONE.

Va via di quà, ch' io voglio persone conosciute a far questi servigi.

FULVIO.

E ben galant'huomo sì, ve ne potete fidare.

PANTALONE.

E come è galant'huomo, s'hor hora lo discacciavi?

SCAPPINO.

Fate peggio : in buon' hora, non dite parola che non fate errore.

FULVIO.

Non l'haveva figurato bene prima; ma adesso l'ho conosciuto. Horsù, Signore, con sua buona grazia andrò per un mio servigio verso il mercato. Servidore.

SCAPPINO.

Va pur al mercato, che nel mezzo v'è quella che tu meriti.

CAPITANO.

Le bacio la mano. È andato via quel furbo?

PANTALONE.

Signor sì.

SCAPPINO.

E partito il furbo e 'l pazzo.

CAPITANO.

Ha fatto bene : io gl' ho quasi dato d'una mano su 'l viso ma perchè gl'haverei gettato i denti di bocca, e non essendo conosciuto in Napoli, vedendolo le persone con i denti tutti fuori di bocca, m'haverebbono tolto me per un ciarlatano o cavadenti, e perciò mi son pentito.

SCAPPINO.

Se non cerretano, parabolano al certo.

PANTALONE.

È stato bene e per quello e per Vostra Signoria: [per] quello, che porrà masticare per l'avvenire, e per V. S., che starà sicura del suo danaro. Ma questo farà il servizio, che è mio servidore fidato: fidato però in quello ch'io gli consegno; che del rimanente non mi porrei in rischio di farli sicurtà, per non star in sospetto di fallire.

SCAPPINO.

Pazienza, Signore, io spero ancora ch'un giorno mi conoscerete.

PANTALONE.

Sarà male per me, perchè le cose stanno sempre su 'l peggiorare.

CAPITANO.

Io gli porterò, che non fanno ingombro; del peso poi me ne rido, ch'io son uso a portare le palle d'artiglieria nelle saccochie.

SCAPPINO.

Gli debbano dunque dire il capitan Palotta.

PANTALONE.

Taci, bestia, se vuoi magnar biscotto: non hai inteso dunque quello ch'egli fa con i schiaffi? — Signore, gli do l'arbitrio e del servidore e di me ancora; e s'altro non mi commanda, gli farò riverenza, e gl'auguro il buon viaggio.

CAPITANO.

Le bacio la mano. — O tu, dove sta Mezzettino?

SCAPPINO.

Quà, Signore, a questa porta.

CAPITANO.

Batti un poco, picchia o chiama.

SCAPPINO.

Volontieri: tic, toc.

SCENA SESTA.

MEZZETTINO, CAPITANO, E SCAPPINO.

MEZZETTINO.

Chi è là? O, siete voi? Mi raccommando: o, non me la farete, fratello.

CAPITANO.

Perchè s'è partito costui? ha forse havuto paura di me.

SCAPPINO.

Di V. S. o di me.

CAPITANO.

Olà! e che siamo tutt'uni, o mascalzone? guarda chi vuol domesticarsi in far paura a gl'huomini! L'aspetto mio formidabile l'ha spaventato.

SCAPPINO.

L'astuzie mie singolari l'hanno fatto fuggire.

CAPITANO.

Basta, via di quà.

SCAPPINO.

Ah Signore, ah Signore, parto, parto.

CAPITANO.

Guarda chi vuol giostrar meco in bravura! Mi sa male ch'io non ho mirato ben in viso questo briccone, per conoscerlo un altra volta. Olà.

MEZZETTINO.

Chi è là?

CAPITANO.

Amici.

MEZZETTINO.

Ho inteso: questo è un altro furbo maiuscolo e bizzarro, che ha mandato Scappino. Hor me ne chiarisco.

CAPITANO.

Fermati, fermati, a, traditore! tirar la barba al fiore de i capitani! Sei morto, fa testamento: che cosa hai al mondo? a chi la lasci? presto.

SCAPPINO.

Non ha altro che il canchero, e ve ne fa herede: o, se mi sentisse hora, hà!

MEZZETTINO.

O Signore, un salvo condotto, per grazia, per sin tanto ch'io habbia detto la mia ragione.

CAPITANO.

Di' su presto, che non mi passa la colera, che senza colera non posso far male a niuno.

SCAPPINO.

E poi la colera anche l'offusca, che non vede a far male a niuno.

MEZZETTINO.

Son stato ingannato da certi marioli, et hoggi n' ho scoperti tre con levarle le barbe posticcie, e dubitando che V. S. ne fusse un altro, e per questo gli ho tirato la barba, stimandola anche ella posticcia; ma per quello ch'io vedo V. S. deve esser galant' huomo.

CAPITANO.

Sono l'idea de' galant' huomini, il fiore de gl' honorati, e la schiuma de i bravi. Questo aspetto dunque ha un minimo neo di furbo? Sciagurato, non so chi mi tenga ch' io non te ne dii una memoria per sempre!

MEZZETTINO.

Compassione, Signore! io trovo che gl' huomini sono come i meloni, che molti ingannano non solo alla vista, ma al peso et all' odorato. Ma chi è V. S., se si può sapere?

CAPITANO.

Son il capitano Bellorofonte Martelione,
  Della stirpe di Chirone,
  Quel sì fier commilitone
  Ch' ogn' hor mand' alme a Plutone.
Son l'idea del ver campione:
Son più nobile d'Ottone,
E più bravo di Gierione
E del figlio di Milone;
In bellezza son Adone,
Nel cantar un Anfione,
Nella grazia un Endimione,
Nelle caccie un Atteone,
Ma più scaltro di Sinone

ATTO IV, SCENA VI.

E più forte d'un leone,
E più fiero d'un dragone:
Son quel bravo, in conclusione,
Che discaccia Austro e Aquilone,
Al pesar dell'Oblivione.

SCAPPINO.

Ma vigliaco e arcipoltrone
E calamita da bastone.

MEZZETTINO.

O Signore, il vostro nome non è per persone di poca memoria, nè per quelli c'hanno fretta. Ma che commanda V. S. a questo pover huomo, e che ricerca un tanto soggetto da questo vile albergo?

CAPITANO.

Nell'ostrica v'è la perla preziosa; nelle vene dell'inculta terra vi sta l'argento e l'oro e le gioie: e nel vostro albergo vi è la perla margarita e la pregiata gioia.

MEZZETTINO.

O me felice! sono ricco, e non lo sapeva: e dove è questa gioia, caro Signore?

SCAPPINO.

Questo pover huomo s'allegra in credenza.

CAPITANO.

Quel Cielo c'havete in casa è la gioia.

MEZZETTINO.

Qual cielo? se non è il cielo della mia camera, ch'io l'addimando soffitta, io non ho altro cielo ch'io sappia.

CAPITANO.

Che camera? dico quella Dea che fa cielo tutta la casa vostra, quel rassunto di bellezza, quella quarta Grazia, quell'epilogo di perfezione, la bella Celia dico.

MEZZETTINO.

La mia schiava?

CAPITANO.

Quella.

MEZZETTINO.

Quella è la gioia?

CAPITANO.

Quello è un tesoro a chi lo conosce.

MEZZETTINO.

Hor io confesso d'esser ignorante. Non è dunque maraviglia se tanti cercano di levarmela: cappe! mi volevano levar la gioia questi manigoldi.

SCAPPINO.

Horsù, questo pover huomo diventerà pazzo, se pratica niente niente con costui.

MEZZETTINO.

Ma come le dite gioia? non è questa donna come l'altre? in casa questa magna bene, beve meglio, e fà altre cose come fanno l'altre: caro Signore, mi imbrogliate col dirmi queste cose. Che cosa bramate in somma da me?

CAPITANO.

Che mi date questa schiava, ch'io la voglio menar in Sicilia.

MEZZETTINO.

Come che ve la dia?

CAPITANO.

Che me la date a me sì: eccovi lettere di suo padre, ed eccovi quà i danari per lo suo riscatto.

SCAPPINO.

Hoimè, se costui non è pazzo, son io rovinato.

MEZZETTINO.

Buono: ma V. S. è informata del suo riscatto?

CAPITANO.

So che sono dugento ducati, e poi la vostra manza: non è così?

MEZZETTINO.

Così è; ma avvertite, Signore, che se per sorte foste mandato dal signor Cintio Fidenzio o dal signor Fulvio Bisognosi, la compra non vale, ch'io non posso contrattar con essi loro.

CAPITANO.

Per chi m'havete? per sensale forsi? O corpo de i coturni di Berenice, io comprar per altri! e che direte?

MEZZETTINO.

La tema di non errare m'ha fatto dir questo sproposito: perdonatemi, Signore.

CAPITANO.

Chiamatela, ch'io la consoli con la mia presenza.

MEZZETTINO.

V. S. la conosce forsi?

CAPITANO.

O corpo del trintesimo occhio d'Argo! s'io la conosco? Io son amante d'una sua sorella, qual fu presa seco col padre et altri da corsari; io son quello che per ricuperarla ho fatto tanta strage de' Turchi: e non volete ch'io la conoschi?

MEZZETTINO.

E perchè non la liberaste?

CAPITANO.

Perchè la colera non volse.

MEZZETTINO.

Come la colera?

CAPITANO.

Ve lo dirò. Io armai subito un bergantino e li seguitai; ma la rabbia dell'affronto che mi havevano fatto mi faceva gettar tanti sospiri, ch'il fiato mio gli serviva per vento in poppa, e così si salvorono.

MEZZETTINO.

Buon per loro. Dunque Celia vi conoscerà?

CAPITANO.

O, come se mi conoscerà! Tutti gli huomini del mondo mi conoscono per la fama, tutti i potentati dell'universo per tema, tutti i soldati per riverenza, e tutte le belle e curiose per ritratti che sono sparsi di questo gran colosso: o, pensa se mi conoscerà la signora Celia, che m'ha più volte pratticato.

MEZZETTINO.

La fama non ha saputo trovar casa mia, o che s'è scordata o ch'io son fuor del mondo, poi ch'io non lo conosco; la fama mi ha fatto torto: pazienza. Celia, Celia!

SCENA SETTIMA.

CELIA, MEZZETTINO, CAPITANO, E SCAPPINO.

CELIA.

Signore.

MEZZETTINO.

Guarda un poco se conosci questo gran cavalierazzo?

CELIA.

O Signor capitano.

CAPITANO.

Ben trovata, signora Celia, calamita che ha tirata questa massa ferrigna da Sicilia a Napoli.

SCAPPINO.

Per far ch'io vada da Napoli alle forche per disperazione.

CELIA.

E che nuova ha V. S. di mio padre e di mia sorella?

CAPITANO.

Di vostra sorella non se ne sa nuova; vostro padre è riscosso, e non potendomi dar la signora Lavinia per moglie, sì come m'havea promesso, mi ha concesso Vostra Signoria in quella vece; et io son venuto a riscuoterla, et a ricondurla in Sicilia come mia moglie.

SCAPPINO.

Bona notte e buon anno, io son finito.

CELIA.

M'allegro di mio padre riscattato, mi dolgo che mia sorella non si trovi, et ho gusto della presenza di V. S.; ma io non sarò il vero oggetto da voi amato, anzi sarò una memoria di quel bello che havete impresso nel cuore; e non essendo l'originale, ma copia con mille mancamenti, sarò più materia di sospiri che di respiri, a tale ch'io mi terrò vostra sempre per necessità e non per elezione, e non rimarrò mai consolata per tal rimembranza.

CAPITANO.

Signora Celia, vostra sorella a quest'hora è forsi collocata nel stellato manto a far quaranta nove imagini celesti, dove come privo di speranza di vederla mai più se non nel cielo, ritirerò tutto l'affetto mio in me, e porrollo nel crociuolo del mio cuore, e postolo sopra le scintillanti fiammelle de' vostri bei lumi, ne farò purificata massa, e v'improntero la vostra bella imagine, e circondarollo con caratteri de' vostri meriti, e così cuniato con la fede, non vi sarà altro che il vostro nobilissimo simolacro, e solo con quello m'adornerò il petto, e viverete sicura.

CELIA.

Ringrazio Vostra Signoria. E perchè mio padre non è venuto esso a riscuotermi?

ATTO IV, SCENA VII.

CAPITANO.

Per non s'esporre più a pericolo de i corsari nè alla balia de i venti.

CELIA.

E s'io di nuovo fossi presa, e ch'io fossi cagione che V. S. perdesse la libertà?

CAPITANO.

Guardane il Cielo! sarebbe la ruina dell'Europa et la ventura dell'Africa. Come io fossi cattivo, non darei tre soldi dell' Italia, perchè il Maumetano, assicurato di non haver resistenza a' suoi empiti, s'avanzarebbe tanto, che non si vedrebbe altro ch'il vessillo della Luna in questo paese; e per contrario V. S. porterebbe gusto a tutte le donne d'Europa, e noia a tutte quelle d'Africa: queste per non haver emule di bellezza, e quelle per sopragiongerle chi l'offuscarebbe la loro bellezza.

MEZZETTINO.

Ma piace che V. S. dice le cose da giorno di festa, in lettere maiuscole.

CAPITANO.

Io non dico delle cento parti una la verità.

SCAPPINO.

Io te lo credo.

MEZZETTINO.

Horsù, Signore, V. S. si degni di venir ad honorar casa mia: conteremo i danari; e poi V. S. si condurrà la schiava a sua commodità.

CAPITANO.

Son contento d'honorar casa vostra; e perchè vi ricordiate di me, voglio privilegiarvi, voglio che poniate sopra la casa vostra l'arma mia, e che le scriviate sopra: *Albergo del capitan Bellorofonte Martelione,* acciochè ogn'uno ve la rispetti.

SCAPPINO.

E chi ha d'haver la possa sequestrare.

MEZZETTINO.

V. S. entri.

CAPITANO.

Tocca a mia moglie.

CELIA.

V. S. mi perdoni.

MEZZETTINO.

Prendetevi per mano et entrate insieme.

SCAPPINO.

Entrate pur allegramente, ch'io son uno di quelli che stanno di fuori. Horsù, la speranza sin ad hora è stata inferma, ma hora è moribonda.

SCENA OTTAVA.

CINTIO E SCAPPINO.

CINTIO.

La mia invenzione mi riuscì tanto male, ch'io ho quasi vergogna a farmi vedere da Mezzettino, et ho rossore del signor Fulvio e da Scappino, che si rideranno di me.

SCAPPINO.

Servidore, signor Cintio. Io ho poi fatto pace col signor Fulvio.

CINTIO.

Eh, quando ti tolsi meco, ti pigliai per modo di provisione, e per impiegarti in quel servigio solo, che del rimanente non t'haverei chiesto, sapendo che tu non potevi star senza il signor Fulvio ned egli senza di te; l'interesse mio mi fece credere quello che disappassionato non haverei creduto: ma tu sai colorir bene le tue cose. Ma che farai con questa schiava? a che serviranno le tue scaltritezze ed i tuoi rigiri?

SCAPPINO.

A farmi tenere in conto di furbo da Mezzettino, e di un balordo da tutti gl'altri.

CINTIO.

E perchè? Sei forsi fuori di speranza d'haverla?

SCAPPINO.

Anzi sono sicuro di perderla affatto.

CINTIO.

O questa debb'esser qualch'orditura, overo che con tal modo vuoi assicurare il negozio; però io credo quello che si può credere da te, et anche con difficoltà.

ATTO IV, SCENA IX.

SCAPPINO.

V. S. mi può prestar intiera fede, perchè le dirò cosa tale, che mi farò creder per forza.

CINTIO.

Che cosa v'è di nuovo?

SCAPPINO.

La schiava non sarà più nè vostra nè del signor Fulvio, atteso ch'è venuto un capitan da Sicilia da parte del padre della fanciulla a riscuoterla, e menarla al paese come sua moglie.

CINTIO.

Oimè, che cosa sent'io?

SCAPPINO.

È così; et ecco che vengono di casa: ritiriamoci, et V. S. s'assicurerà del tutto.

SCENA NONA.

MEZZETTINO, CELIA, CAPITANO, CINTIO, E SCAPPINO.

MEZZETTINO.

Figliuola, mi raccommando; salutate il vostro signor padre in mio nome, e pregatelo a commandarmi dove potrò servirlo.

CELIA.

Messer Mezzettino, s'io v'ho dato travaglio, perdonatemi, e condonate il tutto alla gioventù: a Dio, messer Mezzettino.

MEZZETTINO.

A Dio, Signora. Ve la raccommando.

CAPITANO.

Mi raccommandate le mie cose; è superfluo, fratello: lei è sicura, sì perchè ella è con suo marito, quanto che ella si trova con quello che pone in fuga i nemici col nome solo, gl'inferma con la vista bieca, e gl'uccide con la voce colerica. Mi raccommando.

MEZZETTINO.

Hù, hù, hù, hù, hù.

SCAPPINO.

Che ne dite hora?

CINTIO.

O, caso strano!

SCAPPINO.

E degno di compassione.

CAPITANO.

Moglie mia carissima, andiamo al mio navilio : colà sarete regalata da prencipessa, là vi sono i miei creati che v'attendono, e ve ne sono di quelli che voi conoscerete.

CELIA.

Haverò gusto di vedere i conoscenti, sì come havrò gusto che V. S. non mi sposi insino che non siamo dove è mio padre : le starò a canto con nome di moglie, e con effetti di sorella.

CAPITANO.

Andiamo pure, ch'io non vi scompiacerò. Perchè piangete?

CELIA.

(O Fulvio mio, a Dio : mi scoppia l'anima a non vederti.) Signor, mi trema il cuore d'andar per mare.

CAPITANO.

E come, Signora, tremate? Adunque il mio valore non pone in fuga la vostra tema? Forsi non osa di violentar niuna cosa che si trova in voi. O, gli darò ben io il thema di quello ch'egli dovrà fare. Il mar è in calma ; e se sarà turbato, non v'imbarcherò, e ritornerò in casa del vostro padrone, sin ch'io lo facci quietare; e forsi s'acquieterà al mio comparire: e non crediate ch'io vi dica hiperbole, ch'il mare teme la mia fortuna favorevole ne' viaggi; ove penso che non s'adirerà, per non rimaner in vergogna, dovendosi poi acquietar per forza. Ah reserenate il viso, andiamo ; s'io troverò una segetta, io vi porrò dentro, ancora che sia poco il camino.

SCAPPINO.

Ecco ne mira, saluta, e piange.

CINTIO.

Oimè, che m'ha commosso tutto. Il Cielo ti dia buon viaggio!

SCAPPINO.

Io la voglio seguitare alla lontana, e vederla ad imbarcare, e poi ve ne darò conto.

CINTIO.

Va, ch'io l'havrò caro. — Come il signor Fulvio sappia che la schiava sia partita facilmente, per sodisfar al padre sollecilerà le nozze della signora Lavinia, ed io rimarrò senza l'una e senza l'altra; e se il signor Beltrame scrive a mio padre la freddezza ch'io mi ho mostrato nella sua oblazione, mio padre havrà occasione di dolersi di me : onde mi vado consigliando che sarà meglio a non disgustar il padre, l'amico, e la giovane, che contro ogni mio merito tanto m'ama, e prima del signor Fulvio prenderla per moglie; e tanto più, ch'io potrò dire d'esserne stato pregato dal signor Fulvio stesso. Io voglio vedere se il signor Beltrame è in casa : tic, toc.

SCENA DECIMA.

LAVINIA e CINTIO.

LAVINIA.

Chi è là?

CINTIO.

Amici. Il signor Beltram'è in casa?

LAVINIA.

Signor no. Vostra Signoria vuole ch'io gli dica qualche cosa com'egli torna a casa?

CINTIO.

Mi farà favore a dirle ch'io lo cercava per quel negozio che gl'ha scritto mio padre.

LAVINIA.

La servirò volontieri. Ma V. S. non ha ricevuto i danari?

CINTIO.

Signora sì; ma v'è un'altra particolarità in quella lettera, la quale se fusse così cara a V. S. come sarebbe a me, rimarrei molto consolato.

LAVINIA.

Eh signor Cintio, il chieder ad un fanciullo se gli piacciano i frutti, o ad una fanciulla se gli sono cari i fiori et i vaghi adornamenti, è quesito superfluo, ma prosupposto sicuro. Dir a me se mi fussero cari i vostri gusti, oimè voi mi tentate di pazienza, o che voi deffidate dell'amor mio, o che non sapete che cosa sia amare : io sono in virtù d'amore così trasformata in voi, ch'io non vorrei poter pensare se non co' vostri pensieri, nè respirare se non co' vostri respiri, e stimarei somma felicità il poter esser presaga de' vostri gusti, per incontrar e mendicar con ogni possibile occasione per agevolar la strada a' vostri contenti; tanto sono bramosa de' vostri gusti: o, vedete se vi è da por dubbio che le vostre gioie non siano i miei contenti.

CINTIO.

O mia Signora, e chi non rimarrebbe schiavo a tanta cortesia? e chi non s'accenderebbe a quest'affettuose parole? Veramente chi può far preda con tutti i sentimenti, non deve temer dello schermo d'un cuor protervo; feriscono i vostri occhi, innamorano le vostre grazie, rapiscono le vostre leggiadre maniere, incatenano le vostre virtù, et assassinano le vostre parole: e chi può resister a tanti e sì potenti campioni? Signora, io mi vi rendo per vinto, e perchè non voglio che il tempo mi fugga, e col tempo la gioia, io vado hor hora a trovar il vostro signor padre, perchè egli mi leghi con indissolubil nodo al carro de' vostri trionfi.

LAVINIA.

Voi al carro de' miei trionfi? Eh, V. S. vuol scherzar meco, come tal' hora fanno i cavalieri co' suoi servidori, che gli pongono in cocchio ed in vece di quelli prendono il carico del cocchiere: io sarò quella che mostrando al mondo la grazia che mi viene segnata dalla vostra cortesia, riempirò d'allegrezza tutti i miei amici. Andate pure, ch'io attendendovi spenderò il tempo in contemplare i vostri meriti, acciò che questo gusto non mi faccia sentire la noia dell' aspettare, che suol far parer l' hore più longhe del solito.

CINTIO.

Io vado, e non rispondo più a' vostri amorosi detti, per non involare a me stesso quel tempo con parole, ch' io devo distribuire per vostra consolatione: a Dio, mio bene.

LAVINIA.

A Dio, mia unica speme.

SCENA UNDECIMA.

MEZZETTINO con i danari.

Io ho gettato quattro lagrimuccie di tenerezza, ho contato tre volte i soldi, e sono giusti; ho mangiato due bocconi saporiti, et ho bevuto una volta al fiasco: e così ho passato l'ozio. Veramente mi par d'esser perduto a star così solo; non posso stare senza compagnia, io ho gusto di chiaccherare: il parlar solo è da pazzo! Io voglio andar da un certo sensale, che mi disse hieri che gl'erano arrivate certe schiave da vendere. Voglio veder se posso impiegare i miei danari in qualche cosa di bello: veramente le più belle sono più vendibili.

SCENA DUODECIMA.

SCAPPINO.

Il tempo è cattivo, Celia non si vuol imbarcare. Io credo che quando gl'ho mostrato il bollettino della camera locante, che m'habbi inteso; gl'ho detto in isfuggendo al fondaco: io penso che l'amor di Fulvio la farà scaltra. Orsù, acciò che questo capitano non mi conosca, mi rabufferò i capelli, mi slargherò la barba, muterò linguaggio, mi travestirò; e s'a caso gli nascerà dubbio, dirò d'esser fratello di Scappino, e non se n'avvederà, che non m'ha praticato molto. Orsù, il bollettino sta bene.

SCENA DECIMATERZA.

CELIA, e CAPITANO.

CELIA.

Signore, m'havereste fatto morire il cuore ad imbarcarmi con quel mare così procelloso: hoimè, come freme e strepita!

CAPITANO.

Hà, hà, hà, mi fate ridere: sapete che vuol dir quel rumore?

CELIA.

Io no.

CAPITANO.

Quella è l'allegrezza che mostra il mare della vostra presenza, quella è una salva ch'egli faceva al vostro imbarco; ma voi non l'havete gradita.

CELIA.

Io non so di salva per me; io credo che sia una salva che

dica : « Slávate », e felice chi può salvarsi dall' empito suo. Io pormi in quel mare così tempestoso ? fra quei sollevamenti di quell' onde ? Il Cielo me ne liberi.

CAPITANO.

Quei monti erano machine da tornei fatti per voi : non havete posto cura come per ossequio si humiliavano a' vostri piedi, e quasi riverenti volevano baciarvi il lembo della veste ?

CELIA.

No, no, manco ossequi che mi farà e manco salve, io l' haverò più caro.

SCENA DECIMAQUARTA.

SCAPPINO, CAPITANO, E CELIA.

SCAPPINO.

Hem.

CAPITANO.

Andiamo dunque dal vostro mercante a riposarsi un poco.

CELIA.

(Ho inteso, Scappino.) Signor capitano, io haverei caro d'andar in ogn'altro luogo a riposarmi, che in quello di messer Mezzettino.

CAPITANO.

E perchè ?

CELIA.

Perchè vedendomi in quella casa, mi parebbe d'esser tornata schiava, e non mi potrei mai rallegrare.

CAPITANO.

Io non vi vorrei condur troppo discosto dal molo, per non vi condur così per istrada senza servitù : se vi fosse qualche alloggiamento buono per questi contorni, io vi compiacerei volontieri.

CELIA.

Eccone costì uno ; là vi soleva già star un forastiero molto honorato, per quello che mi fu già detto ; non so se vi dimora più : e poi ogni alloggiamento è buono per poco tempo ; nè più nè meno V. S. non è conosciuto.

ATTO IV, SCENA XIV.

CAPITANO.

Io non vorrei degradare della mia condizione, nè vorrei darmi a conoscere di vista a niun prencipe, per non haver da dimorar quà un mese in accettare e rendere le visite: se si sapesse ch'io son in Napoli, io havrei più popolo intorno alla casa, che non ha il Vici Rè quando fa l'entrata.

CELIA.

E bene, in luogo picciolo V. S. sarà manco conosciuto.

CAPITANO.

Io picchierò dunque a questo. Olà.

SCAPPINO.

Chi è?

CAPITANO.

Son io. Haveresti alloggiamento per questa giovine e per me?

SCAPPINO.

Alloggiamento vi è, ma non per un par di Vostra Signoria: ad un par suo vi vorrebbe il castello dell'Ovo o la Vicaria, e a pena sarebbono stanze proporzionate: tuttavia se si compiacesse d'honorar questo vil tugurio, io gli lo offerisco.

CAPITANO.

Buono, buono: questa tua humiltà mi farà accettar ogni picciol albergo; pur che vi sia un camerino per questa giovane, io mi contento.

SCAPPINO.

O povera Signora, il Ciel vi dia pazienza!

CAPITANO.

Perchè dite così?

SCAPPINO.

Eh Signore, io stimo che questa debb'esser qualche prencipessa che V. S. ha fatta schiava.

CAPITANO.

Al corpo di quell'occhio sgangarato di Polifemo! che costui mi conosce. O buon compagno, per chi m'hai tu pigliato? ove mi conosci tu?

SCAPPINO.

Io non conosco V. S.; ma l'aspetto suo mi dà da credere che sia persona di commando, et al moto de gl'occhi che quasi mi spaventano, lo stimo per l'estratto di formidabili. (Bisogna gonfiarlo per prenderlo, costui : manco male che non mi conosce.)

CAPITANO.

Tu sei un grand' huomo ; bisogna che tu habbi buona astrologia.

SCAPPINO.

(O spioneria.)

CAPITANO.

Che dici?

SCAPPINO.

Un puoco di fisonomia; ma per prattica, non di scienza.

CAPITANO.

Molte volte la prattica val più della scienza. Horsù, Signora, entriamo quà.

CELIA.

Entriamo — Manco male che non ti conosce!

SCAPPINO.

Ma mi vado coprendo con la mano più che sia possibile, hor tirando il mostaccio, et hor fregandomi gli occhi.

SCENA DECIMAQUINTA.

FULVIO, E CAPITANO, ch' entra et esce subito.

FULVIO.

Scappino non comparisce, et io senza di lui son morto : non oso di parlar con alcuno, poich' il demonio, per farmi disperare, non vuole ch' io possa ragionare con alcuno che non mi faccia danno. Olà, ond' esse costui?

CAPITANO.

Il sito è commodo, ma è mal addobbato. Mi dice che ha altre camere, e che mi farà haver la chiave fra due hore : in nome del Cielo!

FULVIO.

Servidor, Signor capitano.

CAPITANO.

O, schiavo, padron mio. Non è V. S. il figliuolo del signor Pantalone?

FULVIO.

Signor sì, per servirla.

ATTO IV, SCENA XV.

CAPITANO.

Mi perdoni: non l'ho veduto se non quel poco, e l'ho conosciuto all'habito.

FULVIO.

E non è maraviglia in un forestiere. Ho caro che V. S. si sia degnata di rimaner con noi questa sera.

CAPITANO.

L'inquietezza del mare m'ha fatto rimanere e ritiràr quà a questo povero albergo per questa notte. Di grazia, V. S. facci scusa con il suo signor padre, se non ho accettat'il suo albergo.

FULVIO.

È nostro ancor questo, ma è un fondaco dove teniamo delle robe che ingombrano la casa. Ma che vedo io? un bollettino di camera locante!

CAPITANO.

Non è camera locante questa?

FULVIO.

(Or quest'è l'imbroglio: debbo dire di sì o di no? Hoimè, mi trema il cuore per tema di non guastar qualche cosa.)

CAPITANO.

V. S. si consiglia a rispondermi: voi mi ponete in sospetto, perchè in Napoli si fanno delle pazze burle, per quello ch'io ho inteso dir a molti.

FULVIO.

V. S. non si turbi, perchè sto in dubbio che questo bollettino non l'habbi posto un mio servidore per qualche invenzione.

CAPITANO.

Ch'invenzione?

FULVIO.

Eh, dirò a V. S.: io son inamorato d'una schiava nomata lia, e non ho danari per riscuoterla, ed ho prohibizione dal padre di non la guardare manco; et un mio fidelissimo servidore cerca ogni modo di farmela capitar nelle mani, e forse questa dev'essere qualch'invenzione per farmela havere. Caro padron mio, V. S. mi favorisca di secondar la cosa, occorrendo, ch'io ve ne resto con obligo.

CAPITANO.

Volontieri, anzi ch'io v'aiuterò occorrendo.

FULVIO.
Buono, buono : o, siate benedetto!
CAPITANO.
Tic, toc.
SCAPPINO.
Chi è là?
CAPITANO.
Amici : io voglio entrar in casa.
SCAPPINO.
Hoimè, Fulvio è quà : l'invenzione è rovinata : hà!
FULVIO.
No, no, Scappino, scuópreti pure, che siamo d'accordo io e questo signore.
CAPITANO.
Siate benedetto! Horsù, vado.
SCAPPINO.
Siate dunque accordati? O, sia lodato il Cielo : sono pur fuori di fastidio.
FULVIO.
Sì, si, il mio caro Scappino, questo capitano mi vuol aiutare.

SCENA DECIMASESTA.

CAPITANO, CELIA, FULVIO, e SCAPPINO.

CAPITANO.
Signor Fulvio, vi ringrazio dell'avviso : mi raccommando.
CELIA.
Signor Fulvio, a Dio. — A Dio, mio Fulvio.
FULVIO.
Scappino?
SCAPPINO.
Signor Fulvio?
FULVIO.
Che cosa è questa?
SCAPPINO.
Che cosa è questa? Non lo sapete voi? non dite che siete accordato con quel signore?

FULVIO.
E come! Celia era colà dentro?
SCAPPINO.
O, quest'è un'altra! e ch'accordo è stato il vostro?
FULVIO.
O misero me!
SCAPPINO.
Che cosa havete? di che vi dolete?
FULVIO.
Ahimè! che non sapendo che costui havesse Celia, io gl'ho raccontato l'amor ch'io porto a Celia, e gl'ho detto le tue trame, e gl'ho chiesto aiuto, ed egli me l'ha promesso.
SCAPPINO.
Sì? O, posso dunque levar il bollettino dalla porta e porlo sopra la fronte vostra, poichè il vostro capo potrà servire per camera locante, ch'il cervello non ha ingombrato la stanza. E forsi ch'io non l'havevo condotto sino a casa, e quando più la credevo perduta? e forsi ch'io non havea pensato di trabalzarla, subito che quel capitano volgeva le spalle, in luogo lontano, con pericolo della giustizia e dell'ira di quell'huomo furibondo? Horsù, voi non siete degno di questa giovane, la fortuna non ve la vuol concedere, et io non mi voglio più romper il cervello, nè tener voi in isperanza dell'aiuto mio; e per levar le cause io mi voglio partir anche da voi.
FULVIO.
Ah Scappino mio!
SCAPPINO.
Che mio? A rivederci.
FULVIO
O, questo no : io non mi spiccherò mai da te.
SCAPPINO.
Lasciatemi.
FULVIO.
Questo no, mai.
SCAPPINO.
Lasciatemi, dico : non havete vergogna?
FULVIO.
Non ho nè vergogna, nè sorte, nè cervello.

SCAPPINO.

Dico che mi lasciate, ch'io voglio andar da certi miei amici.

FULVIO.

Io voglio venir teco, e va ove ti piace.

SCAPPINO.

Io voglio andar a giuocare per farmi passar la colera.

FULVIO.

Venirò anch'io, ch'io non ho men colera di te.

SCAPPINO.

Voglio fuggir via da questa città.

FULVIO.

Ed io voglio far lo stesso.

SCAPPINO.

Voglio andarmi a precipitare di disperazione.

FULVIO.

Venirò ancor io a pianger l'amaro tuo caso.

SCAPPINO.

E non a precipitarvi ancor voi?

FULVIO.

Eh, fratello, basta d'uno.

SCAPPINO.

O, come basta de uno, andatevi dunque voi solo.

ATTO QUINTO.

SCENA PRIMA.
FULVIO solo.

O Fortuna, frena quella ira hormai che senza ritegno fai scorrere sopra di me: o mitiga il rigore de' suoi maligni influssi, che tanto mi tormentano, o cessa di scherzar meco, se pure sono scherzi quelli che tanto m'affliggono. Qual mio demerto t'habbia irritata, io non lo so; qual rigore mi sovrasta, tu ben lo sai, ed io lo provo: ma se pure questi sono tuoi scherzi, ahi che toccano troppo al vivo! Ferma, ferma, ti prego, e mira a che termine son ridotto: io sono in disgrazia del padre, di poca stima al suocero, in derisione col capitano, in conto di pazzo a Mezzettino, in punto di perder Celia, ed in somma sono la favola della città; e quello ch'è peggio, io sono in odio a Scappino, qual mi fugge, ed ha ragione. Cessa, cessa, scapigliata Dea, di tormentarmi, te ne priego. Ma chi prieg'io? una sorda, una cieca, una più inesorabile della morte. Ma ecco Scappino. O, la mia ventura volesse ch'egli havesse digerito quella colera concetta contro di me! quanto mi stimarei felice? io sperarei ancor qualche soccorso.

SCENA SECONDA.
SCAPPINO e FULVIO.

SCAPPINO.

Quel capitanio va girando dal molo picciolo al grande, e non sa ove dar di capo per alloggiar questa notte, e non vuol lasciar d'occhio quella schiava: io credo che l'ambizione d'haver questa bella schiava seco lo facci passeggiar volontieri per mendicar sberettate.

FULVIO.

A Dio, il mio dolcissimo cappino.

SCAPPINO.

A Dio, il mio amarissimo signor Fulvio.

FULVIO.

Tanto amaro in vero e tanto scuro, ch' io non ho più gusto di cosa alcuna al mondo, e non posso veder più raggio di contentezza.

SCAPPINO.

Ed io pur tant' amaro, c' ho perduto il gusto di servirvi, e tanto scuro, c' ho l'ingegno adombrato in modo, che non so più che mi fare per far bene.

FULVIO.

Tu hai ragione; ma so ben anche che tu conosci che queste inavvertenze mie non sono artificiose, ma che sono effetti di quelle seconde cause inclinatrici di così esorbitanti affetti, influssi prodotti da quelle motrici cagioni a noi nascoste, perch'io viva sempre con qualche mortificazione; ma delle mie disgrazie, tu ne hai solo il disgusto, et io infelice che ne ho il disgusto e il danno, congionti d'un rossore di vergogna, con un battimento di cuore, più di disgustar te, che di qual si voglia altra persona concernente a questo negozio. O Scappino, pietà, pietà ti prego: quel capitano ancor non è partito, ancor vi è tempo di far qualche profitto. O, se tu vinci questa mia costellazione, sarai chiamato un superatore de' maligni influssi, un dominatore de gl' effetti delle stelle, il schermitore del mio maligno ascendente, in somma il mio desiderato triangolo.

SCAPPINO.

Piano con questi triangoli e questi ascendenti, che se un ascendente mi fa descendere da un triangolo, io sono rovinato.

FULVIO.

Eh tu non m'intendi.

SCAPPINO.

Io v' intendo per discrezione: so che mi sollevate tanto al cielo, che mi fate venir le vertigini; m' havete posto in capo tant' albagia a dirmi che, s' io supero queste vostre disgrazie, ch' io sarò chiamato la sponga che suga i cattivi humori alle stelle, e l' acqua forte che rode i maligni influssi alle persone, che mi fate tornar la voglia di seguitar l' impresa, per farmi cronicare per uno che contrasta con le stelle o che abbaia alla luna.

Andate un poco in buon' hora, e lasciatemi far i miei castelli in aria a mio modo.

FULVIO.

Io vado. O me felice!

SCAPPINO.

Si tien di già felice, ed io non ho ancora trovato il modo d'aiutarlo. Al corpo di me! che mi nasce un'invenzione, e questa potria riuscire : caso che no, galera, aspettami! Ed ecco costui, che pare c' habbia poca voglia di far bene : lo voglio far scorrere la mia sorte.

SCENA TERZA.

SPACCA e SCAPPINO.

SPACCA.

Che diavolo di disgraziato è quel tuo padrone? Come puoi mai alzar fabrica alcuna, se quanto tu sai fare egli disfa? In vero che mi vien colera da tua parte : tu sei più disgraziato che i ragni delle case polite, ch'a pena tirano le fila delle loro reti, che la fantesca gli dà della scopa dentro. Io ti dico la verità, non havrei tanta pazienza per certo.

SCAPPINO.

Veramente è un gran sopportare; ma alle volte si vede due persone che giuocano, et uno s'affezionerà ad una parte in modo, che sente disgusto quando l'altro vince : o, pensa poi, quando v'è interesse! Questo giovine è allevato si può dire da me, è mio padrone, mi vuol bene; e poi io nelle mie cose sono un poco perfidioso, e non vorrei lasciar quest'opera imperfetta, a tal ch'io ho gusto nell'opera, e colera a non poterla mandar a fine; e se bene hora è quasi cura disperata, tuttavia io mi picco di furbo straordinario, e vorrei riuscirne con honore.

SPACCA.

O, bello! riuscir con honore! come se le mariolarie fussero cose honorate.

SCAPPINO.

E perchè? anche le stratagemme militari sono mariolarie, e pur sono honorate, e beato colui che sa trappolare l'avversario;

e chi può acquistar con stratagemma, ha più lode che a sparger sangue.

SPACCA.

Aiutiamolo dunque, e forniamola senza tante rettoriche.

SCAPPINO.

Orsù, aiutiamolo. Vien quà tu: ti basterebbe l'animo? Dubito di no.

SPACCA.

A far che? È cosa tant'importante, che tu ti diffide di me?

SCAPPINO.

Cosa a te grandissima, e dubito assai.

SPACCA.

Che cosa sarà mai? Ho forsi d'andar a levar il tulpante al Gran Turco?

SCAPPINO.

E, non è questo! è ch'io ho dubbio, perchè vorrei che tu facessi una cosa contra a l'uso tuo.

SPACCA.

O, t'intendo: tu vorresti ch'io facessi qualch'opera buona.

SCAPPINO.

Anzi no.

SPACCA.

E, tu ti diffidi dunque? o balordo! o che non mi conosci bene, o che la cosa deve eccedere il mio potere.

SCAPPINO.

Io te la dirò per levarti di sospetto. Vi è un mercante amico mio che ha certe medaglie d'oro e d'argento; io me le vorrei far prestare; e porle in una borsa con un poco di moneta; e poi vorrei che tu la ponessi nascostamente adosso di quel capitanio che ha menato via la schiava (quest'è la diffidenza mia, che tu sei uso a levar le borse, e non a porle adosso alle persone), ch'io poi con qualche scusa mi trovarei subito con la corte in quel luogo; e vorrei che tu gridasti, fingendo d'esser stato assassinato da colui, e, dandogli i contrasegni delle medaglie, facessimo andar carcerato quel capitanio, tanto ch'io gli trafugassi la schiava: che dici? ti basta l'animo?

SPACCA.

Veramente mi pare difficile il por borse adosso de gl'altri.

Se fusse vuota, pur pur: io son uso a gettarle, o porle adosso a chi trovo commodo; ma con danari non ho mai provato. Ma se al menare prigione colui mi conducessero me ancora, per sapere chi mi ha dato quelle medaglie?

SCAPPINO.

Di' che sono mie, e ch' io te le mandava ad impegnare; ma non ti meneranno carcerato tu, perchè si prende il reo, e non l' accusatore.

SPACCA.

Hai bel dire tu : io ti dico che tresco mal volontieri con la giustizia; io vorrei più tosto sette misericordie che una mezza giustizia.

SCAPPINO.

E da quant' in quà hai tema della giustizia? se hai questo timore, ti converrà mutar vita, e sarebbe ben tempo. Horsù, questa non è cosa che possa portar molto pericolo: vien meco.

SPACCA.

Non v' è niuno che m' habbia da far romper il collo se non tu.

SCENA QUARTA.

BELTRAME e CINTIO.

BELTRAME.

Ho caro che V. S. habbia fatto questa risoluzione, perchè fa cosa grata al suo signor padre e di gusto a me : quanto poi alla parola data al signor Fulvio, la posso ritrattar quando voglio con mio honore.

CINTIO.

Ho caro di compiacer mio padre e Vostra Signoria, e di non pregiudicar niuno; e se a V. S. paresse bene ch' io toccassi la mano alla sposa adesso, io l' havrei a caro.

BELTRAME.

Et io ho gusto della vostra sodisfazione. V. S. mi farà grazia di non lasciarsi vedere così subito da mia figliuola, perchè la voglio esaminar un poco, et intender come ella condescende a questo parentado.

CINTIO.

Volontieri. (So ben io che non le può dar più grata nuova di questa.)

SCENA QUINTA.

LAVINIA, BELTRAME, e CINTIO.

BELTRAME.

Olà, Lavinia.

LAVINIA.

Questa è la voce del signor padre. Che mi commandate, Signor padre?

BELTRAME.

Figliuola, il signor Fulvio non può concluder le nozze così presto, et io non vorrei star con questa aspettativa; io sono quasi di parere (quando a te non fusse discaro) di trovar qualch' altro partito: che te ne pare?

LAVINIA.

A me par bene; e per dirvi la verità, io non ho molto gusto di questo matrimonio: tutta via voi siete padrone.

BELTRAME.

Se non fusse per levarti da Napoli, quasi quasi che ti darei ad un forastiero; ma dubito che non lasciaresti volontieri questa bella città, e che non havresti gusto d'allontanarti da me.

LAVINIA.

Veramente mi sarebbe strano e l'uno e l'altro; se bene ch'il mutar paese è un goder di quelle delizie che ne concede il Cielo, c'ha fatto così bel mondo; e mi stupisco di tanti, che potendo far di meno, perchè si ristringono in un picciol angolo, come se fussero sequestrati in quelle parti. Il lasciar il padre poi, quest' è costume delle figliuole che prendono marito, che o poco o assai si dilungano dalle case paterne: anzi, che molti padri vorrebbono le loro figliuole lontane dalle case, per levarsi di sospetto ch' elle furtivamente non soccorressero i mali mariti.

ATTO V, SCENA V.

BELTRAME.

Tu dici bene; a tal ch'io posso trovar altro marito, et occorrendo anche un forestiero, non è vero?

LAVINIA.

Signor sì.

BELTRAME.

E se ti levassi da Napoli?

LAVINIA.

Che importa? tutt'il mondo è paese.

BELTRAME.

A dirti il vero, mi è venuto un partito d'un studente, che mi par assai buono.

LAVINIA.

Buono: ho caro d'esser in mano d'un letterato.

BELTRAME.

Quest'è un giovine Acquilano.

LAVINIA.

Acquilano? e che mi volete mandar a cogliere zafarano?

BELTRAME.

Ti voglio mandar ad udir testi, paragraphi e digesti, e non coglier zafarano.

LAVINIA.

O, mandarmi in quei paesi cotanto freddi! patirò troppo. E perchè non mi dare un Beneventano, che vi è quà che mi pigliarebbe per moglie? ed è patria vicina a Napoli, aria buona; e forsi V. S. potrebbe venir anche ella colà ad habitare per star appresso al suo sangue.

BELTRAME.

Il Cielo me ne liberi d'andar a Benevento!

LAVINIA.

E perchè?

BELTRAME.

Perchè, com'uno vuole augurar male ad un mercante, gli dice: « Va, che possi andar a Benevento! »

LAVINIA.

Et a che proposito? non è quella una patria nobile, abbondante di vivere, et amica de' forastieri? Io ne ho sempre udito dir bene, e non so perchè si proverbia a questo modo.

BELTRAME.

Ti dirò : non vi è città di potentato diverso da questo di Napoli più vicino di Benevento, e com' uno fallisse, o ch' è in contumacia della corte, va colà, e perciò si dice così.

LAVINIA.

Il Cielo vi liberi da tali accidenti! Ma diceva io....

BELTRAME.

Taci, taci, ch' io t' ho inteso senza che tu parli : voi dire che ti piace il signor Cintio.

LAVINIA.

He!

BELTRAME.

Che dici? tu non parli, tu ridi? ah fraschetta! Signor Cintio!

CINTIO.

Signore.

BELTRAME.

Ho parlato con mia figliuola, la quale mostra di gradir più il vostro parentado, che quello del signor Fulvio.

CINTIO.

Io gliene resto obligatissimo, e le farò quella buona compagnia che i suoi meriti richiedono.

BELTRAME.

Denudate dunque la mano, ch' io vi congiongo....

SCENA SESTA.

PANTALONE, BELTRAME, CINTIO, E LAVINIA.

PANTALONE.

Olà, che cosa è questa?

BELTRAME.

.... in matrimonio : il Cielo vi feliciti!

PANTALONE.

Rompo, spezzo et annichilo questo parentado.

BELTRAME.

Et io cucio, ripezzo e taccóno il matrimonio.

PANTALONE.

Olà, signor Beltrame, a che giuoco giuochiamo?

ATTO V, SCENA VI.

BELTRAME.

A picchetto che la bocca giuoca.

PANTALONE.

Se la bocca giuoca, questa giovane è di mio figliuolo, che così voi gli ne havete dato parola.

BELTRAME.

È verò ; ma quand' uno ha scartato, non può più ripigliar le carte e far giuoco con quelle : vostro figliuolo m' ha detto che non la vuole, e con qualche mio rossore ; ed io non sto seco : e se si fosse mutato d' humore, io non voglio far un matrimonio con un capriccioso, e sprezzatore del mio parentado.

CINTIO.

Signor Pantalone, io v' assicuro che vostro figliuolo non vuol questa giovane, e di già ha cedute le sue pretensioni a me.

PANTALONE.

V. S. è parte, e non sono tenuto a crederli. Che mi facciano piacere, che andiamo di compagnia a trovar mio figliuolo, accioch' egli non trovi scuse che l' havrebbe presa, se bene in quel punto mostrò renitenza, e che si dolesse poi di me e del signor Beltrame doppo il fatto : ma così si chiariremo, e io havrò sodisfazione di rimproverar io lui, et non egli me.

BELTRAME.

Per vostra sadisfazione io son contento.

CINTIO.

Et io contentissimo.

LAVINIA.

Et io disgustatissima.

CINTIO.

V. S. non si pigli pensiero, che so quello ch' io dico : il signor Fulvio mira altrove.

LAVINIA.

Che miri pur dov' egli vuole, pur che non miri me ; e quando poi anche suo padre tanto lo persuadesse che condescendesse a questo parentado, saprò persuader anch' io il mio a non lo consentire.

CINTIO.

Ritornaremo presto.

LAVINIA.

Non può esser sì presto, che a me non paia molto tardo.

SCENA SETTIMA.

CAPITANO, SPACCA, CELIA, SCAPPINO, E CORTE.

CAPITANO.

Signora, quelli alloggiamenti non sono da farne capitale: vi è troppo la gran confusione di gente, e donnaccie di poca honestà. Io vi lodarei a dimorar per una notte in casa di quel vostro mercadante: già esso non ha altra persona in casa, per quant' ho veduto, e voi mi dite che v' honorava e vi serviva con amore: dove volete star meglio? Hora non starete come schiava, ma come padrona: io comprerò da cena per tutti, e manderò per uno de miei creati alla barca che venga a servire, e staremo allegri; ed in questo mentre venirà buon tempo, ch' io so ch' il tempo non se la vorrà poi tor meco alla disperata.

CELIA.

Signore, starò dove gli è in piacere; et anche che mi paresse d'essere ritornata schiava, vedendo V. S. mi parerà d'esser riscossa; et anderò col pensiero felicitandomi da me; ponendomi a memoria il signor padre, i parenti e la patria.

CAPITANO.

Buono, buono, per certo.

SPACCA.

Vedo Scappino con la Corte: hora è tempo. — Ohimè meschino, o sconsolato me!

SCAPPINO.

Eccolo, è quel meschino che piange colà. (Io non voglio lasciarmi vedere, per non parere ch' io habbi fatto la spia.)

SPACCA.

Aiuto, aiuto, ohimè!

CAPITANO.

Che sì che l' ombra mia havrà fatto dispiacere a costui per non star indarno? Che hai, pover huomo?

CORTE.

Che cosa è, buon compagno? perchè piangi e ti lamenti?

ATTO V, SCENA VII.

SPACCA.

A, Signori, giustizia, giustizia!

CORTE.

Che cosa è?

SPACCA.

Mi è stato rubata una borsa rossa con tre medagliette antiche effigiate d'imperadori dentro, una d'oro e due d'argento, una mezza patacca, un carlino da vint'uno, e quattro tornesi.

CORTE.

Chi ti è stato appresso, lo sapresti per sorte?

SPACCA.

Signor sì: non m'è státo vicino niun' altro che questo signore, qual m'ha dato due volte delli urtoni; et io, per tema e riverenza dell'aspetto suo, gli guardava la faccia e l'habito, e non gl'ho guardato alle mani.

CAPITANO.

Che dici, manigoldo?

SPACCA.

Dico che io giurarei che V. S. mi havesse tolto la borsa.

CAPITANO.

O vigliacco! — Signora, scostatevi un poco da costoro. — E tu furfante...

CORTE.

Piano, Signore, che la giustizia vuol il suo loco.

SPACCA.

Tenetelo, Signore, che non mi dia.

CAPITANO.

O Cielo, per non pagare quelli che l'hanno da sepelire, mi vuol provocar a dargli un pugno sopra il capo che l'uccida e sepelisca a un tratto; ma non ti voglio far quest'honore, non voglio che si scriva ne' miei annali queste bagatelle. Ma non ho io veduto costui un'altra volta?

SPACCA.

So anch'io che mi havete veduto quando vòleva far pesar le medaglie da quel orefice.

CAPITANO.

Ah sciagurato!

CORTE.

Fermatevi, da parte del signor reggente della Vicaria.

CAPITANO.

Mi fermo.

CORTE.

Cercali adosso tu : con licenza, Signore : la giustizia commanda così ; se non sarà vero c'habbiate questo furto, prenderemo carcerato costui.

CAPITANO.

Son contento, se ben ch'io non son uso ad obedire se non a generalissimi di terra e di mare; ma per non haver briga di mostrarvi tutti i miei privilegii e patenti, mi fermo, e vi lascio far l'ufficio vostro : cercate pure.

CORTE.

Guarda nell'altra saccochia.

CAPITANO.

Manco male che quà non vi si trovano principi nè gran personaggi che mi vedono o conoscono, che del resto io sarei svergognato.

CORTE.

Questa è una borsa rossa?

CAPITANO.

Che cosa ved'io? ohimè !

CORTE.

Queste sono le tre medaglie, e quest'è la moneta che costui ha detto.

CAPITANO.

O Fortuna, quest'è un affronto che mi fa fare il conte Palatino, perchè gli ho fatto perder lo Stato; ma me la pagherà.

SCENA OTTAVA.

FULVIO, Corte, CAPITANO, SPACCA, SCAPPINO, e CELIA.

FULVIO.

Che cosa è questa? i birri prendono il capitano? Olà, che fate voi?

CORTE.
L'ufficio nostro, Signore : bisogna venir carcerato.
SPACCA.
Menatelo prigione, ch'io v'aspetto alle carceri. (Ho veduto Fulvio : non voglio esser veduto da lui, acciochè parlando con la corte non s'accorda dell'inganno e lo guasta.)
CAPITANO.
Io prigione ? io carcerato ? Levatemi d'intorno, vil canaglia ; se non, ch'io vi fracasso tutti.
FULVIO.
Fermatevi, vi prego. Che cosa è, Signor capitano?
CAPITANO.
Signore, costoro m' hanno trovato una borsa adosso, qual non è mia, e dicono ch'io l'ho rubata. Per cortesia, V. S. non mi lasci far affronto da costoro, ch'io sarei poi in obligo di trucidargli, e far porre Napoli sosopra.
FULVIO.
Dove è la borsa ?
CORTE.
Eccola.
FULVIO.
A chi è stata rubata ?
CORTE.
Ad uno ch'è ito hor hora alla Vicaria.
FULVIO.
Conoscete voi me ?
CORTE.
V. S. è figliuolo di quel mercante Veneziano che sta qua.
FULVIO.
È vero : et io faccio sicurtà per questo signore per quanto vagliono sette borse. Questo c' ha dato questa denonzia è qualche mariuolo che vuol travagliar questo cavagliere. Questo signor è un amico di mio padre, venuto hoggi di Sicilia : et ha portato una poliza di trecento ducati, e mio padre gli a sborsati : o, vedete se questo ha bisogno di questa borsa.
CAPITANO.
Io non rubarei, s'io non rubassi qualche stato, o per capriccio qualche naviglio, che sono furti illustri. Informatevi fuori di

questa città chi son io, che quà non sono conosciuto se non per fama : e poi parlatemi.

FULVIO.

Io venirò domani alla Vicaria all' hora di corte, se bisogna. Togliete quà questi tre carlini, et andate a bere per amor mio.

CORTE.

Ma se colui si duole della borsa ?

FULVIO.

Io gliela restituirò. Chi è costui ? lo conoscete ?

CORTE.

Mi pare un certo Spacca Strombolo.

FULVIO.

È un mariolo al sicuro.

CORTE.

Horsù, V. S. comparisca dunque domani alla Vicaria.

FULVIO.

Sì, sì, figliuoli : a Dio.

SCAPPINO.

Quest' altra ancora ? ah traditore !

FULVIO.

Ohimè, che cosa ho fatto io ?

SCAPPINO.

Non vedete ch' il capitano ha la schiava seco ? Io ho fatto che Spacca gli ponga la borsa adosso per farlo andar carcerato, accioch' io potessi menar via la schiava. Assassino di voi stesso a questo modo, ah !

FULVIO.

O Scappino, va pur, che hai mille ragioni : io non son degno di questa giovane nè del tuo aiuto ; ferma, che hai fatto troppo. A Dio, Signor capitano ; a Dio, Scappino. Il mondo è finito per me.

CAPITANO.

Che cosa ha il signor Fulvio che si duole ? È forsi per affronto che m'hanno fatto quei forfanti cercandomi adosso : non occorre, poi ch' io l' ho passato sotto silenzio, per non far una delle mie, e por sotto sopra questa città, e dar occasione d' esser conosciuto, atteso ch' io voglio star incognito.

SCAPPINO.

V. S. fa bene a tener le azioni sue incognite ; ma il signor

Fulvio è arrabbiato d'altro negozio; il poverino, per far bene ad altri, ha fatto male a se stesso.

CELIA.

E che male ha il signor Fulvio? Ohimè, Signore, egli è il più garbato giovine del mondo.

SCAPPINO.

Che non vi scappasse di dire, il più sapiente, o il più trincato, che cadereste in stima di poc' ingegno ancor voi.

CELIA.

Perchè?

SCAPPINO.

Perchè lo trovo tanto simpliciaccio negl' affari del mondo che mi darebbe prima l'animo d'imparare di chitarra ad una scimia, che di far capire una lezione di mariolaria a lui.

SCENA NONA.

MEZZETTINO, LAUDOMIA, CAPITANO, CELIA, E SCAPPINO.

MEZZETTINO.

Io son uso a tener schiave, non vi dubitate, e non guardate a questo habito fatto all' antica, ch' io lo porto per modo di provisione; e poi io ho ordine dalla mia borsa d'andar così sino a suo avviso: ma ne ho tre o quattro de' nuovi nella mia mente che non sono ingrati.

LAUDOMIA.

E, Signore, non mirava l'habito: guardava al viso per vedere se mi può far scemar la reputazione e darmi tara.

MEZZETTINO.

E che sì che mi bisognerà prender un bel mostaccio a nolo, o mostrarle i testimonii ch' io sia galant' huomo. O, eccovi quà un' altra schiava, che è stata mia più di due mesi: ella v' informerà s' io son huomo da bene o no.

LAUDOMIA.

Ohimè che ved' io? mia sorella!

CELIA.

Laudomia!

LAUDOMIA.

Celia!

CAPITANO.

Signora Laudomia !

LAUDOMIA.

Consorte caro !

CAPITANO.

O anima mia, o mio recuperato tesoro !

SCAPPINO.

O mia recuperata speranza, e che sento ?

MEZZETTINO.

O Signore, non mi stazonate la mia mercanzia : e che cerimonie sono queste ?

CAPITANO.

O galant' huomo !

SCAPPINO.

Per modo di dire.

CAPITANO.

Quest' è mia moglie in parola, e non sapendosi di lei nuova, stimassimo ch' ella fosse stata eletta regina di Persia o prima sultana ; e come privo di speranza di rivederla più, havendo suo padre nuova della signora Celia, me la diede in vece di quella per moglie, e così sono venuto a Napoli a riscuoterla ; ma in vero quest' è la mia legitima moglie. Signora Celia, perdonatemi, io non posso mancar alla prima.

CELIA.

Signore, io ho triplicato gusto : d' haver trovato la sorella quando manco sperava, di consolar V. S., e di non esser vostra consorte, havendo i miei pensieri rivolti in altr' oggetto ; e s' io condescendeva al partirmi di quà, era solo per esser libera, e veder mio padre, e chiedergli grazia d' haver un giovine di Napoli ; e però pregai V. S. a non mi sposare sino ch' io non fossi dal padre.

CAPITANO.

Ho caro che restiate consolata ; e s' io posso adoperarmi in vostro servizio avanti di partire, vi supplico ad impiegarmi, che io vi servirò di cuore.

SCAPPINO.

Signore, tra le magnanime imprese c' havete fatto, se ne vor-

ATTO V, SCENA IX.

rete por una segnalata ne i vostri annali, che trapasserà le altre, hora si vi appresenta l'occasione.

CAPITANO.

E qual è quest'impresa che mi germoglia inavvedutamente nelle mani?

SCAPPINO.

Il signor Fulvio ama senza termine la Signora Celia, e V. S. non può prender due mogli: io vorrei chieder grazia a V. S.: per quanto amore portate a quest'altra giovane, e per quelle inaudite prove che si debbano raccontar di V. S. per tutt'il mondo (ch'io non le dico, perchè non le so), fate ch'il signor Fulvio habbia questa giovane, che vi sarà pagato il riscatto, e le tornerete da morte a vita.

CELIA.

O, se V. S. fa questa grazia a questo giovane, io mi voglio constituire tant'obligata alla vostra generosità, che io non vorrò mai più obligarmi a niun'altra cosa, per non scemar questo ch'ora le prometto di conservar con tutta la pienezza del mio potere.

CAPITANO.

In giorno di tante allegrezze, mi vengono chieste grazie di sì poco momento? ma che dico? questa non è gratia, è obligo mio, ch'io son tenuto a servire le belle dame, e tanto più questa, che è mia illustrissima parente.

SCAPPINO.

E viva il signor capitano!

MEZZETTINO.

E viva il signor capitano, anche per mio conto, doppo però ch'io havrò havuto il mio danaro del riscatto, e qualche mancia.

CELIA.

Ringrazio V. S., e messer Mezzettino, cagione ch'io veda mia sorella e ch'io habbia tanto contento.

LAVINIA.

Sia benedetto messer Mezzettino!

MEZZETTINO.

Però queste carezze non vanno già a conto della manza, no?

CAPITANO.

Messer no.

CELIA.

No, no, il mio Mezzettino.

SCAPPINO.

Ho quasi invidia di quelle carezze. O, vedi fortuna! colui è applaudito che ha operato a caso, e di me non si parla. Orsù, mi lauderò da mia posta: Viva Scappino! sia benedetto Scappino!

SCENA DECIMA.

FULVIO, SCAPPINO, CELIA, CAPITANO, LAVINIA, E MEZZETTINO.

FULVIO.

Io voglio chiedere la benedizione a mio padre, e poi andarmene tanto lontano, che niuno de' miei parenti sappia dove mi sia.

SCAPPINO.

Signor Fulvio!

CELIA.

Signor Fulvio!

FULVIO.

Ohimè! senz' altro ho fatto errore a comparir quà; havrò rovinato qualche cosa anche non parlando: o stelle avverse Voglio partire.

CELIA.

Signor Fulvio, venite quà.

FULVIO.

Ah no, Signora, che pur troppo ho fatto errore sin adesso: me ne vado.

CELIA.

E perchè fugge egli?

SCAPPINO.

Per non mancare alle solite balordarie: questo non sa far bene, manco quando il bene gli salta adosso per forza.

CAPITANO.

Che cosa ha quel giovine, che quasi profugo s'invola da gli

amici, e chiude l'orecchie alla sonora voce di questa bellissima dama?

SCAPPINO.

L'esser avvezzo a far male fa ch'il bene lo disordina, ed ha l'ingegno avviluppato ne i dubbii in modo, c'hormai non sa discerner il bene dal male, e non sa ove girarsi per far cosa buona. Per questo giovine io ho posto l'honore, la libertà, e il cervello alla sbaraglia; io fui quello della camera locante; io vi feci porre quelle medaglie adosso, per levarvi questa schiava.

CAPITANO.

O, gran rischio! ed io non t'ho conosciuto! ma è ch'io non pongo cura a cose basse.

SCAPPINO.

In somma ho fatto l'impossibile e l'incredibile per aiutarlo: ed hora che la vostra incomparabile magnanimità gli fa così pregiato dono, fugge!

CAPITANO.

Buono, buono.

SCAPPINO.

Per non mancare del suo solito mal fare, fugge! acciochè il signor Cintio, suo rivale, s'intermetta in questo negozio e facci sì che Pantalone non consenta a questa compra, et intorbida le sue contentezze; che se il signor Fulvio havesse la giovine in potere, il padre non gli lasciarebbe commetter mancamento, ove gli sarebbe moglie per forza, e il signor Beltrame rimarrebbe appagato da Pantalone, non essendo egli quello che manca di parola: e questo pazzo (mi sia perdonato il dirglielo) hora fugge; e il Cielo sa che accidenti ponno succedere in questo mezzo. O Fortuna, dammi pazienza, e conserva il cervello a me, poichè l'hai levato a quell'altro.

CAPITANO.

Mi dispiace del poc'ingegno di questo giovine; ma se mi diviene cognato, io vorrò conversar sovente seco, per farlo valoroso e più avveduto.

SCAPPINO.

Eh Signore, se la sua disgrazia non è stanca, o che la natura non gli dia un altro cervello, nè V. S. nè tutt'il mondo lo farà astuto. Quest'è come li scogli del mare, che stanno sempre nell' acqua, e mai imparano a nuotare : quello che non ha fatto meco, che sono (e fia detto senz' ambizione) la schiuma della mariolaria, non lo farà manco con niun' altra persona.

SCENA UNDECIMA.

BELTRAME, PANTALONE, CINTIO, SCAPPINO, CAPITANO, CELIA, LAUDOMIA, e MEZZETTINO.

BELTRAME.

Voi havete veduto come s'è turbato nel vedervi.

PANTALONE.

Io ho veduto che va come un pazzo isfuggendo chi lo conosce, e m'ha posto in sospetto ch'ei non habbia fatto qualche rumore. O, quante persone! Servidore, Signor capitano.

CAPITANO.

Bacio la mano, il signor Pantalone. Sapete dove si trova il signor Fulvio vostro figliuolo?

PANTALONE.

L'habbiamo incontrato hor hora, io non so se mi debba dire colerico o intimorito.

SCAPPINO.

Signor Pantalone, se voi non rimediate al male di vostro figliuolo, voi lo perderete o per fuga, o per scemamento di cervello, o per disperazione.

PANTALONE.

Che cosa ha egli, ch' apponto va come pazzo per la città?

SCAPPINO.

Io ve lo dirò : egli si ritrova innamorato di questa signora già schiava, et hora cognata del signor capitano ; et habbiamo trovato mille inventioni per haver danari da riscuoterla, o modo di levarla a Mezzettino senza soldi.

MEZZETTINO.

Io vi ringrazio.

SCAPPINO.

Intendendo però che V. S. l'havesse poi pagata : e niuna cosa è riuscita. Hora il signor capitano ha riscossa la giovane con pensiero di pigliarla per moglie ; poi ch'è arrivata un'altra so-

ATTO V, SCENA XI.

rella già moglie in promissione dal sudetto signor capitano ; ond'egli perciò cede la prima a vostro figliuolo, e si piglia quest'altra di nuovo ritrovata, e prima a lui destinata : hora altro non resta se non che V. S. dia il *placet* di questo parentado ; se non, voi perderete Fulvio, o, se l'haverete, l'haverete pazzo. Che il parentado sia lecito, ve ne farà fede il signor capitano ; e poi il signor Fulvio non ha gusto di pigliar la signora Lavinia : a tal che darete gusto a questa giovane, stabilirete il cervello a vostro figliuolo, e farete ch'io m'acquieterò, e potrei forsi diventar galant'huomo.

PANTALONE.

Non sarebbe poco.

CELIA.

Caro Signore, non mi sdegnate per nuora, ch'io vi prometto d'esservi e serva e schiava, non che nuora.

PANTALONE.

Io vi ringrazio, bella figliuola.

CAPITANO.

Il padre ha solo due figliuole, la dote è competente, e sono figliuole d'heredità : V. S. lo può fare ; e tanto più per haver me per parente, che l'ombra mia solo vale per mille dote.

PANTALONE.

Come, Signore! mi fate troppo honore. La giovane è di garbo, mi piace, e gli do l'assenso mio : in questo mentre il signor Beltrame potrà fare il suo parentado, che poi faremo le nozze di compagnia, e V. S. starà ad honorar le nozze.

CAPITANO.

Volontieri ; et io scriverò al signor Gusberto come è successo il caso, e darò nova a tutti i potentati nel mondo delle mie nozze.

BELTRAME.

Lavinia!

SCENA DUODECIMA.

LAVINIA, BELTRAME, CINTIO, CAPITANO, CELIA, LAUDOMIA, SCAPPINO, MEZZETTINO, e PANTALONE.

LAVINIA.

Signore.

BELTRAME.

Eccoti venuta quell'hora tanto da te desiderata, eccoti il tuo signore Cintio. Lévati il guanto: il Cielo vi prosperi, e vi dia figliuoli maschi!

CINTIO.

Et a Vostra Signoria longa e tranquilla vita!

LAVINIA.

Sia lodato il Cielo!

SCENA DECIMATERZA.

FULVIO, SPACCA, e TUTTI GL'ALTRI.

FULVIO.

Eh fratello, il mio caso è troppo disperato; e se pur v'è raggio di speranza, con la nube della mia inavvertenza lo coprirò: in somma io son troppo sfortunato.

SCAPPINO.

Lasciatevi reggere, per grazia, e non parlate senz'ordine di Scappino, e così non fallirete.

FULVIO.

Ohimè, che sono quà tutti! Hor mi convien o tacere o partire.

PANTALONE.

Passa quà, tu.

FULVIO.

Signor padre, con licenza di Vostra Signoria son aspettato da un mio amico.

CELIA.

Fermatevi, signor Fulvio.

ATTO V, SCENA XIII.

FULVIO.

S'io mi fermo, rovino qualche cosa a Scappino. — Servidor, padrona.

SCAPPINO.

Fermatevi, in buon' hora.

FULVIO.

Scappino, guarda ben quel che mi fai fare.

SCAPPINO.

O, così va detto : bisognava guardarvi prima, e non hora.

FULVIO.

Perchè non è più a tempore : oimè, la cosa è disperata! io me lo merito.

PANTALONE.

Vuoi fermarti, bestia, sì o no?

FULVIO.

Scappino?

SCAPPINO.

Egli parla con voi ; guardate vostro padre : che havete? siete pazzo?

FULVIO.

Hoimè, Scappino, son confuso.

SCAPPINO.

State in cervello.

PANTALONE.

Passa quà. È vero che tu sia innamorato di questa giovine?

FULVIO.

Signor no.

PANTALONE.

Che?

FULVIO.

Signor no, dico.

PANTALONE.

Ma a che proposito mi nieghi quello che tutti mi affermano?

SCAPPINO.

Per mostrare il suo bell' ingegno. Perchè dite di no?

FULVIO.

Non m'hai tu detto ch'io stia in cervello?

SCAPPINO.

E bene?

FULVIO.

« Sta in cervello » vuol dire : « Guárdate che non confessi. »

SCAPPINO.

O bell' intelletto? Vuol dire che respondiate a proposito, ch' adesso è il tempo.

PANTALONE.

Che consegli sono questi? Vuoi tu ch' io ti dii questa giovane per moglie?

FULVIO.

Scappino?

PANTALONE.

E che vi vuol il consenso di Scappino?

CINTIO.

Il meschino teme di non errare : di grazia, iscusatelo.

SCAPPINO.

Dite di sì, in buon' hora.

FULVIO.

Guarda bene che non mi facci fare qualche balordaria?

SCAPPINO.

Sì, sì dico.

FULVIO.

Signor sì.

PANTALONE.

Toccali la mano.

FULVIO.

Ah, ah.

SCAPPINO.

Sì!

FULVIO.

Ecco, io gliela tocco.

SCAPPINO.

E non fate....

FULVIO.

Ohimè, c' ho fatto errore, o meschino!

PANTALONE.

Che cosa hai, balordo?

FULVIO.

Scappino mi dice : « Non fate. »

SCAPPINO.
Se mi rompete....
FULVIO.
L'invenzione, hè?
SCAPPINO.
No, in buon' hora! Dico che mi rompete la parola a mezzo; dissi « Non fate », e voleva seguir : « tante bagatelle ; finitela ! » ma l'impazienza vostra e la tema vuole tribular anche nelle allegrezze.
FULVIO.
Gli toccherò dunque la mano, neh Signor padre?
PANTALONE.
Sì, sì! se la vuoi però.
FULVIO.
Signora, siete mia moglie.
CELIA.
E Vostra Signoria mio marito, grazia del Cielo e l'aiuto del signor capitano.
FULVIO.
Ah, ah? habbiamo pur fatto tanto, che in ultimo l'habbiamo vinta.
SCAPPINO.
Di grazia, ponetevi in donzina! Se il macarone non vi cadeva in bocca, per voi vi sareste morto di fame. Signor Pantalone, se il padre è obligato per il figliuolo, V. S. è obligato a farmi raccommodare il cervello, che vostro figliuolo me l'ha tolto da segno.
CINTIO.
M'allegro, signor Fulvio, delle vostre contentezze. Son maritato anch'io : ecco la mia moglie.
FULVIO.
Ringrazio V. S., et ho gusto anch'io del loro contento, e vi giuro che sono quasi ebro di contentezza, e mi pare un sogno.
PANTALONE.
O sogno o favola, la cosa è conclusa : si sodisfarà misser Mezzettino, e si daranno le nuove a' parenti et a gl' amici.
MEZZETTINO.
Vostra Signoria parla bene.

CAPITANO.

Presto, figliuoli : chi mi vuol far un servigio ?

SPACCA.

Io, Signore, per scontar il disgusto che v'ho dato col volervi far ir carcerato.

CAPITANO.

Ah furfante, mi pareva bene di conoscerti per quello che voleva portar via ancora gli trecento ducati, ma non mi assicurava. Orsù, ti perdono.

SCAPPINO.

Io lo faceva mutar spesso e di ferraiolo e di cappello, e però era difficile il conoscerlo : ma che tutte le cose giravano per far haver questa giovane al signor Fulvio, cose in vero degne di scusa e di compassione. Ma che commanda Vostra Signoria ?

CAPITANO.

Andate a comprarmi una risma di carta, ch'io possa scrivere a tutt'il mondo, e dire a tutti i corrieri che niuno parta senza ch'io gli dia il mio dispaccio.

SCAPPINO.

Avvisaremo i corrieri. — Et avvisaremo ancora questi Signori che non v'è altro che fare, se non andar a cena.

LE
DÉPIT AMOUREUX

COMÉDIE EN CINQ ACTES

1656

NOTICE PRÉLIMINAIRE.

Une autre grande comédie, *le Dépit amoureux,* marque les dernières années des pérégrinations de Molière en province. Cette comédie suivit celle de *l'Étourdi* à une assez longue distance : l'intervalle que Molière mit entre les deux pièces est de plus de trois ans, puisque *le Dépit amoureux* fut représenté pour la première fois à Béziers dans les derniers mois de 1656 [1].

Cet ouvrage est dans la même voie que le précédent, dans la même tradition théâtrale, dans le même courant d'études. C'est encore une comédie d'intrigue. Toutefois, dans *le Dépit amoureux,* il n'y a pas seulement une comédie d'intrigue : une seconde pièce se trouve, pour ainsi dire, entée sur la première, et cette seconde comédie est toute de mœurs et de caractère. Tandis que l'une nous prépare les surprises et nous développe les complications bizarres mises à la mode par les Italiens, l'autre déploie à nos yeux des modèles d'un art nouveau; quelques scènes tranchent merveilleusement sur l'ancien canevas, et nous présagent tout l'avenir du génie de Molière. On a eu tort, par conséquent, de regarder *le Dépit amoureux* comme ne marquant pas sur *l'Étourdi* un notable progrès. Ceux qui en jugent ainsi n'ont pas pris soin de séparer les deux éléments dont cette œuvre se compose. Après avoir commencé par établir cette distinction essentielle, examinons chaque partie à son tour.

L'intrigue, dans *le Dépit amoureux,* est encore plus romanesque, plus invraisemblable que dans *l'Étourdi.* Elle est empruntée à une pièce italienne, *l'Interesse* (la Cupidité), dont l'auteur est Nicolo Secchi, et qui a été imprimée en 1581. Nicolo Secchi, qui vivait dans la seconde moitié du XVIe siècle, avait eu

---

[1]. Il faut se reporter, pour ce qui concerne la date et les circonstances de la première représentation, à l'étude générale sur *Molière, sa vie et ses ouvrages.*

déjà une autre de ses pièces, les *Tromperies* (*gl' Inganni*), traduite en français par Pierre Larivey. Voici le sujet développé par l'auteur italien dans *l'Interesse* :

Le vieillard Pandolphe a sur la conscience un grand remords. Jadis, pendant une grossesse de sa femme, il a parié à son voisin Richard qu'elle accoucherait d'un garçon ; Richard tint le pari, qui était de deux mille écus. La femme de Pandolphe mit au monde une fille, et mourut peu après. Celui-ci, pour ne pas perdre sa gageure, fit passer l'enfant pour un garçon, et l'éleva comme tel. Il a maintenant deux filles nubiles : l'une, Virginie, dont le sexe est connu ; l'autre, Lélie, qui porte les habits d'homme. Mais l'âge de celle-ci rend de jour en jour la position plus difficile, redouble les inquiétudes du vieillard, et lui fait regretter la fraude qu'il a commise. Il serait bien plus troublé encore s'il savait ce qui se passe.

Deux jeunes gens, Fabio et Flaminio, croient être rivaux et ne le sont pas. Fabio s'assure de la victoire en épousant clandestinement Virginie. Il prévient son valet Zucca qu'il se propose d'aller pendant la nuit rejoindre celle-ci, qui lui a donné rendez-vous. Zucca exprime toute la frayeur que lui causent ces téméraires aventures. Flaminio, amoureux de Virginie, arrache au valet Zucca le secret de Fabio que Virginie aurait pris pour époux ; et, naturellement, il est furieux de cette trahison. L'erreur des deux jeunes gens nous est révélée par les aveux de Lélie à son confident Thébalde ; Lélie, qui a à la fois la tendresse de cœur de son sexe véritable et la hardiesse de celui dont elle porte le costume, éprise de Fabio, n'a rien trouvé de mieux que de prendre le nom et les vêtements de sa sœur, et de devenir par ce moyen la femme de Fabio, qui se croit le mari de Virginie. La nuit, plus discrète que Zucca, favorise la supercherie de l'une et entretient la méprise de l'autre.

Fabio est le fils de ce Richard à qui Pandolphe a escroqué les deux mille écus. Richard est informé par Zucca de la conduite de son fils, et il vient s'excuser auprès de Pandolphe ; il lui parle de sa fille, et de la découverte qu'on vient de faire ; Pandolphe, qui suppose qu'il s'agit de la fraude qu'il a commise et du déguisement de Lélie, se déconcerte et proteste à plusieurs reprises qu'il est homme de bien. Enfin il s'aperçoit du quiproquo, s'étonne du mariage qu'on lui apprend, et demande une heure pour réfléchir sur ce qu'il convient de faire.

Fabio reproche à Zucca d'avoir trahi son secret. Le valet promet à son maître de le tirer de ce mauvais pas : il soutient à Pandolphe que Fabio est son gendre; il soutient à Virginie que Fabio est son époux, qu'elle est enceinte, et qu'elle ne saurait plus longtemps le dissimuler. Virginie s'indigne, et réplique au valet en termes fort peu mesurés.

Ce qui vient mettre un terme à cet imbroglio, c'est la révélation qu'on fait au bonhomme Richard du sexe de Lélie, et de la ruse dont son fils Fabio est victime. Richard, qui est un vieillard indulgent, trouve l'aventure charmante; il dirait volontiers, comme la Rosalinde de Shakespeare, que les filles les plus sages sont les plus diablesses; il admire l'esprit et l'audace de Lélie; il brûle de l'embrasser, et ne veut point d'autre bru qu'elle. Il annonce à son fils que Lélie le provoque en duel. Flaminio, qui est mis au fait de l'intrigue, survient, et leur dit d'entrer dans la maison de Pandolphe, où l'on va arranger l'affaire. Fabio s'y refuse; il ne veut pas entendre à un accommodement; il prétend pousser les choses jusqu'au bout. Il cède toutefois lorsqu'on promet de lui laisser celle qu'il a épousée. Ils entrent tous chez Pandolphe, et un personnage vient avertir les spectateurs que tous les intérêts sont conciliés et que les amants sont au comble de la joie.

Telle est la pièce de Nicolo Secchi. Elle se retrouve presque tout entière dans *le Dépit amoureux*. Molière a renchéri encore sur quelques détails : il a ajouté l'histoire d'une substitution d'enfant à celle du travestissement d'une fille en garçon, et il a de la sorte compliqué davantage ce qui l'était déjà bien suffisamment. Cacher une fille sous des vêtement virils, la jeter dans des situations difficiles ou scabreuses, tirer de là des effets plaisants, c'est le pont aux ânes de la comédie. Les Italiens ont, en particulier, abusé de cet expédient. La pièce de Secchi traduite par Larivey, *les Tromperies,* repose sur une donnée semblable, et l'on y voit la malheureuse et amoureuse Geneviève, non moins embarrassée que Lélie, maudire le costume masculin et le nom de Robert qu'elle a usurpés. Le théâtre espagnol, le théâtre anglais, ne ménageaient pas non plus ce ressort dramatique;

Shakespeare l'a fréquemment employé : on se rappelle et la piquante Rosalinde, que nous venons de nommer, et Viola, et Imogène. En France, la comédie des Hardy, des Rotrou, était fondée presque tout entière sur de pareilles aventures. Vers l'époque où Molière donnait en province le *Dépit amoureux,* la scène parisienne voyait jouer deux pièces où le nœud est le même que celui de *l'Interesse :* l'une, de d'Ouville, intitulée *Aimer sans savoir qui,* jouée en 1645; l'autre, de Boisrobert, *la Belle invisible,* jouée en 1656, c'est-à-dire la même année que le *Dépit amoureux.*

Cette partie de la comédie de Molière n'est donc qu'une imitation, et l'imitation d'une œuvre qui ne se recommande elle-même que par le plus faible mérite d'invention. Ce qui, toutefois, jusque dans cette partie, assure une incontestable supériorité à la pièce française, c'est un certain nombre de scènes parfaitement exécutées. Le monologue de Mascarille (acte V, scène I), l'entrevue des deux vieillards (acte III, scène IV), sont des modèles de facture. L'auteur italien n'a rien de comparable. De plus, les grossièretés et les indécences qui abondent dans l'œuvre de Secchi ont disparu dans celle de Molière. Le roman est aussi, dans cette dernière, conduit avec plus de rapidité. Un art plus sûr, plus avancé et plus éclairé, se fait sentir d'un bout à l'autre de l'ouvrage. On a, du reste, dans cette édition, le moyen de comparer les deux œuvres, puisque nous reproduisons *l'Interesse* comme nous avons fait *l'Inavvertito.* Il nous a paru intéressant de réimprimer ces pièces italiennes, d'où la comédie de Molière est immédiatement partie.

Mais passons à cette seconde comédie intercalée dans l'ancienne, qui va nous révéler un bien autre progrès et presque une révolution. On a vu que, dans *l'Interesse,* le personnage de Flaminio et celui de Virginie étaient fort légèrement esquissés; la jeune fille n'apparaît guère que pour répondre aux imputations offensantes du valet Zucca, ce qu'elle fait en employant un style qu'on ne croirait pas celui de la vertu. Molière s'empare de ces deux personnages, et il en fait Éraste et Lucile; il met auprès de l'un Gros-René, et Marinette auprès de l'autre; et il dessine, avec ces deux couples disparates, des scènes mille fois plus intéressantes que tous les imbroglios de l'Italie.

Que s'était-il passé entre la première œuvre et la seconde ? La tradition nous a transmis des indications précieuses que nous avons fait connaître. Nous avons dit que, pendant cet intervalle, le poète fut, selon toute vraisemblance, plus profondément remué par la passion de l'amour qu'il ne l'avait été encore, et qu'il sortit de cette épreuve avec une expérience nouvelle. La grâce féminine était tout à fait absente de *l'Étourdi*, où les rôles de Célie et d'Hippolyte sont nuls. Elle nous apparaît vraiment rayonnante avec Lucile. Lucile possède la dignité, la tendresse, le charme; elle est dessinée avec les plus vives et les plus aimables couleurs. C'est la première de ces délicieuses créatures, si parfaitement françaises, qui s'appelleront Léonor, Marianne, Elvire, Henriette, etc.; c'est le premier nom de femme qui s'inscrive définitivement dans l'histoire de notre comédie.

Et, en même temps que paraît Lucile, la vérité du sentiment éclate à nos yeux. L'observation devient plus pénétrante et nous dévoile avec une sagacité merveilleuse les agitations secrètes et les mystérieuses impulsions du cœur humain. Molière se trouve en pleine possession du génie comique. Les scènes d'Éraste et de Lucile, de Gros-René et de Marinette, sont des peintures qu'il pourra répéter, mais non pas surpasser. On a dit avec raison que ces scènes marquent une date aussi importante dans les annales de la comédie que les fameuses scènes du *Cid* : « Rodrigue, as-tu du cœur? » et « A moi, comte, deux mots! » dans les annales de la tragédie. Il y a là une illumination, une révélation saisissante qui dut frapper les contemporains, et qui ne pouvait manquer d'être sentie par l'auteur lui-même. Molière, en effet, ne s'y trompa point. Il donna à son œuvre le titre qui convenait à cette partie épisodique, comme si à ses yeux la pièce était tout entière dans ces quelques scènes; il pressentait et devançait l'opinion de la postérité.

On a, comme on le pense bien, recherché les sources où Molière avait puisé l'idée de ces développements, que ne pouvait lui suggérer *l'Interesse*. On a signalé un canevas italien intitulé *gli Sdegni amorosi* (les Dédains amoureux). Mais un canevas se borne à indiquer les situations; et on est toujours fort embarrassé d'ailleurs vis-à-vis de ces programmes de la *Commedia dell'arte,* dont la date est absolument incertaine. On a signalé encore, dans la pièce de Lope de Véga, *el Perro del Ortolano* (le Chien du Jardinier), la scène de réconciliation de Marcelle et Théodore (acte II, scène IX), scène qui offrirait plutôt de l'analogie avec celle de Valère, Marianne et Dorine dans *le Tartuffe* (acte II, scène III). On n'a pas oublié de citer aussi l'ode d'Horace, l'immortel *Donec gratus eram*.

Mais tous ces rapprochements, qui ont sans doute leur intérêt, ne diminuent en rien l'originalité de la double scène du *Dépit amoureux*. L'exécution, le détail, le dialogue est tout dans ces sortes de créations. Il est bien clair qu'on avait dit avant Molière qu'il y a des brouilles, des colères, des raccommodements dans l'amour. Térence répète fréquemment cette incontestable vérité :

> In amore hæc omnia insunt vitia : injuriæ,
> Suspiciones, inimicitiæ, induciæ,
> Bellum, pax rursum.

« L'amour est sujet à toutes ces misères : injures, soupçons, hostilités, trêves; c'est la guerre, et puis la paix. »

Térence et Horace, Lope de Véga et Molière, n'ont tous eu qu'à copier les tableaux que la nature nous présente sans cesse. La peinture du *Dépit amoureux*, telle que le comique français l'a tracée, est prise sur le vif; elle a l'homme pour prototype et exemplaire, et elle vivra autant que l'homme même.

Nous n'avons pas encore épuisé tous les éléments de la comédie de Molière. On y rencontre un personnage qui ne tient ni à l'intrigue, ni aux scènes épisodiques, et qui ne fait que jouer une sorte d'intermède, le pédant Métaphraste. D'où vient ce personnage? Il y a, dans *l'Interesse*, un pédant nommé Hermogène, chargé aussi de l'éducation de Lélie, la fille crue garçon. Mais cet Hermogène ne ressemble pas du tout à Métaphraste; son rôle ne consiste qu'en une suite d'indécentes équivoques. Le personnage du *pédant* était traditionnel dans la comédie italienne, et il s'imposa à la comédie française à partir du moment où l'influence italienne prévalut sur notre théâtre. Les pédants de Larivey ne parlent pas latin moins obstinément que Métaphraste. Dans une pièce de Gilet de La Tessonnerie, *le Déniaisé*, représentée en 1647, on voit aussi un intendant nommé Pancrace se livrer à un tel bavardage métaphysique qu'il ne laisse pas à son interlocuteur le temps de dire un seul mot, et qu'on est obligé de le forcer au silence [1]. N'avons-nous pas aperçu déjà, du reste, le docteur non moins opiniâtre de *la Jalousie du Barbouillé ?* C'était là une donnée commune, un moyen comique sans cesse renouvelé. Pour ces sortes de rôles, la question d'imitation ou d'emprunt ne peut même pas être posée : tout le monde en pareil cas imite tout le monde.

On retrouve enfin dans *le Dépit amoureux* le valet Mascarille; mais combien changé depuis *l'Étourdi !* Ce n'est plus le brillant roi des fourbes, aussi impudent que rusé, et risquant fort lestement les coups de bâton ou les galères. Crédule et indiscret, il tombe maintenant dans les pièges qu'il aurait tendus autrefois. La poltronnerie, que naguère il avait presque perdue, il l'a reprise au grand complet, et c'est même le seul trait de son nouveau caractère. Il devance Sosie, et non plus Scapin. Il se laisse tout à fait éclipser par Gros-René, philosophe pratique et beau raisonneur. En dernier lieu, non moins dépourvu qu'au dénoûment de *l'Étourdi,* il voit Marinette lui échapper et Gros-René triomphant se moquer de ses menaces. On peut douter que Molière se soit jamais chargé de ce rôle; s'il le joua en province, il y renonça à Paris. Le personnage qu'il faisait dans cette pièce était celui d'Albert, père de Lucile et d'Ascagne.

Le Dépit amoureux fut bien accueilli du public parisien, lorsqu'il fut représenté sur le théâtre du Petit-Bourbon, en décembre 1658. On a de ce succès le même garant que du succès de *l'Étourdi,* l'ennemi de Molière, Le Boulanger de Chalussay. A la suite des vers que nous avons cités dans la notice de *l'Étourdi,* on lit les vers suivants :

> Mon *Dépit amoureux* suivit ce frère aisné
> Et ce charmant cadet fust aussy fortuné.
> Car quand du Gros-René l'on aperceut la taille,
> Quand on vit sa dondon rompre avec lui la paille,
> Quand on m'eut vu sonner mes grelots de mulets[2],
> Mon bègue dédaigneux[3] déchirer ses poulets
> Et ramener chez soy la belle désolée,
> Ce ne fut que *ah! ah!* dans toute l'assemblée;

---

1. Voyez cette scène dans l'*Histoire du Théâtre françois,* par les frères Parfait, tome VII, page 108.
2. Voyez la dernière scène de l'acte II.
3. Béjart l'aîné, qui jouait Éraste.

Et de tous les costés chacun cria tout haut :
« C'est là faire et jouer des pièces comme il faut! »

On verra ci-après, en regard des personnages, les noms des acteurs et des actrices qui ont tenu les principaux rôles au temps de Molière. Pour Molière, Béjart aîné et Duparc, les témoignages contemporains sont précis. Quant aux autres rôles, ils ont été distribués par M. Aimé Martin avec plus ou moins de vraisemblance.

Le *Répertoire des comédies qui se peuvent jouer en 1685,* dont nous avons parlé page 21, donne les noms suivants :

ÉRASTE....................................	MM. La Grange.
ALBERT....................	Brécourt.
GROS-RENÉ......................	Du Croisy.
VALÈRE....................................	Hubert.
LUCILE....................................	Mmes Debrie.
MARINETTE.................................	Guiot.
POLIDORE..................................	M. Guérin.
FROSINE...................................	Mmes La Grange.
ASCAGNE...................................	Guérin (la veuve de Molière).
MASCARILLE................................	M. Rosimont.
MÉTAPHRASTE...............................	le même Ro-
LA RAPIÈRE................................	simont.

Grandval et Mlle Gaussin (Éraste et Lucile), Armand et Mlle Dangeville (Gros-René et Marinette), obtinrent un grand succès à la reprise du 16 mai 1761.

Le Dépit amoureux ne fut imprimé, comme *l'Étourdi,* qu'en 1663. Nous suivons, pour établir notre texte, trois éditions principales :

L'édition princeps : *le Dépit amoureux,* comédie représentée sur le théâtre du Palais-Royal, de J.-B.-P. Molière; à Paris, chez Claude Barbin, au Palais, sur le degré devant la Sainte-Chapelle, au Signe de la Croix, 1663. Le privilège d'imprimer, signé Le Juge, est du dernier jour de mai 1660;

L'édition de 1673, et l'édition de 1682.

Nous reproduisons fidèlement le texte de l'édition de 1663, le plus correct de ceux qui ont paru pendant la vie de Molière, et nous relevons les variantes des éditions de 1673 et de 1682.

LE
DÉPIT AMOUREUX

PERSONNAGES.	ACTEURS.
ÉRASTE, amant de Lucile.	BÉJART AINÉ.
ALBERT, père de Lucile et d'Ascagne.	MOLIÈRE.
GROS-RENÉ, valet d'Éraste	DUPARC.
VALÈRE, fils de Polidore	BÉJART JEUNE.
LUCILE, fille d'Albert.	Mlle DEBRIE.
MARINETTE, suivante de Lucile.	MADELEINE BÉJART.
POLIDORE, père de Valère	
FROSINE, confidente d'Ascagne.	
ASCAGNE, fille d'Albert, déguisée en homme.	
MASCARILLE, valet de Valère.	
MÉTAPHRASTE, pédant.	DU CROISY.
LA RAPIÈRE, bretteur.	DEBRIE.

Le lieu de la scène n'est indiqué dans aucune des éditions de 1663 à 1682. Le théâtre représente très certainement le carrefour traditionnel dont nous avons parlé au sujet de la comédie de l'*Étourdi*. Mais peut-on distinguer si Molière a entendu placer l'action du *Dépit amoureux* à Paris ou dans une ville de province? Plusieurs éditions ont suppléé au silence des éditions originales, et ont placé hardiment la scène à Paris. Les éditeurs se sont fondés principalement sur ce vers de Marinette :

Au temple, au cours, chez vous, ni dans la grande place,

voyant dans ce mot *au cours* une allusion au *Cours la Reine*, et ne réfléchissant pas qu'il y avait un endroit appelé le Cours dans presque toutes les villes. D'autre part, ces mots *la grande place* supposent une ville où il n'y a qu'une seule grande place qui est bien connue sous ce nom. Marinette, parlant encore d'une boutique « tout proche du marché », s'exprimerait bien vaguement s'il s'agissait de Paris. Il est donc plus probable que *le Dépit amoureux* se passe dans l'une des villes où il fut d'abord joué : Béziers, Montpellier, Lyon, enfin dans une grande ville de province. Cette opinion nous paraît d'ailleurs s'accommoder mieux au mouvement général de la pièce.

Dans le manuscrit n° 24,330 f. fr. de la Bibliothèque nationale, déjà cité page 24, la mention relative au *Dépit amoureux* est celle-ci : « LE DÉPIT AMOUREUX. Le théâtre est des maisons. Il faut une cloche, des billets. »

LE DÉPIT AMOUREUX

COMÉDIE

ACTE PREMIER.

SCÈNE PREMIÈRE.

ÉRASTE, GROS-RENÉ.

ÉRASTE.

Veux-tu que je te die[1] ? une atteinte secrète
Ne laisse point mon âme en une bonne assiette.
Oui, quoi qu'à mon amour tu puisses repartir,
Il craint d'être la dupe, à ne te point mentir ;
Qu'en faveur d'un rival ta foi ne se corrompe,
Ou du moins qu'avec moi toi-même on ne te trompe.

GROS-RENÉ.

Pour moi, me soupçonner de quelque mauvais tour,
Je dirai, n'en déplaise à monsieur votre amour,
Que c'est injustement blesser ma prud'homie,

---

1. On disait indifféremment : *que je dise*, ou *que je die*. Plus tard cette dernière forme a été déclarée incorrecte par les grammairiens.

Et se connoître mal en physionomie.
Les gens de mon minois ne sont point accusés
D'être, grâces à Dieu, ni fourbes, ni rusés.
Cet honneur qu'on nous fait, je ne le démens guères,
Et suis homme fort rond de toutes les manières [1].
Pour que l'on me trompât [2], cela se pourroit bien,
Le doute est mieux fondé, pourtant je n'en crois rien.
Je ne vois point encore, ou je suis une bête,
Sur quoi vous avez pu prendre martel en tête [3].
Lucile, à mon avis, vous montre assez d'amour;
Elle vous voit, vous parle à toute heure du jour;
Et Valère, après tout, qui cause votre crainte,
Semble n'être à présent souffert que par contrainte.

ÉRASTE.

Souvent d'un faux espoir un amant est nourri :
Le mieux reçu toujours n'est pas le plus chéri ;
Et tout ce que d'ardeur font paroître les femmes
Parfois n'est qu'un beau voile à couvrir d'autres flammes.
Valère enfin, pour être un amant rebuté,
Montre depuis un temps trop de tranquillité ;

1. *Gros-René* était le nom de théâtre de l'acteur Duparc, qui avait un embonpoint remarquable. Il y a d'autres témoignages de la corpulence de cet acteur que ces vers du *Dépit amoureux*. La *Muse historique*, du 31 mai 1659, parlant d'une représentation donnée à Vincennes devant la cour, dit que :

> Gros-René, chose très certaine,
> Paya de sa grosse bedaine...

Molière ajustait souvent ses personnages aux acteurs qui devaient les représenter ; il faisait le portrait de ses compagnons, et leur donnait des rôles en harmonie avec leur physionomie et même avec leur caractère. Gros-René est ici de l'avis de Jules César qui disait, selon Plutarque et Amyot : « Je ne me deffie pas trop de ces gras icy, si bien peignez, en si bon poinct, mais bien plus tost de ces maigres et pasles là. »

2. *Pour que l'on me trompât*, dans le sens de : quant à être trompé.

3. *Prendre martel en tête*, expression proverbiale pour dire : se tourmenter, être frappé sans cesse d'une pensée chagrine. (A. MARTIN.)

Et ce qu'à ces faveurs, dont tu crois l'apparence,
Il témoigne de joie ou bien d'indifférence
M'empoisonne à tous coups leurs plus charmants appas,
Me donne ce chagrin que tu ne comprends pas,
Tient mon bonheur en doute, et me rend difficile
Une entière croyance aux propos de Lucile.
Je voudrois, pour trouver un tel destin plus doux,*
Y voir entrer un peu de son transport jaloux,
Et, sur ses déplaisirs et son impatience,
Mon âme prendroit lors une pleine assurance.
Toi-même penses-tu qu'on puisse, comme il fait,
Voir chérir un rival d'un esprit satisfait?
Et, si tu n'en crois rien, dis-moi, je t'en conjure,
Si j'ai lieu de rêver dessus cette aventure [1].

GROS-RENÉ.

Peut-être que son cœur a changé de désirs,
Connoissant qu'il poussoit d'inutiles soupirs.

ÉRASTE.

Lorsque par les rebuts une âme est détachée,
Elle veut fuir l'objet dont elle fut touchée,
Et ne rompt point sa chaîne avec si peu d'éclat
Qu'elle puisse rester en un paisible état.
De ce qu'on a chéri la fatale présence [2]

---

* Var. *Je voudrois, pour trouver un tel destin bien doux* (1682).

1. Nous nous trouvons tout d'abord dans cette partie de la pièce si neuve et si admirable qui inaugure, pour ainsi dire, la vraie comédie. On a fait remarquer la vérité profonde de ces inquiétudes jalouses d'Éraste : « Valère n'est point jaloux : c'est assez pour qu'Éraste le croie heureux, dit A. Martin. La tranquillité d'un rival suffit pour empoisonner le bonheur de celui qui a tant de raison de se croire aimé. La lecture des pièces de Molière nous force toujours à rentrer en nous-mêmes pour y reconnaître les mouvements les plus secrets dont il anime ses personnages. »

2. Dans ce vers, *fatale* n'est pas pris en mauvaise part et comme équi-

Ne nous laisse jamais dedans l'indifférence ;
Et, si de cette vue on n'accroît son dédain,
Notre amour est bien près de nous rentrer au sein :
Enfin, crois-moi, si bien qu'on éteigne une flamme,
Un peu de jalousie occupe encore une âme ;
Et l'on ne sauroit voir, sans en être piqué,
Posséder par un autre un cœur qu'on a manqué.

GROS-RENÉ.

Pour moi, je ne sais point tant de philosophie :
Ce que voyent mes yeux, franchement je m'y fie,
Et ne suis point de moi si mortel ennemi
Que je m'aille affliger sans sujet ni demi[1].
Pourquoi subtiliser, et faire le capable
A chercher des raisons pour être misérable ?
Sur des soupçons en l'air je m'irois alarmer !
Laissons venir la fête avant que la chômer.
Le chagrin me paroît une incommode chose ;
Je n'en prends point pour moi sans bonne et juste cause,
Et mêmes[2] à mes yeux cent sujets d'en avoir

---

valent de *funeste;* il conserve le sens du radical *fatum*, et signifie : qui a une grande influence sur notre destinée. Racine a dit dans *Bajazet* :

Prince, l'heure fatale est enfin arrivée
Qu'à votre liberté le ciel a réservée.

(AUGER.)

1. Sans sujet ni demi-sujet. Cette tournure de phrase, qui sentait la bonhomie bourgeoise, était fort usitée à cette époque. Molière l'a encore employée dans *Sganarelle* :

Sans respect ni demi nous a cocufié.

Scarron a dit dans *l'Héritier ridicule* :

Un jeune abbé qui n'est ni prêtre ni demi.

Et dans *la Gigantomachie*, en parlant de Jupiter :

Or, vous n'avez qu'à vous résoudre
D'être sans foudre ni demi.

Voyez encore, dans notre édition des *OEuvres complètes de La Fontaine*, tome III, page 132, note 2.

2. « Ce n'est pas ici, comme on l'a souvent pensé, dit M. F. Godefroy

S'offrent le plus souvent que je ne veux pas voir.
Avec vous en amour je cours même fortune ;
Celle que vous aurez me doit être commune :
La maîtresse ne peut abuser votre foi,
A moins que la suivante en fasse autant pour moi ;
Mais j'en fuis la pensée avec un soin extrême.
Je veux croire les gens quand on me dit : Je t'aime,
Et ne vais point chercher, pour m'estimer heureux,
Si Mascarille ou non s'arrache les cheveux.
Que tantôt Marinette endure qu'à son aise
Jodelet[1] par plaisir la caresse et la baise,
Et que ce beau rival en rie ainsi qu'un fou :
A son exemple aussi j'en rirai tout mon saoûl,
Et l'on verra qui rit avec meilleure grâce.

ÉRASTE.

Voilà de tes discours.

GROS-RENÉ.

Mais je la vois qui passe[2].

---

dans le *Lexique comparé de la langue de Corneille*, une licence poétique. Ménage a solidement établi, dans son *Dictionnaire étymologique*, que c'était primitivement l'orthographe constante de *même* adverbe, en prose comme en vers. » M. F. Godefroy cite le passage de Ménage et d'innombrables exemples ; nous n'en reproduirons que deux ou trois :

> On a vu des Césars, et mesmes des plus braves.
> (CORNEILLE, *Attila*.)

> Que si mesmes un jour le lecteur gracieux...
> (BOILEAU, *Épître X*.)

« Des mérites incommodes et mesmes des mérites importuns. » (BOURDALOUE, *Sermon pour la Toussaint*.)

1. Nom de théâtre d'un acteur du temps, qui était devenu un caractère de comédie et un type de valet, et qui fit partie de la troupe de Molière, de Pâques 1659 jusqu'à sa mort le vendredi saint 1660. — Dans le texte de 1682, le nom de *Jodelet* est remplacé par celui de *Gros-René*.

2. Cette scène annonce parfaitement le sujet, le véritable sujet de la pièce, qui est la brouillerie d'Éraste et de Lucile et leur raccommodement. La sus-

SCÈNE II.

ÉRASTE, MARINETTE, GROS-RENÉ.

GROS-RENÉ.

St, Marinette!

MARINETTE.

Ho! ho! Que fais-tu là?

GROS-RENÉ.

Ma foi,
Demande; nous étions tout à l'heure sur toi.

MARINETTE.

Vous êtes aussi là, monsieur! Depuis une heure
Vous m'avez fait trotter comme un Basque, je meure.*

ÉRASTE.

Comment?

MARINETTE.

Pour vous chercher j'ai fait dix mille pas,
Et vous promets, ma foi...

ÉRASTE.

Quoi?

MARINETTE.

Que vous n'êtes pas

---

* VAR. *Vous m'avez fait trotter comme un basque, ou je meure* (1682).

---

ceptibilité jalouse d'Éraste contraste, d'une manière comique et naturelle, avec la confiance de Gros-René. Le maître et le valet courent même fortune en amour; mais ils en seront différemment affectés suivant la différence de leur humeur, et cette diversité dans la ressemblance même empêchera que les amours du valet ne soient la plate et froide parodie des amours du maître, comme on le voit dans nombre de comédies faites avant et depuis Molière. (AUGER.)

ACTE I, SCÈNE II.

Au temple[1], au cours[2], chez vous, ni dans la grande place.
GROS-RENÉ.
Il falloit en jurer.*
ÉRASTE.
                Apprends-moi donc, de grâce,
Qui te fait me chercher.
MARINETTE.
                      Quelqu'un, en vérité,
Qui pour vous n'a pas trop mauvaise volonté;
Ma maîtresse, en un mot.
ÉRASTE.
                      Ah! chère Marinette,
Ton discours de son cœur est-il bien l'interprète?
Ne me déguise point un mystère fatal;
Je ne t'en voudrai pas pour cela plus de mal.
Au nom des dieux, dis-moi si ta belle maîtresse**
N'abuse point mes vœux d'une fausse tendresse.
MARINETTE.
Hé! hé! d'où vous vient donc ce plaisant mouvement?
Elle ne fait pas voir assez son sentiment?
Quel garant est-ce encor que votre amour demande?
Que lui faut-il?
GROS-RENÉ.
              A moins que Valère se pende,
Bagatelle! son cœur ne s'assurera point[3].

* VAR. *Il en falloit jurer* (1682).
** VAR. *Au nom des dieux, dis-moi si ta chère maîtresse* (1673).

1. Nous avons dit que le mot générique *temple* était employé ordinairement par les auteurs comiques au lieu du mot *église*.
2. *Le cours* désignait et désigne encore un lieu de rendez-vous et de promenade pour le monde élégant.
3. On dit aujourd'hui : *se rassurer; s'assurer*, dans ce sens, est une perte que notre langue a faite.

MARINETTE.

Comment?

GROS-RENÉ.

Il est jaloux jusques en un tel point.

MARINETTE.

De Valère? Ah! vraiment la pensée est bien belle!
Elle peut seulement naître en votre cervelle?
Je vous croyois du sens, et jusqu'à ce moment
J'avois de votre esprit quelque bon sentiment;
Mais, à ce que je vois, je m'étois fort trompée.
Ta tête de ce mal est-elle aussi frappée?

GROS-RENÉ.

Moi, jaloux? Dieu m'en garde, et d'être assez badin[1]
Pour m'aller emmaigrir avec un tel chagrin!
Outre que de ton cœur ta foi me cautionne,
L'opinion que j'ai de moi-même est trop bonne
Pour croire auprès de moi que quelque autre te plût.
Où diantre pourrois-tu trouver qui me valût?

MARINETTE.

En effet, tu dis bien; voilà comme il faut être!
Jamais de ces soupçons qu'un jaloux fait paroître.
Tout le fruit qu'on en cueille est de se mettre mal,
Et d'avancer par là les desseins d'un rival :
Au mérite souvent de qui l'éclat vous blesse
Vos chagrins font ouvrir les yeux d'une maîtresse;
Et j'en sais tel, qui doit son destin le plus doux
Aux soins trop inquiets de son rival jaloux.
Enfin, quoi qu'il en soit, témoigner de l'ombrage,

---

1. *Badin* signifiait non seulement folâtre, qui aime à rire, mais encore niais, qui s'amuse à des niaiseries : cette dernière acception, qui est celle du vers de Molière, se trouve dans le dictionnaire de l'Académie de 1694; elle a disparu des éditions suivantes. (AUGER.)

C'est jouer en amour un mauvais personnage,
Et se rendre, après tout, misérable à crédit.
Cela, seigneur Éraste, en passant vous soit dit¹.

ÉRASTE.

Hé bien! n'en parlons plus. Que venois-tu m'apprendre?

MARINETTE.

Vous mériteriez bien que l'on vous fît attendre,
Qu'afin de vous punir je vous tinsse caché
Le grand secret pourquoi je vous ai tant cherché.
Tenez, voyez ce mot, et sortez hors de doute ;
Lisez-le donc tout haut, personne ici n'écoute.

ÉRASTE lit.

« Vous m'avez dit que votre amour
    Étoit capable de tout faire ;
Il se couronnera lui-même dans ce jour,
    S'il peut avoir l'aveu d'un père.
Faites parler les droits qu'on a dessus mon cœur,
    Je vous en donne la licence ;
    Et, si c'est en votre faveur,

---

1. Cette excellente tirade est imitée de *l'Interesse;* voici le passage de la pièce italienne : *Giudicai sempre in amor esse gran fallo il mostrarsi geloso; et ho per prova veduto molti, che hanno posto in gratia alle loro donne i suoi rivali, di che elle non ne facevano prima stima alcuna, e forse non gli conoscevano, solamente con mostrarsi gelosi : perchè col scoprire il sospetto, davano alle loro donne occasione di pensar che qualche buona parte o rara qualità fosse nel giovine rivale, che conosciuta dallo amante, lo riducesse a dir mal di lui, et a sospettare et mettergli il cervello a partito.* « J'ai toujours jugé qu'en amour c'est une grande faute de se montrer jaloux. Et ce qui m'a confirmé dans cette opinion, c'est que j'ai vu beaucoup d'hommes qui ont mis dans les bonnes grâces de leurs dames leurs rivaux, dont elles ne faisaient auparavant aucun cas et qu'elles ne connaissaient peut-être point; et cela rien qu'en se montrant jaloux : en effet, les soupçons qu'ils laissaient voir donnaient sujet à leurs dames de penser qu'il devait y avoir quelque agrément particulier ou quelque qualité rare dans ces rivaux; et que c'était leur mérite reconnu qui réduisait l'amant à médire, à s'inquiéter et à se torturer la cervelle. »

Je vous réponds de mon obéissance. »
Ah! quel bonheur! O toi qui me l'as apporté,
Je te dois regarder comme une déité!

GROS-RENÉ.

Je vous le disois bien contre votre croyance,
Je ne me trompe guère aux choses que je pense.

ÉRASTE relit.

« Faites parler les droits qu'on a dessus mon cœur,
Je vous en donne la licence;
Et, si c'est en votre faveur,
Je vous réponds de mon obéissance. »

MARINETTE.

Si je lui rapportois vos foiblesses d'esprit,
Elle désavoueroit bientôt un tel écrit.

ÉRASTE.

Ah! cache-lui, de grâce, une peur passagère
Où mon âme a cru voir quelque peu de lumière;
Ou, si tu la lui dis, ajoute que ma mort
Est prête d'expier l'erreur de ce transport;
Que je vais à ses pieds, si j'ai pu lui déplaire,
Sacrifier ma vie à sa juste colère.

MARINETTE.

Ne parlons point de mort, ce n'en est pas le temps.

ÉRASTE.

Au reste, je te dois beaucoup, et je prétends
Reconnoître dans peu, de la bonne manière,
Les soins d'une si noble et si belle courrière.

MARINETTE.

A propos, savez-vous où je vous ai cherché
Tantôt encore?

ÉRASTE.

Hé bien?

MARINETTE.
Tout proche du marché,
Où vous savez.

ÉRASTE.
Où donc?

MARINETTE.
Là... dans cette boutique
Où, dès le mois passé, votre cœur magnifique
Me promit, de sa grâce, une bague[1].

ÉRASTE.
Ah! j'entends.

ROS-RENÉ.
La matoise!

ÉRASTE.
Il est vrai, j'ai tardé trop longtemps
A m'acquitter vers toi d'une telle promesse;
Mais...

MARINETTE.
Ce que j'en ai dit n'est pas que je vous presse.

GROS-RENÉ.
Ho! que non!

ÉRASTE lui donne sa bague.
Celle-ci peut-être aura de quoi
Te plaire; accepte-la pour celle que je doi.

MARINETTE.
Monsieur, vous vous moquez, j'aurois honte à la prendre.

GROS-RENÉ.
Pauvre honteuse, prends sans davantage attendre;
Refuser ce qu'on donne est bon à faire aux fous.

---

1. Le secret de cette longue énumération de lieux que Marinette dit, au commencement de la scène, avoir parcourus, se découvre ici. On a justement fait remarquer le naturel de ce dialogue.

MARINETTE.
Ce sera pour garder quelque chose de vous.
ÉRASTE.
Quand puis-je rendre grâce à cet ange adorable?
MARINETTE.
Travaillez à vous rendre un père favorable.
ÉRASTE.
Mais, s'il me rebutoit, dois-je...?
MARINETTE.
Alors comme alors;
Pour vous on emploiera toutes sortes d'efforts.
D'une façon ou d'autre il faut qu'elle soit vôtre :
Faites votre pouvoir, et nous ferons le nôtre.
ÉRASTE.
Adieu, nous en saurons le succès dans ce jour.

(Éraste relit la lettre tout bas.)

MARINETTE, à Gros-René.
Et nous, que dirons-nous aussi de notre amour?
Tu ne m'en parles point.
GROS-RENÉ.
Un hymen qu'on souhaite
Entre gens comme nous est chose bientôt faite.
Je te veux : me veux-tu de même?
MARINETTE.
Avec plaisir.
GROS-RENÉ.
Touche, il suffit[1].
MARINETTE.
Adieu, Gros-René, mon désir.

---

1. Voilà ce qui s'appelle aller rondement en amour. Il était impossible de mieux établir le contraste entre les deux couples qui occupent la scène. Dans une comédie de Rotrou intitulée la Sœur, jouée en 1645, deux valets

ACTE I, SCÈNE III.

GROS-RENÉ.

Adieu, mon astre.

MARINETTE.

Adieu, beau tison de ma flamme.

GROS-RENÉ.

Adieu, chère comète, arc-en-ciel de mon âme.

(Marinette sort.)

Le bon Dieu soit loué, nos affaires vont bien ;
Albert n'est pas un homme à vous refuser rien.

ÉRASTE.

Valère vient à nous.

GROS-RENÉ.

Je plains le pauvre hère [1],
Sachant ce qui se passe.

SCÈNE III.

VALÈRE, ÉRASTE, GROS-RENÉ.

ÉRASTE.

Hé bien ! seigneur Valère ?

VALÈRE.

Hé bien ! seigneur Éraste ?

nommés Ergaste et Lydie sont absolument de la même humeur que Gros-René et Marinette, et s'expriment à peu près dans les mêmes termes :

> Que t'en semble, Lydie ? — Et que t'en semble à toi ?
> — Si je t'offrois mes vœux ? — Je t'offrirois ma foi.
> — Si tu veux, je suis tien. — Et si tu veux je t'aime.
> — Je parle tout de bon. — Je parle tout de même.
> — Va, jamais autre objet n'aura ma liberté.
> — O favorable hymen, et bientôt arrêté !

1. *Hère*, qui vient du latin *herus* ou de l'allemand *herr*, signifie *seigneur, sire;* il ne s'emploie ordinairement qu'avec l'adjectif *pauvre*. La Fontaine a dit cependant :

> Cancres, hères et pauvres diables
> Dont la condition est de mourir de faim.

ÉRASTE.

En quel état l'amour ?

VALÈRE.

En quel état vos feux ?

ÉRASTE.

Plus forts de jour en jour.

VALÈRE.

Et mon amour plus fort.

ÉRASTE.

Pour Lucile ?

VALÈRE.

Pour elle.

ÉRASTE.

Certes, je l'avouerai, vous êtes le modèle
D'une rare constance.

VALÈRE.

Et votre fermeté
Doit être un rare exemple à la postérité.

ÉRASTE.

Pour moi, je suis peu fait à cet amour austère
Qui, dans les seuls regards, trouve à se satisfaire;
Et je ne forme point d'assez beaux sentiments
Pour souffrir constamment les mauvais traitements :
Enfin, quand j'aime bien, j'aime fort que l'on m'aime.

VALÈRE.

Il est très naturel, et j'en suis bien de même.
Le plus parfait objet dont je serois charmé
N'auroit pas mes tributs, n'en étant point aimé.

ÉRASTE.

Lucile cependant...

VALÈRE.

Lucile, dans son âme,

ACTE I, SCÈNE III.

Rend tout ce que je veux qu'elle rende à ma flamme.
ÉRASTE.
Vous êtes donc facile à contenter?
VALÈRE.
Pas tant
Que vous pourriez penser.
ÉRASTE.
Je puis croire pourtant,
Sans trop de vanité, que je suis en sa grâce.
VALÈRE.
Moi, je sais que j'y tiens une assez bonne place.
ÉRASTE.
Ne vous abusez point, croyez-moi.
VALÈRE.
Croyez-moi,
Ne laissez point duper vos yeux à trop de foi.
ÉRASTE.
Si j'osois vous montrer une preuve assurée
Que son cœur... Non, votre âme en seroit altérée.
VALÈRE.
Si je vous osois, moi, découvrir en secret...
Mais je vous fâcherois, et veux être discret.
ÉRASTE.
Vraiment, vous me poussez, et, contre mon envie,
Votre présomption veut que je l'humilie.
Lisez.

VALÈRE, après avoir lu.
Ces mots sont doux.
ÉRASTE.
Vous connoissez la main?
VALÈRE.
Oui, de Lucile.

ÉRASTE.

Hé bien! cet espoir si certain...?

VALÈRE, riant et s'en allant.

Adieu, seigneur Éraste.

GROS-RENÉ.

Il est fou, le bon sire.
Où vient-il donc pour lui de voir le mot pour rire?*

ÉRASTE.

Certes, il me surprend, et j'ignore, entre nous,
Quel diable de mystère est caché là-dessous¹.

GROS-RENÉ.

Son valet vient, je pense.

ÉRASTE.

Oui, je le vois paroître.
Feignons, pour le jeter sur l'amour de son maître.

SCÈNE IV.

ÉRASTE, MASCARILLE, GROS-RENÉ.

MASCARILLE, à part.

Non, je ne trouve point d'état plus malheureux
Que d'avoir un patron jeune et fort amoureux.

---

* VAR. *Où vient-il donc pour lui d'avoir le mot pour rire?* (1673, 1682.)

1. Cette scène est vive et piquante. Comme jusqu'ici rien n'a pu annoncer que Valère, dupe d'un stratagème assez compliqué, doit se croire aimé de Lucile en dépit de toutes les apparences contraires, le spectateur n'est pas moins étonné qu'Éraste de lui voir prendre aussi gaiement la chose; et quand, dans la scène suivante, on apprend que la fausse Lucile lui a ordonné de ne croire à rien de ce qu'elle pourrait témoigner en faveur d'Éraste, on ne laisse pas d'être encore surpris qu'une lettre si positive ne lui ait pas donné quelque souci et qu'il n'ait fait qu'en rire. Mais Valère est un peu fat, ce qui le rend moins intéressant qu'Éraste, comme cela doit être. (AUGER.)

GROS-RENÉ.

Bonjour.

MASCARILLE.

Bonjour.

GROS-RENÉ.

Où tend Mascarille à cette heure ?
Que fait-il ? revient-il ? va-t-il ? ou s'il demeure ?

MASCARILLE.

Non, je ne reviens pas, car je n'ai pas été ;
Je ne vais pas aussi, car je suis arrêté ;
Et ne demeure point, car, tout de ce pas même,
Je prétends m'en aller [1].

ÉRASTE.

La rigueur est extrême.
Doucement, Mascarille.

MASCARILLE.

Ah ! monsieur, serviteur.

ÉRASTE.

Vous nous fuyez bien vite ! hé quoi ! vous fais-je peur ?

MASCARILLE.

Je ne crois pas cela de votre courtoisie.

ÉRASTE.

Touche ; nous n'avons plus sujet de jalousie,
Nous devenons amis, et mes feux, que j'éteins,
Laissent la place libre à vos heureux desseins.

---

1. On a rappelé, à propos de ces réponses de Mascarille, celles que le paysan Gareau fait au capitan nommé Châteaufort, dans *le Pédant joué*, de Cyrano de Bergerac : « Où vas-tu ? — Tout devant moi. — Je te demande où va le chemin que tu suis. — Il ne va pas, il ne bouge. — Je te demande si tu as encore bien du chemin à faire aujourd'hui. — Nanain dà, je le trouverai tout fait. » *Le Jongleur d'Ély*, dans un fabliau du XIIIe siècle, pousse infiniment plus loin ce même genre de plaisanterie facile.

MASCARILLE.

Plût à Dieu!

ÉRASTE.

Gros-René sait qu'ailleurs je me jette.

GROS-RENÉ.

Sans doute; et je te cède aussi la Marinette.

MASCARILLE.

Passons sur ce point-là : notre rivalité[1]
N'est pas pour en venir à grande extrémité;
Mais est-ce un coup bien sûr que votre seigneurie
Soit désenamourée[2], ou si c'est raillerie?

ÉRASTE.

J'ai su qu'en ses amours ton maître étoit trop bien;
Et je serois un fou de prétendre plus rien
Aux étroites faveurs qu'il a de cette belle.*

MASCARILLE.

Certes, vous me plaisez avec cette nouvelle.
Outre qu'en nos projets je vous craignois un peu,
Vous tirez sagement votre épingle du jeu.
Oui, vous avez bien fait de quitter une place
Où l'on vous caressoit pour la seule grimace.
Et mille fois, sachant tout ce qui se passoit,
J'ai plaint le faux espoir dont on vous repaissoit :
On offense un brave homme alors que l'on l'abuse.

---

* VAR. *Aux secrètes faveurs que lui fait cette belle* (1682).

1. On prétend que le mot *rivalité* est de la création de Molière. Ce qui est certain, c'est qu'il n'avait été que rarement employé avant lui.

2. Le mot *désenamouré* est plus probablement de sa façon, mais il n'a pas eu une aussi heureuse fortune; « pourtant l'absence de ce mot ou d'un équivalent, dit M. Génin, est une lacune sensible dans la langue ». Le mot *enamouré,* souvent employé au XVIᵉ siècle, est aussi une perte. Ces expressions ne sont peut-être pas, toutefois, non plus que beaucoup d'autres, disparues sans retour.

Mais d'où diantre, après tout, avez-vous su la ruse?
Car cet engagement mutuel de leur foi
N'eut pour témoins, la nuit, que deux autres et moi;
Et l'on croit jusqu'ici la chaîne fort secrète,
Qui rend de nos amants la flamme satisfaite[1].

ÉRASTE.

Hé! que dis-tu?

MASCARILLE.

Je dis que je suis interdit,
Et ne sais pas, monsieur, qui peut vous avoir dit
Que sous ce faux semblant, qui trompe tout le monde
En vous trompant aussi, leur ardeur sans seconde
D'un secret mariage a serré le lien.

ÉRASTE.

Vous en avez menti.

MASCARILLE.

Monsieur, je le veux bien.

ÉRASTE.

Vous êtes un coquin.

MASCARILLE.

D'accord.

ÉRASTE.

Et cette audace
Mériteroit cent coups de bâton sur la place.

MASCARILLE.

Vous avez tout pouvoir.

ÉRASTE.

Ah! Gros-René!

---

1. Ce Mascarille n'est plus à coup sûr le serviteur de Lélie, ou bien il aurait pris quelque chose de l'étourderie de son ancien maître. Nous avons fait ressortir, dans la notice préliminaire, la différence que présentent entre eux les deux premiers Mascarille.

GROS-RENÉ.

Monsieur.

ÉRASTE.

Je démens un discours dont je n'ai que trop peur[1].

(A Mascarille.)

Tu penses fuir.

MASCARILLE.

Nenni.

ÉRASTE.

Quoi! Lucile est la femme...?

MASCARILLE.

Non, monsieur, je raillois.

ÉRASTE.

Ah! vous railliez, infâme!

MASCARILLE.

Non, je ne raillois point.

ÉRASTE.

Il est donc vrai?

MASCARILLE.

Non pas.

Je ne dis pas cela.

ÉRASTE.

Que dis-tu donc?

MASCARILLE.

Hélas!

Je ne dis rien, de peur de mal parler.

ÉRASTE.

Assure
Ou si c'est chose vraie, ou si c'est imposture.

---

1. Mithridate s'écrie dans la tragédie de Racine :

   Tu ne le crois que trop, malheureux Mithridate!

Molière et Racine ont parfaitement rendu le même mouvement sans sortir du genre dans lequel ils ont écrit. (A. Martin.)

ACTE I, SCÈNE IV.

MASCARILLE.

C'est ce qu'il vous plaira : je ne suis pas ici
Pour vous rien contester.

ÉRASTE, *tirant son épée.*

Veux-tu dire ? Voici,
Sans marchander, de quoi te délier la langue.

MASCARILLE.

Elle ira faire encor quelque sotte harangue.
Hé ! de grâce, plutôt, si vous le trouvez bon,
Donnez-moi vitement quelques coups de bâton,
Et me laissez tirer mes chausses sans murmure.

ÉRASTE.

Tu mourras, ou je veux que la vérité pure
S'exprime par ta bouche.

MASCARILLE.

Hélas ! je la dirai ;
Mais peut-être, monsieur, que je vous fâcherai.

ÉRASTE.

Parle ; mais prends bien garde à ce que tu vas faire.
A ma juste fureur rien ne te peut soustraire,
Si tu mens d'un seul mot en ce que tu diras.

MASCARILLE.

J'y consens, rompez-moi les jambes et les bras,
Faites-moi pis encor, tuez-moi, si j'impose,
En tout ce que j'ai dit ici, la moindre chose.

ÉRASTE.

Ce mariage est vrai ?

MASCARILLE.

Ma langue, en cet endroit,
A fait un pas de clerc dont elle s'aperçoit.
Mais enfin cette affaire est comme vous la dites.
Et c'est après cinq jours de nocturnes visites,

Tandis que vous serviez à mieux couvrir leur jeu,
Que depuis avant-hier ils sont joints de ce nœud;
Et Lucile depuis fait encor moins paroître
La violente amour qu'elle porte à mon maître,
Et veut absolument que tout ce qu'il verra,
Et qu'en votre faveur son cœur témoignera,
Il l'impute à l'effet d'une haute prudence
Qui veut de leurs secrets ôter la connoissance.
Si, malgré mes serments, vous doutez de ma foi,
Gros-René peut venir une nuit avec moi,
Et je lui ferai voir, étant en sentinelle,
Que nous avons dans l'ombre un libre accès chez elle.

ÉRASTE.

Ote-toi de mes yeux, maraud!

MASCARILLE.

Et de grand cœur.

C'est ce que je demande[1].

---

1. C'est une situation éminemment comique que celle de Mascarille pris au piège qu'on lui a tendu, ayant révélé ce qu'il devait taire; outragé, menacé pour avoir dit la vérité par celui-là même qui l'exigeait; n'osant ensuite ni rétracter ses premiers aveux ni les confirmer, de peur d'attirer sur lui de nouvelles tempêtes; et finissant, puisque le risque est égal des deux côtés, par soutenir ce qu'il a déclaré d'abord, et par en offrir la preuve. Cette situation a été souvent imitée par les successeurs de Molière. L'emportement d'Éraste est l'image la plus parfaite des contrariétés de la passion. Jaloux comme il l'est, il n'est que trop disposé à croire sa maîtresse infidèle; mais son ardent amour pour Lucile et ce qu'il conserve d'estime pour elle ne lui permettent pas d'entendre sans fureur la nouvelle du mariage secret; il traite d'imposteur le valet qui la lui apprend, et, comme il dit lui-même, il dément un discours dont il n'a que trop peur. Cette peur, qui fait son supplice, il ne voudrait pas l'échanger contre une certitude qui serait plus cruelle encore : car, lorsque Mascarille lui propose un moyen de l'acquérir, loin de le prendre au mot, il le renvoie sans vouloir l'écouter davantage. Toute cette scène, si courte, est admirable, pleine de passion et de vérité. Le fond en appartient à la comédie de *l'Interesse*. Mais Molière l'a fort embelli. Flaminio, qui répond à l'Éraste de la pièce française, ne tend pas de piège, comme celui-ci, au valet de son rival, pour en tirer la

SCÈNE V.

ÉRASTE, GROS-RENÉ.

ÉRASTE.

Hé bien?

GROS-RENÉ.

Hé bien! monsieur,
Nous en tenons tous deux, si l'autre est véritable.

ÉRASTE.

Las! il ne l'est que trop, le bourreau détestable!
Je vois trop d'apparence à tout ce qu'il a dit;
Et ce qu'a fait Valère, en voyant cet écrit,
Marque bien leur concert, et que c'est une baie[1]
Qui sert, sans doute, aux feux dont l'ingrate le paie.

SCÈNE VI.

ÉRASTE, MARINETTE, GROS-RENÉ.

MARINETTE.

Je viens vous avertir que tantôt, sur le soir,
Ma maîtresse au jardin vous permet de la voir.

ÉRASTE.

Oses-tu me parler? âme double et traîtresse!

vérité; il l'interroge simplement et en reçoit des réponses qui le mettent en fureur. Ce valet, dans la même situation que Mascarille, se dément, se contredit comme lui à chaque interpellation nouvelle, et s'estime trop heureux à la fin de pouvoir se retirer avec quelques coups de bâton. La dernière proposition que fait Mascarille, proposition qui n'a pas de suites dans le *Dépit amoureux*, s'exécute dans *l'Interesse*, et y forme un incident, non pas en action, mais en récit. (AUGER.)

1. *Baie*, tromperie, mensonge, qui sert à couvrir les feux dont l'ingrate le paye. Nous avons déjà vu ce mot à la scène XIII de l'acte II de *l'Étourdi*.

Va, sors de ma présence; et dis à ta maîtresse
Qu'avecque ses écrits elle me laisse en paix,
Et que voilà l'état, infâme, que j'en fais!

(Il déchire la lettre et sort.)

MARINETTE.

Gros-René, dis-moi donc quelle mouche le pique.

GROS-RENÉ.

M'oses-tu bien encor parler? femelle inique,
Crocodile trompeur, de qui le cœur félon
Est pire qu'un satrape, ou bien qu'un Lestrigon[1]!
Va, va rendre réponse à ta bonne maîtresse,
Et dis-lui bien et beau que, malgré sa souplesse,
Nous ne sommes plus sots, ni mon maître ni moi,
Et désormais qu'elle aille au diable avecque toi.

MARINETTE, seule.

Ma pauvre Marinette, es-tu bien éveillée?
De quel démon est donc leur âme travaillée?
Quoi! faire un tel accueil à nos soins obligeants!
Oh! que ceci chez nous va surprendre les gens[2]!

---

1. *Lestrigons,* peuple de la Sicile dont les poètes anciens ont fait des anthropophages.
2. Ce premier acte est digne de Molière dans toute la force de son talent. Éraste intéresse parce que son amour est ardent et vrai, et que sa jalousie est causée par les plus fortes apparences. Valère est de son côté trop fondé à se croire en possession du cœur comme de la personne de Lucile pour que son assurance indispose le spectateur contre lui. Les rôles de Gros-René et de Mascarille sont très comiques. Enfin, de scène en scène, l'action marche et l'intérêt croît. Il est dommage que les deux actes suivants ne répondent pas à un si heureux commencement. Si le reste de la pièce se maintenait à la hauteur de ce début, *le Dépit amoureux* devrait être placé au premier rang des chefs-d'œuvre de Molière. (AUGER et A. MARTIN.)

ACTE DEUXIÈME.

SCÈNE PREMIÈRE.
ASCAGNE, FROSINE.

FROSINE.
Ascagne, je suis fille à secret, Dieu merci[1] !
ASCAGNE.
Mais, pour un tel discours, sommes-nous bien ici ?
Prenons garde qu'aucun ne nous vienne surprendre,
Ou que de quelque endroit on ne nous puisse entendre.
FROSINE.
Nous serions au logis beaucoup moins sûrement :
Ici de tous côtés on découvre aisément ;
Et nous pouvons parler avec toute assurance.
ASCAGNE.
Hélas ! que j'ai de peine à rompre mon silence !
FROSINE.
Ouais ! ceci doit donc être un important secret ?
ASCAGNE.
Trop, puisque je le fie à vous-même à regret,*

---

* VAR. *Trop, puisque je le dis à vous-même à regret* (1682).

1. Ce personnage de Frosine, qui va recevoir les confidences d'Ascagne, a été substitué par Molière au Tebaldo de *l'Interesse*. L'auteur français a montré un plus grand respect pour les bienséances en donnant pour confident à Ascagne une personne de son sexe.

Et que, si je pouvois le cacher davantage,
Vous ne le sauriez point.

FROSINE.

Ah ! c'est me faire outrage !
Feindre[1] à s'ouvrir à moi, dont vous avez connu
Dans tous vos intérêts l'esprit si retenu !
Moi, nourrie avec vous, et qui tiens sous silence
Des choses qui vous sont de si grande importance !
Qui sais...

ASCAGNE.

Oui, vous savez la secrète raison
Qui cache aux yeux de tous mon sexe et ma maison ;
Vous savez que dans celle où passa mon bas âge
Je suis pour y pouvoir retenir l'héritage
Que relâchoit ailleurs le jeune Ascagne mort,
Dont mon déguisement fait revivre le sort ;
Et c'est aussi pourquoi ma bouche se dispense[2]

---

1. *Feindre à,* hésiter à. Nous avons déjà vu ce mot à la scène VIII de l'acte V de *l'Étourdi :*

> Tu feignois à sortir de ton déguisement.

2. *Se dispense,* c'est-à-dire se permet... prend la liberté et le courage de... se laisse aller à... C'est la signification primitive de ce mot, et son emploi le plus fréquent au XVIIe siècle.

> « Les Allemands se dispensent volontiers à faire des digressions pour étaler leur lecture. » (BAYLE, *lettre à M. Minutoli.*)

> Quand je me dispensois à lui mal obéir.
> (CORNEILLE, *Rodogune.*)

On disait *se dispenser de,* dans le même sens. Les mots *dispenser, dispensé, dispense,* avaient une acception pareille. M. F. Godefroy, dans son *Lexique comparé de la langue de Corneille,* a indiqué toutes les variations de ce verbe *dispenser,* et comment, après avoir signifié d'abord *autoriser,* il a signifié ensuite *autoriser à ne pas faire,* passant ainsi du sens positif au sens négatif qu'il a actuellement.

A vous ouvrir mon cœur avec plus d'assurance.
Mais avant que passer, Frosine, à ce discours,
Éclaircissez un doute où je tombe toujours :
Se pourroit-il qu'Albert ne sût rien du mystère
Qui masque ainsi mon sexe, et l'a rendu mon père ?

FROSINE.

En bonne foi, ce point sur quoi vous me pressez
Est une affaire aussi qui m'embarrasse assez :
Le fond de cette intrigue est pour moi lettre close,
Et ma mère ne put m'éclaircir mieux la chose.
Quand il mourut, ce fils, l'objet de tant d'amour,
Au destin de qui même, avant qu'il vînt au jour,
Le testament d'un oncle abondant en richesses
D'un soin particulier avoit fait des largesses ;
Et que sa mère fit un secret de sa mort[1],
De son époux absent redoutant le transport,
S'il voyoit chez un autre aller tout l'héritage
Dont sa maison tiroit un si grand avantage ;
Quand, dis-je, pour cacher un tel événement,
La supposition fut de son sentiment,
Et qu'on vous prit chez nous, où vous étiez nourrie
(Votre mère d'accord de cette tromperie
Qui remplaçoit ce fils à sa garde commis),
En faveur des présents le secret fut promis.
Albert ne l'a point su de nous ; et pour sa femme,
L'ayant plus de douze ans conservé dans son âme,
Comme le mal fut prompt dont on la vit mourir,
Son trépas imprévu ne put rien découvrir ;
Mais cependant je vois qu'il garde intelligence

---

1. Ce vers et les trois qui suivent sont indiqués par l'édition de 1682 comme habituellement omis à la représentation.

Avec celle de qui vous tenez la naissance.
J'ai su qu'en secret même il lui faisoit du bien[1].
Et peut-être cela ne se fait pas pour rien.
D'autre part, il vous veut porter au mariage ;
Et, comme il le prétend, c'est un mauvais langage[2].
Je ne sais s'il sauroit la supposition
Sans le déguisement. Mais la digression
Tout insensiblement pourroit trop loin s'étendre ;
Revenons au secret que je brûle d'apprendre[3].

ASCAGNE.

Sachez donc que l'Amour ne sait point s'abuser,
Que mon sexe à ses yeux n'a pu se déguiser,
Et que ses traits subtils, sous l'habit que je porte,
Ont su trouver le cœur d'une fille peu forte.
J'aime enfin.

1. On supprimait de même ce vers et les trois qui suivent.

2. C'est-à-dire : comme il prétend vous marier à une fille, il emploie mal ses paroles.

3. Ce récit est embrouillé, pénible et obscur ; voici les faits tels qu'Auger les résume : Un oncle avait laissé de grands biens à l'enfant qui pourrait naître d'Albert, en cas que ce fût un garçon ; et, dans le cas contraire, ces biens devaient passer dans la famille de Polidore. Albert eut un fils qui fut nommé Ascagne. Ce fils mourut pendant une absence d'Albert. La femme de celui-ci, craignant la colère de son mari au retour en voyant sortir de sa maison l'héritage en question, décida la nourrice de son fils à lui céder sa propre fille, qui était du même âge, confia cette enfant à la mère de Frosine pour qu'elle achevât de la nourrir, et ensuite la prit dans sa propre maison, où la fausse Ascagne passa aux yeux de tous pour un garçon, et fut élevée comme telle. Cette femme d'Albert, étant morte presque subitement, ne put révéler son secret, et il est possible qu'Albert n'en ait pas connaissance. Cependant il a des relations avec la pauvre femme dont on a acheté la fille, et même il lui fait du bien. D'un autre côté, il presse Ascagne de prendre femme : il ignore donc qu'elle est une fille. Peut-être sait-il seulement qu'il y a eu supposition d'enfant, et croit-il que l'enfant supposé est du sexe masculin. Voilà, quant à présent, l'état des choses pour Ascagne et Frosine.

On voit que Molière a renchéri encore sur l'intrigue romanesque de la pièce italienne.

ACTE II, SCÈNE I.

FROSINE.
Vous aimez!

ASCAGNE.
Frosine, doucement.
N'entrez pas tout à fait dedans l'étonnement;
Il n'est pas temps encore; et ce cœur qui soupire
A bien, pour vous surprendre, autre chose à vous dire.

FROSINE.
Et quoi?

ASCAGNE.
J'aime Valère.

FROSINE.
Ah! vous aviez raison.*
L'objet de votre amour, lui, dont à la maison[1]
Votre imposture enlève un puissant héritage,
Et qui, de votre sexe ayant le moindre ombrage,
Verroit incontinent ce bien lui retourner!
C'est encore un plus grand sujet de s'étonner.

ASCAGNE.
J'ai de quoi toutefois surprendre plus votre âme :
Je suis sa femme.

FROSINE.
O dieux! sa femme!

ASCAGNE.
Oui, sa femme.

FROSINE.
Ah! certes celui-là l'emporte, et vient à bout
De toute ma raison!

---

* Var. . . . . *Ah! vous avez raison* (1682).

1. *Dont à la maison*, pour : à la maison de qui; la construction de cette phrase n'est pas correcte.

ASCAGNE.

Ce n'est pas encor tout.

FROSINE.

Encore ?

ASCAGNE.

Je la suis, dis-je, sans qu'il le pense,
Ni qu'il ait de mon sort la moindre connoissance.

FROSINE.

Ho! poussez; je le quitte[1], et ne raisonne plus,
Tant mes sens coup sur coup se trouvent confondus.
A ces énigmes-là je ne puis rien comprendre[2].

ASCAGNE.

Je vais vous l'expliquer, si vous voulez m'entendre.
Valère, dans les fers de ma sœur arrêté,
Me sembloit un amant digne d'être écouté,
Et je ne pouvois voir qu'on rebutât sa flamme,*
Sans qu'un peu d'intérêt touchât pour lui mon âme;
Je voulois que Lucile aimât son entretien;
Je blâmois ses rigueurs, et les blâmai si bien
Que moi-même j'entrai, sans pouvoir m'en défendre,
Dans tous les sentiments qu'elle ne pouvoit prendre.
C'étoit, en lui parlant, moi qu'il persuadoit;

* Var. *Je ne pouvois souffrir qu'on rebutât sa flamme* (1682).

1. Je quitte la partie, j'y renonce. *Le,* dans cette locution usuelle, est sans relation grammaticale.
2. La scène devient attachante et plaisante par cette suite d'aveux que fait Ascagne, et d'étonnements où tombe Frosine. — « J'aime. » — « J'aime Valère. » — « Je suis sa femme. » — « Je la suis sans qu'il le pense. » Ce sont là certainement des choses fort extraordinaires. On doit bien observer, d'autre part, qu'Ascagne, cachée depuis son enfance sous des habits d'homme, n'a pas les scrupules que pourrait avoir une jeune fille ayant reçu l'éducation de son sexe. Cette éducation exceptionnelle est son excuse : aussi ne songe-t-elle pas à justifier son action, et la raconte-t-elle fort nettement et presque du même ton que le ferait Éraste. (AUGER et A. MARTIN.)

Je me laissois gagner aux soupirs qu'il perdoit ;
Et ses vœux, rejetés de l'objet qui l'enflamme,
Étoient, comme vainqueurs, reçus dedans mon âme.
Ainsi mon cœur, Frosine, un peu trop foible, hélas !
Se rendit à des soins qu'on ne lui rendoit pas,
Par un coup réfléchi reçut une blessure,
Et paya pour un autre avec beaucoup d'usure.
Enfin, ma chère, enfin, l'amour que j'eus pour lui
Se voulut expliquer, mais sous le nom d'autrui.
Dans ma bouche[1], une nuit, cet amant trop aimable
Crut rencontrer Lucile à ses vœux favorable ;
Et je sus ménager si bien cet entretien
Que du déguisement il ne reconnut rien.
Sous ce voile trompeur, qui flattoit sa pensée,
Je lui dis que pour lui mon âme étoit blessée,
Mais que, voyant mon père en d'autres sentiments,
Je devois une feinte à ses commandements ;
Qu'ainsi de notre amour nous ferions un mystère
Dont la nuit seulement seroit dépositaire ;
Et qu'entre nous, de jour, de peur de rien gâter,
Tout entretien secret se devoit éviter ;
Qu'il me verroit alors la même indifférence
Qu'avant que nous eussions aucune intelligence ;
Et que de son côté, de même que du mien,
Geste, parole, écrit ne m'en dît jamais rien.
Enfin, sans m'arrêter sur toute l'industrie
Dont j'ai conduit le fil de cette tromperie,
J'ai poussé jusqu'au bout un projet si hardi,
Et me suis assuré l'époux que je vous di[2].

1. *Dans ma bouche*, en m'entendant parler. Il n'est pas possible d'approuver cette façon de parler. (F. Génin.)
2. Ce nouveau récit est beaucoup mieux écrit que celui qui précède:

FROSINE.

Peste! les grands talents que votre esprit possède!*
Diroit-on qu'elle y touche avec sa mine froide¹?
Cependant vous avez été bien vite ici :
Car je veux que la chose ait d'abord réussi;
Ne jugez-vous pas bien, à regarder l'issue,
Qu'elle ne peut longtemps éviter d'être sue?

ASCAGNE.

Quand l'amour est bien fort, rien ne peut l'arrêter;
Ses projets seulement vont à se contenter;
Et, pourvu qu'il arrive au but qu'il se propose,
Il croit que tout le reste après est peu de chose.
Mais enfin aujourd'hui je me découvre à vous,
Afin que vos conseils... Mais voici cet époux.

---

* VAR. *Ho! ho! les grands talents que votre esprit possède!* (1673, 1682.)

Ascagne explique fort bien comment, en plaidant la cause de Valère auprès de Lucile, elle a conçu de l'amour pour lui, et comment, en se substituant de nuit à cette même Lucile, elle a reçu, en son nom, les serments et la main de Valère. La ruse est hardie, et elle a été conduite habilement; mais, comme le fait sensément observer Frosine, elle ne peut longtemps éviter d'être sue. Or voilà le secret du sexe d'Ascagne, et l'héritage qui en dépend, bien aventurés; voilà, de plus, son honneur de fille, son état et même son amour, fort compromis, puisqu'il n'est pas certain que Valère goûte le stratagème qui l'a fait l'époux d'une autre que celle qu'il aime, et qu'il en ratifie les effets. « Il y a quelque intérêt de curiosité, dit Auger, dans cette situation. »

1. *Froide* se prononçait *frède*, à la cour. Voiture dit en parlant de la mort :

> Et semble-t-elle pas bien laide,
> Quand elle vient, tremblante et froide,
> Prendre un homme dedans son lit?

Vaugelas approuvait cette prononciation; cependant elle n'a pas prévalu, bien qu'on ait dit et qu'on dise : *rède*, pour *roide*.

SCÈNE II.

VALÈRE, ASCAGNE, FROSINE.

VALÈRE.

Si vous êtes tous deux en quelque conférence
Où je vous fasse tort de mêler ma présence,
Je me retirerai.

ASCAGNE.

Non, non, vous pouvez bien,
Puisque vous le faisiez, rompre notre entretien.

VALÈRE.

Moi !

ASCAGNE.

Vous-même.

VALÈRE.

Et comment ?

ASCAGNE.

Je disois que Valère
Auroit, si j'étois fille, un peu trop su me plaire ;
Et que, si je faisois tous les vœux de son cœur,
Je ne tarderois guère à faire son bonheur.

VALÈRE.

Ces protestations ne coûtent pas grand'chose,
Alors qu'à leur effet un pareil si s'oppose ;
Mais vous seriez bien pris, si quelque événement*
Alloit mettre à l'épreuve un si doux compliment.

ASCAGNE.

Point du tout ; je vous dis que, régnant dans votre âme,
Je voudrois de bon cœur couronner votre flamme.

---

* VAR. *Mais vous seriez bien pris si quelque changement* (1673).

VALÈRE.

Et c'étoit quelqu'une¹ où, par votre secours,
Vous pussiez être utile au bonheur de mes jours?*

ASCAGNE.

Je pourrois assez mal répondre à votre attente.

VALÈRE.

Cette confession n'est pas fort obligeante.

ASCAGNE.

Hé quoi! vous voudriez, Valère, injustement
Qu'étant fille, et mon cœur vous aimant tendrement,
Je m'allasse engager avec une promesse
De servir vos ardeurs pour quelque autre maîtresse?
Un si pénible effort pour moi m'est interdit.

VALÈRE.

Mais cela n'étant pas?

ASCAGNE.

Ce que je vous ai dit,
Je l'ai dit comme fille, et vous le devez prendre
Tout de même.

VALÈRE.

Ainsi donc il ne faut rien prétendre,
Ascagne, à des bontés que vous auriez pour nous,
A moins que le ciel fasse un grand miracle en vous;
Bref, si vous n'êtes fille, adieu votre tendresse,
Il ne vous reste rien qui pour nous s'intéresse.

ASCAGNE.

J'ai l'esprit délicat plus qu'on ne peut penser,
Et le moindre scrupule a de quoi m'offenser
Quand il s'agit d'aimer. Enfin je suis sincère;
Je ne m'engage point à vous servir, Valère,

---

* VAR. *Vous puissiez être utile au bonheur de mes jours* (1673).

1. C'est-à-dire : quelque flamme.

Si vous ne m'assurez au moins absolument
Que vous gardez pour moi le même sentiment,*
Que pareille chaleur d'amitié vous transporte,
Et que, si j'étois fille, une flamme plus forte
N'outrageroit point celle où je vivrois pour vous.

VALÈRE.

Je n'avois jamais vu ce scrupule jaloux !
Mais, tout nouveau qu'il est, ce mouvement m'oblige,
Et je vous fais ici tout l'aveu qu'il exige.

ASCAGNE.

Mais sans fard ?

VALÈRE.

Oui, sans fard.

ASCAGNE.

S'il est vrai, désormais
Vos intérêts seront les miens, je vous promets.

VALÈRE.

J'ai bientôt à vous dire un important mystère
Où l'effet de ces mots me sera nécessaire.

ASCAGNE.

Et j'ai quelque secret de même à vous ouvrir,
Où votre cœur pour moi se pourra découvrir.

VALÈRE.

Hé! de quelle façon cela pourroit-il être?

ASCAGNE.

C'est que j'ai de l'amour qui n'oseroit paroître;
Et vous pourriez avoir sur l'objet de mes vœux
Un empire à pouvoir rendre mon sort heureux.

VALÈRE.

Expliquez-vous, Ascagne; et croyez, par avance,

---

* VAR. 1. *Que vous sentez pour moi le même sentiment* (1673).
2. *Que vous avez pour moi le même sentiment* (1682).

Que votre heur est certain, s'il est en ma puissance.
ASCAGNE.
Vous promettez ici plus que vous ne croyez.
VALÈRE.
Non, non; dites l'objet pour qui vous m'employez.
ASCAGNE.
Il n'est pas encor temps; mais c'est une personne
Qui vous touche de près.
VALÈRE.
    Votre discours m'étonne;
Plût à Dieu que ma sœur...!
ASCAGNE.
    Ce n'est pas la saison
De m'expliquer, vous dis-je.
VALÈRE.
    Et pourquoi?
ASCAGNE.
      Pour raison.
Vous saurez mon secret quand je saurai le vôtre.
VALÈRE.
J'ai besoin pour cela de l'aveu de quelque autre.
ASCAGNE.
Ayez-le donc; et lors, nous expliquant nos vœux,
Nous verrons qui tiendra mieux parole des deux.
VALÈRE.
Adieu, j'en suis content.
ASCAGNE.
    Et moi content, Valère.
      (Valère sort.)
FROSINE.
Il croit trouver en vous l'assistance d'un frère[1].

---

1. Cette scène est faite avec art sans doute. Ascagne, à la faveur d'une supposition qui n'en est pas une, cherche à s'assurer, autant qu'il est

SCÈNE III.

LUCILE, ASCAGNE, FROSINE, MARINETTE.

LUCILE, à Marinette, les trois premiers vers.

C'en est fait; c'est ainsi que je me puis venger;*
Et si cette action a de quoi l'affliger,
C'est toute la douceur que mon cœur s'y propose.
Mon frère, vous voyez une métamorphose.
Je veux chérir Valère après tant de fierté,
Et mes vœux maintenant tournent de son côté.

ASCAGNE.

Que dites-vous, ma sœur? Comment! courir au change[1]!
Cette inégalité me semble trop étrange.

LUCILE.

La vôtre me surprend avec plus de sujet.
De vos soins autrefois Valère étoit l'objet;

---

* VAR. . . . . . . *C'est ainsi que je puis me venger* (1682).

possible, de la tendresse de Valère pour elle; et Valère, se prêtant d'assez bonne grâce à cette idée, qui ne laisse pourtant pas de lui paraître un peu folle, donne lieu à Ascagne d'espérer que, quand la supposition se convertira en réalité, cet amour qu'il lui promet conditionnellement ne se changera pas en haine. Mais la situation des deux personnages est fausse et pénible. Leur conversation n'est qu'un tissu de subtilités, de réticences et d'énigmes. Les scènes de ce genre sont nécessairement très froides. Celle-ci appartenait à la pièce italienne dont Molière s'est emparé : c'est à peine s'il parvient, à force d'esprit, à en diminuer les défauts. (AUGER.)

— On peut comparer à cette scène les scènes de l'acte III et de l'acte IV de *Comme il vous plaira*, de Shakespeare, où Rosalinde, à la faveur de son costume masculin, taquine si coquettement son amoureux Orlando. La situation de Rosalinde est moins difficile sans doute que celle d'Ascagne. Il existe entre elles assez d'analogie cependant pour qu'il y ait un intérêt de curiosité à faire ce rapprochement.

1. *Courir au change* se disait pour : changer tout à coup, être brusquement inconstant, infidèle. Dans *l'Absent chez soi*, comédie de d'Ouville (1643), on lit :

Imite cet ingrat, comme lui cours au change.
(Acte II, scène VI.)

Je vous ai vu pour lui m'accuser de caprice,
D'aveugle cruauté, d'orgueil et d'injustice;
Et, quand je veux l'aimer, mon dessein vous déplaît!
Et je vous vois parler contre son intérêt!
ASCAGNE.
Je le quitte, ma sœur, pour embrasser le vôtre.
Je sais qu'il est rangé dessous les lois d'une autre;
Et ce seroit un trait honteux à vos appas,
Si vous le rappeliez, et qu'il ne revînt pas.
LUCILE.
Si ce n'est que cela, j'aurai soin de ma gloire,
Et je sais, pour son cœur, tout ce que j'en dois croire;
Il s'explique à mes yeux intelligiblement;
Ainsi découvrez-lui sans peur mon sentiment;
Ou, si vous refusez de le faire, ma bouche
Lui va faire savoir que son ardeur me touche.
Quoi! mon frère, à ces mots vous restez interdit?
ASCAGNE.
Ah! ma sœur! si sur vous je puis avoir crédit,
Si vous êtes sensible aux prières d'un frère,
Quittez un tel dessein, et n'ôtez point Valère
Aux vœux d'un jeune objet dont l'intérêt m'est cher,
Et qui, sur ma parole, a droit de vous toucher.
La pauvre infortunée aime avec violence;
A moi seul de ses feux elle fait confidence,
Et je vois dans son cœur de tendres mouvements
A dompter la fierté des plus durs sentiments.
Oui, vous auriez pitié de l'état de son âme,
Connoissant de quel coup vous menacez sa flamme;
Et je ressens si bien la douleur qu'elle aura
Que je suis assuré, ma sœur, qu'elle en mourra[*]

[*] Var. . . . . . . *qu'elle mourra* (1682).

Si vous lui dérobez l'amant qui peut lui plaire.
Éraste est un parti qui doit vous satisfaire;
Et des feux mutuels...

LUCILE.

Mon frère, c'est assez.
Je ne sais point pour qui vous vous intéressez,
Mais, de grâce, cessons ce discours, je vous prie,
Et me laissez un peu dans quelque rêverie.

ASCAGNE.

Allez, cruelle sœur, vous me désespérez,
Si vous effectuez vos desseins déclarés[1].

SCÈNE IV.

LUCILE, MARINETTE.

MARINETTE.

La résolution, madame, est assez prompte.

LUCILE.

Un cœur ne pèse rien[2] alors que l'on l'affronte;
Il court à sa vengeance, et saisit promptement

---

1. Dans cette scène, l'embarras d'Ascagne augmente et est porté à son comble. Lorsque Valère l'a épousée nuitamment, croyant épouser Lucile, elle lui a recommandé de ne point s'inquiéter de la froideur qu'elle pourrait lui témoigner en plein jour et devant les autres. C'était l'avoir adroitement disposé à voir sans surprise, sans chagrin et sans plainte, l'indifférence de Lucile pour lui. Mais voici que cette indifférence, qui faisait toute la sûreté d'Ascagne, cesse ou paraît cesser; voici que Lucile, irritée contre Éraste, semble décidée à aimer Valère et à le lui dire elle-même, si Ascagne refuse de s'en charger. Une explication ne peut manquer de s'ensuivre et de tout découvrir. Cette situation, amenée fort naturellement par la manière offensante dont Éraste a reçu le dernier message de Lucile, produirait sans doute un beaucoup plus grand effet, si la bizarrerie et l'invraisemblance du roman permettaient à l'intérêt de naître et de se développer. (AUGER.)

2. N'examine rien, ne balance pas.

Tout ce qu'il croit servir à son ressentiment.
Le traître! faire voir cette insolence extrême!
MARINETTE.
Vous m'en voyez encor toute hors de moi-même;
Et quoique là-dessus je rumine sans fin,
L'aventure me passe, et j'y perds mon latin.
Car enfin, aux transports d'une bonne nouvelle
Jamais cœur ne s'ouvrit d'une façon plus belle;
De l'écrit obligeant le sien tout transporté
Ne me donnoit pas moins que de la déité;
Et cependant jamais, à cet autre message,
Fille ne fut traitée avecque tant d'outrage.
Je ne sais, pour causer de si grands changements,
Ce qui s'est pu passer entre ces courts moments.
LUCILE.
Rien ne s'est pu passer dont il faille être en peine,
Puisque rien ne le doit défendre de ma haine.
Quoi! tu voudrois chercher hors de sa lâcheté
La secrète raison de cette indignité?
Cet écrit malheureux, dont mon âme s'accuse,
Peut-il à son transport souffrir la moindre excuse?
MARINETTE.
En effet, je comprends que vous avez raison,
Et que cette querelle est pure trahison.
Nous en tenons, madame : et puis, prêtons l'oreille
Aux bons chiens de pendards qui nous chantent merveille;
Qui, pour nous accrocher, feignent tant de langueur;
Laissons à leurs beaux mots fondre notre rigueur;
Rendons-nous à leurs vœux, trop foibles que nous sommes!
Foin de notre sottise, et peste soit des hommes!
LUCILE.
Hé bien! bien! qu'il s'en vante et rie à nos dépens,

Il n'aura pas sujet d'en triompher longtemps;
Et je lui ferai voir qu'en une âme bien faite
Le mépris suit de près la faveur qu'on rejette.

MARINETTE.

Au moins, en pareil cas, est-ce un bonheur bien doux,
Quand on sait qu'on n'a point d'avantage sur vous.*
Marinette eut bon nez, quoi qu'on en puisse dire,
De ne permettre rien un soir qu'on vouloit rire.
Quelque autre, sous espoir de *matrimonion*[1],**
Auroit ouvert l'oreille à la tentation;
Mais moi, *nescio vos*[2].

LUCILE.

Que tu dis de folies,
Et choisis mal ton temps pour de telles saillies!
Enfin je suis touchée au cœur sensiblement;
Et si jamais celui de ce perfide amant,
Par un coup de bonheur, dont j'aurois tort, je pense,
De vouloir à présent concevoir l'espérance
(Car le ciel a trop pris plaisir à m'affliger,
Pour me donner celui de me pouvoir venger);
Quand, dis-je, par un sort à mes désirs propice,
Il reviendroit m'offrir sa vie en sacrifice,
Détester à mes pieds l'action d'aujourd'hui,

---

* VAR. . . . . *sur nous* (1682).
** VAR. *Quelque autre, sous l'espoir de matrimonion* (1682).

1. *Matrimonion,* pour *matrimonium,* mariage; c'était la prononciation vulgaire de ce mot latin.
2. Ces deux mots latins signifiant : *je ne vous connais pas,* formaient un dicton populaire. Scarron s'en est servi plusieurs fois dans ses comédies :

> Il me dit qu'il vouloit vous parler un moment;
> Je dis : *nescio vos,* et lui chantai goguette.
>
> (*Jodelet ou le Maître-Valet.*)

Je te défends, surtout, de me parler pour lui.*
Au contraire, je veux que ton zèle s'exprime
A me bien mettre aux yeux la grandeur de son crime;
Et même si mon cœur étoit pour lui tenté
De descendre jamais à quelque lâcheté,
Que ton affection me soit alors sévère,
Et tienne comme il faut la main à ma colère.

MARINETTE.

Vraiment n'ayez point peur, et laissez faire à nous;
J'ai pour le moins autant de colère que vous;
Et je serois plutôt fille toute ma vie
Que mon gros traître aussi me redonnât envie.
S'il vient[1]...

SCÈNE V.

ALBERT, LUCILE, MARINETTE.

ALBERT.

Rentrez, Lucile, et me faites venir
Le précepteur; je veux un peu l'entretenir,
Et m'informer de lui, qui me gouverne Ascagne,
S'il sait point quel ennui depuis peu l'accompagne.

---

* VAR. *Je te défends surtout de me parler de lui* (1673).

1. Lorsque Molière se retrouve sur le vrai terrain de la comédie, son style prend une franchise et une verdeur nouvelles. Le dépit de Lucile s'exprime ici avec une vivacité, une vérité, qui font présager l'admirable scène de l'explication au quatrième acte. Tandis que Lucile nous intéresse et nous attendrit, Marinette nous amuse et nous fait rire. Marinette joue auprès de Lucile le même rôle que Gros-René auprès d'Éraste. C'est en établissant ce double contraste que l'auteur a su rendre comiques des scènes de plaintes, de reproches, qui par leur nature même promettaient d'être sérieuses. On ne sauroit trop s'arrêter sur ces premières combinaisons du génie. (AUGER et A. MARTIN.)

SCÈNE VI.

ALBERT, seul.

En quel gouffre de soins et de perplexité
Nous jette une action faite sans équité !
D'un enfant supposé par mon trop d'avarice
Mon cœur depuis longtemps souffre bien le supplice ;
Et quand je vois les maux où je me suis plongé,
Je voudrois à ce bien n'avoir jamais songé.
Tantôt je crains de voir, par la fourbe éventée,
Ma famille en opprobre et misère jetée ;
Tantôt pour ce fils-là, qu'il me faut conserver,
Je crains cent accidents qui peuvent arriver.
S'il advient que dehors quelque affaire m'appelle,
J'appréhende au retour cette triste nouvelle :
Las ! vous ne savez pas ? Vous l'a-t-on annoncé ?
Votre fils a la fièvre, ou jambe, ou bras cassé ;
Enfin, à tous moments, sur quoi que je m'arrête,
Cent sortes de chagrins me roulent par la tête[1].*
Ah !

SCÈNE VII.

ALBERT, MÉTAPHRASTE[2].

MÉTAPHRASTE.

Mandatum tuum curo diligenter[3].

* Var. . . . . . . *Me roulent sur la tête* (1673).

1. Ainsi Albert sait qu'Ascagne est un enfant supposé, mais il est abusé comme tout le monde sur le sexe de cet enfant.
Ce passage rappelle le début du monologue de Micion, dans les *Adelphes* de Térence, scène I.
2. Le nom de Métaphraste vient du grec et signifie : qui traduit d'une langue dans une autre, ou qui parle dans une autre langue que la sienne. Le nom exprime donc fort bien la manie de ce pédant.
3. C'est-à-dire : j'obéis avec diligence à votre commandement.

ALBERT.

Maître, j'ai voulu...

MÉTAPHRASTE.

Maître est dit *a magister :* *
C'est comme qui diroit trois fois plus grand[1].

ALBERT.

Je meure,
Si je savois cela. Mais, soit, à la bonne heure.
Maître, donc...

MÉTAPHRASTE.

Poursuivez.

ALBERT.

Je veux poursuivre aussi ;
Mais ne poursuivez point, vous, d'interrompre ainsi.
Donc, encore une fois, maître, c'est la troisième,
Mon fils me rend chagrin : vous savez que je l'aime,
Et que soigneusement je l'ai toujours nourri.

MÉTAPHRASTE.

Il est vrai : *Filio non potest præferri
Nisi filius*[2].

ALBERT.

Maître, en discourant ensemble,
Ce jargon n'est pas fort nécessaire, me semble :
Je vous crois grand latin[3] et grand docteur juré,

---

* VAR. . . . . . *Maître est dit* a magis ter (1682).

1. Molière a emprunté cette plaisante étymologie à une comédie italienne, *le Pédant, Il Candelaco* (B. Ars. 5757 b. l.), de Bruno Nolano, traduit sous le titre de *Boniface ou le Pédant joué* (*ibid.*, 5741), ou peut-être à quelque auteur de facéties, car il n'est pas certain que Bruno Nolano l'eût lui-même inventée. L'abbé Roubaud l'a adoptée, et reproduite très sérieusement dans son livre des *Synonymes*.

2. C'est-à-dire : à un fils on ne peut préférer qu'un fils.

3. On dit qu'un homme est bon latin, pour dire qu'il sait bien le latin. (*Dictionnaire de l'Académie.*)

Je m'en rapporte à ceux qui m'en ont assuré;
Mais, dans un entretien qu'avec vous je destine [1],
N'allez point déployer toute votre doctrine,
Faire le pédagogue, et cent mots me cracher,
Comme si vous étiez en chaire pour prêcher.
Mon père, quoiqu'il eût la tête des meilleures,
Ne m'a jamais rien fait apprendre que mes Heures,
Qui, depuis cinquante ans, dites journellement,
Ne sont encor pour moi que du haut allemand.
Laissez donc en repos votre science auguste,
Et que votre langage à mon foible s'ajuste.

####### MÉTAPHRASTE.

Soit.

####### ALBERT.

A mon fils, l'hymen semble lui faire peur ; *
Et sur quelque parti que je sonde son cœur,
Pour un pareil lien il est froid, et recule.

####### MÉTAPHRASTE.

Peut-être a-t-il l'humeur du frère de Marc-Tulle,
Dont avec Atticus le même fait sermon [2],

---

* VAR. 1. ... *A mon fils. L'hymen semble lui faire peur* (1682).
2. ... *A mon fils l'hymen me paroît faire peur* (Éditions modernes).

1. Je destine, pour : j'ai dessein d'avoir ; le mot est impropre.
2. Une épigramme de Quintus Cicéron, frère de l'orateur, rapportée par Burmann dans son *Anthologia veterum latinorum*, donne l'explication de ce passage ; elle dénote, comme on va le voir, un homme dont l'humeur est tout à fait contraire au mariage :

> Crede ratem ventis, animum ne crede puellis;
> Namque est fœminea tutior unda fide.
> Fœmina nulla bona est; vel, si bona contigit ulla,
> Nescio quo fato res mala facta bona est.

Auger traduit ainsi cette épigramme : « Confiez votre barque aux vents, ne confiez pas votre cœur aux belles, car l'onde est moins périlleuse que la foi féminine. Il n'existe pas une seule bonne femme au monde, ou si, par

Et comme aussi les Grecs disent *Atanaton*[1]....

ALBERT.

Mon Dieu! maître éternel, laissez là, je vous prie,
Les Grecs, les Albanois, avec l'Esclavonie[2],
Et tous ces autres gens dont vous venez parler;*
Eux et mon fils n'ont rien ensemble à démêler.

MÉTAPHRASTE.

Hé bien donc, votre fils...?

ALBERT.

Je ne sais si dans l'âme
Il ne sentiroit point une secrète flamme :
Quelque chose le trouble, ou je suis fort déçu;
Et je l'aperçus hier, sans en être aperçu,
Dans un recoin du bois où nul ne se retire.

MÉTAPHRASTE.

Dans un lieu reculé du bois, voulez-vous dire,
Un endroit écarté, *latine secessus;*
Virgile l'a dit : *Est in secessu locus*[3]...

---

* VAR. *Et tous ces autres gens dont vous voulez parler* (1682).

hasard, elle existe, c'est que, par un changement inexplicable, une mauvaise chose est devenue bonne. »

Métaphraste n'est pas un ignorant; il n'a que le tort de placer mal à propos ce qu'il sait, et c'est en cela que consiste la pédanterie.

Faire sermon est une locution toute latine pour dire : s'entretenir, discourir.

1. Métaphraste commence une citation grecque, que l'impatience d'Albert ne lui laisse pas achever. *Atanaton,* ou plutôt *Athanaton,* est un mot grec qui signifie *immortel.* Ce mot ne permet pas de deviner ce que Métaphraste allait dire, s'il n'eût pas été interrompu.

2. Albert confond les anciens Grecs et les Grecs modernes, souvent associés à leurs voisins les Albanais et les Esclavons.

3. La citation appartient au premier livre de *l'Énéide :*

Est in secessu longo locus...

« Dans un enfoncement, il est un endroit abrité. »

ALBERT.
Comment auroit-il pu l'avoir dit, ce Virgile,
Puisque je suis certain que, dans ce lieu tranquille,
Ame du monde enfin n'étoit lors que nous deux?

MÉTAPHRASTE.
Virgile est nommé là comme un auteur fameux
D'un terme plus choisi que le mot que vous dites,
Et non comme témoin de ce que hier vous vîtes.

ALBERT.
Et moi, je vous dis, moi, que je n'ai pas besoin
De terme plus choisi, d'auteur ni de témoin,
Et qu'il suffit ici de mon seul témoignage.

MÉTAPHRASTE.
Il faut choisir pourtant les mots mis en usage
Par les meilleurs auteurs. *Tu vivendo bonos,*
Comme on dit, *scribendo sequare peritos* [1].

ALBERT.
Homme ou démon, veux-tu m'entendre sans conteste?

MÉTAPHRASTE.
Quintilien en fait le précepte [2].

ALBERT.
     La peste
Soit du causeur!

MÉTAPHRASTE.
    Et dit là-dessus doctement
Un mot que vous serez bien aise assurément
D'entendre.

---

1. C'est un vers de Despautère : « Dans ta manière de vivre, imite les gens de bien; dans tes écrits, les gens de goût. »

2. Métaphraste suit sa propre idée sur la nécessité de prendre les bons auteurs pour modèles, et fait allusion au deuxième chapitre du livre X des *Institutiones oratoriæ*, qui développe ce précepte de rhétorique.

ALBERT.

Je serai le diable qui t'emporte[1],
Chien d'homme! Oh! que je suis tenté d'étrange sorte
De faire sur ce mufle une application!

MÉTAPHRASTE.

Mais qui cause, seigneur, votre inflammation[2]?
Que voulez-vous de moi?

ALBERT.

Je veux que l'on m'écoute,
Vous ai-je dit vingt fois, quand je parle.

MÉTAPHRASTE.

Ah! sans doute;
Vous serez satisfait s'il ne tient qu'à cela;
Je me tais.

ALBERT.

Vous ferez sagement.

MÉTAPHRASTE.

Me voilà
Tout prêt de vous ouïr.

ALBERT.

Tant mieux.

MÉTAPHRASTE.

Que je trépasse,
Si je dis plus mot.

ALBERT.

Dieu vous en fasse la grâce!

MÉTAPHRASTE.

Vous n'accuserez point mon caquet désormais.

---

1. Tournure brusque et violente qui est ici bien à sa place.
2. Métaphraste emploie toujours des expressions qui n'appartiennent pas à la langue ordinaire.

ALBERT.
Ainsi soit-il!

MÉTAPHRASTE.
Parlez quand vous voudrez.

ALBERT.
J'y vais.

MÉTAPHRASTE.
Et n'appréhendez plus l'interruption nôtre[1].*

ALBERT.
C'est assez dit.

MÉTAPHRASTE.
Je suis exact plus qu'aucun autre.

ALBERT.
Je le crois.

MÉTAPHRASTE.
J'ai promis que je ne dirois rien.**

ALBERT.
Suffit.

MÉTAPHRASTE.
Dès à présent je suis muet.

ALBERT.
Fort bien.

MÉTAPHRASTE.
Parlez; courage; au moins je vous donne audience.
Vous ne vous plaindrez pas de mon peu de silence:
Je ne desserre pas la bouche seulement.

ALBERT, à part.
Le traître!

MÉTAPHRASTE.
Mais, de grâce, achevez vitement:

---

* Var. *Et n'appréhendez plus d'interruption nôtre* (1682).
** Var. . . . . . . *Que je ne dirai rien* (1682).

1. Ce pronom placé après le nom est encore du style de ce pédant.

Depuis longtemps j'écoute ; il est bien raisonnable
Que je parle à mon tour.

ALBERT.

Donc, bourreau détestable...

MÉTAPHRASTE.

Hé ! bon Dieu ! voulez-vous que j'écoute à jamais ?
Partageons le parler au moins, ou je m'en vais.

ALBERT.

Ma patience est bien...

MÉTAPHRASTE.

Quoi ! voulez-vous poursuivre ?
Ce n'est pas encor fait ? *Per Jovem*[1] ! je suis ivre[2] !

ALBERT.

Je n'ai pas dit...

MÉTAPHRASTE.

Encor ? Bon Dieu ! que de discours !
Rien n'est-il suffisant d'en arrêter le cours[3] ?

ALBERT.

J'enrage.

MÉTAPHRASTE.

Derechef ! O l'étrange torture !
Hé ! laissez-moi parler un peu, je vous conjure.
Un sot qui ne dit mot ne se distingue pas
D'un savant qui se tait.

ALBERT.

Parbleu ! tu te tairas.

---

1. Par Jupiter !
2. Je suis étourdi, abasourdi.
3. On disait : suffisant de ; ainsi :

> Ce coup est suffisant de me faire mourir.
> (D'OUVILLE, *les Soupçons sur les apparences.*)

Je me déchargerai d'un faix que je dédaigne,
Suffisant de crever un mulet de Sardaigne.
(RÉGNIER, *sat. VI.*)

SCÈNE VIII.

MÉTAPHRASTE, seul.

D'où vient fort à propos cette sentence expresse
D'un philosophe : Parle, afin qu'on te connoisse.
Doncques, si de parler le pouvoir m'est ôté,
Pour moi, j'aime autant perdre aussi l'humanité,
Et changer mon essence en celle d'une bête.
Me voilà pour huit jours avec un mal de tête.
Oh ! que les grands parleurs sont par moi détestés !
Mais quoi ! si les savants ne sont point écoutés,
Si l'on veut que toujours ils aient la bouche close,
Il faut donc renverser l'ordre de chaque chose,
Que les poules dans peu dévorent les renards ;
Que les jeunes enfants remontrent aux vieillards ;
Qu'à poursuivre les loups les agnelets s'ébattent ;
Qu'un fou fasse les lois ; que les femmes combattent ;
Que par les criminels les juges soient jugés,
Et par les écoliers les maîtres fustigés ;
Que le malade au sain présente le remède ;
Que le lièvre craintif[1]...

---

1. L'écluse est ouverte. Métaphraste s'abandonne à son bavardage, et il n'y a point de raison pour que, lancé ainsi, il s'arrête jamais.
 On a signalé, comme ayant peut-être suggéré l'idée de cette suite d'images qui expriment le renversement de l'ordre en chaque chose, les vers de la première églogue de Virgile :

> Ante leves ergo pascentur in æquore cervi, etc.

SCÈNE IX.

ALBERT, MÉTAPHRASTE.

(Albert lui vient sonner aux oreilles une cloche* qui le fait fuir.)

MÉTAPHRASTE, fuyant.

Miséricorde! à l'aide[1]!

---

* L'édition de 1682 porte : une cloche *de mulet*. On se rappelle les vers de Le Boulanger de Chalussay cités dans la notice.

1. On trouvait au xviiie siècle que ce moyen de faire taire Métaphraste excède les bornes que ne doit pas franchir le comique français. Ce qui pouvait être choquant au xviiie siècle l'est beaucoup moins aujourd'hui.

La scène d'Albert et de Métaphraste est divertissante, mais fort inutile à l'action.

ACTE TROISIÈME.

SCÈNE PREMIÈRE.

MASCARILLE, seul.

Le ciel parfois seconde un dessein téméraire,
Et l'on sort comme on peut d'une méchante affaire.
Pour moi, qu'une imprudence a trop fait discourir,
Le remède plus prompt où j'ai su recourir,
C'est de pousser ma pointe et dire en diligence
A notre vieux patron toute la manigance.
Son fils, qui m'embarrasse, est un évaporé ;
L'autre, diable ! disant ce que j'ai déclaré,
Gare une irruption sur notre friperie !
Au moins, avant qu'on puisse échauffer sa furie,
Quelque chose de bon nous pourra succéder,
Et les vieillards entre eux se pourront accorder :
C'est ce qu'on va tenter ; et, de la part du nôtre,
Sans perdre un seul moment, je m'en vais trouver l'autre

(Il frappe à la porte d'Albert.)

---

1. Si Mascarille ne nous apprenait, dans ce monologue, qu'il a informé Polidore du prétendu mariage de son fils avec la fille d'Albert, nous ne pourrions concevoir le motif de l'entrevue que les deux vieillards vont avoir ensemble. Ce monologue était donc indispensable. (AUGER.)

SCÈNE II.

ALBERT, MASCARILLE.

ALBERT.

Qui frappe?

MASCARILLE.

Amis [1].

ALBERT.

Oh! oh! qui te peut amener, Mascarille?

MASCARILLE.

Je viens, monsieur, pour vous donner
Le bonjour.

ALBERT.

Ah! vraiment, tu prends beaucoup de peine :
De tout mon cœur, bonjour.

(Il s'en va.)

MASCARILLE.

La réplique est soudaine.
Quel homme brusque!

(Il heurte.)

ALBERT.

Encor?

MASCARILLE.

Vous n'avez pas ouï,
Monsieur.

ALBERT.

Ne m'as-tu pas donné le bonjour?

MASCARILLE.

Oui.

---

1. *Amis,* au pluriel, est un idiotisme italien que Molière a traduit. Dans *l'Inavvertito :* « BELTRAME : Chi è la? — SCAPPINO : *Amici.* »

ACTE III, SCÈNE II.

ALBERT.

Hé bien! bonjour, te dis-je.

(Il s'en va, Mascarille l'arrête.)

MASCARILLE.

Oui ; mais je viens encore
Vous saluer au nom du seigneur Polidore.

ALBERT.

Ah! c'est un autre fait. Ton maître t'a chargé
De me saluer?

MASCARILLE.

Oui.

ALBERT.

Je lui suis obligé.
Va[1], que je lui souhaite une joie infinie.

(Il s'en va.)

MASCARILLE.

Cet homme est ennemi de la cérémonie.

(Il heurte.)

Je n'ai pas achevé, monsieur, son compliment :
Il voudroit vous prier d'une chose instamment.

ALBERT.

Hé bien! quand il voudra, je suis à son service.

MASCARILLE, l'arrêtant.

Attendez, et souffrez qu'en deux mots je finisse.
Il souhaite un moment pour vous entretenir
D'une affaire importante, et doit ici venir.

ALBERT.

Hé! quelle est-elle encor l'affaire qui l'oblige
A me vouloir parler?

MASCARILLE.

Un grand secret, vous dis-je,

---

1. Sous-entendu : dis-lui.

Qu'il vient de découvrir en ce même moment,
Et qui, sans doute, importe à tous deux grandement.
Voilà mon ambassade[1].

SCÈNE III.

ALBERT, seul.

O juste ciel! je tremble :
Car enfin nous avons peu de commerce ensemble.
Quelque tempête va renverser mes desseins,
Et ce secret, sans doute, est celui que je crains.
L'espoir de l'intérêt m'a fait quelque infidèle,
Et voilà sur ma vie une tache éternelle.
Ma fourbe est découverte. Oh! que la vérité

---

1. Cette scène est imitée, non pas de *l'Interesse*, mais de *l'Inavvertito*, pièce à laquelle Molière a pris le sujet de *l'Étourdi*. On y lit à la scène vii du Ier acte : « BELTRAME. Qui est là? — SCAPIN. Amis. — BELTRAME. Ah! c'est toi, Scapin. — SCAPIN. Oui, monsieur. — BELTRAME. Que demandes-tu? — SCAPIN. Je viens vous présenter le bonjour. — BELTRAME. Bonjour et bonne année; je te remercie, adieu. — SCAPIN. Oh! quel homme peu cérémonieux que ce monsieur Beltrame! — BELTRAME. Qui est là? — SCAPIN. Je viens aussi vous saluer de la part de mon maître. — BELTRAME. Sois le bienvenu; fais-lui mes compliments. — SCAPIN. De grâce, un instant; je n'ai pas fini mon compliment : mon maître attend un service de vous. — BELTRAME. Il attend un service de moi? — SCAPIN. Oui, monsieur. — BELTRAME. Eh bien, quand il viendra, je l'obligerai volontiers, » etc.

L'imitation est, comme on le voit, aussi exacte que possible. La scène de Molière a pourtant une tout autre valeur que celle de Barbieri. La brusquerie d'Albert est expliquée par la situation intérieure du personnage : elle est un effet de ses craintes et de ses remords. Tout ce qui lui rappelle son injustice le trouble. Il redoute et évite surtout Polidore et ceux qui lui touchent de près ou de loin. De là vient que, lorsqu'il aperçoit le valet de Valère, il lui fait de si laconiques réponses et se retire avec tant de hâte. Le vieillard de *l'Inavvertito* n'a pas les mêmes motifs pour agir comme il le fait : c'est, chez lui, un simple trait d'humeur, d'où ne ressort aucune leçon. Chez Molière, au contraire, c'est l'état de la conscience qui se trahit. On comprend quelle nouvelle portée la scène reçoit de cette excellente application, et quelle supériorité l'imitateur a sur l'original.

Se peut cacher longtemps avec difficulté[1] !
Et qu'il eût mieux valu pour moi, pour mon estime[2],
Suivre les mouvements d'une peur légitime,
Par qui je me suis vu tenté plus de vingt fois
De rendre à Polidore un bien que je lui dois ;
De prévenir l'éclat où ce coup-ci m'expose,
Et faire qu'en douceur passât toute la chose !
Mais, hélas ! c'en est fait, il n'est plus de saison ;
Et ce bien, par la fraude entré dans ma maison,
N'en sera point tiré que dans cette sortie
Il n'entraîne du mien la meilleure partie[3].

SCÈNE IV.

ALBERT, POLIDORE.

POLIDORE, les quatre premiers vers sans voir Albert.

S'être ainsi marié sans qu'on en ait su rien !
Puisse cette action se terminer à bien !
Je ne sais qu'en attendre, et je crains fort du père
Et la grande richesse, et la juste colère.
Mais je l'aperçois seul.

---

1. *Non puo la forza humana lungamente resistere al vero*, « toute la puissance humaine ne peut longtemps comprimer la vérité, » dit Pandolfe, le personnage qui, dans *l'Interesse*, répond à celui d'Albert. Ainsi formulée, la maxime est plus belle.

2. *Mon estime*, au sens passif, pour : l'estime que j'inspire, l'estime qu'on a de moi, ma réputation.

3. Ce monologue achève de peindre le trouble intérieur d'Albert. Ce vieillard craint à la fois la perte de son honneur et de sa fortune. Il n'est pas moins tourmenté par la cupidité que par le remords. Ce n'est pas seulement son honnêteté qui lui fait déplorer la fraude qu'il a commise, c'est aussi la peur que, si cette fraude se découvre, elle ne lui enlève beaucoup plus qu'il n'y a gagné et ne lui arrache la meilleure partie de son bien. Rien n'est plus humain que le mélange des sentiments probes et des appréhensions intéressées qui se partagent le cœur de ce personnage.

ALBERT.
Dieu! Polidore vient!*
POLIDORE.
Je tremble à l'aborder.
ALBERT.
La crainte me retient.
POLIDORE.
Par où lui débuter¹?
ALBERT.
Quel sera mon langage?
POLIDORE.
Son âme est tout émue.
ALBERT.
Il change de visage.
POLIDORE.
Je vois, seigneur Albert, au trouble de vos yeux,
Que vous savez déjà qui m'amène en ces lieux.
ALBERT.
Hélas! oui.
POLIDORE.
La nouvelle a droit de vous surprendre,
Et je n'eusse pas cru ce que je viens d'apprendre.
ALBERT.
J'en dois rougir de honte et de confusion.
POLIDORE.
Je trouve condamnable une telle action,
Et je ne prétends point excuser le coupable.
ALBERT.
Dieu fait miséricorde au pécheur misérable.

* Var. . . . . . . *Ciel! Polidore vient!* (1682.)

1. On dirait aujourd'hui : débuter avec lui. On trouve de même dans *les Trois Orontes,* comédie de Boisrobert :

Monsieur, si ce maraud vous a mal débuté.

ACTE III, SCÈNE IV.

POLIDORE.
C'est ce qui doit par vous être considéré.
ALBERT.
Il faut être chrétien.
POLIDORE.
Il est très assuré.
ALBERT.
Grâce, au nom de Dieu ! grâce, ô seigneur Polidore !
POLIDORE.
Hé ! c'est moi qui de vous présentement l'implore.
ALBERT.
Afin de l'obtenir je me jette à genoux.
POLIDORE.
Je dois en cet état être plutôt que vous[1].
ALBERT.
Prenez quelque pitié de ma triste aventure.
POLIDORE.
Je suis le suppliant dans une telle injure.
ALBERT.
Vous me fendez le cœur avec cette bonté.
POLIDORE.
Vous me rendez confus de tant d'humilité.
ALBERT.
Pardon, encore un coup !
POLIDORE.
Hélas ! pardon vous-même !
ALBERT.
J'ai de cette action une douleur extrême.
POLIDORE.
Et moi, j'en suis touché de même au dernier point.

---

1. Les deux vieillards se mettent ici à genoux l'un devant l'autre.

ALBERT.
J'ose vous convier qu'elle n'éclate point.*
POLIDORE.
Hélas! seigneur Albert, je ne veux autre chose.
ALBERT.
Conservons mon honneur.
POLIDORE.
Hé! oui, je m'y dispose.
ALBERT.
Quant au bien qu'il faudra, vous-même en résoudrez.
POLIDORE.
Je ne veux de vos biens que ce que vous voudrez ;
De tous ces intérêts je vous ferai le maître,
Et je suis trop content si vous le pouvez être.
ALBERT.
Ah! quel homme de Dieu! quel excès de douceur!
POLIDORE.
Quelle douceur, vous-même, après un tel malheur!
ALBERT.
Que puissiez-vous avoir toutes choses prospères!
POLIDORE.
Le bon Dieu vous maintienne!
ALBERT.
Embrassons-nous en frères.
POLIDORE.
J'y consens de grand cœur, et me réjouis fort
Que tout soit terminé par un heureux accord.
ALBERT.
J'en rends grâces au ciel.

* Var. *J'ose vous conjurer qu'elle n'éclate point* (1682).

POLIDORE.

       Il ne vous faut rien feindre[1],
Votre ressentiment me donnoit lieu de craindre ;
Et Lucile tombée en faute avec mon fils,
Comme on vous voit puissant et de biens et d'amis...

ALBERT.

Heu ! que parlez-vous là de faute et de Lucile ?*

POLIDORE.

Soit, ne commençons point un discours inutile.
Je veux bien que mon fils y trempe grandement ;
Même, si cela fait à votre allégement,
J'avouerai qu'à lui seul en est toute la faute ;
Que votre fille avoit une vertu trop haute **
Pour avoir jamais fait ce pas contre l'honneur,
Sans l'incitation d'un méchant suborneur ;
Que le traître a séduit sa pudeur innocente,
Et de votre conduite ainsi détruit l'attente[2].
Puisque la chose est faite, et que, selon mes vœux,
Un esprit de douceur nous met d'accord tous deux,
Ne ramentevons rien[3], et réparons l'offense

---

 * Var. *Hé ! que parlez-vous là de faute et de Lucile?* (1682.)
 ** Var. *Que votre fille avoit une vertu plus haute* (1673).

1. *Feindre*, déguiser, dissimuler.

    Mon nom je lui feignis...
      (Scarron, *Jodelet ou le Maître-Valet.*)

 2. *De votre conduite*, de vos projets, de vos arrangements de famille, selon Auger. — De l'éducation que vous lui avez donnée ; de la surveillance que vous exercez, selon M. Despois.

 3. *Ne ramentevons rien. Ramentevoir* signifiait : remettre en l'esprit, rappeler à la mémoire.

 « Cette opinion me ramentoit l'expérience que nous avons. » (Montaigne, II, xii.)

    Cela ne sert à rien qu'à me ramentevoir

Par la solennité d'une heureuse alliance.

ALBERT, à part.

O Dieux! quelle méprise! et qu'est-ce qu'il m'apprend?
Je rentre ici d'un trouble en un autre aussi grand.
Dans ces divers transports je ne sais que répondre,
Et, si je dis un mot, j'ai peur de me confondre.

POLIDORE.

A quoi pensez-vous là, seigneur Albert?

ALBERT.

A rien.
Remettons, je vous prie, à tantôt l'entretien.
Un mal subit me prend, qui veut que je vous laisse[1].

Que je n'y verrai plus ce que j'y soulois voir.
(RACAN, <i>l'Absence</i>.)
Je lui fis contempler dans un certain miroir
Tout ce qu'il vient ici de vous ramentevoir.
(D'OUVILLE, <i>Jodelet astrologue</i>.)

Le mot commençait à vieillir. Ce n'est pas sans dessein que Molière met dans la bouche de Polidore ces mots un peu surannés : ils révèlent son âge, comme l'avis prudent qu'il exprime indique son expérience du monde.

1. On s'accorde à regarder cette scène comme une des meilleures de notre théâtre. Quoi de plus dramatique, de plus comique, c'est-à-dire de plus vrai et de plus plaisant à la fois, que ces deux vieillards qui se redoutent mutuellement, parce que chacun d'eux ayant un tort à réparer envers l'autre croit que celui-ci en est instruit; qui se demandent simultanément pardon, au grand étonnement de tous deux; et dont l'un, averti enfin de son erreur et ayant peur de se trahir lui-même s'il dit un mot de plus, feint un mal subit pour pouvoir se retirer aussitôt?

Cette scène est faite et filée, si l'on nous passe le mot, avec un art admirable. Albert et Polidore, jusqu'au moment où celui-ci parle de Lucile et de sa faute, disent exactement ce qu'ils doivent dire et comme il le faut dire, chacun d'après l'idée qui l'occupe en particulier. Leurs discours ne semblent nullement concertés par le poète de manière à produire et à prolonger la méprise de l'un et de l'autre, et ainsi la vraisemblance du quiproquo n'existe pas, comme on le voit si souvent, aux dépens de la vérité du dialogue. D'ailleurs ce dialogue, vif et serré, où les interlocuteurs se répondent vers pour vers, hémistiche pour hémistiche, est d'une perfection dont Corneille seul avait offert jusque-là quelques exemples dans ses belles tragédies.

Les deux vieillards de la pièce italienne, Pandolfe et Richard, dans la

SCÈNE V.

POLIDORE, seul.

Je lis dedans son âme, et vois ce qui le presse.
A quoi que sa raison l'eût déjà disposé,
Son déplaisir n'est pas encor tout apaisé.
L'image de l'affront lui revient, et sa fuite
Tâche à me déguiser le trouble qui l'agite.
Je prends part à sa honte, et son deuil m'attendrit.
Il faut qu'un peu de temps remette son esprit :
La douleur trop contrainte aisément se redouble.
Voici mon jeune fou d'où nous vient tout ce trouble.

SCÈNE VI.

POLIDORE, VALÈRE.

POLIDORE.

Enfin, le beau mignon, vos bons déportements*
Troubleront les vieux jours d'un père à tous moments ;
Tous les jours vous ferez de nouvelles merveilles,
Et nous n'aurons jamais autre chose aux oreilles.

VALÈRE.

Que fais-je tous les jours qui soit si criminel ?
En quoi mériter tant le courroux paternel ?

POLIDORE.

Je suis un étrange homme, et d'une humeur terrible,

---

* VAR. *Enfin, le beau mignon, vos beaux déportements* (1682).

même situation respective, ont ensemble un pareil entretien. Mais on ne trouve dans l'œuvre de Secchi ni la même vivacité ni le même esprit. Le dialogue est diffus et traînant. Tout s'explique assez longuement entre les deux vieillards, et celui qui est le père des deux filles se retire tranquillement, en promettant de venir donner la réponse dans une heure.

D'accuser un enfant si sage et si paisible !
Las ! il vit comme un saint ; et dedans la maison
Du matin jusqu'au soir il est en oraison !
Dire qu'il pervertit l'ordre de la nature,
Et fait du jour la nuit : ô la grande imposture !
Qu'il n'a considéré père ni parenté
En vingt occasions : horrible fausseté !
Que de fraîche mémoire un furtif hyménée
A la fille d'Albert a joint sa destinée,
Sans craindre de la suite un désordre puissant :
On le prend pour un autre, et le pauvre innocent
Ne sait pas seulement ce que je lui veux dire.
Ah ! chien, que j'ai reçu du ciel pour mon martyre !
Te croiras-tu toujours[1] ? et ne pourrai-je pas
Te voir être une fois sage avant mon trépas ?

VALÈRE, seul, et rêvant.

D'où peut venir ce coup ? Mon âme embarrassée
Ne voit que Mascarille où jeter sa pensée.
Il ne sera pas homme à m'en faire un aveu.
Il faut user d'adresse et me contraindre un peu
Dans ce juste courroux.

SCÈNE VII.

VALÈRE, MASCARILLE.

VALÈRE.

Mascarille, mon père,
Que je viens de trouver, sait toute notre affaire.

MASCARILLE.

Il la sait ?

---

1. Suivras-tu toujours tes inclinations ? Corneille a dit :
Donnez moins de croyance à votre passion.
(*Cinna*, IV, III.)

VALÈRE.

Oui.

MASCARILLE.

D'où, diantre, a-t-il pu la savoir?

VALÈRE.

Je ne sais point sur qui ma conjecture asseoir;
Mais enfin d'un succès cette affaire est suivie,
Dont j'ai tous les sujets d'avoir l'âme ravie.
Il ne m'en a pas dit un mot qui fût fâcheux;
Il excuse ma faute, il approuve mes feux,
Et je voudrois savoir qui peut être capable
D'avoir pu rendre ainsi son esprit si traitable.
Je ne puis t'exprimer l'aise que j'en reçoi.

MASCARILLE.

Et que me diriez-vous, monsieur, si c'étoit moi
Qui vous eût procuré cette heureuse fortune[1]?

VALÈRE.

Bon! bon! tu voudrois bien ici m'en donner d'une[2].

MASCARILLE.

C'est moi, vous dis-je, moi, dont le patron le sait[3],
Et qui vous ai produit ce favorable effet.

---

1. On disait indifféremment : si c'était moi qui vous eût ou qui vous eusse procuré.

    Ce ne seroit pas moi qui se feroit prier.
    (*Sganarelle.*)

« Monsieur, n'est-ce pas vous qui vous appelez Sganarelle ? — Hé quoi ? — Je vous demande si ce n'est pas vous qui se nomme Sganarelle. » (*Le Médecin malgré lui.*)

Nous voyons trois vers plus bas : « C'est moi qui vous ai produit ce favorable effet. » Ce point de grammaire était encore indécis.

2. Locution familière que nous avons déjà plus d'une fois rencontrée.

« Patience! s'écria l'homme de bien; quiconque s'est mêlé de ceci en avoit deux, il m'en a donné d'une. » (NOEL DU FAIL, *Contes d'Eutrapel.*)

3. De qui ou par qui le patron le sait.

VALÈRE.

Mais, là, sans te railler?

MASCARILLE.

Que le diable m'emporte
Si je fais raillerie, et s'il n'est de la sorte!

VALÈRE, mettant l'épée à la main.

Et qu'il m'entraîne, moi, si tout présentement
Tu n'en vas recevoir le juste payement[1]!

MASCARILLE.

Ah! monsieur, qu'est-ce ci? Je défends la surprise[2].

VALÈRE.

C'est la fidélité que tu m'avois promise?
Sans ma feinte, jamais tu n'eusses avoué
Le trait que j'ai bien cru que tu m'avois joué.

1. On a dit que ce moyen employé par Valère pour faire avouer à Mascarille son indiscrétion avait été suggéré à Molière par un canevas italien intitulé *Arlecchino muto per paura* (Arlequin muet par peur). Ce moyen est le même à peu près qu'a employé Éraste au premier acte pour faire parler l'indiscret valet. Il est fort naturel, et se pratique par tous ceux qui veulent obtenir un aveu, sans qu'ils songent à imiter personne. Il faut se mettre en garde, avons-nous dit, contre la manie de voir des imitations partout.

2. Expression primesautière. Les enfants s'en servent encore dans leurs jeux.

Mascarille est toujours pris au même piège. Tout son rôle est d'accord avec les premiers mots qu'il a prononcés :

>Non, je ne trouve pas d'état plus malheureux
>Que d'avoir un patron jeune et fort amoureux.

Le premier Mascarille se serait réjoui au contraire de servir un tel maître. Le second se plaint de sa mauvaise chance, et, en effet, il est la victime.

Dans *l'Interesse*, la scène entre Fabio (Valère) et Zucca (Mascarille) est d'une extrême froideur. Il y a toutefois dans leur dialogue un trait d'élévation morale qui mérite d'être relevé. Fabio s'étonne de ce que son père, homme colère et intraitable, n'a pas jeté feu et flamme à cette nouvelle si propre à le mettre en fureur. Zucca lui répond : « Il en est ainsi de tous les pères trop irritables et trop sévères; ils crient si fort contre les moindres frasques, les moindres étourderies de leurs enfants. que dans les cas vraiment graves il ne leur reste plus rien à dire. »

Traître, de qui la langue à causer trop habile
D'un père contre moi vient d'échauffer la bile,
Qui me perds tout à fait, il faut, sans discourir,
Que tu meures.
MASCARILLE.
Tout beau. Mon âme, pour mourir,
N'est pas en bon état. Daignez, je vous conjure,
Attendre le succès qu'aura cette aventure.
J'ai de fortes raisons qui m'ont fait révéler
Un hymen que vous-même aviez peine à celer :
C'étoit un coup d'État, et vous verrez l'issue
Condamner la fureur que vous avez conçue.
De quoi vous fâchez-vous, pourvu que vos souhaits
Se trouvent par mes soins pleinement satisfaits,
Et voyent mettre à fin la contrainte où vous êtes ?
VALÈRE.
Et si tous ces discours ne sont que des sornettes ?
MASCARILLE.
Toujours serez-vous lors à temps pour me tuer.
Mais enfin mes projets pourront s'effectuer.
Dieu fera pour les siens, et, content dans la suite,
Vous me remercierez de ma rare conduite.
VALÈRE.
Nous verrons. Mais Lucile...
MASCARILLE.
Alte[1] ! son père sort.

SCÈNE VIII.
ALBERT, VALÈRE, MASCARILLE.

ALBERT, les cinq premiers vers sans voir Valère.
Plus je reviens du trouble où j'ai donné d'abord,

---

1. *Alte,* au lieu de *halte,* est l'orthographe de toutes les anciennes éditions.

Plus je me sens piqué de ce discours étrange,
Sur qui ma peur prenoit un si dangereux change :
Car Lucile soutient que c'est une chanson,
Et m'a parlé d'un air à m'ôter tout soupçon.
Ha! monsieur, est-ce vous de qui l'audace insigne
Met en jeu mon honneur et fait ce conte indigne?

MASCARILLE.

Seigneur Albert, prenez un ton un peu plus doux,
Et contre votre gendre ayez moins de courroux.

ALBERT.

Comment! gendre? coquin, tu portes bien la mine
De pousser les ressorts d'une telle machine,
Et d'en avoir été le premier inventeur.

MASCARILLE.

Je ne vois ici rien à vous mettre en fureur.*

ALBERT.

Trouves-tu beau, dis-moi, de diffamer ma fille,
Et faire un tel scandale à toute une famille[1]?

MASCARILLE.

Le voilà prêt de faire en tout vos volontés.

ALBERT.

Que voudrois-je, sinon qu'il dît des vérités?
Si quelque intention le pressoit pour Lucile,
La recherche en pouvoit être honnête et civile :
Il falloit l'attaquer du côté du devoir,
Il falloit de son père implorer le pouvoir,
Et non pas recourir à cette lâche feinte,
Qui porte à la pudeur une sensible atteinte.

* VAR. *Je ne vois rien ici à vous mettre en fureur* (1673).

1. *Scandale* s'employait dans le sens d'affront, d'outrage, d'esclandre fait à quelqu'un.

MASCARILLE.
Quoi! Lucile n'est pas, sous des liens secrets,
A mon maître?
ALBERT.
Non, traître, et n'y sera jamais.
MASCARILLE.
Tout doux : et s'il est vrai que ce soit chose faite,
Voulez-vous l'approuver, cette chaîne secrète?
ALBERT.
Et s'il est constant, toi, que cela ne soit pas,
Veux-tu te voir casser les jambes et les bras?
VALÈRE.
Monsieur, il est aisé de vous faire paroître
Qu'il dit vrai.
ALBERT.
Bon! voilà l'autre encor, digne maître
D'un semblable valet! Oh! les menteurs hardis!
MASCARILLE.
D'homme d'honneur[1], il est ainsi que je le dis.
VALÈRE.
Quel seroit notre but de vous en faire accroire?
ALBERT.
Ils s'entendent tous deux comme larrons en foire[2].
MASCARILLE.
Mais venons à la preuve; et, sans nous quereller,
Faites sortir Lucile, et la laissez parler.

---

1. Sous-entendu : *foi;* foi d'homme d'honneur.
2. *S'entendre comme larrons en foire.* Expression proverbiale. Dans une foire, les filous, pour mieux faire leurs coups, s'associent deux à deux et se concertent de manière que l'un soit toujours prêt à seconder l'autre, à faciliter ses vols, ou son évasion s'il est pris sur le fait. Boisrobert a dit dans *la Belle Plaideuse* :

> Elles s'entendent mieux que deux larrons en foire.
> (La Mésangère, *Dictionnaire des Proverbes.*)

ALBERT.

Et si le démenti par elle vous en reste?

MASCARILLE.

Elle n'en fera rien, monsieur, je vous proteste.
Promettez à leurs vœux votre consentement,
Et je veux m'exposer au plus dur châtiment
Si de sa propre bouche elle ne vous confesse
Et la foi qui l'engage et l'ardeur qui la presse.

ALBERT.

Il faut voir cette affaire.

(Il va frapper à sa porte.)

MASCARILLE, à Valère.

Allez, tout ira bien.

ALBERT.

Holà! Lucile, un mot.

VALÈRE, à Mascarille.

Je crains...

MASCARILLE.

Ne craignez rien[1].

SCÈNE IX.

LUCILE, ALBERT, VALÈRE, MASCARILLE.

MASCARILLE.

Seigneur Albert, au moins, silence. Enfin, madame,*
Toute chose conspire au bonheur de votre âme;
Et monsieur votre père, averti de vos feux,
Vous laisse votre époux et confirme vos vœux,

* VAR. *Seigneur Albert, silence, au moins...* (1682.)

1. Valère, dans cette scène, parle fort peu. Il hésite sans doute à entrer dans la voie où Mascarille le pousse, et n'est pas du tout assuré de bien faire en l'y suivant. Ce personnage est d'ailleurs assez nul, comme l'indique suffisamment le tour qu'Ascagne lui a joué.

ACTE III, SCÈNE IX.

Pourvu que, bannissant toutes craintes frivoles,
Deux mots de votre aveu confirment nos paroles.

LUCILE.

Que me vient donc conter ce coquin assuré?

MASCARILLE.

Bon! me voilà déjà d'un beau titre honoré.

LUCILE.

Sachons un peu, monsieur, quelle belle saillie
Fait ce conte galant qu'aujourd'hui l'on publie.

VALÈRE.

Pardon, charmant objet : un valet a parlé,
Et j'ai vu, malgré moi, notre hymen révélé.

LUCILE.

Notre hymen?

VALÈRE.

On sait tout, adorable Lucile;
Et vouloir déguiser est un soin inutile.

LUCILE.

Quoi! l'ardeur de mes feux vous a fait mon époux?

VALÈRE.

C'est un bien qui me doit faire mille jaloux;
Mais j'impute bien moins ce bonheur de ma flamme
A l'ardeur de vos feux qu'aux bontés de votre âme.
Je sais que vous avez sujet de vous fâcher,
Que c'étoit un secret que vous vouliez cacher;
Et j'ai de mes transports forcé la violence
A ne point violer votre expresse défense.
Mais...

MASCARILLE.

Hé bien! oui, c'est moi : le grand mal que voilà!

LUCILE.

Est-il une imposture égale à celle-là?
Vous l'osez soutenir en ma présence même,

Et pensez m'obtenir par ce beau stratagème?
O le plaisant amant, dont la galante ardeur
Veut blesser mon honneur au défaut de mon cœur,
Et que mon père, ému de l'éclat d'un sot conte,
Paye avec mon hymen qui me couvre de honte[1]!
Quand tout contribueroit à votre passion,
Mon père, les destins, mon inclination,
On me verroit combattre, en ma juste colère,
Mon inclination, les destins et mon père,
Perdre même le jour, avant que de m'unir
A qui par ce moyen auroit cru m'obtenir[2].
Allez; et si mon sexe, avecque bienséance,
Se pouvoit emporter à quelque violence,
Je vous apprendrois bien à me traiter ainsi.

VALÈRE, à Mascarille.

C'en est fait, son courroux ne peut être adouci.

MASCARILLE.

Laissez-moi lui parler[3]. Hé! madame, de grâce,
A quoi bon maintenant toute cette grimace?
Quelle est votre pensée? et quel bourru transport

---

1. Celui qui me couvre de honte.
2. Ce mouvement est plein de dignité et de noblesse; le style est d'une remarquable vigueur.
3. Mascarille s'enferre complètement. C'est ici qu'on peut remarquer combien sa finesse est en défaut. Il ne s'arrête pas devant l'indignation de Lucile, et les excuses plaisantes qu'il lui fournit sont faites, en toute situation, pour achever de l'irriter.

Valère est de plus en plus embarrassé. Aussi il continue de garder le silence, et il entend sans mot dire les récriminations injurieuses de Lucile. Quelques commentateurs voudraient qu'il s'emparât à son tour de la parole, et fît valoir hautement les droits qu'il croit avoir. D'autres approuvent sa réserve, qu'ils trouvent commandée par les circonstances. Bornons-nous à dire, avec Auger, que, s'il y a un défaut dans l'attitude de ce personnage, c'est un de ces défauts que la réflexion fait seule apercevoir, et qui ne nuisent pas à l'effet théâtral.

ACTE III, SCÈNE IX.

Contre vos propres vœux vous fait roidir si fort?
Si monsieur votre père étoit homme farouche,
Passe; mais il permet que la raison le touche,
Et lui-même m'a dit qu'une confession
Vous va tout obtenir de son affection.
Vous sentez, je crois bien, quelque petite honte
A faire un libre aveu de l'amour qui vous dompte;
Mais, s'il vous a fait perdre un peu de liberté,*
Par un bon mariage on voit tout rajusté;
Et, quoi que l'on reproche au feu qui vous consomme[1],
Le mal n'est pas si grand que de tuer un homme.
On sait que la chair est fragile quelquefois,
Et qu'une fille, enfin, n'est ni caillou, ni bois.

* Var. *Mais s'il vous a fait prendre un peu de liberté.*

Nous avons, dans notre première édition, adopté cette correction, qui n'existe dans aucun texte paru du vivant de Molière. Mais, tout bien considéré, il nous paraît préférable de conserver la leçon des éditions de 1663, de 1673 et de 1682.

1. Du temps de Molière on se servait indifféremment des verbes *consommer* et *consumer*. La confusion existant d'abord entre ces deux mots a été signalée par Vaugelas, le premier, comme une faute à la vérité commune chez de bons écrivains, mais enfin comme une faute. M. Génin a très bien expliqué que le mot *consommer* était la forme primitive et, antérieurement au xviie siècle, universellement employée.

« Ceste qualité estouffe et consomme les aultres qualités vrayes et essentielles. » (Montaigne, III, vii.)

« Ils m'osteront tout moyen de remedier au mal qui nous consomme. » (Henri IV, *Lettres missives*.)

> Comme en l'air je voy consommée
> Leur vapeur, se puisse en fumée
> Consommer le mal que je sens!
> (Ronsard, *Odes*, V, xxix.)

> Dis-lui que sa pudeur ne sauroit plus cacher
> Un feu qui la consomme...
> (Corneille, *Mélite*, II, v.)

Consultez le *Lexique comparé de la langue de Molière*, par F. Génin, et le *Lexique comparé de la langue de Corneille*, par F. Godefroy.

Vous n'avez pas été sans doute la première,
Et vous ne serez pas, que je crois, la dernière.
					LUCILE.
Quoi ! vous pouvez ouïr ces discours effrontés,
Et vous ne dites mot à ces indignités ?
					ALBERT.
Que veux-tu que je die? Une telle aventure
Me met tout hors de moi.
					MASCARILLE.
						Madame, je vous jure
Que déjà vous devriez avoir tout confessé.
					LUCILE.
Et quoi donc confesser ?
					MASCARILLE.
						Quoi ? ce qui s'est passé
Entre mon maître et vous. La belle raillerie !
					LUCILE.
Et que s'est-il passé, monstre d'effronterie,
Entre ton maître et moi ?
					MASCARILLE.
						Vous devez, que je croi,
En savoir un peu plus de nouvelles que moi ;*
Et pour vous cette nuit fut trop douce pour croire
Que vous puissiez si vite en perdre la mémoire.
					LUCILE.
C'est trop souffrir, mon père, un impudent valet[1].
				(Elle lui donne un soufflet.)

* Var. *En savoir un peu plus de nouvelle que moi* (1673, 1682).

1. Cette scène se trouve aussi dans la pièce italienne ; mais elle y est longue et insipide, quoique indécente. Le valet de Fabio soutient à Virginie qu'elle est grosse et qu'elle s'est serré le ventre pour ne pas le paraître. *Toccate di gratia, se io sono fasciata*, dit Virginie à son père. Enfin, son courroux contre le maître et le valet s'exhale en injures fort peu dignes d'une fille qui n'entend pas laisser mettre en doute son innocence. (Auger.)

SCÈNE X.
ALBERT, VALÈRE, MASCARILLE.

MASCARILLE.

Je crois qu'elle me vient de donner un soufflet.

ALBERT.

Va, coquin, scélérat, sa main vient sur ta joue
De faire une action dont son père la loue.

MASCARILLE.

Et nonobstant cela, qu'un diable en cet instant
M'emporte si j'ai dit rien que de très constant!

ALBERT.

Et nonobstant cela, qu'on me coupe une oreille
Si tu portes fort loin une audace pareille!

MASCARILLE.

Voulez-vous deux témoins qui me justifieront?

ALBERT.

Veux-tu deux de mes gens qui te bâtonneront?

MASCARILLE.

Leur rapport doit au mien donner toute créance.

ALBERT.

Leurs bras peuvent du mien réparer l'impuissance.

MASCARILLE.

Je vous dis que Lucile agit par honte ainsi.

ALBERT.

Je te dis que j'aurai raison de tout ceci.

MASCARILLE.

Connoissez-vous Ormin, ce gros notaire habile?

ALBERT.

Connois-tu bien Grimpant[1], le bourreau de la ville?

---

1. *Grimpant*, par allusion à l'échelle dont se servait le bourreau pour conduire le patient au haut du gibet.

MASCARILLE.

Et Simon le tailleur, jadis si recherché?

ALBERT.

Et la potence mise au milieu du marché?

MASCARILLE.

Vous verrez confirmer par eux cet hyménée.

ALBERT.

Tu verras achever par eux ta destinée.

MASCARILLE.

Ce sont eux qu'ils ont pris pour témoins de leur foi.

ALBERT.

Ce sont eux qui dans peu me vengeront de toi.

MASCARILLE.

Et ces yeux les ont vus s'entre-donner parole.

ALBERT.

Et ces yeux te verront faire la capriole[1].

MASCARILLE.

Et, pour signe, Lucile avoit un voile noir.

ALBERT.

Et, pour signe, ton front nous le fait assez voir[2].

MASCARILLE.

O l'obstiné vieillard!

ALBERT.

O le fourbe damnable!
Va, rends grâce à mes ans, qui me font incapable
De punir sur-le-champ l'affront que tu me fais;
Tu n'en perds que l'attente, et je te le promets[3].

---

1. *Capriole*, saut de chèvre (*capra, capreolus*), culbute. On écrit maintenant : cabriole.

2. *Ton front* peut vouloir dire : ta figure patibulaire, comme l'entend Auger, ou bien : ton impudence, ton effronterie.

3. C'est un véritable assaut entre Mascarille et Albert; chaque coup est

SCÈNE XI.

VALÈRE, MASCARILLE.

VALÈRE.

Hé bien ! ce beau succès que tu devois produire...

MASCARILLE.

J'entends à demi-mot ce que vous voulez dire :
Tout s'arme contre moi ; pour moi de tous côtés
Je vois coups de bâton et gibets apprêtés.
Aussi, pour être en paix dans ce désordre extrême,
Je me vais d'un rocher précipiter moi-même
Si, dans le désespoir dont mon cœur est outré,
Je puis en rencontrer d'assez haut à mon gré.
Adieu, monsieur.

VALÈRE.

Non, non, ta fuite est superflue ;
Si tu meurs, je prétends que ce soit à ma vue.

MASCARILLE.

Je ne saurois mourir quand je suis regardé,
Et mon trépas ainsi se verroit retardé.

VALÈRE.

Suis-moi, traître, suis-moi ; mon amour en furie
Te fera voir si c'est matière à raillerie.

MASCARILLE, seul.

Malheureux Mascarille, à quels maux aujourd'hui
Te vois-tu condamné pour le péché d'autrui !

---

paré aussitôt que porté. Les promptes reparties d'Albert, calquées sur les phrases de Mascarille, ont tout le mouvement de la passion.

ACTE QUATRIÈME.

SCÈNE PREMIÈRE.

ASCAGNE, FROSINE.

FROSINE.

L'aventure est fâcheuse.

ASCAGNE.

Ah! ma chère Frosine,
Le sort absolument a conclu la ruine.*
Cette affaire, venue au point où la voilà,
N'est pas assurément pour en demeurer là :
Il faut qu'elle passe outre, et Lucile et Valère,
Surpris des nouveautés d'un semblable mystère,
Voudront chercher un jour, dans ces obscurités[1],
Par qui tous mes projets se verront avortés.
Car enfin, soit qu'Albert ait part au stratagème,
Ou qu'avec tout le monde on l'ait trompé lui-même,
S'il arrive une fois que mon sort éclairci
Mette ailleurs tout le bien dont le sien a grossi,
Jugez s'il aura lieu de souffrir ma présence :
Son intérêt détruit me laisse à ma naissance ;
C'est fait de sa tendresse. Et quelque sentiment

---

* Var. *Le sort absolument a conclu ma ruine* (1673, 1682).

1. Lucile et Valère voudront chercher dans ces obscurités un jour, un éclaircissement par qui tous mes projets avorteront.

ACTE IV, SCÈNE I.

Où pour ma fourbe alors pût être mon amant,
Voudra-t-il avouer pour épouse une fille
Qu'il verra sans appui de biens et de famille? *

FROSINE.

Je trouve que c'est là raisonner comme il faut;
Mais ces réflexions devoient venir plus tôt.
Qui vous a jusqu'ici caché cette lumière?
Il ne falloit pas être une grande sorcière
Pour voir, dès le moment de vos desseins pour lui,
Tout ce que votre esprit ne voit que d'aujourd'hui :
L'action le disoit, et, dès que je l'ai sue,
Je n'en ai prévu guère une meilleure issue.

ASCAGNE.

Que dois-je faire enfin? Mon trouble est sans pareil :
Mettez-vous en ma place, et me donnez conseil.

FROSINE.

Ce doit être à vous-même, en prenant votre place[1],
A me donner conseil dessus cette disgrâce :
Car je suis maintenant vous, et vous êtes moi;
Conseillez-moi, Frosine; au point où je me voi,
Quel remède trouver? Dites, je vous en prie.

ASCAGNE.

Hélas! ne traitez point ceci de raillerie;
C'est prendre peu de part à mes cuisants ennuis
Que de rire et de voir les termes où j'en suis.

FROSINE.

Non vraiment, tout de bon votre ennui m'est sensible,**

---

* Var. *Qu'il verra sans appui de bien et de famille* (1682).
** Var. *Ascagne, tout de bon votre ennui m'est sensible* (1682).

1. Suivant l'édition de 1682, on supprimait à la représentation huit vers à partir de celui-ci. La plaisanterie que fait ici Frosine pouvait d'autant

Et pour vous en tirer je ferois mon possible.
Mais que puis-je, après tout? Je vois fort peu de jour
A tourner cette affaire au gré de votre amour.

ASCAGNE.

Si rien ne peut m'aider, il faut donc que je meure.

FROSINE.

Ah! pour cela toujours il est assez bonne heure :
La mort est un remède à trouver quand on veut;
Et l'on s'en doit servir le plus tard que l'on peut.

ASCAGNE.

Non, non, Frosine, non ; si vos conseils propices
Ne conduisent mon sort parmi ces précipices,
Je m'abandonne toute aux traits du désespoir.

FROSINE.

Savez-vous ma pensée? Il faut que j'aille voir
La...[1]. Mais Éraste vient, qui pourroit nous distraire.
Nous pourrons en marchant parler de cette affaire.
Allons, retirons-nous.

SCÈNE II.

ÉRASTE, GROS-RENÉ.

ÉRASTE.

Encore rebuté ?

---

mieux être omise qu'elle est assez froide et inopportune. C'est ce que Molière, d'après l'indication qu'on vient de relever, semble avoir lui-même senti.

1. Tout le motif, tout le résultat de la scène est dans ces paroles de Frosine : « Il faut que j'aille voir la... » Mais ce sens suspendu a l'inconvénient de n'en point dire assez pour être compris; par conséquent l'auteur n'atteint pas son but, qui est de préparer les révélations de la cinquième scène du cinquième acte. Nous apprendrons seulement alors que ce *la...* signifiait la pauvre femme qui est censée avoir cédé à la femme d'Albert sa fille devenue Ascagne. (AUGER.)

GROS-RENÉ.

Jamais ambassadeur ne fut moins écouté.
A peine ai-je voulu lui porter la nouvelle
Du moment d'entretien que vous souhaitiez d'elle,
Qu'elle m'a répondu, tenant son quant-à-moi[1] :
« Va, va, je fais état de lui comme de toi ;
Dis-lui qu'il se promène ; » et, sur ce beau langage[2],
Pour suivre son chemin, m'a tourné le visage.
Et Marinette aussi, d'un dédaigneux museau
Lâchant un : « Laisse-nous, beau valet de carreau, »
M'a planté là comme elle ; et mon sort et le vôtre
N'ont rien à se pouvoir reprocher l'un à l'autre.

ÉRASTE.

L'ingrate ! recevoir avec tant de fierté
Le prompt retour d'un cœur justement emporté !
Quoi ! le premier transport d'un amour qu'on abuse
Sous tant de vraisemblance est indigne d'excuse ?
Et ma plus vive ardeur, en ce moment fatal,
Devoit être insensible au bonheur d'un rival ?
Tout autre n'eût pas fait même chose en ma place,
Et se fût moins laissé surprendre à tant d'audace ?
De mes justes soupçons suis-je sorti trop tard ?
Je n'ai point attendu de serments de sa part ;
Et, lorsque tout le monde encor ne sait qu'en croire,

---

1. La Fontaine a dit aussi : « Quand nous avons quelque différend, ma sœur et moi, si je fais la froide et l'indifférente, elle me recherche ; si elle se tient sur son quant-à-moi, je vas au-devant d'elle. » (*Psyché*, II.)

Quelques grammairiens, dans ces sortes de phrases, préféreraient *quant-à-soi*. M. Génin est d'avis que, ce groupe de mots ne formant plus qu'un substantif composé, les éléments doivent en être fixes et invariables, et qu'il faut dire comme Molière et La Fontaine.

2. « Dis-lui qu'il se promène. » Il y a tout à parier que Gros-René traduit en son langage les paroles de Lucile, et qu'elle ne l'a pas chargé de dire à son maître qu'il aille se promener. (AUGER.)

Ce cœur impatient lui rend toute sa gloire,
Il cherche à s'excuser ; et le sien voit si peu
Dans ce profond respect la grandeur de mon feu !
Loin d'assurer une âme et lui fournir des armes
Contre ce qu'un rival lui veut donner d'alarmes,
L'ingrate m'abandonne à mon jaloux transport,
Et rejette de moi message, écrit, abord !
Ah ! sans doute un amour a peu de violence,
Qu'est capable d'éteindre une si foible offense ;
Et ce dépit si prompt à s'armer de rigueur
Découvre assez pour moi tout le fond de son cœur,
Et de quel prix doit être à présent à mon âme
Tout ce dont son caprice a pu flatter ma flamme.
Non, je ne prétends plus demeurer engagé
Pour un cœur où je vois le peu de part que j'ai ;
Et, puisque l'on témoigne une froideur extrême
A conserver les gens, je veux faire de même[1].

GROS-RÉNÉ.

Et moi, de même aussi. Soyons tous deux fâchés,
Et mettons notre amour au rang des vieux péchés.
Il faut apprendre à vivre à ce sexe volage,
Et lui faire sentir que l'on a du courage.
Qui souffre ses mépris les veut bien recevoir.
Si nous avions l'esprit de nous faire valoir,
Les femmes n'auroient pas la parole si haute.
Oh ! qu'elles nous sont bien fières par notre faute !
Je veux être pendu si nous ne les verrions*

---

* VAR. *Je veux être perdu si nous ne les verrions* (1673).

1. C'est la nature même que ce mélange bizarre de dépit, d'orgueil, de transports, qui accompagne les retours involontaires d'une véritable passion. Tout amant jaloux veut non-seulement qu'on lui pardonne ses bou-

ACTE IV, SCÈNE II.

Sauter à notre cou plus que nous ne voudrions,
Sans tous ces vils devoirs dont la plupart des hommes
Les gâtent tous les jours dans le siècle où nous sommes.

ÉRASTE.

Pour moi, sur toute chose, un mépris me surprend ;
Et, pour punir le sien par un autre aussi grand,
Je veux mettre en mon cœur une nouvelle flamme.

GROS-RENÉ.

Et moi, je ne veux plus m'embarrasser de femme ;
A toutes je renonce, et crois, en bonne foi,
Que vous feriez fort bien de faire comme moi.
Car, voyez-vous, la femme est, comme on dit, mon maître,
Un certain animal difficile à connoître,
Et de qui la nature est fort encline au mal :
Et comme un animal est toujours animal,
Et ne sera jamais qu'animal, quand sa vie
Dureroit cent mille ans ; aussi, sans repartie,
La femme est toujours femme, et jamais ne sera
Que femme, tant qu'entier le monde durera :
D'où vient qu'un certain Grec dit que sa tête passe
Pour un sable mouvant. Car, goûtez bien, de grâce,
Ce raisonnement-ci, lequel est des plus forts :
Ainsi que la tête est comme le chef du corps,
Et que le corps sans chef est pire qu'une bête ;
Si le chef n'est pas bien d'accord avec la tête,
Que tout ne soit pas bien réglé par le compas.*

---

* Var. ..... *par ses compas* (1673, 1682).

tades, mais qu'on lui en sache gré. Est-il coupable ? la mansuétude lui paraît une preuve d'indifférence. Montre-t-on de la rigueur ? refuse-t-on de lui pardonner ? on saisit un vain prétexte pour rompre une chaîne importune. Voilà le cœur humain tel qu'il est, et tel que Molière a su le peindre. (A. Martin.)

Nous voyons arriver de certains embarras ;
La partie brutale alors veut prendre empire[1]
Dessus la sensitive, et l'on voit que l'un tire
A dia, l'autre à hurhaut[2]; l'un demande du mou,
L'autre du dur[3], enfin tout va sans savoir où :
Pour montrer qu'ici-bas, ainsi qu'on l'interprète,
La tête d'une femme est comme la girouette[*]
Au haut d'une maison, qui tourne au premier vent[4].
C'est pourquoi le cousin Aristote souvent
La compare à la mer : d'où vient qu'on dit qu'au monde
On ne peut rien trouver de si stable que l'onde.
Or, par comparaison (car la comparaison
Nous fait distinctement comprendre une raison,
Et nous aimons bien mieux, nous autres gens d'étude,
Une comparaison qu'une similitude),
Par comparaison donc, mon maître, s'il vous plaît[5],
Comme on voit que la mer, quand l'orage s'accroît,
Vient à se courroucer, le vent souffle et ravage,

[*] Var. *La tête d'une femme est comme une girouette* (1673, 1682).

1. *La partie brutale.* Il y a ici une faute de versification. Bret fait observer que Molière aurait évité cette faute en mettant : *la partie animale.* Le *Moliériste* (août 1879) propose : *la brutale partie.* Mais nous croyons qu'il vaut mieux ne rien changer au texte.
2. *Dia*, cri des charretiers pour faire aller leur cheval à gauche; *hurhaut*, pour le faire aller à droite.
3. Façon de parler proverbiale. La Fontaine a dit aussi dans son conte de *Mazet de Lamporecchio* :

> Car d'espérer les servir à leur guise,
> C'est un abus : l'une voudra du mou,
> L'autre du dur...

4. L'édition de 1682 indique qu'il était d'usage d'omettre à la scène une vingtaine de vers, depuis : « Et de qui la nature, » jusqu'à : « qui tourne au premier vent. »
5. Éraste fait un mouvement pour se retirer. « Mon maître, s'il vous plaît », dit Gros-René d'un ton suppliant.

Les flots contre les flots font un remu-ménage
Horrible; et le vaisseau, malgré le nautonier,
Va tantôt à la cave et tantôt au grenier[1] :
Ainsi, quand une femme a sa tête fantasque,
On voit une tempête en forme de bourrasque,
Qui veut compétiter par de certains... propos ;
Et lors un... certain vent, qui, par... de certains flots,
De... certaine façon, ainsi qu'un banc de sable...
Quand... Les femmes enfin ne valent pas le diable.

ÉRASTE.

C'est fort bien raisonner.

GROS-RENÉ.

Assez bien, Dieu merci[2].
Mais je les vois, monsieur, qui passent par ici.
Tenez-vous ferme, au moins.

ÉRASTE.

Ne te mets pas en peine.

GROS-RENÉ.

J'ai bien peur que ses yeux resserrent votre chaîne.

---

1. Un jeu de théâtre traditionnel, et qui remonte probablement jusqu'au temps de Molière, veut que l'acteur qui fait le personnage de Gros-René indique le plafond pour montrer la cave, et le plancher pour montrer le grenier, ce contre-sens dans les gestes achevant de révéler la confusion dans les idées.

Cette tirade est fort propre, du reste, à exercer le talent des acteurs. Les plus habiles, les maîtres de la scène, par l'art de ménager leur voix, la gaieté et la variété des intonations, la verve et le naturel du débit, y trouvent une occasion de se faire vivement applaudir.

2. Gros-René a raison d'être fier de ce galimatias, que par la suite presque tous les personnages de valets, les Frontin, les Crispin, imiteront, et qui ne manquera jamais d'obtenir un franc succès de rire. Disons cependant qu'il en existait déjà plus d'un modèle. (Voyez page xxxii).

SCÈNE III.

LUCILE, ÉRASTE, MARINETTE, GROS-RENE.

MARINETTE.

Je l'aperçois encor, mais ne vous rendez point.

LUCILE.

Ne me soupçonne pas d'être foible à ce point.

MARINETTE.

Il vient à nous.

ÉRASTE.

Non, non, ne croyez pas, madame,
Que je revienne encor vous parler de ma flamme.
C'en est fait; je me veux guérir, et connois bien
Ce que de votre cœur a possédé le mien.
Un courroux si constant pour l'ombre d'une offense
M'a trop bien éclairé de votre indifférence,*
Et je dois vous montrer que les traits du mépris
Sont sensibles surtout aux généreux esprits.
Je l'avouerai, mes yeux observoient dans les vôtres
Des charmes qu'ils n'ont point trouvés dans tous les autres,
Et le ravissement où j'étois de mes fers
Les auroit préférés à des sceptres offerts[1].
Oui, mon amour pour vous, sans doute, étoit extrême ;
Je vivois tout en vous ; et, je l'avouerai même,
Peut-être qu'après tout j'aurai, quoique outragé,
Assez de peine encore à m'en voir dégagé :

* Var. *M'a trop bien éclairci de votre indifférence* (1682).

1. Ces fers préférés à des sceptres offerts figurent souvent dans les scènes amoureuses de nos vieilles comédies. On trouve dans *les Ménechmes* de Rotrou :

> Mon cœur est tout de flamme, et des sceptres offerts
> Ne lui plairoient pas tant que l'honneur de vos fers.

LE DÉPIT AMOUREUX.

ACTE IV SCÈNE III

Garnier frères Editeurs

Possible que, malgré la cure qu'elle essaie,
Mon âme saignera longtemps de cette plaie,
Et qu'affranchi d'un joug qui faisoit tout mon bien
Il faudra se résoudre à n'aimer jamais rien.*
Mais enfin il n'importe ; et puisque votre haine
Chasse un cœur tant de fois que l'amour vous ramène,
C'est la dernière ici des importunités
Que vous aurez jamais de mes vœux rebutés.

LUCILE.

Vous pouvez faire aux miens la grâce tout entière,
Monsieur, et m'épargner encor cette dernière.

ÉRASTE.

Hé bien ! madame, hé bien ! ils seront satisfaits.
Je romps avecque vous, et j'y romps pour jamais,
Puisque vous le voulez. Que je perde la vie
Lorsque de vous parler je reprendrai l'envie !

LUCILE.

Tant mieux : c'est m'obliger.

ÉRASTE.

              Non, non, n'ayez pas peur
Que je fausse parole ; eussé-je un foible cœur
Jusques à n'en pouvoir effacer votre image,
Croyez que vous n'aurez jamais cet avantage
De me voir revenir.

LUCILE.

    Ce seroi bien en vain.

ÉRASTE.

Moi-même de cent coups je percerois mon sein,
Si j'avois jamais fait cette bassesse insigne
De vous revoir après ce traitement indigne.

---

* Var. *Il faudra me résoudre à n'aimer jamais rien* (1682).

LUCILE.

Soit; n'en parlons donc plus.*

ÉRASTE.

Oui, oui, n'en parlons plus;
Et, pour trancher ici tous propos superflus
Et vous donner, ingrate, une preuve certaine
Que je veux, sans retour, sortir de votre chaîne,
Je ne veux rien garder qui puisse retracer
Ce que de mon esprit il me faut effacer.
Voici votre portrait: il présente à la vue
Cent charmes merveilleux dont vous êtes pourvue;**
Mais il cache sous eux cent défauts aussi grands,
Et c'est un imposteur enfin que je vous rends.

GROS-RENÉ.

Bon.

LUCILE.

Et moi, pour vous suivre au dessein de tout rendre,
Voilà le diamant que vous m'aviez fait prendre.

MARINETTE.

Fort bien.

ÉRASTE.

Il est à vous encor, ce bracelet.

LUCILE.

Et cette agate à vous, qu'on fit mettre en cachet.

ÉRASTE lit:

« Vous m'aimez d'une amour extrême,
Éraste, et de mon cœur voulez être éclairci:
Si je n'aime Éraste de même,
Au moins aimé-je fort qu'Éraste m'aime ainsi.

« LUCILE.

---

* VAR. *Soit donc, n'en parlons plus* (1682).
** VAR. *Cent charmes éclatants dont vous êtes pourvue* (1682).

ACTE IV, SCÈNE III.

Vous m'assuriez par là d'agréer mon service ;
C'est une fausseté digne de ce supplice.

(Il déchire la lettre.)

LUCILE lit :

« J'ignore le destin de mon amour ardente,
  Et jusqu'à quand je souffrirai ;
  Mais je sais, ô beauté charmante !
  Que toujours je vous aimerai.

« ERASTE. »

Voilà qui m'assuroit à jamais de vos feux ;
Et la main et la lettre ont menti toutes deux.

(Elle déchire la lettre.)

GROS-RENÉ.

Poussez.

ÉRASTE.

 Elle est de vous. Suffit, même fortune.

MARINETTE, à Lucile.

Ferme.

LUCILE.

J'aurois regret d'en épargner aucune[1].

GROS-RENÉ, à Éraste.

N'ayez pas le dernier.

MARINETTE, à Lucile.

 Tenez bon jusqu'au bout.

LUCILE.

Enfin voilà le reste.

ÉRASTE.

 Et, grâce au ciel, c'est tout.
Que sois-je exterminé si je ne tiens parole !*

---

* VAR. *Que je sois exterminé si je ne tiens parole* (1682).

1. Éraste et Lucile déchirent avec une activité extrême de nombreuses lettres dont les morceaux se répandent autour d'eux.

LUCILE.

Me confonde le ciel si la mienne est frivole !

ÉRASTE.

Adieu donc.

LUCILE.

Adieu donc.

MARINETTE, à Lucile.

Voilà qui va des mieux.

GROS-RENÉ, à Éraste.

Vous triomphez.

MARINETTE, à Lucile.

Allons, ôtez-vous de ses yeux.

GROS-RENÉ, à Éraste.

Retirez-vous après cet effort de courage.

MARINETTE, à Lucile.

Qu'attendez-vous encor?

GROS-RENÉ, à Éraste.

Que faut-il davantage?

ÉRASTE.

Ah! Lucile, Lucile, un cœur comme le mien
Se fera regretter; et je le sais fort bien.

LUCILE.

Éraste, Éraste, un cœur fait comme est fait le vôtre
Se peut facilement réparer par un autre.

ÉRASTE.

Non, non; cherchez partout, vous n'en aurez jamais
De si passionné pour vous, je vous promets.
Je ne dis pas cela pour vous rendre attendrie;
J'aurois tort d'en former encore quelque envie.
Mes plus ardents respects n'ont pu vous obliger;
Vous avez voulu rompre: il n'y faut plus songer;
Mais personne, après moi, quoi qu'on vous fasse entendre,

N'aura jamais pour vous de passion si tendre.
LUCILE.
Quand on aime les gens, on les traite autrement :
On fait de leur personne un meilleur jugement.
ÉRASTE.
Quand on aime les gens, on peut, de jalousie,
Sur beaucoup d'apparence, avoir l'âme saisie ;
Mais alors qu'on les aime, on ne peut en effet
Se résoudre à les perdre ; et vous, vous l'avez fait.
LUCILE.
La pure jalousie est plus respectueuse.
ÉRASTE.
On voit d'un œil plus doux une offense amoureuse.
LUCILE.
Non ; votre cœur, Éraste, étoit mal enflammé.
ÉRASTE.
Non, Lucile, jamais vous ne m'avez aimé.
LUCILE.
Hé ! Je crois que cela foiblement vous soucie[1].
Peut-être en seroit-il beaucoup mieux pour ma vie
Si je... Mais laissons là ces discours superflus ;
Je ne dis point quels sont mes pensers là-dessus.
ÉRASTE.
Pourquoi?
LUCILE.
Par la raison que nous rompons ensemble,
Et que cela n'est plus de saison, ce me semble.

---

1. *Soucier,* affecter, causer du souci.

> Penses-tu, lui dit-il, que ton titre de roi
> Me fasse peur ni me soucie?
> (LA FONTAINE, *le Lion et le Moucheron.*)

ÉRASTE.

Nous rompons?

LUCILE.

Oui, vraiment : quoi! n'en est-ce pas fait?

ÉRASTE.

Et vous voyez cela d'un esprit satisfait?

LUCILE.

Comme vous.

ÉRASTE.

Comme moi?

LUCILE.

Sans doute. C'est foiblesse
De faire voir aux gens que leur perte nous blesse.

ÉRASTE.

Mais, cruelle, c'est vous qui l'avez bien voulu.

LUCILE.

Moi? point du tout. C'est vous qui l'avez résolu.

ÉRASTE.

Moi? je vous ai cru là faire un plaisir extrême.

LUCILE.

Point; vous avez voulu vous contenter vous-même.

ÉRASTE.

Mais si mon cœur encor revouloit sa prison;
Si, tout fâché qu'il est, il demandoit pardon...[1]?

LUCILE.

Non, non, n'en faites rien; ma foiblesse est trop grande :

---

1. Dans l'ode *Donec gratus eram tibi*, HORACE dit de même :

> *Quid! si prisca redit Venus,*
> *Diductosque jugo cogit aheneo?*

Eh quoi! si dans notre pensée
L'ancien amour se rallumoit?
Si demain Vénus offensée
Au joug d'airain nous ramenoit?
(Trad. A. DE MUSSET.)

J'aurois peur d'accorder trop tôt votre demande.

ÉRASTE.

Ah! vous ne pouvez pas trop tôt me l'accorder,
Ni moi sur cette peur trop tôt le demander :
Consentez-y, madame; une flamme si belle
Doit, pour votre intérêt, demeurer immortelle.
Je le demande, enfin; me l'accorderez-vous,
Ce pardon obligeant?

LUCILE.

Remenez-moi chez nous[1].

SCÈNE IV.

MARINETTE, GROS-RENÉ.

MARINETTE.

O la lâche personne!

GROS-RENÉ.

Ah! le foible courage!

MARINETTE.

J'en rougis de dépit.

GROS-RENÉ.

J'en suis gonflé de rage.
Ne t'imagine pas que je me rende ainsi.

---

1. Quelle délicatesse et quel charme dans cette manière de dire : Je vous pardonne! Les femmes possèdent seules cet art, si toutefois c'est un art chez elles, de voiler leur pensée, d'en adoucir l'éclat pour en augmenter l'attrait, de placer un aveu dans un mot indifférent, d'attacher un sentiment à l'expression des plus froides choses, enfin de prendre, pour aller à leur but et nous y conduire, de ces détours heureux qui ne le laissent apercevoir qu'aux yeux intéressés. (AUGER.)

— Cette scène où chaque vers échappe à la passion, où tout est juste et vrai, où le mouvement est si vif, l'expression si naturelle et si heureuse, est un tableau définitif, une peinture immortelle, un impérissable chef-d'œuvre.

MARINETTE.

Et ne pense pas, toi, trouver ta dupe aussi.

GROS-RENÉ.

Viens, viens frotter ton nez auprès de ma colère.

MARINETTE.

Tu nous prends pour un autre, et tu n'as pas affaire
A ma sotte maîtresse. Ardez le beau museau[1],
Pour nous donner envie encore de sa peau!
Moi, j'aurois de l'amour pour ta chienne de face?
Moi, je te chercherois? Ma foi! l'on t'en fricasse
Des filles comme nous[2].

GROS-RENÉ.

     Oui! tu le prends par là?
Tiens, tiens, sans y chercher tant de façon, voilà
Ton beau galand de neige[3], avec ta nonpareille[4];
Il n'aura plus l'honneur d'être sur mon oreille.

MARINETTE.

Et toi, pour te montrer que tu m'es à mépris,
Voilà ton demi-cent d'épingles de Paris,*
Que tu me donnas hier avec tant de fanfare.

* VAR. *Voilà ton demi-cent d'aiguilles de Paris* (1682).

1. *Ardez*, pour *regardez*. Ancienne forme populaire. Corneille a dit dans *la Galerie du Palais*, IV, XII :

   Ardez! vraiment c'est mon, on vous l'endurera!

2. La rudesse de ce style forme un brusque contraste avec la délicatesse d'expression qu'on trouve dans la scène précédente entre Éraste et Lucile.

3. *Galand* signifiait un nœud de ruban. « Je lui montrai un nœud de ruban que l'on appelle à présent *galand*, » dit Scarron dans *le Roman comique*. — *De neige* est un terme de mépris. « Il y avait autrefois, lit-on dans le *Dictionnaire de l'Académie*, 1694, une espèce de dentelle de peu de valeur qu'on appelait de la neige. »

4. *Avec ta nonpareille.* « La nonpareille, dit M. Chasles, était un petit ruban de couleur différente, qui attachait le galand. »

GROS-RENÉ.

Tiens encor ton couteau¹. La pièce est riche et rare :
Il te coûta six blancs² lorsque tu m'en fis don.

MARINETTE.

Tiens tes ciseaux avec ta chaîne de laiton.

GROS-RENÉ.

J'oubliois d'avant-hier ton morceau de fromage,
Tiens. Je voudrois pouvoir rejeter le potage
Que tu me fis manger, pour n'avoir rien à toi.*

MARINETTE.

Je n'ai point maintenant de tes lettres sur moi;
Mais j'en ferai du feu jusques à la dernière.

GROS-RENÉ.

Et des tiennes tu sais ce que j'en saurai faire?

MARINETTE.

Prends garde à ne venir jamais me reprier.

GROS-RENÉ.

Pour couper tout chemin à nous rapatrier,
Il faut rompre la paille. Une paille rompue
Rend, entre gens d'honneur, une affaire conclue³.
Ne fais point les doux yeux; je veux être fâché.

* Var. *Que tu me fis manger, pour n'avoir rien de toi* (1682).

1. L'acteur ne manque pas d'ouvrir ici un couteau plus remarquable par sa dimension que par son élégance.
2. Deux sols et demi de notre ancienne monnaie.
3. Pour expliquer l'origine de cette expression et de cet usage, il faudrait se reporter bien haut et faire une dissertation très savante. On devrait remonter au droit romain, parler de la *stipula* qui servait aux engagements, de la *festuca* qui servait aux affranchissements, aux renonciations, etc. Puis on passerait au moyen âge : nous verrions qu'alors on se déclarait, par la paille, délié de ses obligations. Il y en a un exemple mémorable : Charles le Simple ayant traité avec le chef des Normands, ses sujets rejetèrent ou brisèrent la paille, c'est-à-dire le répudièrent pour roi. « L'hommage et foi rejetons par le fétu, » disait-on, *exfestucamus*. « Ils prirent des

MARINETTE.

Ne me lorgne point, toi, j'ai l'esprit trop touché.

GROS-RENÉ[1].

Romps : voilà le moyen de ne s'en plus dédire ;
Romps. Tu ris, bonne bête !

MARINETTE.

Oui, car tu me fais rire.

GROS-RENÉ.

La peste soit ton ris ! Voilà tout mon courroux
Déjà dulcifié. Qu'en dis-tu ? romprons-nous,
Ou ne romprons-nous pas ?

MARINETTE.

Vois.

GROS-RENÉ.

Vois, toi.

MARINETTE.

Vois, toi-même.

GROS-RENÉ.

Est-ce que tu consens que jamais je ne t'aime ?

MARINETTE.

Moi ? ce que tu voudras.

GROS-RENÉ.

Ce que tu voudras, toi.

Dis.

---

fétus et dépouillèrent leur foi, » *exfestucaverunt*. Envoyer une paille brisée, c'était encore, au XIIe siècle, dénoncer une rupture. Dans les temps modernes il ne reste plus de ces cérémonies symboliques qu'une locution proverbiale. Elle conserva d'abord quelque force et quelque noblesse. Le comte de Soissons, ayant demandé une grâce à Sully, menaça gravement, s'il ne l'obtenait, de *rompre la paille avec lui*. Enfin elle devint populaire. Une si longue et si solennelle tradition aboutit au jeu de Gros-René et de Marinette.

Contentons-nous de ces indications, qu'on trouvera sans doute plus que suffisantes.

1. Gros-René s'approche avec un long brin de paille à la main.

MARINETTE.

Je ne dirai rien.

GROS-RENÉ.

Ni moi non plus.

MARINETTE.

Ni moi[1].

GROS-RENÉ.

Ma foi, nous ferons mieux de quitter la grimace.
Touche, je te pardonne.

MARINETTE.

Et moi, je te fais grâce.

GROS-RENÉ.

Mon Dieu! qu'à tes appas je suis acoquiné!

MARINETTE.

Que Marinette est sotte après son Gros-René!

1. Gros-René et Marinette se trouvent l'un près de l'autre, et dos à dos; ils se jettent un coup d'œil à la dérobée, tantôt d'un côté et tantôt de l'autre; mais quand leurs regards se rencontrent, ils détournent la tête brusquement. Gros-René tend toujours sa paille. Ces jeux de scène ajoutent beaucoup à la franche gaieté du dialogue, et terminent cet acte par un joyeux éclat de rire.

ACTE CINQUIÈME.

SCÈNE PREMIÈRE.

MASCARILLE, seul.

« Dès que l'obscurité régnera dans la ville,
Je me veux introduire au logis de Lucile;
Va vite de ce pas préparer, pour tantôt,
Et la lanterne sourde et les armes qu'il faut. »
Quand il m'a dit ces mots, il m'a semblé d'entendre :
Va vitement chercher un licou pour te pendre[1].
Venez çà, mon patron : car, dans l'étonnement
Où m'a jeté d'abord un tel commandement,
Je n'ai pas eu le temps de vous pouvoir répondre ;
Mais je vous veux ici parler, et vous confondre :
Défendez-vous donc bien, et raisonnons sans bruit.
Vous voulez, dites-vous, aller voir cette nuit
Lucile? « Oui, Mascarille. » Et que pensez-vous faire?
« Une action d'amant qui se veut satisfaire. »

---

1. De ces premiers vers on a rapproché ceux-ci de *l'Andrienne* :

Mihi apud forum : Uxor tibi ducenda est, Pamphile, hodie, inquit; para;
Abi domum. Id mihi visus est dicere : Abi cito, et suspende te.

« Quand mon père m'a dit sur la place : Pamphile, vous vous marierez aujourd'hui, préparez-vous-y, allez à la maison; il m'a semblé l'entendre dire : Allez vite vous faire pendre. »

Une action d'un homme à fort petit cerveau,
Que d'aller sans besoin risquer ainsi sa peau.
« Mais tu sais quel motif à ce dessein m'appelle :
Lucile est irritée. » Eh bien! tant pis pour elle.
« Mais l'amour veut que j'aille apaiser son esprit. »
Mais l'amour est un sot qui ne sait ce qu'il dit.
Nous garantira-t-il, cet amour, je vous prie,
D'un rival, ou d'un père, ou d'un frère en furie?
« Penses-tu qu'aucun d'eux songe à nous faire mal? »
Oui, vraiment, je le pense; et surtout ce rival.
« Mascarille, en tout cas, l'espoir où je me fonde,
Nous irons bien-armés; et si quelqu'un nous gronde,
Nous nous chamaillerons. » Oui? voilà justement
Ce que votre valet ne prétend nullement.
Moi, chamailler, bon Dieu! Suis-je un Roland, mon maître,
Ou quelque Ferragu[1]? C'est fort mal me connoître.
Quand je viens à songer, moi, qui me suis si cher,
Qu'il ne faut que deux doigts d'un misérable fer
Dans le corps, pour vous mettre un humain dans la bière,
Je suis scandalisé d'une étrange manière.
« Mais tu seras armé de pied en cap. » Tant pis,
J'en serai moins léger à gagner le taillis;
Et de plus, il n'est point d'armure si bien jointe
Où ne puisse glisser une vilaine pointe.
« Oh! tu seras ainsi tenu pour un poltron! »
Soit, pourvu que toujours je branle le menton[2].

---

1. Roland et Ferragus, héros de nos anciennes légendes guerrières, sont encore assez populaires pour qu'on puisse se dispenser de donner des explications à leur sujet. Ils ont figuré primitivement dans nos poèmes du cycle carlovingien; ils ont été plus tard empruntés et travestis par l'Arioste. Leur souvenir s'est perpétué dans le peuple par les récits de *la Bibliothèque bleue*.

2. Je branle le menton, c'est-à-dire je mange.

A table comptez-moi, si vous voulez, pour quatre ;
Mais comptez-moi pour rien s'il s'agit de se battre.
Enfin, si l'autre monde a des charmes pour vous,
Pour moi, je trouve l'air de celui-ci fort doux.
Je n'ai pas grande faim de mort ni de blessure,
Et vous ferez le sot tout seul[1], je vous assure[2].

SCÈNE II.

VALÈRE, MASCARILLE.

VALÈRE.

Je n'ai jamais trouvé de jour plus ennuyeux.
Le soleil semble s'être oublié dans les cieux ;
Et jusqu'au lit qui doit recevoir sa lumière

1. *Le Moliériste* (décembre 1879) propose d'écrire : « Et vous ferez le saut tout seul. »
2. Ce long monologue est animé plaisamment par le colloque que Mascarille suppose entre son maître et lui. Il n'est pas hors de la nature et de la vérité qu'un valet, à qui son maître vient de donner une commission qui lui déplaît, dise à ce maître absent ce qu'il n'a pas eu la hardiesse ou le loisir de lui dire en face. C'est ainsi que, pour se consoler d'avoir eu le dessous dans une discussion, on la refait à sa guise, on se remet en scène avec son antagoniste, et l'on s'y prend de manière à l'emporter sur lui. (AUGER.)

Ce même monologue se trouve dans *l'Interesse*, scène v du premier acte, mais avec moins de verve et plus d'étendue. Zucca fait comme Mascarille les objections et les réponses : « Nous irons au rendez-vous armés jusqu'aux dents : avec cette précaution jointe à notre courage, qui osera nous attaquer ? — Je voudrois bien savoir si ces armes défensives dont vous me parlez me préserveront de la pointe d'une épée ou de la balle d'un fusil, qui non seulement blessent, mais tuent leur homme ? Au bout du compte, à quoi me serviront ces armes ? Leur poids m'empêchera de fuir. Voulez-vous enfin, monsieur, que je vous parle franchement ? Quand j'aurais trois arsenaux pour me défendre, je fuirais un combat : dussé-je, pour récompense, obtenir le bâton de Saint-Marc et la tiare du pape ! *Non tentabis*. — Mais on te prendra partout pour un poltron. — Pourvu que je mange et que je boive, peu m'importe. Suis-je sorti de la côte de Roland et obligé de me maintenir par la lance et l'épée dans le rang de mes aïeux ? Il me suffit, monsieur, de vous bien servir, etc. »

Je vois rester encore une telle carrière
Que je crois que jamais il ne l'achèvera,
Et que de sa lenteur mon âme enragera.
MASCARILLE.
Et cet empressement pour s'en aller dans l'ombre
Pêcher vite à tâtons quelque sinistre encombre...
Vous voyez que Lucile, entière en ses rebuts...
VALÈRE.
Ne me fais point ici de contes superflus.
Quand j'y devrois trouver* cent embûches mortelles,
Je sens de son courroux des gênes trop cruelles ;
Et je veux l'adoucir ou terminer mon sort.
C'est un point résolu.
MASCARILLE.
J'approuve ce transport ;
Mais le mal est, monsieur, qu'il faudra s'introduire
En cachette.
VALÈRE.
Fort bien.
MASCARILLE.
Et j'ai peur de vous nuire.
VALÈRE.
Et comment ?
MASCARILLE.
Une toux me tourmente à mourir,
Dont le bruit importun vous fera découvrir :
(Il tousse.)
De moment en moment... Vous voyez le supplice.
VALÈRE.
Ce mal te passera,** prends du jus de réglisse.

* Var. *Quand je devrois trouver*..... (1682.)
** Var. *Ce mal se passera*..... 1682.)

MASCARILLE.

Je ne crois pas, monsieur, qu'il se veuille passer.
Je serois ravi, moi, de ne vous point laisser ;
Mais j'aurois un regret mortel si j'étois cause
Qu'il fût à mon cher maître arrivé quelque chose.

SCÈNE III.
VALÈRE, LA RAPIÈRE, MASCARILLE.

LA RAPIÈRE.

Monsieur, de bonne part, je viens d'être informé
Qu'Éraste est contre vous fortement animé,
Et qu'Albert parle aussi de faire pour sa fille
Rouer jambes et bras à votre Mascarille.

MASCARILLE.

Moi! je ne suis pour rien dans tout cet embarras.
Qu'ai-je fait pour me voir rouer jambes et bras ?
Suis-je donc gardien, pour employer ce style[1],
De la virginité des filles de la ville ?
Sur la tentation ai-je quelque crédit ?
Et puis-je mais, chétif, si le cœur leur en dit ?

VALÈRE.

Oh! qu'ils ne seront pas si méchants qu'ils le disent !
Et, quelque belle ardeur que ses feux lui produisent,
Éraste n'aura pas si bon marché de nous.

LA RAPIÈRE.

S'il vous faisoit besoin, mon bras est tout à vous.
Vous savez de tout temps que je suis un bon frère.

VALÈRE.

Je vous suis obligé, monsieur de La Rapière.

---

1. D'après les éditeurs de 1682, on supprimait à la représentation ce vers et les trois qui suivent.

ACTE V, SCÈNE III.

LA RAPIÈRE.

J'ai deux amis aussi que je vous puis donner,*
Qui contre tous venants sont gens à dégainer,
Et sur qui vous pourrez prendre toute assurance[1].

MASCARILLE.

Acceptez-les, monsieur.

VALÈRE.

C'est trop de complaisance.

LA RAPIÈRE.

Le petit Gille encore eût pu nous assister,
Sans le triste accident qui vient de nous l'ôter.
Monsieur, le grand dommage! et l'homme de service!
Vous avez su le tour que lui fit la justice;
Il mourut en César; et, lui cassant les os,
Le bourreau ne lui put faire lâcher deux mots.

VALÈRE.

Monsieur de La Rapière, un homme de la sorte
Doit être regretté; mais, quant à votre escorte[2],
Je vous rends grâce.

* VAR. *J'ai deux amis encor que je vous puis donner* (1682).

1. Voici le seul trait de satire dirigé contre les mœurs contemporaines que renferme cette pièce du *Dépit amoureux*. Cette scène s'explique par les coutumes de l'époque et par les circonstances au milieu desquelles *le Dépit amoureux* fut joué d'abord : « Un des meilleurs services qu'avait rendus le prince de Conti aux états de Montpellier, dit M. Bazin, était d'avoir obligé, non sans peine, la noblesse de Languedoc à souscrire la promesse d'observer les édits du roi contre les duels. Cette disposition pacifique contrariait singulièrement (comme le remarque Loret, lettre du 6 février 1655) les gentilshommes à maigre pitance qui se faisaient un revenu de leur assistance dans les rencontres meurtrières. » Molière venait en aide au prince en déversant le mépris sur ces spadassins. La leçon ne pouvait être trop forte, quand il s'agissait d'attaquer un abus à la fois si enraciné et si monstrueux.

2. Ce vers et les sept qui le précèdent étaient supprimés à la représentation, ainsi qu'il est marqué dans l'édition de 1682. On s'explique parfaitement cette suppression, lorsque la satire n'eut plus sa première opportunité.

LA RAPIÈRE.

Soit ; mais soyez averti
Qu'il vous cherche, et vous peut faire un mauvais parti.

VALÈRE.

Et moi, pour vous montrer combien je l'appréhende,
Je lui veux, s'il me cherche, offrir ce qu'il demande,
Et par toute la ville aller présentement,
Sans être accompagné que de lui seulement.

SCÈNE IV.

VALÈRE, MASCARILLE.

MASCARILLE.

Quoi ! monsieur, vous voulez tenter Dieu ? Quelle audace !
Las ! vous voyez tous deux comme l'on nous menace [1] ;
Combien de tous côtés...

VALÈRE.

Que regardes-tu là ?

MASCARILLE.

C'est qu'il sent le bâton du côté que voilà.
Enfin, si maintenant ma prudence en est crue,
Ne nous obstinons point à rester dans la rue ;
Allons nous renfermer.

VALÈRE.

Nous renfermer, faquin !
Tu m'oses proposer un acte de coquin ?
Sus, sans plus de discours, résous-toi de me suivre.

MASCARILLE.

Hé ! monsieur mon cher maître, il est si doux de vivre !
On ne meurt qu'une fois, et c'est pour si longtemps !

---

1. Il y a inversion : comme l'on nous menace tous deux.

VALÈRE.

Je m'en vais t'assommer de coups, si je t'entends.
Ascagne vient ici, laissons-le ; il faut attendre
Quel parti de lui-même il résoudra de prendre.
Cependant avec moi viens prendre à la maison
Pour nous frotter [1].

MASCARILLE.

Je n'ai nulle démangeaison.
Que maudit soit l'amour, et les filles maudites
Qui veulent en tâter, puis font les chatemites [2] !

SCÈNE V.

ASCAGNE, FROSINE.

ASCAGNE.

Est-il bien vrai, Frosine, et ne rêvé-je point ?
De grâce, contez-moi bien tout de point en point.

FROSINE.

Vous en saurez assez le détail, laissez faire.
Ces sortes d'incidents ne sont, pour l'ordinaire,
Que redits trop de fois de moment en moment.
Suffit que vous sachiez qu'après ce testament

---

1. *Pour nous frotter*, pour livrer bataille, de quoi nous battre. C'est le même sens populaire que dans ces vers de d'Ouville :

> Il ne viendra point seul, il aura de l'escorte ;
> Ils nous pourront frotter assurément, monsieur.
> (*La Coiffeuse à la mode.*)

Valère est un peu mauvais sujet, et il a moins bon ton qu'Éraste. Dans Molière, aucun personnage n'a tout à fait le même langage qu'un autre.

2. On se rappelle les vers de La Fontaine :

> C'étoit un chat vivant comme un dévot ermite,
> Un chat faisant la chatemite.

Aucun mot n'exprime mieux l'hypocrisie doucereuse, la sournoiserie féline.

Qui vouloit un garçon pour tenir sa promesse,
De la femme d'Albert la dernière grossesse
N'accoucha que de vous, et que lui, dessous main,
Ayant depuis longtemps concerté son dessein,
Fit son fils de celui d'Ignès la bouquetière,
Qui vous donna pour sienne à nourrir à ma mère.
La mort ayant ravi ce petit innocent
Quelque dix mois après, Albert étant absent,
La crainte d'un époux et l'amour maternelle
Firent l'événement d'une ruse nouvelle.
Sa femme en secret lors se rendit son vrai sang;
Vous devîntes celui qui tenoit votre rang;
Et la mort de ce fils, mis dans votre famille,
Se couvrit pour Albert de celle de sa fille.
Voilà de votre sort un mystère éclairci[1],
Que votre feinte mère a caché jusqu'ici;
Elle en dit des raisons, et peut en avoir d'autres,
Par qui ses intérêts n'étoient pas tous les vôtres.
Enfin cette visite, où j'espérois si peu,
Plus qu'on ne pouvoit croire a servi votre feu.
Cette Ignès vous relâche; et, par votre autre affaire,
L'éclat de son secret devenu nécessaire,
Nous en avons nous deux votre père informé.
Un billet de sa femme a le tout confirmé:
Et, poussant plus avant encore notre pointe,
Quelque peu de fortune à notre adresse jointe,
Aux intérêts d'Albert, de Polidore, après,
Nous avons ajusté si bien les intérêts,
Si doucement à lui déplié ces mystères[2],

1. Ce vers et les sept qui suivent sont notés dans l'édition de 1682 comme n'étant pas récités à la représentation.
2. Ce vers et les quatre qui suivent se retranchaient également.

Pour n'effaroucher pas d'abord trop les affaires ;
Enfin, pour dire tout, mené si prudemment
Son esprit pas à pas à l'accommodement
Qu'autant que votre père il montre de tendresse
A confirmer les nœuds qui font votre allégresse[1].

ASCAGNE.

Ah! Frosine, la joie où vous m'acheminez...
Et que ne dois-je point à vos soins fortunés!

FROSINE.

Au reste, le bon homme est en humeur de rire,
Et pour son fils encor nous défend de rien dire.

SCÈNE VI.

POLIDORE, ASCAGNE, FROSINE.

POLIDORE.

Approchez-vous, ma fille : un tel nom m'est permis,
Et j'ai su le secret que cachoient ces habits.
Vous avez fait un trait qui, dans sa hardiesse,
Fait briller tant d'esprit et tant de gentillesse

---

1. Auger résume et explique toute cette histoire embrouillée : « Il n'était pas vrai, comme on le croyait, que la femme d'Albert fût accouchée d'un garçon, que ce garçon fût mort, et qu'elle eût pris Ascagne dans une famille étrangère pour le remplacer. Elle mit au monde Ascagne elle-même. Son mari avait troqué cette fille contre le fils d'une bouquetière nommée Ignès, et cette Ignès, ne paraissant plus être que la nourrice du garçon dont elle était la mère, avait donné la fille d'Albert devenue la sienne à la mère de Frosine. Le fils supposé étant mort, la femme d'Albert avait fait croire à son mari que c'était leur fille qui était morte, et elle avait pris cette même fille chez elle pour l'élever sous le nom et sous les habits d'un garçon. Ainsi Albert savait la supposition d'enfant, puisqu'il en était l'auteur; mais il ignorait le sexe d'Ascagne, qui était toujours à ses yeux le fils de la bouquetière Ignès. »

Le récit de Frosine est embarrassé et obscur; le style en est pénible et incorrect; le vice du fond s'attache à la forme.

Que je vous en excuse, et tiens mon fils heureux
Quand il saura l'objet de ses soins amoureux.
Vous valez tout un monde, et c'est moi qui l'assure[1].
Mais le voici ; prenons plaisir de l'aventure.
Allez faire venir tous vos gens promptement.

ASCAGNE.

Vous obéir sera mon premier compliment.

SCÈNE VII.

POLIDORE, VALÈRE, MASCARILLE.

MASCARILLE, à Valère.

Les disgrâces souvent sont du ciel révélées.
J'ai songé cette nuit de perles défilées
Et d'œufs cassés ; monsieur, un tel songe m'abat.

VALÈRE.

Chien de poltron !

POLIDORE.

Valère, il s'apprête un combat
Où toute ta valeur te sera nécessaire.
Tu vas avoir en tête un puissant adversaire.

MASCARILLE.

Et personne, monsieur, qui se veuille bouger

---

1. Auger remarque que Polidore, qui tantôt réprimandait fort durement son fils, pousse maintenant fort loin l'indulgence. Aimé Martin fait observer, pour expliquer cette humeur accommodante, que l'amour d'Ascagne est favorable aux intérêts de Polidore, le met dans une excellente position vis-à-vis d'Albert, et lui donne à la fois le beau rôle et le profit : voilà pourquoi le père de Valère trouve qu'Ascagne vaut tout un monde, et pourquoi il prend si joyeusement l'aventure.

Dans l'*Interesse*, Richard se montre également enchanté de la gentillesse et de l'esprit de Lélie. Il n'est pas, dit-il, de ces vieillards qui trouvent que tout va de pis en pis. Il pense au contraire que tout se perfectionne ; et la manière dont Lélie est devenue épouse et mère en est pour lui la preuve.

ACTE V, SCÈNE VII.

Pour retenir des gens qui se vont égorger !
Pour moi, je le veux bien; mais au moins s'il arrive
Qu'un funeste accident de votre fils vous prive,
Ne m'en accusez point.

POLIDORE.

Non, non; en cet endroit,
Je le pousse moi-même à faire ce qu'il doit.

MASCARILLE.

Père dénaturé!

VALÈRE.

Ce sentiment, mon père,
Est d'un homme de cœur, et je vous en révère.
J'ai dû vous offenser, et je suis criminel
D'avoir fait tout ceci sans l'aveu paternel;
Mais, à quelque dépit que ma faute vous porte,
La nature toujours se montre la plus forte[1],
Et votre honneur fait bien, quand il ne veut pas voir
Que le transport d'Éraste ait de quoi m'émouvoir.

POLIDORE.

On me faisoit tantôt redouter sa menace;
Mais les choses depuis ont bien changé de face;
Et, sans le pouvoir fuir, d'un ennemi plus fort
Tu vas être attaqué.

MASCARILLE.

Point de moyen d'accord?

VALÈRE.

Moi, le fuir! Dieu m'en garde! Et qui donc pourroit-ce être?

POLIDORE.

Ascagne.

---

1. Valère veut dire : « Mon père, je vous ai grièvement offensé, et vous pourriez voir d'un œil indifférent tout ce qui me touche; mais, en ce moment, vous vous souvenez que vous êtes mon père; comme tel, vous ressentez mon injure et vous m'excitez vous-même à la venger. » (AUGER.)

VALÈRE.

Ascagne?

POLIDORE.

Oui, tu le vas voir paroître.

VALÈRE.

Lui, qui de me servir m'avoit donné sa foi!

POLIDORE.

Oui, c'est lui qui prétend avoir affaire à toi,
Et qui veut, dans le champ où l'honneur vous appelle,
Qu'un combat seul à seul vide votre querelle.

MASCARILLE.

C'est un brave homme; il sait que les cœurs généreux
Ne mettent point les gens en compromis pour eux.

POLIDORE.

Enfin, d'une imposture ils te rendent coupable,
Dont le ressentiment m'a paru raisonnable;
Si bien qu'Albert et moi sommes tombés d'accord
Que tu satisferois Ascagne sur ce tort,
Mais aux yeux d'un chacun, et sans nulles remises,
Dans les formalités en pareil cas requises[1].

VALÈRE.

Et Lucile, mon père, a, d'un cœur endurci...

POLIDORE.

Lucile épouse Éraste, et te condamne aussi;
Et, pour convaincre mieux tes discours d'injustice,
Veut qu'à tes propres yeux cet hymen s'accomplisse.

VALÈRE.

Ah! c'est une impudence à me mettre en fureur.
Elle a donc perdu sens, foi, conscience, honneur!

1. Polidore affecte ici le style de palais.

SCÈNE VIII.

ALBERT, POLIDORE, LUCILE, ÉRASTE, VALÈRE,
MASCARILLE.

ALBERT.
Hé bien! les combattants? On amène le nôtre.
Avez-vous disposé le courage du vôtre?

VALÈRE.
Oui, oui, me voilà prêt, puisqu'on m'y veut forcer;
Et, si j'ai pu trouver sujet de balancer,
Un reste de respect en pouvoit être cause,
Et non pas la valeur du bras que l'on m'oppose.
Mais c'est trop me pousser, ce respect est à bout,
A toute extrémité mon esprit se résout;
Et l'on fait voir un trait de perfidie étrange,
Dont il faut hautement que mon amour se venge.

(A Lucile.)

Non pas que cet amour prétende encore à vous,
Tout son feu se résout en ardeur de courroux;
Et, quand j'aurai rendu votre honte publique,
Votre coupable hymen n'aura rien qui me pique.
Allez, ce procédé, Lucile, est odieux :
A peine en puis-je croire au rapport de mes yeux;
C'est de toute pudeur se montrer ennemie,
Et vous devriez mourir d'une telle infamie.

LUCILE.
Un semblable discours me pourroit affliger
Si je n'avois en main qui m'en saura venger.
Voici venir Ascagne : il aura l'avantage
De vous faire changer bien vite de langage,
Et sans beaucoup d'effort.

SCÈNE IX.

ALBERT, POLIDORE, ASCAGNE, LUCILE, ÉRASTE, VALÈRE, FROSINE, MARINETTE, GROS-RENÉ, MASCARILLE.

VALÈRE.

Il ne le fera pas,
Quand il joindroit au sien encor vingt autres bras.
Je le plains de défendre une sœur criminelle ;
Mais, puisque son erreur me veut faire querelle,
Nous le satisferons, et vous, mon brave, aussi.

ÉRASTE.

Je prenois intérêt tantôt à tout ceci ;
Mais enfin, comme Ascagne a pris sur lui l'affaire,
Je ne veux plus en prendre, et je le laisse faire.*

VALÈRE.

C'est bien fait ; la prudence est toujours de saison.
Mais...

ÉRASTE.

Il saura pour tous vous mettre à la raison.

VALÈRE.

Lui ?

POLIDORE.

Ne t'y trompe pas, tu ne sais pas encore
Quel étrange garçon est Ascagne.

ALBERT.

Il l'ignore ;**
Mais il pourra dans peu le lui faire savoir[1].

---

* Var. *Je ne m'en mêle plus, et je le laisse faire* (1682).
** Var. ..... *Il ignore* (1673, 1682).

1. Il l'ignore, mais il pourra dans peu le lui faire savoir. Le premier *il* signifie Valère ; le second, Ascagne.

VALÈRE.
Sus donc, que maintenant il me le fasse voir!
MARINETTE.
Aux yeux de tous?
GROS-RENÉ.
Cela ne seroit pas honnête.
VALÈRE.
Se moque-t-on de moi? Je casserai la tête
A quelqu'un des rieurs. Enfin, voyons l'effet.
ASCAGNE.
Non, non, je ne suis pas si méchant qu'on me fait;
Et, dans cette aventure où chacun m'intéresse[1],
Vous allez voir plutôt éclater ma foiblesse,
Connoître que le ciel, qui dispose de nous,
Ne me fit pas un cœur pour tenir contre vous,
Et qu'il vous réservoit, pour victoire facile,
De finir le destin du frère de Lucile.
Oui, bien loin de vanter le pouvoir de mon bras,
Ascagne va par vous recevoir le trépas;
Mais il veut bien mourir, si sa mort nécessaire
Peut avoir maintenant de quoi vous satisfaire,
En vous donnant pour femme, en présence de tous,
Celle qui justement ne peut être qu'à vous[2].

1. C'est-à-dire où chacun met en avant mon nom, et me fait jouer un rôle.
2. Auger émet cet avis qu'Ascagne aurait dû paraître dans cette dernière scène sous un vêtement de femme. « La scène aurait été beaucoup plus vive et plus comique, dit-il, si Valère, dans l'instant même où sa fureur contre Ascagne était montée au plus haut degré, n'avait plus trouvé qu'une femme dans l'ennemi qu'il brûlait de combattre. Mais ce n'était pas là ce qu'il fallait aux spectateurs du temps. Accoutumés à voir sur le théâtre des travestissements, des changements de sexe ou d'état, ils aimaient passionnément ces tirades pleines de métaphores et de *concetti*, dans lesquelles un personnage, pour ainsi dire double, expliquait sa nature

VALÈRE.

Non, quand toute la terre, après sa perfidie
Et les traits effrontés...

ASCAGNE.

Ah! souffrez que je die,
Valère, que le cœur qui vous est engagé
D'aucun crime envers vous ne peut être chargé ;
Sa flamme est toujours pure, et sa constance extrême,
Et j'en prends à témoin votre père lui-même.

POLIDORE.

Oui, mon fils, c'est assez rire de ta fureur,
Et je vois qu'il est temps de te tirer d'erreur.
Celle à qui par serment ton âme est attachée
Sous l'habit que tu vois à tes yeux est cachée ;
Un intérêt de bien, dès ses plus jeunes ans,
Fit ce déguisement, qui trompe tant de gens ;
Et, depuis peu, l'amour en a su faire un autre
Qui t'abusa, joignant leur famille à la nôtre.
Ne va point regarder à tout le monde aux yeux[1],
Je te fais maintenant un discours sérieux.
Oui, c'est elle, en un mot, dont l'adresse subtile,
La nuit, reçut ta foi sous le nom de Lucile,
Et qui, par ce ressort qu'on ne comprenoit pas,
A semé parmi vous un si grand embarras.
Mais, puisque Ascagne ici fait place à Dorothée,
Il faut voir de vos feux toute imposture ôtée,
Et qu'un nœud plus sacré donne force au premier.

réelle et sa nature apparente avec une subtilité énigmatique qui souvent redoublait l'obscurité du mystère au lieu de l'éclaircir. Les comédies des prédécesseurs et des contemporains de Molière en offrent de nombreux exemples. »

1. Tour de phrase peu correct.

ALBERT.
Et c'est là justement ce combat singulier
Qui devoit envers nous réparer votre offense,
Et pour qui les édits n'ont point fait de défense.
POLIDORE.
Un tel événement rend tes esprits confus,
Mais en vain tu voudrois balancer là-dessus.
VALÈRE.
Non, non, je ne veux pas songer à m'en défendre,
Et si cette aventure a lieu de me surprendre,
La surprise me flatte, et je m'en sens saisir
De merveille[1] à la fois, d'amour et de plaisir.
Se peut-il que ces yeux...?
ALBERT.
                      Cet habit, cher Valère,
Souffre mal les discours que vous lui pourriez faire.
Allons lui faire en prendre un autre[2], et cependant
Vous saurez le détail de tout cet incident.
VALÈRE.
Vous, Lucile, pardon, si mon âme abusée[3]...
LUCILE.
L'oubli de cette injure est une chose aisée.
ALBERT.
Allons, ce compliment se fera bien chez nous,
Et nous aurons loisir de nous en faire tous.

---

1. *Merveille*, dans le sens d'*étonnement*, d'*admiration*, était d'un commun usage. Boisrobert a dit :

> Non sans merveille, on vous voit estimé
> De l'appelant comme de l'intimé.

« Avez-vous merveille, si je le demande ? » (*Les Cent Nouvelles nouvelles*, nouvelle XIX.)

2. Le pronom *en* est ici mal placé.

3. Ce vers et les trois suivants étaient supprimés à la représentation. (Édit. 1682.)

ÉRASTE.

Mais vous ne songez pas, en tenant ce langage,
Qu'il reste encore ici des sujets de carnage.
Voilà bien à tous deux notre amour couronné ;
Mais de son Mascarille et de mon Gros-René,
Par qui doit Marinette être ici possédée?
Il faut que par le sang l'affaire soit vidée.

MASCARILLE.

Nenni, nenni, mon sang dans mon corps sied trop bien :
Qu'il l'épouse en repos, cela ne me fait rien.
De l'humeur que je sais la chère Marinette,
L'hymen ne ferme pas la porte à la fleurette.

MARINETTE.

Et tu crois que de toi je ferois mon galant?
Un mari, passe encor; tel qu'il est, on le prend :
On n'y va pas chercher tant de cérémonie ;
Mais il faut qu'un galant soit fait à faire envie.

GROS-RENÉ.

Écoute : quand l'hymen aura joint nos deux peaux,
Je prétends qu'on soit sourde à tous les damoiseaux.

MASCARILLE.

Tu crois te marier pour toi tout seul, compère?

GROS-RENÉ.

Bien entendu : je veux une femme sévère,
Ou je ferai beau bruit.

MASCARILLE.

Hé! mon Dieu! tu feras
Comme les autres font, et tu t'adouciras.
Ces gens avant l'hymen si fâcheux et critiques
Dégénèrent souvent en maris pacifiques.

MARINETTE.

Va, va, petit mari, ne crains rien de ma foi :

ACTE V, SCÈNE IX.

Les douceurs ne feront que blanchir contre moi[1] :
Et je te dirai tout.

MASCARILLE.

Oh ! las ! fine pratique !*

Un mari confident !

MARINETTE.

Taisez-vous, as de pique[2].

ALBERT.

Pour la troisième fois, allons-nous-en chez nous
Poursuivre en liberté des entretiens si doux[3].

---

* VAR. ... *Oh la fine pratique!* (1682.)

1. On dit d'un coup de feu qu'il n'a fait que blanchir, lorsqu'il n'a fait qu'effleurer une plaque, une cuirasse, une muraille, en y laissant une trace blanche. « On emploie ce mot au figuré, dit Furetière, pour exprimer que les efforts que l'on fait pour attaquer ou persuader quelqu'un sont inutiles. »

On ne peut les fléchir ;
Contre eux les triolets,
Doux propos et poulets,
Ne font que blanchir.
(SCARRON, <i>Chanson sur deux yeux noirs</i>.)

2. *As de pique,* expression injurieuse qui était alors en usage.

C'est un beau marmouset, c'est un bel as de pique !
(SCARRON, <i>Jodelet duelliste</i>, acte II, sc. IV.)

Prenez bien garde à ce soldat
Ou plutôt ce grand as de pique.
De fine peur le cœur me bat
Que contre nous il ne se pique.
(SCARRON, <i>Promenade à la foire Saint-Germain</i>.)

. . . . Vous croyez en votre humeur caustique
En agir avec moi comme avec l'as de pique.
(REGNARD, <i>le Joueur</i>, acte III, sc. XI.)

3. « Le cinquième acte, dit Voltaire, employé à débrouiller ce roman, n'a paru ni vif ni comique. »

Avec *le Dépit amoureux* prend fin cette partie des œuvres de Molière que le poète composa pendant ses pérégrinations en province et avant son retour à Paris. « Dès ce second essai de grande comédie, dit M. Géruzez, il révéla son habileté à peindre les mœurs et la passion... Son succès lui fit comprendre que la tâche unique d'amuser ses contemporains était un rôle vulgaire, que la scène devait être élevée et épurée, et qu'elle pouvait devenir une école pour réformer les travers de l'esprit et les vices du cœur, ou, tout au moins, pour les déconcerter par le ridicule. »

FIN DU DÉPIT AMOUREUX.

TABLE

DU TOME DEUXIÈME.

	Pages.
LES DEUX FARCES ET LE BALLET ATTRIBUÉS A MOLIÈRE..	I
Notice préliminaire.	III
La Jalousie du Barbouillé.	XIII
Le Médecin volant.	XXIX
Le Ballet des Incompatibles.	XLV
PRÉFACE de l'édition de 1682.	1
L'ÉTOURDI OU LES CONTRE-TEMPS, comédie en cinq actes (1653).	11
Notice préliminaire.	13
L'Étourdi ou les Contre-Temps, comédie.	23
L'Inavvertito, overo Scappino disturbato e Mezzettino travagliato, comedia di Nicolò Barbieri, detto Beltrame.	155
LE DÉPIT AMOUREUX, comédie en cinq actes (1656)	307
Notice préliminaire.	309
Le Dépit amoureux, comédie.	317

FIN DE LA TABLE DU TOME DEUXIÈME.

PARIS. — Impr. J CLAYE. — A. QUANTIN et Cⁱᵉ, rue St-Benoît.

CHEFS-D'ŒUVRE DE LA LITTÉRATURE FRANÇAISE

Format in-8° cavalier, imprimés avec luxe par M. J. Claye, sur très beau papier fabriqué spécialement pour cette collection, et ornés de gravures sur acier par les meilleurs artistes. 49 volumes sont en vente à 7 fr. 50 le volume. On tire, pour chacun des ouvrages de la collection, 150 exemplaires numérotés sur papier de Hollande, à 15 fr. le volume.

ŒUVRES COMPLÈTES DE MOLIÈRE

Avec un nouveau travail de critique et d'érudition, par M. Louis Moland. 7 volumes. (Première édition épuisée.)

ŒUVRES COMPLÈTES DE RACINE

Avec un travail nouveau par M. Saint-Marc Girardin, de l'Académie française, et M. Louis Moland; ouvrage complet en 8 volumes.

ŒUVRES COMPLÈTES DE LA FONTAINE

Avec un nouveau travail de critique et d'érudition, par M. Louis Moland; 7 volumes ornés de gravures sur acier d'après les dessins de Staal.

ŒUVRES COMPLÈTES DE MONTESQUIEU

Avec les variantes des premières éditions, un choix des meilleurs commentaires et des notes nouvelles, par M. Édouard Laboulaye, de l'Institut, avec un beau portrait de Montesquieu; 7 volumes.

ESSAIS DE MICHEL DE MONTAIGNE

Nouvelle édition, avec les notes de tous les commentateurs, choisies et complétées par M. J.-V. Le Clerc, précédée d'une nouvelle Étude sur Montaigne par M. Prévost-Paradol, de l'Académie française. 4 volumes, avec portrait.

ŒUVRES COMPLÈTES DE BOILEAU

Avec un travail nouveau, par M. Gidel, professeur de rhétorique au lycée Bonaparte : 4 volumes ornés de gravures sur acier d'après les dessins de Staal.

HISTOIRE DE GIL BLAS DE SANTILLANE

Par Le Sage, précédée d'une notice par Sainte-Beuve, de l'Académie française, les jugements et témoignages sur Le Sage et sur Gil Blas, suivie de *Turcaret* et de *Crispin rival de son maître*. 2 volumes illustrés de six belles gravures sur acier d'après les dessins de Staal.

ŒUVRES DE J.-B. ROUSSEAU

Avec une introduction sur sa vie et ses ouvrages et un nouveau commentaire par Antoine de La Tour. 1 volume avec portrait de l'auteur.

CHEFS-D'ŒUVRE LITTÉRAIRES DE BUFFON

Avec une Introduction par M. Flourens, membre de l'Académie française, 2 volumes. Un beau portrait de Buffon est joint au tome Ier.

ŒUVRES DE CLÉMENT MAROT

Annotées, revues sur les éditions originales et précédées de la vie de Clément Marot, par Charles d'Héricault. 1 volume orné du portrait de l'auteur d'après une peinture du temps.

L'IMITATION DE JÉSUS-CHRIST

Traduction nouvelle avec des réflexions à la fin de chaque chapitre par M. l'abbé F. de Lamennais; volume orné de 4 gravures sur acier.

ŒUVRES CHOISIES DE MASSILLON

Précédées d'une notice biographique et littéraire par M. Godefroy. 2 volumes, avec un beau portrait de Massillon.

ŒUVRES COMPLÈTES DE J. DE LA BRUYÈRE

Nouvelle édition avec une notice sur la vie et les écrits de La Bruyère, une bibliographie, des notes, une table analytique des matières et un lexique, par A. Chassang, inspecteur général de l'instruction publique, lauréat de l'Académie française. 2 volumes, avec un beau portrait de La Bruyère.

ŒUVRES CHOISIES DE RONSARD

Avec notice, notes et commentaires, par C.-A. Sainte-Beuve; nouvelle édition, revue et augmentée, par M. L. Moland. 1 vol. avec un beau portrait de Ronsard.

EN COURS D'EXÉCUTION

Œuvres complètes de P. Corneille.
Œuvres de La Rochefoucauld.
Œuvres d'André Chénier.

www.ingramcontent.com/pod-product-compliance
Lightning Source LLC
Chambersburg PA
CBHW071606230426
43669CB00012B/1850